El Don de tu Alma

5ª edición: enero 2019

Título original: YOUR SOUL'S GIFT
Traducido del inglés por Víctor Hernández García
Diseño de portada: Editorial Sirio, S.A.

©   de la edición original
2012 Robert Schwartz, Chardon Ohio, USA.

www.YourSoulsPlan.com

Derechos de traducción de Sylvia Hayse Literary Agency, LLC, USA

©   de la presente edición
EDITORIAL SIRIO, S.A.
C/ Rosa de los Vientos, 64
Pol. Ind. El Viso
29006-Málaga
España

www.editorialsirio.com
sirio@editorialsirio.com

I.S.B.N.: 978-84-7808-907-9
Depósito Legal: MA-962-2017

Impreso en Imagraf Impresores, S. A.
c/ Nabucco, 14 D - Pol. Alameda
29006 - Málaga

Impreso en España

Puedes seguirnos en Facebook, Twitter, YouTube e Instagram.

Robert Schwartz

El Don de tu Alma

Descubre el poder sanador de la vida que planeaste antes de nacer

EDITORIAL SIRIO

Nota para los lectores

Hay mucha gente que no puede permitirse comprar libros. Mi misión consiste en hacer que la información sanadora del que tienes delante esté disponible para tantas personas como sea posible, incluidas aquellas que no pueden adquirir un ejemplar. Por favor, pídele a tu biblioteca local que adquiera este libro o bien considera la posibilidad de donar tu ejemplar a tu biblioteca una vez que termines de leerlo. Este sencillo acto de generosidad afectará a muchas vidas.

Gracias por ayudarme a compartir con el mundo esta conciencia sanadora sobre la planificación prenatal.

Con gratitud,

Robert Schwartz
rob.Schwartz@yoursoulsplan.com

¿Te gustaría conocer el plan de tu vida?

Robert Schwartz es un experto hipnoterapeuta que ofrece regresiones a vidas anteriores y a los períodos que existen entre esas vidas. Experimentar tus vidas previas te ayudará a comprender mejor tu vida actual, mientras que en una regresión entre vidas puedes examinar tu sesión de planificación prenatal y descubrir específicamente lo que planeaste antes de nacer y por qué. Estas sesiones son inestimables para ayudarte a conocer el propósito más profundo de tu vida: qué significan tus experiencias; por qué ciertos patrones se repiten, por qué determinadas personas forman parte de tu vida y qué decidiste aprender de esas relaciones. Estas sesiones pueden proporcionarte sanación física y emocional, perdón, una mayor paz y felicidad, además de un profundo conocimiento de quién eres y por qué estás aquí.

Si prefieres no experimentar la hipnosis, Robert también ofrece sesiones generales de orientación espiritual, en las que aprovecha sus conocimientos de planificación prenatal para ayudarte a comprender el significado más profundo de tu vida. A menudo, utiliza en ellas el ejercicio de las Virtudes Divinas, una poderosa herramienta creada por él para ayudarte a comprender las cualidades o Virtudes Divinas que buscas cultivar y expresar en esta vida. Antes de nacer, la mayoría de las personas planea desarrollar ciertas cualidades específicas, y los desafíos de la vida desempeñan una importante función en este proceso. Mediante el ejercicio de las Virtudes Divinas, puedes comprender cuáles son esas cualidades, es decir, adquieres un mayor conocimiento de tu propósito y de tu plan de vida.

Para más información, por favor, visita el sitio web de Robert en www.yoursoulsplan.com o escríbele directamente a la siguiente dirección: rob.schwartz@yoursoulsplan.com.

Joyería inspirada en el alma

Para ver una colección de joyería inspirada en el alma que os ayudará a ti y a tus seres queridos a expresar las virtudes divinas que estáis cultivando en esta vida, visita la tienda en línea en www.yoursoulsplan.com. Estos hermosos regalos servirán como sinceros recordatorios del verdadero significado de tu vida.

Dedicado a
Papá y Mamá
—a quienes amo—,

Rebecca y Calvin,
Bob y Kathryn,
Marcia y sus mascotas,
Kathryn,
Jim,
Debbie,
Carole,
Rolando,
Carolyn y Cameron,
Beverly,
Mikæla
y
sus seres queridos

*Nunca sabemos cuán grandes somos
hasta que se nos pide ponernos de pie
y luego, si somos fieles a nuestro plan,
nuestra talla tocará el cielo.*

EMILY DICKINSON

Agradecimientos

Siempre estaré agradecido a las personas cuyas historias aparecen en este libro. Habéis abierto vuestro corazón con valentía ante mí y ante el mundo. Libre, sincera y valerosamente habéis hablado de los desafíos más difíciles que tuvisteis que afrontar. Me habéis inspirado. Me habéis impresionado. Fuisteis mis maestros. Por todo ello, os doy las gracias.

Gracias a Barbara Brodsky y Aaron, a Pamela Kribbe y Jeshua, a Corbie Mitleid y a Staci Wells y su espíritu guía. Gracias por ser igualmente mis maestros. Vuestra sabiduría y vuestro amor fluyen en estas páginas. Habéis dado mucho de vosotros mismos para servir al mundo. Poder colaborar con vosotros ha sido un gran honor

Gracias a Liesel, el amor de mi vida. Gracias por tu amor, por tu ánimo y por tus consejos. Gracias por creer en mi y en mi trabajo. Cuando te elegí en mi planificación prenatal, fue una buena elección. Aunque soy escritor, nunca seré capaz de expresar en palabras cuánto te amo.

Gracias a mi hermana, Deborah, a mi cuñado Jerry y a mis adorables sobrinas Sydney y Riley. Gracias por todo vuestro amor y vuestro apoyo durante el proceso de escribir este libro y, por supuesto, durante toda mi vida.

Gracias a Debbi Mayo y al Dr. Greg Karch por leer y comentar algunos de los capítulos. Vuestros consejos han sido de gran valor y vuestro toque sanador será percibido por todos aquellos que se asomen a esas páginas.

Gracias a Deborah Bookin por permitirme escribir gran parte de este libro en The Crystal Bee (www.crystalbee.com), un lugar de dulzura, calidez e inspiración. Gracias por los paseos, las comidas y la maravillosa conversación.

Gracias a mi prima Emily Fleisher por su detallada corrección de estilo y su extraordinaria amabilidad y generosidad.

Gracias a Sue Mann, a Jan Camp y a Jill Ronsley. También a Jaine Howard, el miembro más joven del equipo editorial, y a Edna Baulen, por sus maravillosas transcripciones.

Gracias a Rita Curtis y a Sylvia Hayse por ayudarme a llevar mis libros y el conocimiento de la planificación prenatal por todo el mundo. Rita, te deseo lo mejor en tu jubilación, te echaré de menos.

Este libro no hubiera sido posible sin la colaboración de muchas otras personas que compartieron conmigo su sabiduría y sus conocimientos y me ofrecieron su apoyo. Doy las gracias especialmente a John Friedlander, Bob y Cynthia Dukes, Jill Caro, Serenity Meese, Omiri, Kathy Long, Joyce Fricke y Josh Mendel.

Con frecuencia suelo decir que no soy el único autor de mis libros sino simplemente un miembro del equipo que resulta estar en un cuerpo físico. Doy las gracias a todos los seres no físicos que trabajan conmigo y a través de mí. Este libro es tanto vuestro como mío.

Prólogo

Tenía cuatro o cinco años cuando empezaron las pesadillas. Algunas noches, una enorme araña negra caía desde arriba; su vientre se abría para devorarme mientras sus patas se enroscaban en mi cara. Otras noches, un gigantesco tiburón salía de algún sitio, con hileras de dientes brillantes y afilados como navajas apiñados en una boca que se convertía en un inmenso y oscuro abismo listo para devorarme. Otras veces, una primitiva ave de rapiña, con el pico como un cuchillo, se abalanzaba desde el techo para clavarse en mi corazón. En ocasiones, no veía criaturas en mis pesadillas. En lugar de ello, las paredes de mi dormitorio se movían lentamente o surgían garras nebulosas del aire nocturno. En todos esos casos sentía la certeza de la muerte.

El terror se apoderaba de mí cuando despertaba en medio de esas noches. Me daba cuenta de que me encontraba en mi dormitorio, pero las criaturas todavía estaban ahí: podía verlas y oírlas; era claramente imposible, ¡pero también tenía muy claro que estaban a punto de matarme! Gritando, me aferraba a las sábanas mientras me deslizaba por la cama, hasta que finalmente caía al suelo, con el corazón martillando y respirando con dificultad en una habitación oscura y vacía.

En el mundo de Harry Potter, una criatura llamada Boggart sale de su escondite para tomar la forma de tus miedos más profundos. Para conquistarlo, tienes que imaginar al objeto de tu miedo de un modo que te parezca absurdo o ridículo. Así es como veo ahora mis décadas de pesadillas, acompañadas de terribles depresiones y obsesiones: como una pésima y ridícula película de terror. Hubiera deseado conocer las técnicas de Harry Potter cuando era esa niña pequeña y aterrorizada.

Muchas personas imaginan que el objetivo y la recompensa de la verdadera sanación se encuentran en momentos cumbres de éxtasis divino: una mirada a la eternidad mientras el universo nos eleva en su torbellino galáctico, por ejemplo, o cuando un profundo silencio respira con nosotros y llegamos a conocer a Dios. Pero no, no es así. Esos momentos que vienen de la nada y suelen desaparecer tan misteriosamente como llegaron provocan el despertar y todos nosotros tratamos de prolongarlos. Sin embargo, en mi experiencia, ninguna terapia, meditación, conocimiento o práctica nos llevará siempre a la cumbre y mucho menos nos mantendrá en ella.

Evolucionar para llegar a un sitio donde nos sintamos serenos, contentos y entusiastas en nuestra vida cotidiana, a diario (o casi): ese es el objetivo real y la verdadera recompensa. El día en que supe que «lo había logrado» fue el día en que me di cuenta de que no había tenido ninguna pesadilla en muchísimo tiempo. Aún más importante, también fui consciente de que no me había sentido deprimida, obsesionada o fuera de control durante años. Caí en la cuenta de que ya no era una buscadora. Había encontrado lo que estaba buscando, y ello se había convertido en un estilo de vida en el que me siento feliz casi todo el tiempo, a menudo sin una razón particular.

La vida me exige mucho menos esfuerzo ahora. Aprecio a todas las personas, lugares y objetos que le dan color y riqueza a mi mundo. A menudo me siento feliz y libre. Esta es la clase de sanación que surge cuando seguimos el plan de nuestra alma. Esta es esa clase de sanación que es posible, no solo para mí, sino para todos. Esta es la clase de sanación que, para mí, ha creado un paraíso en la Tierra.

MIKÆLA CHRISTI

Prefacio

Cuando era niño, mi madre me infligió graves maltratos emocionales. Yo planeé esos abusos antes de nacer.

Cuando afirmo que *yo* planeé esa experiencia, lo que realmente quiero decir es que mi alma la planeó. No estoy separado de mi alma: ella abarca todo mi cuerpo, mi energía; en suma, la totalidad de mi conciencia. Sin embargo, mi alma también es más que yo mismo, así como el sol es más que cualquier rayo de luz que emita. Al igual que la tuya, es vasta, expansiva, ilimitada y siempre consciente de su unidad con todos los seres. Conforme aprendo y crezco, hago que mi frecuencia se asemeje cada vez más a la de mi alma, y así permito que exprese más de su sabiduría, de su amor y de su gozo a través de mí. Mi alma, tu alma y, de hecho, todas las almas están hechas literalmente de la energía del amor incondicional. Sé con absoluta certeza que esto es verdadero, porque, como leerás en capítulo 1, lo he experimentado en carne propia.

Mis mayores desafíos, incluido el maltrato que sufrí cuando era niño, fueron planeados en el nivel del alma antes de mi nacimiento para favorecer mi evolución. No obstante, mi alma es amor, ¿por qué planearía que yo sufriera ese maltrato? Es una buena pregunta que me he hecho repetidamente durante toda mi vida. En muchos sentidos, la búsqueda de una respuesta ha sido el motor que me ha impulsado a escribir este libro.

El maltrato fue intenso y extremo, y aunque era ocasional, constituía una parte muy importante de mi vida cotidiana. Los detalles no son significativos. Lo que importa es comprender cómo y por qué ocurren tales cosas. Durante miles de años, la humanidad ha aprendido mediante el sufrimiento. Si queremos ir más allá del paradigma del «aprendizaje a través del sufrimiento», esta comprensión es indispensable.

Gran parte de la planificación entre el alma de mi madre y la mía se basó en una vida anterior, en la que yo era una mujer y mi madre era mi hijo. En esa vida, mi matrimonio era muy difícil. Al final me las arreglé para liberarme y llevarme a mi hijo conmigo, pero mi decisión de abandonar a mi marido nos dejó en la miseria. Mi hijo me culpó y siempre albergó un profundo resentimiento contra mí debido a nuestra pobreza. Morí relativamente joven y mi hijo, aunque ya era adulto en la época de mi muerte, se quedó solo, sumido en la pobreza, con el sentimiento de que yo lo había abandonado.

Antes de morir, mi hijo (es decir, mi madre actual) no pudo resolver la rabia que sentía hacia mí por la pobreza y el abandono, y que se convirtió en parte de su alma. Por amor, mi alma decidió darle la oportunidad de sanar esa rabia en una relación en la que nuestros papeles como madre e hijo estarían invertidos.

Simbólicamente, este giro representa la intención, en el nivel del alma, de «revertir», es decir, de sanar, la rabia. Es posible que esta sanación pudiera realizarse de mejor manera y que fuera más significativa en circunstancias en las que mi antiguo hijo tuviera el poder de llevar a la práctica su ira. ¿Por qué? Porque la sanación profunda se produce *en el momento* en que la persona siente la emoción negativa pero no actúa de acuerdo con ella. (La supresión es la decisión de relegar la emoción «negativa» de la mente consciente. En este libro, la defino como sentir la emoción pero no actuar según sus impulsos) Si mi antiguo hijo no se hubiera encontrado en una posición de poder sobre mí, no habría tenido realmente la oportunidad de decidir si expresaba su ira o no. Ese era el plan de nuestras almas, un plan con el que estuve de acuerdo antes de nacer.

Mi alma tenía, además, otros motivos para establecer este plan. En algunas de mis vidas anteriores fui incapaz de amarme a mí mismo. Dado que nosotros, como almas, aprendemos a través de los opuestos, decidí que aprendería a amarme a mí mismo teniendo una madre maltratadora. De hecho, nuestras almas sentían que era muy probable que se produjese cierto grado de maltrato, pero esperaban que la sanación finalmente tuviese lugar. En el nivel de la personalidad, esta decisión podría parecer contradictoria, e incluso disparatada, pero no lo es. A menudo, nuestras almas forjan planes de vida cuyo objetivo es captar nuestra atención, poner nuestros «problemas» justo frente a nosotros, de manera que sea imposible pasarlos por alto. La *aparente* falta de amor de mi madre (en realidad, ella me amaba profundamente y lo sigue haciendo, justo como yo la amo a ella) reflejaba mi propia falta de amor a mí mismo. La intención de mi alma era precisamente motivarme e incluso obligarme a aprender a quererme a mí mismo. Al decidir que mi antiguo hijo fuera ahora mi madre, era como si mi alma hubiera puesto frente a mí un enorme cartel que dijera: «Estás aquí para trabajar el amor a ti mismo».

Mi padre, que murió mientras yo escribía este libro, fue una parte clave del plan de mi alma. Aunque me amó (y aún me ama) con todo el corazón y aunque nunca me maltrató, durante mi infancia no pudo decirme que me amaba ni mostrarme su cariño de una forma que yo pudiera reconocer como amor. Además, por solicitud de mi alma, aceptó juzgarme repetidamente durante toda mi vida y muchos de sus juicios siempre me han parecido bastante severos. Para mi alma, sus juicios y su falta de afecto durante las primeras etapas de mi vida debían tener el mismo efecto que el maltrato de mi madre: llevarme hacia mi interior, donde descubriría —y pasaría toda una vida avivando— la llama del amor a mí mismo. Esa llama, que alguna vez fue solo una chispa diminuta y apenas perceptible, ha crecido considerablemente. Al ir aprendiendo sobre mi plan de vida, veo cada vez más claramente el valor que tuve al aceptar vivir de conformidad con él. Y, así, mi dignidad florece y el amor a mí mismo se fortalece cada vez más.

Significativamente y, en mi opinión, por un acuerdo prenatal mutuo, mi padre no comprendía la idea de la planificación prenatal. Sin embargo, durante sus últimos años, mientras sentía que la muerte se acercaba, se mostró cada vez más a favor de mi rumbo de vida y de mis escritos. También me decía a menudo que me amaba, al igual que yo se lo decía a él. En las semanas anteriores a su regreso al Espíritu, le leí pasajes de este libro. Siempre escuchaba con atención, y después me miraba y exclamaba: «¡No comprendo ni una palabra, pero tu manera de escribir es brillante!». Y lo decía completamente en serio. Yo no podía evitar reír y me sentía profundamente conmovido por su apoyo. Después de su muerte, en un gesto tan maravillosamente cariñoso como encantadoramente irónico, se unió al equipo de seres no físicos que me ayudaron a escribir este libro. De hecho, estas palabras bien podrían ser suyas.

En otras encarnaciones, fui incapaz de lograr la independencia emocional, y estas vidas también fueron importantes en la decisión de mi alma de escoger a mi madre. ¿Qué es la independencia emocional? Cuando le hice esta pregunta al Espíritu, su respuesta fue que implicaba considerarnos a nosotros mismos la fuente principal de nuestro propio bienestar. Lograr esto fue lo que motivó a mi alma a crear las circunstancias en las que se desarrollaría mi vida. Al igual que el amor a mí mismo, la independencia emocional es una lección de vida que aún estoy en proceso de aprender.

En vidas anteriores, creía que era impotente. Nuestras almas tratan de sanar las falsas creencias, entre ellas, sin duda, las que contradicen lo que el alma sabe que es cierto sobre ella misma —a pesar de ser consciente de su tremendo poder—. Mi alma diseñó para mí una familia que me ayudaría a afianzarme en la idea de la impotencia, y yo estuve de acuerdo en encarnar en ella. De nuevo, mi alma había puesto directamente ante mí un problema que debía sanar.

También hubo vidas en las que me sentía carente de valor. Nuestras almas son chispas de lo Divino y, dado que somos chispas de nuestras almas, nosotros también somos divinos. Los sentimientos o creencias de impotencia o carencia de valor son importantes motivadores para el alma; esta planeará experiencias que reflejarán ante nosotros estos aspectos del yo. Tales sentimientos y creencias suelen permanecer en el subconsciente, pero cuando la vida los refleja ante nosotros, se desplazan poco a poco hacia la luz de la conciencia, único lugar donde pueden ser sanados. Con frecuencia, los planes de vida cuyo objetivo es arrojar luz sobre la impotencia o la carencia de valor son algunos de los planes de aprendizaje por contraste más difíciles, y las experiencias como el maltrato infantil, el incesto y la violación se encuentran entre ellos.

Este libro es el segundo que he escrito en un intento de descubrir por qué, antes de nacer, nuestras almas planean tener experiencias específicas durante nuestra vida. Se diferencia de mi primera obra, *El plan de tu alma*, en tres puntos importantes. En primer lugar, aunque analicé únicamente la planificación de los desafíos de la vida, aquí se estudian dos temas, las mascotas y el despertar espiritual, que no necesariamente entran en la categoría de los desafíos. La planificación prenatal con respecto a nuestros amados compañeros animales es el tema más solicitado por los lectores. Dado que vivimos en una época de un amplio despertar espiritual, vale la pena incluir este tema.

En segundo lugar, este libro se centra en mayor grado en la sanación. Nuestras almas no desean que sigamos empantanados permanentemente en el trauma. Si se produce una experiencia traumática independientemente de si la planeamos o no antes de nacer, nuestras almas tratarán de guiarnos hacia la sanación y a través de ella. La sanación realmente depende de muchos factores —entre ellos, nuestra tenacidad e inventiva son algunos de los más importantes—, pero nuestras almas están siempre ahí, impulsándonos, enseñándonos el camino. El hecho de que hayas encontrado este libro indica que estás abierto a los consejos de tu alma.

En tercer lugar, en esta obra se analiza la planificación prenatal de varios asuntos particularmente difíciles, como el incesto y la violación. Quizás sientas repugnancia u horror al pensar que un alma pueda planear participar en tales experiencias, ya sea como perpetrador o como víctima. Pero debes saber que mi propósito consiste únicamente en incorporar la conciencia de este aspecto de la planificación del alma en la conciencia colectiva, de manera que podamos sanar nuestras partes heridas, los problemas subyacentes de la carencia de valor, la impotencia y la rabia, y al hacerlo, poner fin al incesto, la violación y otras formas de abuso. La decisión sobre incluir o no estos capítulos me atormentó durante mucho tiempo. Finalmente, sentí la responsabilidad de compartir mi hallazgo. Si lo deseamos, podemos negar que la Tierra es redonda, pero eso no hará que se vuelva plana. Seguirá siendo redonda. De forma semejante, podemos negar que estas experiencias traumáticas a menudo se planean (aunque, sin duda, no siempre) antes de nacer, pero eso no querrá decir que dicha planificación no ocurre. Sí que lo hace. Si deseamos crear un mundo libre de esos traumas, no podemos negar la evidencia: debemos mirar con valentía y sinceridad lo que motiva la planificación prenatal de esas experiencias. Y después, sanarlas.

No he experimentado el incesto o la violación en mi vida actual, por lo que quizás no pueda comprender en profundidad el sufrimiento que producen. No obstante, como alguien que sufrió maltrato en su niñez, sé perfectamente lo que significa ser una víctima impotente, y me siento sumamente motivado para aprender y sanar. Las experiencias de mi infancia me han enfocado en mis objetivos y en lo que mi alma desea que haga durante mi paso por la Tierra. Pero, además de la motivación y el enfoque, mi conciencia de la planificación prenatal le ha dado un profundo propósito y un significado a lo que experimenté en mi niñez. Sé en lo más profundo de mi ser que mis vivencias no fueron aleatorias o arbitrarias. Sé que no me estaba castigando un Dios lleno de ira o un universo cruel. Sé que lo que ocurrió fue, en última instancia, para mi mayor beneficio.

En el prólogo, has leído las experiencias de Mikæla. Su sufrimiento estaba más allá de cualquier cosa que yo pudiera imaginar, pero la llevó a comprenderse a sí misma como alma. Cuando le pregunté cómo se sentía con respecto a todo lo que le había ocurrido, respondió: «Valió la pena pasar por todo eso para llegar a este punto».

Así es como veo las experiencias de mi infancia: deseo que sean para mí una vía para sanar y despertar, como las vivencias de Mikæla con la enfermedad mental lo fueron para ella. Deseo también que podamos asumir otros desafíos y que, en lugar de considerarlos, incorrectamente, meros sufrimientos vacíos e inútiles, podamos verlos desde el punto de vista de nuestras almas y sanar las heridas que hay tras ellos. Ojalá que todas las experiencias que hallarás en estas páginas y que han sido ofrecidas por la vida sirvan como herramientas de sanación, de despertar e iluminación para cada uno de vosotros.

Introducción

En este libro te ofrezco una perspectiva de la vida que ha sido inmensamente provechosa y sanadora para mí. Espero de corazón que también lo sea para ti. Sabrás si es parte de tu camino espiritual si las palabras escritas en las siguientes páginas resuenan en ti. Podemos concebir la *resonancia* como el hecho de sentir instintivamente que aquello que escuchamos o leemos es correcto o adecuado. Pero ¿qué es y de dónde proviene?

Proviene de tu alma. Tu alma es consciente de todo pensamiento que llega a tu mente, de toda palabra que pronuncias, de todo acto que realizas. Nos sentimos bien al tener ciertos pensamientos, al expresar ciertas palabras y al llevar a cabo determinados actos. Estos sentimientos, estas insinuaciones intuitivas, son comunicaciones directas de tu alma. Están ahí, hablándote, diciendo: «Sí, este es el camino» o «No, este camino no es para ti». Confía en ellos. Observa cuándo un sentimiento de resonancia está presente y cuándo no. Si no está presente mientras lees este libro, déjalo a un lado. Pero si lo está, te pido que consideres la posibilidad de que tu alma te haya guiado hacia estas páginas. Y te pido que sigas leyendo, incluso si tu mente lógica tiene dificultades con la idea de que ciertas experiencias son planeadas antes de nacer.

En *Un curso de milagros* se enseña que «la percepción requiere el instrumento adecuado». Leer, es decir, percibir, este libro con la mente es como tratar de averiguar el peso con un termómetro o la temperatura con una báscula de baño: es el instrumento equivocado. ¿Cuál sería, en ese caso, el instrumento adecuado? Simplemente, el corazón. El corazón tiene una forma de conocimiento más elevada que la mente. Quizás no tenga sentido de acuerdo con la lógica, pero se puede sentir. Confía en ese sentimiento.

Leerás historias de personas que, como tú, planearon sus vidas antes de nacer. Hablé largo y tendido con ellas sobre sus experiencias de vida y después investigué sus planes prenatales con la ayuda de cuatro médiums y canalizadores de un talento excepcional. En la mayoría de los casos, les di el nombre y apellido y la fecha de nacimiento de la persona, los nombres de los miembros de su familia y de otros individuos relevantes, así como una breve descripción de la experiencia de vida en la que quería concentrarme. Esta información era necesaria para que el médium o el canalizador (y también la conciencia canalizada) pudieran acceder a la parte correspondiente del Registro Akáshico —un registro no físico completo de todo lo que ocurre en el plano terrestre o se relaciona con él, incluyendo nuestra planificación prenatal.

El Registro Akáshico no es estático como una biblioteca de la Tierra; se trata, por el contrario, de un tapiz viviente y dinámico que, cuando se consulta, responde tanto a las necesidades e intenciones específicas del consultante como a las circunstancias en las que se plantean las preguntas. Asimismo, los medios y los canalizadores son únicos en cuanto a sus dones y a las formas en las que acceden a la información del Espíritu; por consiguiente, diferentes médiums y canalizadores llegarán a distintos elementos de la planificación prenatal de una misma persona. Es por eso por lo que la mayoría de los entrevistados tuvieron sesiones con más de un médium o canalizador. De este modo, pudimos disponer de un panorama más completo y rico de por qué una experiencia concreta fue planeada antes de nacer.

En las sesiones con los médiums y los canalizadores, generalmente comenzaba haciéndole esta pregunta central al Espíritu: «¿Esta experiencia fue planeada antes de nacer y, si es así, por qué?». La respuesta normalmente hacía surgir más explicaciones y más preguntas. A menudo, los entrevistados permitieron que yo planteara la mayoría de las preguntas o incluso todas. Las entrevistas individuales y las sesiones con los médiums y canalizadores se presentan en forma de diálogo.

En los diálogos con el Espíritu y en otras secciones del libro, uso términos como «más alto» y «más bajo», «bueno y malo» o «positivo y negativo». Lo hago para reflejar y explicar nuestra perspectiva humana, pero no pretendo denotar un juicio de parte de nuestras almas. Estas ni juzgan, ni clasifican, ni ven el universo en términos jerárquicos; por el contrario, son extremadamente conscientes de que todo es Uno.

Desde el momento en que nacemos, tenemos libre albedrío, por lo que podemos desviarnos de nuestro plan prenatal siempre que lo deseemos. Todos lo hacemos y, de esa forma, creamos —es decir, atraemos con nuestras vibraciones— las experiencias que se consideraban improbables antes de que naciéramos. Mientras lees estas historias, te sentirás tentado a preguntar si planeaste una experiencia concreta en tu propia vida. Una pregunta más útil, sin embargo, sería: «Si planeé esta experiencia antes de nacer, ¿por qué lo hice?». Hacer esta pregunta te permite extraer de la experiencia todo el aprendizaje y la expansión de conciencia que pediste si realmente la planeaste. Este crecimiento es más importante que el simple hecho de saber si planeaste la experiencia.

Para comprender las historias que leerás en las siguientes páginas y, más aún, para comprender la vida, resulta útil saber que todo en el universo es energía que vibra con una determinada frecuencia. Cada persona, animal, planta, objeto, palabra, idea, sentimiento, creencia (consciente o subconsciente) y acto, tiene su propia vibración única. La comida que ingieres y la ropa que vistes vibran con frecuencias específicas. El automóvil que conduces tiene su vibración especial. Si pintases tu coche de otro color, adquiriría una vibración diferente. En un universo basado en la vibración, lo semejante atrae a lo semejante; esto significa que tus palabras, ideas, sentimientos, creencias y acciones atraen magnéticamente hacia ti experiencias con la misma vibración. Expresiones coloquiales como «el dinero llama al dinero» o «llueve sobre mojado» reflejan una comprensión instintiva de este principio. Cuando te sientes feliz o desdichado, atraes hacia ti experiencias de igual vibración que perpetúan tu felicidad o tu desdicha. La vibración tiene una función importante en la planificación prenatal y en la sanación, por lo que se analizará su función en las siguientes páginas.

Quizás te sientas inclinado a pasar de inmediato a los capítulos que parecen ser directamente relevantes para tu vida. Sin embargo, dado que las historias se complementan unas con otras, adquirirás una comprensión más plena y sólida si las lees en orden. Además, con frecuencia, tipos muy diferentes de experiencias de vida se planean por razones subyacentes similares; por esta razón, es posible que comprendas mejor el significado más profundo de tus vivencias si lees la historia de alguien cuya vida es, en apariencia, totalmente distinta a la tuya.

Algunas de las experiencias presentadas en este libro son muy traumáticas. Si has sufrido alguna de ellas, por favor, obtén algún tipo de apoyo cuando las leas. Las historias se te ofrecen como un afectuoso apoyo para el viaje de tu alma, pero no existe ningún sustituto para el apoyo personal de un ser querido. Antes de nacer, escogemos con gran sabiduría y cuidado a aquellos a quienes amaremos y a quienes nos amarán. Planeamos que nuestras vidas sean un viaje compartido. Te sugiero que le tiendas tu mano a un ser querido y le pidas que recorra este sendero contigo.

Quizás esto también forme parte de tu plan prenatal.

TUS GUÍAS

Al decidir leer este libro, te has embarcado en un viaje que arrojará luz a tu vida y, por lo tanto, le dará un significado más profundo. Mientras empiezas este trayecto, tal vez te preguntes quiénes son tus Guías. Los siguientes son médiums, canalizadores y seres espirituales sabios y llenos de amor con quienes he tenido el honor de colaborar y de quienes tanto he aprendido. A través de ellos descubrí qué fue lo que planearon antes de nacer las personas de las que se habla en este libro, y por qué. Dado que aquí me centro principalmente en la planificación prenatal de los desafíos vitales, les pedí a los médiums y a los seres a los que canalizaban que hablaran abiertamente y con since-ridad de sus propios desafíos.

BARBARA BRODSKY Y AARON

Perdí el oído repentinamente en 1972, cuando nació el primero de mis tres hijos. Perder la capacidad de oír fue una experiencia trau-mática para mí –¡imagina no poder escuchar la risa o el llanto de tu bebé recién nacido!–, y también lo fue para mi marido, quien ya no podía hablarme igual que antes. A pesar de ello, tuve el amor de mi marido y de algunos buenos amigos y continué dando clases de escul-tura en la universidad, por lo que mi vida era plena y gozosa en muchos sentidos. Sin embargo, me sentía aislada del mundo. Vivía la pesadilla del aislamiento. «¿Por qué a mí? –preguntaba–. ¿Estoy recibiendo un castigo? ¿Dios me ha abandonado?». Finalmente, en una situación de gran angustia e ira, oré pidiendo ayuda.

La mañana siguiente, sentada en meditación, como lo había he-cho diariamente durante más de dos décadas, pude percibir una po-derosa presencia energética. Realmente pude ver su rostro. Pensé: «O estoy alucinando o esto es real, y no sé cuál de estas dos posibilidades es la peor». El ser desprendía una luz blanca tan brillante que al prin-cipio tuve que apartar la mirada, aunque era difícil saber si él brillaba en medio de esa luz o si la luz irradiaba de él. Sus características eran claramente visibles: penetrantes ojos azules, pómulos y frente pro-minente, cabello blanco y una barba ondulante que le llegaba hasta el pecho. Yo temblaba en su presencia, y a pesar de ello percibía un pro-fundo amor que emanaba de él, un amor muy familiar pero distinto a todos los que he conocido en esta vida. Sentía un consuelo y un gozo en su presencia que acabaron con todos mis temores.

No me lo tomé a la ligera ni me precipité. Fui a la cocina a servir-me una taza de té. Cuando regresé, todavía estaba ahí. Me preguntaba si estaría alucinando. Pero cada vez que miraba, lo veía esperándome pacientemente hasta que estuviera lista para avanzar. Había poder y relajación en su presencia. No tenía miedo, porque sentía mucho amor por él, así como una dulzura y un vínculo que apenas recordaba de algún pasado desconocido. La luz blanca también era reconfortan-te, como una antorcha brillante en la oscuridad.

Me senté en meditación con él durante dos días antes de atreverme a hablar. Cuando lo hice, le pregunté quién era. Simplemente respondió que se llamaba Aaron y que era mi maestro.

BARBARA: ¿Por qué has venido?

AARON: Tú estás lista. Estás aprendiendo a ver las reacciones que acumulan más karma. Puedes escuchar estas palabras sin que tu ego añada más karma. Mantente alerta ante el ego. No dejes que bloquee tu apertura.

BARBARA: ¿Por dónde empezamos?

AARON: Estás sufriendo. Empecemos a investigar las causas de este sufrimiento y encontremos su final.

BARBARA: ¿Terminará alguna vez?

AARON: Sí, sin duda.

BARBARA: ¿Con la muerte?

AARON: ¿Acaso crees que cruzar un umbral cambiará tu experiencia? No, el sufrimiento termina cuando sabes quién eres, cuando te das cuenta de la totalidad del Ser. No de «tu» ser, sino del Ser. Entonces dejarás de creer que esta identidad limitada, esta personalidad, lo es todo. No niego la existencia de esta identidad a la que llamamos Barbara, pero no es lo que tú piensas que es. Los seres humanos creen que el Yo es un conjunto de formas, sentimientos, pensamientos, percepciones y conciencia. Sin embargo, todos estos elementos son solo la superficie. Cuando los consideras tu identidad completa, intuyes que las cosas son diferentes en este cuerpo, con estas ideas, con esta conciencia. Es entonces cuando se produce el sufrimiento. [Pero] no nos adelantemos. Tenemos tanto tiempo como sea necesario para hacer juntos este trabajo. Mejor preparemos los cimientos antes de añadir los niveles superiores. [Aaron me dio más información sobre lo que tengo que trabajar. Luego caminó hacia atrás y volví a experimentar esa luz brillante y que todo lo iluminaba. Estaba llorando.] No seas tan solemne. Alégrate.

Después de esta reunión inicial, cada vez que me sentaba a meditar, Aaron estaba allí, esperando pacientemente que me enfrentara a mis miedos. Siempre podía verlo sentado ante mí y sentir la vibración energética de su presencia. Tenía claro que el hecho de aceptar aprender de él implicaba un compromiso más profundo. Tendría que ser cada vez más sincera conmigo misma, además de ser más responsable.

Quería aprender y, en especial, superar mi sufrimiento, pero estaba asustada. No de Aaron, [sino] de los cambios que ocurrirían en mi vida si aceptaba su realidad y su enseñanza. No sabía si me encontraba preparada para abandonar las viejas muletillas de la culpabilidad, la ira y el miedo a las que me había aferrado. Era como una niña pequeña, tímida y atemorizada, pero con ganas de acariciar al enorme perro.

Nunca hubo ninguna presión para aceptar a Aaron. Me dio todo el tiempo y el espacio que necesitaba. Fui confiando lentamente, mientras comprendía que nunca me obligaría. Cada paso era siempre decisión mía, y lo daba solo cuando estaba lista.

También me tranquilizó al asegurarme que no tenía que dejar nada, aunque no lo comprendí en ese momento. «Únicamente has de abrirte —me dijo— a la verdad de tu generosidad, de tu bondad y de tu compasión innatas, y estas viejas formas [emociones] desaparecerán. No quedará nada que les dé apoyo». De él emanaba un poderoso sentimiento de afectuosa aceptación. Todo lo que me decía me parecía muy sabio y me ayudaba a entender cuestiones que hasta entonces me habían parecido incomprensibles. No tenía nada que perder al confiar y ver a dónde me llevaría la experiencia.

Con este sencillo inicio, conocí a Aaron e inicié un viaje de descubrimiento y sanación que cambiaría mi vida. Fue igualmente vital para mi marido y para nuestra relación. Ahora, después de cuarenta y cuatro años de matrimonio, podemos mirar atrás, reírnos de las dificultades y recordar con ternura aquellos tiempos, pero en esos primeros años, la sordera y nuestra ira y perplejidad ante ella fueron muy dolorosas.

Pronto, nuestros amigos empezaron a preguntar si podían hablar con Aaron. Yo decía que sí, pero no tenía idea de cómo hacerlo. Él me pidió que simplemente repitiera en voz alta lo que le escuchaba decir. Entonces, alguien me indicó: «Estás canalizando». «¿Qué es canalizar?», quise saber. La canalización era difícil al principio, porque tenía que asegurarme de que mi propio ego y mis preferencias no interfirieran en los mensajes de Aaron. Con el tiempo, sin embargo, fui adquiriendo más confianza y cada vez más personas buscaban su orientación. Me parecía que eso era lo que tenía que hacer.

La gente también me pedía que les mostrara las prácticas de meditación que Aaron me estaba enseñando. Yo había practicado la meditación vipassana (un tipo meditación en la que uno observa sus pensamientos, sentimientos y sensaciones corporales) durante veinte años. Ahora, Aaron me proporcionaba una forma de profundizar en la práctica y de articularla. Esta forma de meditación es fundamental para su enseñanza: nos permite hacer más profunda nuestra presencia y, por lo tanto, ser testigos de la vida, en lugar de ser sacudidos por ella. Después de muchos años de trabajo como escultora, me sentía impulsada a dejar esa profesión y dedicarme completamente a este nuevo camino.

Poco después, con tantas personas que venían a mí para recibir clases de meditación y trabajar con Aaron, algunas de ellas me sugirieron que crease una organización sin ánimo de lucro. Así nació el Centro de Meditación e Investigación Espiritual Deep Spring. Ahora, más de veinte años después, continuamos con nuestras clases, retiros y servicios de ayuda social en centros de acogida y prisiones.

Ha sido un gran placer ver crecer a mis tres hijos, con Aaron como un miembro más de nuestra familia, comprobar cómo se sienten cada vez más cómodos con las realidades del plano espiritual. También me ha producido un gran gozo compartir las enseñanzas de Aaron y ver cómo todo el que así lo desee se beneficie de ellas. En todas partes, la gente se hace las mismas preguntas: «¿Quién soy? ¿Por qué estoy aquí? ¿Cómo hago el trabajo que vine a hacer? ¿Por qué hay tanto dolor?». Finalmente comprendí que este trabajo era el plan de mi alma.

PRESENTACIÓN DE AARON[1]

Saludos y amor para todos. Soy Aaron. ¿Qué y quién soy? ¿Qué y quiénes sois vosotros? ¿Cuál es la diferencia entre nosotros? ¿O no hay ninguna?

Todos somos seres de luz. ¿Qué significa esto? Quizás algunos de vosotros estéis familiarizados con la experiencia meditativa de la disolución del ego y el cuerpo. Quienes lo han experimentado han descubierto que lo que queda es luz. Eso es todo: solo luz, energía y conciencia. No existe el ego. No hay ninguna percepción del Yo ni del otro. No hay permanencia de la forma, ningún pensamiento individual, ningún deseo egoísta, ninguna conciencia personal. Más allá de todos los atributos del Yo individual, habita una conciencia pura, solo mente-corazón. La esencia se expresa como luz radiante, sonido puro, conciencia, inteligencia y energía. Eso es lo que sois. Esto es lo que soy.

Conforme evolucionamos, nos materializamos en la forma que resulte más adecuada para nuestro crecimiento y para nuestras necesidades actuales de aprendizaje, según nos dicta el karma. Esta Tierra en la que vivís es un aula, y estáis en ella en forma material porque es aquí donde encontraréis las próximas lecciones que necesitáis. Yo he evolucionado más allá de precisar una forma material, por lo que no tengo ninguna. Sin embargo, sigo aprendiendo y tengo la forma más adecuada para esas lecciones que ahora trato de aprender.

Poseo una perspectiva diferente a la humana. Puedo recurrir a los conocimientos y la sabiduría de todas mis vidas anteriores, así como a la sabiduría que he adquirido en los quinientos años terrestres que han transcurrido desde que abandoné este plano. En mi plano, hemos ido más allá de cualquier ilusión del ego, separado y pequeño. Nos comunicamos telepáticamente, un espíritu con otro o con muchos otros. Dado que no existe ningún ego, no hay necesidad de protegerse de la vergüenza ni de ocultar las malas decisiones. Por lo tanto, nuestra comunicación es completa y honesta. Los espíritus comparten

---

1. Tomado del libro de Barbara y Aaron *Presence, Kindness and Freedom* (Presencia, generosidad y libertad). Aunque el tono de Aaron es serio en esta introducción, posee un encantador sentido del humor que usa para expresar su gran sabiduría. Una vez, por ejemplo, le pregunté cuántos minutos al día debía dedicarle a la meditación. «Rob –respondió–, ¿cuántos minutos al día debes dedicar a comer?».

plenamente su propia comprensión y experiencias, y yo puedo aprender de las experiencias de otros tan adecuadamente como de las mías propias. También aprendo a sentir una compasión más profunda y a este aprendizaje le debo, en parte, haber elegido enseñar. Vosotros me recordáis los sufrimientos que implica el hecho de ser humano; me recordáis que no debo juzgar a los demás, sino mantener mi corazón abierto al amor.

Tengo la ventaja de la perspectiva de muchas vidas. Mi existencia final en el plano humano fue como monje budista theravadin en Tailandia, y maestro de meditación. La sabiduría y la comprensión de muchas vidas cuajaron en ese momento, lo que me permitió encontrar la libertad [la liberación de la reencarnación] para mí mismo y ayudar a muchos seres a descubrir ese sendero. Sin embargo, no os enseño solo como ese maestro tailandés. He sido monje en muchas vidas. A través de muchas existencias practiqué la mayoría de las formas de budismo, pero esta es únicamente una pequeña parte. También he sido monje cristiano en otras tantas vidas, así como sacerdote, y he ocupado los puestos más altos en la jerarquía eclesiástica. He sido musulmán, judío, sufí, taoísta y mucho más. He pertenecido a todas las razas, como hombre y como mujer, en muchas y diversas culturas. He recorrido bosques, habitado en cuevas y vivido en templos magníficos. He orado en casuchas y palacios. He pasado necesidades y he vivido entre lujos mientras quienes me rodeaban morían de hambre. He sido un noble y un asesino. He querido y odiado, matado y amado. En pocas palabras, lo he hecho casi todo en la esfera de la experiencia humana. Y vosotros también.

¿Qué significa tener compasión por otra persona? ¿Podéis ver que el potencial de negatividad también existe en vosotros? ¿Podéis dejar de juzgar al tirano y sentir compasión por su dolor y su situación? Esto no implica condonar sus actos. Implica sentir empatía, aceptación y amor incondicional.

Recordad que este aprendizaje es un proceso. Si ya hubiéseis llegado a ese espacio de amor incondicional y de compasión y aprobación perfectas, no necesitaríais estar aquí, aprendiendo en un cuerpo humano.

Permitidme volver a mi perspectiva actual. Os enseño como todos los seres que fui, tanto el asesino y su aprendizaje tan dolorosamente adquirido, como el amado maestro de meditación y su aprendizaje. Más allá de eso, enseño desde mi perspectiva actual, que conoce la ilusión de toda forma, que ve claramente que todos y cada uno de nosotros somos luz y energía, que evolucionan lentamente hasta alcanzar un brillo y una claridad conforme el Yo y el ego se desvanecen.

Por lo tanto, yo no enseño budismo ni ningún otro «ismo» separado de la verdad. Únicamente conozco dos verdades con V mayúscula, que en realidad son solo una: Dios y Amor. Todas las religiones formales no son más que vías para comprender esto.

Empezamos como las chispas de esa luz perfecta [Dios] y experimentamos la forma material como un modo de evolución. Conforme evolucionamos, nuestro brillo y nuestra claridad aumentan, despojándonos de toda sombra hasta que brillamos como un pequeño sol. Si pudiérais tomar mi esencia en esta fase de mi evolución y ponerla frente a esa luz perfecta, veríais unos leves bordes y una sombra gris lanzar esa brillantez. Si fueseis capaces de tomar la esencia de un ser perfectamente evolucionado y ponerla frente a esa luz perfecta, sería invisible. Ese es el destino evolutivo de cada uno de vosotros: invisibilidad perfecta, vacuidad inmaculada.

Debéis filtrar lo que os enseño a través de vuestros propios procesos. Yo solo puedo guiaros. El verdadero aprendizaje debe provenir de vuestras propias experiencias. Si lo que os digo os resulta útil y os da orientación, usadlo. Si no os sirve, dejadlo a un lado y seguid a vuestra propia sabiduría interior.

Os agradezco esta oportunidad de hablar con vosotros. Espero que os haya dejado con más dudas que respuestas. Quizás un día nos reunamos y pueda abordar algunas de esas preguntas, pero recordad que todas las respuestas ya están ahí, dentro de vuestros propios corazones. Practicad bien y encontradlas vosotros mismos.

Id con mi amor.

CORBIE MITLEID

Hola, amigos. Soy Corbie Mitleid y tengo el honor de formar parte del segundo volumen de descubrimientos de Rob, como también formé parte del primero. Rob me ha pedido que os hable sobre quién soy y cómo llegué aquí. Esta historia consta de dos partes: la primera tiene que ver con la forma en la que desarrollé las habilidades metafísicas que me permiten trabajar con mis clientes. La segunda trata sobre varias décadas de desafíos, introspección y trabajo en las sombras. Pueden ser distintas, pero se han entrelazado inseparablemente.

He investigado distintas maneras de enseñar, asesorar y sanar desde 1973. En 1994, el trabajo en varias investigaciones sobre vidas anteriores fue un catalizador para mis habilidades. Sin ninguna instrucción formal, descubrí que era capaz de hacer sanaciones por imposición de manos y trabajo energético a distancia. Descubrí también que podía actuar como un enlace entre las entidades desencarnadas y aquellos de nosotros que actualmente tenemos un cuerpo. Resulté ser una entrada al Hogar para las almas atrapadas en el espacio gris, es decir, las almas de esas personas que han muerto pero que, por una razón u otra, no pueden llegar a la luz por sí mismas. Y también descubrí que podía canalizar almas (Yoes Superiores) para aquellos a quienes les gustaría conocer los cómos y los porqués de sus desafíos vitales.

Actualmente, mi intención no es solo seguir aprendiendo más técnicas, sino también ir al interior de mí misma para erradicar miedos, prejuicios, juicios, ego..., en definitiva, cualquier cosa que pueda suponer un obstáculo para el amor incondicional y la compasión.

¿Y la segunda parte? Muchos de vosotros ya la conocéis, pues la narré en el primer libro de Rob. Mi historia y mis desafíos fueron analizados como la persona a la que llamamos Doris. He vivido al máximo la vida examinada.

Comencé con una familia disfuncional que giraba en torno a una madre alcohólica, quien, en nuestra sesión de planificación prenatal, aceptó ser el catalizador de la decisión más importante de mi vida: ¿me valoraría, honraría mi sexualidad (y por lo tanto, la de todas las mujeres) y amaría mi cuerpo como lo creé... o no?

Si hubiera decidido amarme a mí misma desde el principio, la vida habría sido más tranquila y serena. Pero tomé el camino más difícil, que me resultaba familiar de muchas otras vidas, y por ello generé décadas de desafíos: dos fracasos matrimoniales, tres enfrentamientos con el cáncer de mama (incluyendo una mastectomía doble) y una vida llena de incontables experiencias relacionadas con la sexualidad que reflejaban los sentimientos de una profunda carencia de valor que albergaban. Sin embargo, no estaba dispuesta a darme por vencida. Durante todo el proceso, siempre preguntaba: «Si Dios es un ser de amor y si estoy totalmente segura de nuestro vínculo, ¿de qué manera me sirve todo esto? ¡Porque debe servirme!».

Usé muchas herramientas para discernir el significado de esa profunda pregunta. Y en mi viaje, descubrí mi «frase de pasión», que es como vivo hoy mi vida y lo que enseño a otras personas en mi trabajo: ¡cruza el puente del miedo hacia el coraje y vuela! Al aceptarme íntegramente, con mis defectos y mis virtudes, asumiéndolos, teniendo en cuenta que toda experiencia proviene de un benévolo propósito del universo para ayudarme a sanar, he vivido plenamente mi plan prenatal y he llegado a un lugar en donde lo que he logrado ayuda a otras personas a superar sus propios desafíos.

Mi papel en este libro es el de «sacerdotisa-narradora de cuentos»; mi don me permite acceder a vidas anteriores con detalles y matices. Veo las encarnaciones de otras personas como una película: el decorado y el vestuario, la trama y el diálogo. Y canalizo Yoes Superiores (almas) para brindar conocimientos más plenos y profundos de por qué la vida de una persona se ha desarrollado siguiendo cierto camino.

Aunque podría parecer raro, me siento increíblemente afortunada por vivir la vida que he creado. Gracias a ella, he adquirido compasión, buen humor, resistencia, generosidad de espíritu y el gusto por compartir posibilidades y esperanza dondequiera que las haya.

Sed mil veces bienvenidos.

STACI WELLS

Desde que tengo uso de razón, he visto y oído espíritus y auras, además de tener una gran afinidad telepática con los animales y una sensación de saber mucho acerca de otras personas aun sin conocerlas.

Tengo cuatro Espíritus Guías que trabajan conmigo cuando hago lecturas y otros trabajos metafísicos. El que trabajó conmigo en *El plan de tu alma* y ahora, en este libro, es mi Espíritu Guía principal. Ha estado conmigo toda mi vida. Nunca me ha dado su nombre, así que lo llamo simplemente Espíritu. Aparece ante mí como la típica imagen que uno podría imaginar de un mago viejo y sabio. Trae siempre bajo el brazo un libro grande y marrón, aparentemente encuadernado en cuero. En la portada, aparecen las palabras «Libro de vidas», escritas en letras doradas. El *Libro de vidas* es lo que la mayoría de nosotros conocemos como el Registro Akáshico, aunque el Espíritu le cambió acertadamente el nombre hace mucho tiempo para que mi joven mente pudiera comprender su propósito. El título de ese libro ha permanecido inalterable, aunque yo ya no soy una niña.

Atribuyo a mi relación con el Espíritu el hecho de haberme mantenido cuerda mientras me criaba en una familia disfuncional. Me retiraba a mi habitación o me iba fuera, a un silencioso trozo de césped, y mi Espíritu Guía aparecía, listo para llevarme en un viaje astral, hablarme o simplemente estar de pie o sentarse en silencio a mi lado. Él me enseñó a meditar desde pequeña, cuando tenía unos once o doce años. Nada complicado, solo una simple meditación básica para sintonizar con mi Ser Interior y reforzar mi vínculo con Todo lo que Es. Cuando estaba en secundaria, solía aparecer ante mí, a mi lado o fuera de la ventana del aula, y me invitaba a salir y meditar. Y yo lo hacía. No sé por qué, pero nunca me reprendieron por interrumpir esas clases.

Recuerdo claramente la primera vez que le pregunté al Espíritu: «¿Cuáles son los porqués en el nivel del alma?». Tenía catorce años y acababa de hacer mi primera visita en solitario a una tienda de comida ecológica. Mientras esperaba el autobús que me llevaría de regreso a casa, presencié un accidente automovilístico. En ese momento percibí la oleada de trauma psíquico que provenía de los ocupantes de los vehículos y de todas las personas que habían presenciado el accidente. Le pregunté al Espíritu: «¿Por qué algunas personas viven determinadas experiencias y otras no?». He estado haciendo esta pregunta desde entonces.

Cuando tenía veintiún años, desperté una mañana y vi al Espíritu al pie de mi cama, como si estuviera esperándome a que abriera los ojos. No era un acontecimiento común para mí, os lo aseguro. Apareció de una forma que nunca antes había mostrado, más grande y brillante, más blanco que nunca, con cegadores rayos de luz clara saliendo de él, una imagen impactante para ver con unos ojos cargados de sueño.

«Bien —dijo— ¿estás lista para hacer *El Trabajo?*». En ese instante supe que había planeado con anticipación una vida de servicio. Empecé a dejar a un lado mi deseo de ser la próxima diva de la canción popular al estilo de Barbara Streisand. Me dediqué enteramente a convertirme en psíquica profesional y a adoptar el estilo de vida y los demás cambios personales inherentes a esa misión.

El viaje desde aquella mañana ha tenido sus altibajos, sus pruebas y sus tribulaciones, sus desafíos y sus recompensas, demasiado numerosos para mencionarlos aquí. Todo ello ha apoyado los objetivos de mi alma y las lecciones kármicas que eligió para esta vida. Al trabajar con el Espíritu durante toda mi vida, he llegado a conocer la compasión en un nivel mucho más profundo que nunca, y esa compasión ha aumentado mi capacidad de servir al bien superior de otras personas. Asimismo, veo claramente cómo las experiencias de mi vida me han traído *hasta aquí*. En el camino, he aprendido mucho sobre las razones en el nivel del alma de por qué hacemos algunas de las cosas que hacemos, y acerca de la naturaleza del alma y de la ruta evolutiva humana.

Un día, Robert Schwartz me llamó, me dijo que quería escribir un libro en el que trataría de dilucidar si planeamos nuestras vidas antes de nacer y me preguntó si estaría interesada en hacer una lectura que incluiría en él. Percibí la sinceridad de su propósito. Mi corazón y mi Espíritu Guía saltaron de emoción y mi boca dijo *sí* de inmediato. Programamos rápidamente la primera lectura. Rob planteó muchas preguntas, algunas de ellas nunca formuladas anteriormente por nadie. La más frecuente era si yo podía escuchar cualquier conversación en la sesión de planificación prenatal, o si era capaz de describirla de alguna manera. «Sí, por supuesto», pensé. Había recibido destellos de conciencia acerca de las sesiones de planificación prenatal, pero nunca me habían pedido que me centrase en ellas con tanta atención.

Creo con todas y cada una de las fibras de mi ser que Robert Schwartz y yo hicimos un plan prenatal para colaborar en estos libros. La primera vez que leí *El plan de tu alma*, me di cuenta plenamente de que el corazón de la conciencia metafísica que había llegado a comunicar en esta vida es una planificación prenatal, y mi chakra del corazón se expandió de gratitud y gozo al saberlo.

Gracias, estimado lector, por darme esta oportunidad de cumplir mi *dharma* (dar servicio) y comunicar el mensaje de la planificación prenatal.

PRESENTACIÓN DEL ESPÍRITU GUÍA DE STACI

Soy el que habla con Staci. Soy quien estuvo frente a ella hace mucho tiempo entre vidas y le preguntó: «¿Quieres trabajar de este modo?». Y ella estuvo de acuerdo de inmediato. Staci, al igual que yo, está inmersa en una búsqueda para saber y enseñar. Establecimos lazos afectivos hace mucho tiempo. Nos encontrábamos en la Biblioteca del Conocimiento —en el otro lado, como la llamáis vosotros—, y esta búsqueda de conocimientos nos llevó a la misma pequeña área de la enorme e imponente biblioteca. Me reconoció porque nuestros grupos de almas ya habían interactuado ocasionalmente. Conforme la pasión de su alma se centraba cada vez más en obtener conocimientos más elevados y sabiduría universal y en sanar mediante la práctica de la compasión universal, la energía y el sendero de su alma se aproximaron cada vez más a los míos. Desde entonces hemos transitado juntos más de una vez en el tiempo entre vidas y a veces con una forma viviente [cuerpo]. Caminamos juntos ahora en simple armonía aunque solo uno de nosotros tiene, en este momento, la forma física de una conciencia humana.

Mi origen primario no es humano, aunque me he desempeñado [encarnado] en ese ámbito más de una vez. En lugar de escoger la ruta evolutiva humana como lo ha hecho la mayoría de quienes leen este libro, decidí sumergirme primero en sistemas planetarios donde la ciencia y la ingeniería son las principales intenciones de crecimiento expresadas por quienes tienen una forma física.

Cuanto más aprendía mientras tuve esas formas físicas, mayor conciencia adquiría de que todo está vinculado y de que todos estamos interrelacionados. En una ocasión, en uno de mis períodos entre vidas, decidí que quería analizar esto con mayor profundidad y vivir la experiencia emocional de este vínculo con todo. Me llevaron de inmediato a la Tierra y así fue como se produjo mi entrada en el campo humano de la conciencia.

He tenido cuatro vidas en vuestro planeta, la primera de ellas como un varón durante el siglo VI a. de C. Era un niño silencioso e inquisitivo que aprendió a leer temprano y que experimentó con la preparación de elixires curativos con los productos que surgían de la Tierra o que vivían sobre ella. Cuando fui adulto, viví una existencia nómada. Vagué de un pueblo a otro, tratando de ofrecer ayuda, curando a la gente siempre que podía y basándome en mis conocimientos de las plantas y las flores para alimentarme y mantenerme cuando no contaba con la generosidad de las personas que me alojaban y me ofrecían comida y un techo sobre mi cabeza. Aprendí muchísimo acerca de los seres humanos y de su sufrimiento durante esa vida.

En otra de mis vidas humanas fui un sacerdote del siglo X en lo que llegaría a ser la Orden Benedictina. Tenía libertad para leer y vagar, e hice ambas cosas.

En mi tercera estancia en la Tierra, viví intencionadamente muy poco tiempo, ya que morí en el noveno año de la forma de ese cuerpo. El propósito de esa vida fue experimentar la crudeza de las emociones primigenias para comprender más claramente la textura básica de la vida y de la conciencia humana. Ese cuerpo adquirió y contuvo tanta complejidad emocional en tan poco tiempo que se extinguió rápidamente y la muerte le sobrevino por la rotura de la aorta. El conocimiento que adquirí en esa breve vida ha permanecido en mi conciencia y en mi alma, y lo he llevado en mi interior desde entonces.

La última de mis encarnaciones en la Tierra fue en el siglo XVIII, en la época de los grandes compositores. Esa fue la única vida en la que estuve presente en forma física en el mismo tiempo y lugar que la mujer que ahora es Staci. En esa vida, ella tenía una gran pasión por la música, al igual que ahora, y formaba parte de un pequeño grupo de vocalistas que eran muy populares entre los compositores y que a menudo actuaban ante las cortes reales de Europa. Yo estaba haciendo unas gestiones para el rey —Jorge III— cuando me dirigí a una estancia en la que se realizaba un concierto. La pureza y la complejidad de la música y de su voz me llevaron a quedarme en pie en la entrada y a escuchar con deleite. Ese día comenzó una amistad que es muy similar a la que tenemos hoy, en el sentido de que yo compartía conocimientos e información con ella a menudo durante muchas de nuestras prolongadas y maravillosas conversaciones. Yo era funcionario de la corte real inglesa, escriba, mensajero y humilde vasallo del rey, muy parecido a un secretario de hoy en día. Eso me ofrecía la posibilidad de viajar, de acceder a bibliotecas personales y a otros almacenes de conocimientos escritos, y de observar la toma de decisiones que afectaban a las vidas de un incontable número de individuos. Me gané la confianza del rey y demostré ser una persona recta. Fui testigo de muchos acontecimientos y también aprendí muchísimo.

En el período entre vidas, cuando estoy aquí en mi verdadero hogar —lo que vosotros conocéis como el mundo espiritual o paraíso—, hago muchas cosas e interactúo con muchas almas, corpóreas e incorpóreas. Sobre todo, continúo estudiando, aprendiendo, enseñando y sanando. Cuando Staci vino a mí en la etapa previa a su vida y forma actual, expresó su deseo de trabajar conmigo para continuar explorando el conocimiento y enseñar el concepto de la autoconciencia a través de la filosofía espiritual. Mientras hablábamos, su resolución se aclaró y su deseo tomó forma: canalizaciones para hablar con la intención deliberada de la conciencia de sanación, sanando heridas del alma y de la psique mediante el conocimiento del Yo y del alma. Su objetivo: darse cuenta del gran vínculo entre su forma física y el alma que la habita, así como generar ideas que fomenten el diálogo y el crecimiento. También quiso que su conciencia incluyera «el otro lado de la vida» que está siempre ahí. Al aprovechar las muchas vidas de su propia alma —vidas de amor, de servicio, de esfuerzo y crecimiento espiritual—, acumuló su propio conjunto de conocimientos y conciencia y lo trajo consigo en esta forma de vida actual, en su mayor parte enterrado en su subconsciente en espera de que lo descubra o lo recuerde a través del proceso de su experiencia de vida, y el resto para que yo lo enseñe y lo comunique.

La forma humana y el campo de la conciencia me fascinan. Existe tanto al respecto, tal abundancia, tal inmensidad, tanta profundidad y textura emocional y tanto por aprender..., todo en el paquete único de la humanidad. Cuando no participo activamente en este proceso, suelo observarlo o formar parte de él desde donde me encuentre del «mundo invisible». Desde este lugar, interactúo con Staci y ahora mismo, con vosotros, a través de ella.

Pamela Kribbe y Jeshua

Conocí a Jeshua [el nombre hebreo de Jesús, que se pronuncia *Yeshua*] cuando yo tenía treinta y tres años de edad. Su aparición en mi vida estuvo precedida por una profunda transformación personal en la que me liberé de mi carrera universitaria, de mi matrimonio y de mi vivienda. Un astrólogo me dijo una vez que uno de mis desafíos vitales consistía en liberarme continuamente de lo viejo y abrazar lo nuevo. Esto resultó ser muy difícil para mí en el ámbito de las relaciones interpersonales. Tendía a depender emocionalmente de mis parejas y a perderme a mí misma en una relación hasta el punto de que dejaba de tener un sentido claro y sano de los límites. De hecho, mi despertar espiritual empezó cuando me rompieron el corazón debido a una separación.

A los veintiséis años de edad, estudiaba una carrera universitaria y escribía una tesis doctoral sobre la filosofía moderna de la ciencia. Me había acostumbrado a un enfoque muy racional de la vida y estaba casada con un científico. Entonces conocí a un hombre que también era filósofo y con quien sostuve asombrosas conversaciones sobre metafísica y espiritualidad. Siempre me había interesado la espiritualidad y lo esotérico, pero había sofocado ese interés durante bastante tiempo. Me enamoré profundamente de ese hombre y creí que era el amor de mi vida. Él también parecía desear compartir su vida conmigo: el cuento de hadas podía comenzar. Pero el final feliz nunca llegó.

Mientras me divorciaba, él decidió regresar con su antigua novia. Me quedé devastada por esa experiencia y, repentinamente, la fascinación que sentía por la filosofía académica se marchitó por completo. Terminé mi tesis a los veintinueve años, pero no continué con mi carrera. Dejé la universidad, realicé distintos trabajos y empecé a leer mucha literatura espiritual y esotérica. Entonces conocí a una mujer que era instructora espiritual y lectora psíquica y que supuso el inicio de una profunda transformación interior. Me ayudó a adquirir conciencia del viejo dolor emocional que provenía de mi primera infancia y de muchas vidas anteriores, vidas que empecé a recordar.

Esencialmente, ese dolor se relacionaba con afrontar mi soledad, entendida como ese tipo de soledad inevitable y que es parte de la vida, incluso si uno tiene una relación. Con su ayuda, empecé a comprender que solo puedes conectarte profundamente con otra persona cuando aceptas plenamente que eres un ser en ti mismo, único e independiente. Yo tendía a fusionarme con la energía de otras personas y a absorber dicha energía. Tuve que aprender a poner límites y a decir que no. También tenía la inclinación de flotar sobre mi cuerpo en lugar de enraizarme y centrarme en mi propia esencia. Ella me enseñó que la verdadera espiritualidad no consiste en escapar de nuestras emociones o en ir más allá de ellas, sino en conectarnos con las partes más humanas de nosotros mismos y tener compasión por ellas. Empecé a comprender, con el corazón más que con la cabeza, cómo es permanecer enraizada y ser fiel a mí misma. ¡Fue toda una revelación para mí! Me sentía liberada e independiente por primera vez en mi vida.

Poco después de experimentar esta catarsis, conocí a mi marido, Gerrit. Encontré su sitio web sobre espiritualidad y reencarnación y empezamos a escribirnos activamente. Mi vínculo con él me parecía milagroso. Existía entre nosotros una estrecha relación que era inexplicable y, al mismo tiempo, muy familiar. A diferencia de la devastadora relación amorosa de mi pasado, nuestra unión no se vio dominada por el drama, sino por una profunda y gozosa conciencia de que nos pertenecemos el uno al otro. Gerrit siempre había estado muy interesado en lo esotérico, por lo que resultó muy natural que comenzáramos a trabajar juntos como terapeutas espirituales. Cuando nació nuestra hija, establecimos nuestra consulta. Por fin podía hacer lo que anhelaba mi corazón: trabajar como lectora y maestra psíquica y explorar las cuestiones filosóficas sobre la vida de una forma significativa y práctica.

Una tarde, Gerrit y yo estábamos realizando una sesión personal con un cliente cuando percibí una presencia cerca de mí que no había sentido antes. Estaba acostumbrada a hablar con mis Espíritus Guías personales, a quienes solía sentir mi alrededor y quienes animaban mi espíritu con sus afectuosas sugerencias y su dulce sentido del humor. Pero fue muy diferente cuando noté la presencia de Jeshua. Sentí una energía solemne y profundamente consciente, muy arraigada y centrada. Al principio, me asustó un poco. Le pregunté a la energía: «¿Quién eres?». Y entonces vi claramente el nombre «Jeshua ben José» escrito frente a mi ojo interno. De inmediato supe que era verdad; en un instante, mi alma reconoció a Jeshua. Mi mente me decía que era muy improbable y presuntuoso de mi parte creer que estaba junto a mí en mi sala de estar, pero mi corazón me tranquilizó, indicándome que era muy normal que se encontrase tan cerca de nosotros.

Jeshua no es realmente una autoridad lejana por encima de nosotros. Quiere ser nuestro amigo, alguien en quien podamos confiar y ante quien podamos abrirnos, porque nunca nos juzga, aunque es muy directo y franco. Siempre me pide que sea realmente honesta conmigo misma, que mire mis miedos directamente a los ojos y no los oculte con teorías y divagaciones. Es severo en cierto modo, pero lo es de una manera muy afectuosa. Me hace darme cuenta de qué es realmente el amor. El amor no es necesariamente agradable y reconfortante; a menudo nos pide que salgamos de nuestra zona de comodidad, que seamos valientes y vulnerables.

Expresarme públicamente como un canal de Jeshua me hizo sentir mucho miedo e inseguridad al principio, pero ya lo he superado todo, aunque con grandes dificultades. Desde hace mucho tiempo, mi instinto —o mi mecanismo de supervivencia— consistía en retirarme del mundo, al que consideraba un lugar terrible. Jeshua me enseña a sentirme segura en el mundo, a permanecer centrada y consciente de mí misma, al tiempo que establezco vínculos con las personas en lugar de sentirme temerosa y fragmentada. Aún estoy aprendiendo a hacer esto, pero creo que voy avanzando. Y he recibido tanto en este trabajo... Al canalizar a Jeshua, me he vinculado con mi familia del alma en todo el mundo. Me siento más a gusto sobre la Tierra. Y lo más importante: a pesar de mis miedos, tengo la profunda satisfacción de estar haciendo ahora mismo lo que mi alma realmente anhela hacer en ese mundo.

Con la ayuda de Jeshua, me doy cuenta ahora de que estamos en la Tierra para aceptar nuestra humanidad, sentir las emociones que tan persistentemente tratamos de evitar y experimentar la profunda satisfacción de convertirnos en un ángel humano completamente enraizado.

El Don de tu Alma

PRESENTACIÓN DE JESHUA

MI HUMANIDAD

Soy Jeshua. Soy aquel a quien has llegado a conocer como Jesús. Al hablar a través de Pamela, me llamo a mí mismo Jeshua para marcar la diferencia entre mi yo vivo y auténtico y la imagen artificial que la historia ha creado de mí. De acuerdo con dicha imagen, fui un hombre con habilidades sobrehumanas, que había superado emociones como el miedo y la duda. Sin embargo, en realidad fui un ser humano, semejante a ti en muchos sentidos. Encontré una forma de conectarme profundamente con mi alma y de seguir a mi guía interior en la vida, pero a través de intensas batallas internas, exactamente como tú. Tu tradición cultural y religiosa tiende a deificarme y a dejar a un lado mi aspecto humano. Te digo ahora que *fui* humano. Soy tu hermano, no estoy lejos de la agitación de la vida terrenal y estoy profundamente familiarizado con los desafíos a los que te enfrentas. Es mi deseo tenderte la mano y decirte que puedes superar tus desafíos, que tú eres un ser fuerte y poderoso y que eres necesario en este momento de la historia.

MIS DESAFÍOS VITALES

Cuando inicié mi vida humana sobre la Tierra, mi alma sabía que iba a traer un nuevo tipo de conciencia, una conciencia para la que muchas personas, entre ellas los gobernantes políticos de esa época, no estaban abiertas. Mi plan era convertirme en una figura pública y tocar los corazones de las almas que pensaban como yo.

Había un grupo de personas que esperaban que mi aparición las despertara. El objetivo de ese grupo era generar una apertura para la Conciencia Crística sobre la Tierra. No podía cumplir la misión yo solo; dependía de que otra gente con ideas afines a las mías pudiera recoger mi mensaje y difundirlo por todo el mundo. Gran parte de las personas que leen este libro forman parte de este grupo de almas. Muchos de vosotros estabais vivos en esa época, y en el nivel del alma habéis jurado crear un nuevo tipo de conciencia en la Tierra.

Podéis llamarla Conciencia Crística o simplemente la conciencia de que Todos Somos Uno, vinculados al mismo flujo de la vida que mantiene unido al universo y apoya Todo lo que Es. En esencia, los seres humanos son iguales, y es esta igualdad la que, si se reconoce, nos une y nos permite vincularnos unos con otros con un sentido de compasión y fraternidad.

Esta idea de unidad e igualdad era muy extraña para la sociedad en la que viví hace dos mil años. Las personas estaban claramente divididas según su raza, su religión y su condición social. Uno de mis mayores retos fue hacer frente a las injusticias que ocurrían a mi alrededor, pero sin perder la calma y la concentración. Cuando fui joven, me enfadaba fácilmente con las autoridades. Albergaba una pasión dentro de mí, una ira que podía encenderse como el fuego cuando veía que a ciertas personas se las trataba injustamente. Tuve que aprender a lidiar con esa ira porque un elemento central para mi misión consistía en despertar los corazones. El corazón no despierta mediante la ira, ni siquiera si es por una causa justa. Detrás de la ira siempre hay miedo, un miedo que indica que las personas no confían en el flujo natural de la vida y se sienten vulnerables. Cuando os enfadáis, en realidad estáis arremetiendo contra vuestra propia vulnerabilidad, a la cual no os queréis enfrentar. Más que cualquier otra cosa, al corazón lo despierta el perdón y la confianza, es decir, lo contrario de la ira y el miedo. Para superar mi ira y mi miedo, tuve que ir a mi interior una y otra vez y percibir ese silencioso lugar donde todo es simple y claro.

Tus mayores desafíos nunca tienen que ver con lo que hacen los demás, sino con la forma en que reaccionas. Tienen que ver con tu capacidad de aceptar, comprender y superar las emociones que provocan en ti las acciones de otros. El crecimiento espiritual no te exige cambiar al mundo; te exige entrar en tu interior y cambiarte a ti mismo. Esto fue así para mí como lo es para ti. Al hacer las paces con las difíciles emociones humanas del miedo y la ira, las superas y eres capaz de confiar y perdonar a los demás. Reconoces que son Uno contigo y te liberas del juicio. Esto era lo que quería lograr para mí mismo, y al hacerlo, toqué los corazones de personas que también buscaban amor y compasión.

En especial, cuando se aproximaba el final de mi vida, tuve que aprender a confiar y perdonar en medio del miedo y la hostilidad. Mi familia y amigos temían lo que pudiera ocurrirme. Algunas personas se sentían llenas de odio hacia mí, decididas a asesinarme. Tuve que mantenerme en calma en medio de esa interacción de fuerzas y conservar viva la vibración de la paz en mi corazón.

Además de hacer frente a la ira, tenía que lidiar con el desafío de la soledad en mi vida. Aunque tenía una familia cariñosa e infinidad de amigos muy queridos, tuve que afrontar a solas mis desafíos más difíciles. En la hora de mi muerte, me vi en la necesidad de emplear toda mi fuerza para mantenerme enfocado en la energía del corazón y no dejarme abatir por el odio o la profunda pena que estaba presente entre los espectadores. Tenía que superar mi dolor físico y emocional y sentir la verdad: que no estaba muriendo en esa cruz —aunque sí lo hacía mi cuerpo terrenal—, que mi espíritu había elegido esta experiencia para evolucionar y que, al hacerlo, sería un ejemplo para las personas que se enfrentan a los mismos desafíos.

Como verás, tú caminas por el mismo sendero que yo recorrí. Has sido crucificado, en el sentido de que has experimentado extremos emocionales en tu vida actual y también en las anteriores. Si te has sentido atraído hacia este libro y su mensaje te ha motivado, sabrás que existe un significado detrás de las dificultades por las que atraviesas. Si estás abierto al hecho de que tú mismo has escogido tus desafíos vitales y si tratas de descubrir su significado, eso significa que ya habrás ido más allá de tus reacciones iniciales de miedo, ira y pena. En este preciso momento estás cumpliendo la misión de tu alma.

TUS DESAFÍOS VITALES

Los desafíos vitales te llevan al núcleo de la misión de tu alma, que siempre consiste en ayudarte a elevar tu conciencia, liberarte del juicio y crear un espacio más amplio de compasión para ti mismo y para los demás. La forma en la que el alma hace esto es diferente para cada persona. Cada alma crea el camino de vida que le brinda la mejor posibilidad de experimentar las emociones que desea comprender y con las cuales quiere hacer las paces.

Generalmente, los desafíos vitales van a contracorriente de tus esperanzas y expectativas. Aunque tu alma los planeó, a menudo no parece que tengan que ocurrir, por lo que te perturban y te desconciertan. Para la parte humana de ti mismo, a la cual le gusta mantener el control de tu vida, estos desafíos no tendrían por qué suceder. Parecen inesperados, injustos y demasiado difíciles de afrontar. Generalmente, provocan resistencia, miedo, confusión y un sentimiento de impotencia.

Si te encuentras ahora mismo en una situación profundamente desafiante y te sientes confundido, disgustado o impotente, date cuenta de que es la parte más temerosa de ti mismo la que te habla. El desafío te hace consciente del miedo que ya estaba dentro de ti para que te enfrentes a él. El miedo viene a ti para que puedas poner un brazo a su alrededor como lo harías con un niño asustado. El propósito de los desafíos vitales es sanar a tu niño interior, la parte de ti que reacciona emocionalmente ante los desafíos vitales y se siente fácilmente traicionada, asustada o sola. Cuando tienes conciencia de que las emociones son como niños que necesitan que los tranquilicen y acaricien, el desafío te ayudará a manifestar tu verdadera fortaleza en lugar de tu debilidad. Despertará el poder de sanarte a ti mismo.

El hecho de que los desafíos vitales hayan sido planeados por tu alma no quiere decir que estés destinado a experimentar todo el miedo y el dolor que podrían causar. Tú tienes libre albedrío y puedes decidir vencerlos. En lugar de dejarte asfixiar por las emociones negativas, tienes la capacidad de sanar y transformar tus desafíos. En última instancia, están ahí para recordarte tu grandeza, no tu pequeñez.

Así como tú no eres tu cuerpo físico, tampoco eres tus emociones humanas. Eres el alma que experimenta esos estados emocionales. Eres el portador consciente de tus emociones y puedes usar tu conciencia para afrontar las más difíciles con comprensión y compasión, en lugar de hacerlo con miedo y resistencia.

Si miras tus desafíos bajo esta luz, puedes darte cuenta, generalmente después de que haya pasado un tiempo, de que han sido maestros sumamente valiosos para ti. Incluso puedes agradecerle a tu alma que los haya puesto en tu camino. El estado de gratitud de tu corazón muestra que realmente has comprendido el significado de un desafío vital en concreto. La paz que ahora sientes con respecto a la experiencia te permitirá ayudar a las personas que se enfrentan a desafíos similares. Estás enseñando con el ejemplo. Esta también es la misión de tu alma.

El Don de tu Alma

Te encuentras aquí en la Tierra no solo para ayudarte a ti mismo, sino para hacer una contribución a humanidad. Debes saber que eres necesario. De hecho, *te necesito aquí para llevar a cabo mi misión*. El propósito de mi vida fue presentar y transmitir la energía Crística, que es más grande que yo, a otras personas que, a su vez, la transmitirán a otras. Mi venida tuvo como objetivo traer las semillas de una nueva conciencia. Tu objetivo es recibir estas semillas y dejar que florezcan para que otras personas sean tocadas por su bendición. Vosotros mismos os estáis convirtiendo en Cristos. El renacimiento de Cristo no es más que el nacimiento en vosotros de la conciencia basada en el corazón. Sois parte de mi misión. Os necesitaba entonces y os necesito ahora para cumplir nuestra misión conjunta.

¿Cómo reconocer tu contribución a la humanidad? ¿Cómo saber lo que se supone que debes aportar? Comprende que tu contribución nunca está separada de tus objetivos personales. Los desafíos vitales a los que te enfrentas siempre te llevarán a las áreas específicas en las que puedes servir a otros. Por ejemplo, alguien que ha perdido a un hijo y ha sufrido el intenso y terrible proceso de duelo que ello provoca puede, si esa es la misión de su alma, sentirse impulsado a ayudar a otros padres que se encuentran en la misma situación. Las personas correctas se cruzarán en su camino para ayudarlo a realizar ese trabajo, y sentirá gozo y satisfacción incluso aunque él mismo se enfrente a un intenso duelo, a la ira o a la soledad.

Tu aportación a la humanidad se relaciona con lo que te encanta hacer y con lo que harías con agrado aun si no te pagaran. Esto podría cambiar durante el curso de tu vida. Los seres humanos tienen la tendencia natural de transmitir a otras personas los conocimientos que han adquirido en el nivel del corazón, porque cuando el corazón está despierto, se siente más fácilmente el vínculo con los demás, incluso con toda la humanidad. Si hay amor en vuestro corazón, querréis compartir vuestros conocimientos con otras personas, porque esto hará que sintáis aún más amor y gozo.

A menudo, la energía del corazón despierta después de sufrir una crisis personal. Los humanos tenéis un dicho: «Lo que no te mata, te hace más fuerte». Los desafíos vitales que se describen en este libro son así. Parecen derrumbaros, pero en realidad están pensados para derribar vuestras barreras autoimpuestas del miedo y el juicio. Si permitís que la crisis elimine estas barreras, habréis de incorporar una nueva conciencia a vuestra vida, la cual atraerá las circunstancias adecuadas para que podáis cumplir la misión de vuestra alma.

Este es el momento de la historia en que la humanidad debe ascender a un nuevo nivel de conciencia, en que los seres humanos han de reconocer su Unidad —a pesar de que pertenezcan a razas, géneros o ámbitos culturales distintos—, un tiempo de crisis y de oportunidad. Las crisis económicas y ecológicas a las que se enfrenta vuestro mundo se deben a una falta de conciencia. Las interacciones entre los seres humanos, así como entre estos y la naturaleza suelen basarse en la obtención de ganancias y beneficios personales. Esta es una conciencia basada en el ego. No la juzgo. Ha servido para un propósito, como todas las expresiones de la conciencia. Sin embargo, este es el momento de superar la conciencia basada en el ego. La Tierra necesita que los seres humanos restablezcan la armonía natural entre todo lo que vive en el planeta. El espíritu de la humanidad está llamado a sanar las heridas provocadas por siglos de miedo, lucha y separación. Las crisis que afronta la humanidad habrán de solucionarse, no mediante invenciones de la mente, como las nuevas tecnologías, sino a través del despertar del corazón de los seres humanos.

Tú estás vivo hoy porque tu alma quiere ayudar a la humanidad a ascender al conocimiento basado en el corazón. Al superar tus propios desafíos y encontrar las oportunidades que hay en ellos, contribuyes en gran medida al bienestar de la humanidad. Tu contribución no es tanto lo que haces como lo que eres. Tu conciencia es lo que marca la diferencia. Cuantos más seres humanos incorporen en sus vidas la conciencia basada en el corazón, más fácil será que otras personas hagan la transición a una nueva manera de ser: en paz con ellas mismas, con la humanidad y con la naturaleza.

Te exhorto a tener fe. Te aseguro que no estás solo. Puedes afrontar desafíos vitales y vencerlos. Puedes ser maestro de la conciencia basada en el corazón y llegar a otras personas de un modo que te produzca gozo y satisfacción. Tu vida tiene un significado y es necesario que hagas tu aportación única al Todo del que formas parte. Reconóceme como tu hermano y como tu igual. Estoy aquí para ayudarte, pero también necesito tu ayuda. Únete a mí y, juntos, cumplamos la antigua promesa de una nueva Tierra.

Capítulo 1

La sanación

El viaje que has emprendido al leer este libro será más significativo y sanador si tienes un cierto marco conceptual. Empecemos, entonces, con una pregunta fundamental: ¿por qué antes de nacer planeamos tener en esta vida ciertas experiencias, incluyendo grandes desafíos?

EL KARMA

En ocasiones, el karma se conceptualiza como una «deuda cósmica», pero en mi exploración de la planificación prenatal, he llegado a considerarlo más bien una falta o una ausencia de experiencias equilibradas. Por ejemplo, si tienes un hijo discapacitado y dedicas tu vida a cuidarlo y amarlo, después de esta vida cualquiera de los dos, o ambos, podría tener la sensación de haber sufrido una experiencia desequilibrada. En el nivel del alma, es probable que ambos tratéis de equilibrar las experiencias de esa vida, y si es así, podéis planear juntos otra reencarnación en la que se inviertan los papeles: tú decidirías nacer con una discapacidad física y le pedirías al que fue tu hijo que asumiera el papel de tu madre o de tu padre. Motivado por el gran amor hacia ti y por el deseo de equilibrar las experiencias de esa vida anterior, posiblemente él estaría de acuerdo con tu solicitud. Y así, otra vida se pondría en marcha.

La sensación de equilibrio en el alma *no* se deriva de lo que esta hace por otra alma, sino de experimentar una vivencia que no tuvo antes. Por ejemplo, el alma del que fue tu hijo tendrá una sensación de equilibrio cuando haya experimentado el hecho de cuidarte. De forma semejante, lo mismo te sucederá a ti una vez que recibas sus cuidados. El mismo principio se aplicaría si hubieras abandonado a tu hijo discapacitado en una vida anterior. Aunque bien podrías decidir «tratar de arreglar las cosas» con él en otra vida, eso no crearía una sensación de equilibrio, que únicamente lograrías al experimentar tú mismo el abandono. «Escúchame bien —dijo Jeshua al hablar de este tema—: el karma no se equilibra al hacer el bien a otra persona, como piensa la gente. No es haciéndole algo a alguien como uno equilibra su propio karma, sino teniendo uno mismo la experiencia».

Asimismo, existe una diferencia entre lograr el equilibrio y liberarse del karma. El karma se equilibra cuando el alma siente que ha experimentado todos los aspectos de un asunto y se *libera* cuando se resuelven las causas subyacentes del desequilibrio original. Esta diferencia es importante; a menos que sanemos las causas subyacentes de nuestro karma, tenderemos a generar un nuevo karma aun después de equilibrar el original.

Por ejemplo, supongamos que en una vida anterior tuviste la falsa creencia de que los recursos del universo eran limitados y que no había suficiente para todos. Supongamos también que esta falsa creencia te provocó mucho miedo; tanto que decidiste robar la comida de tu vecino.

Al final de esa existencia, cuando volviste a la esfera no física y revisaste tu vida, sentiste un deseo de equilibrar esa experiencia. Por ello, planeaste experimentar algún tipo de pérdida material en tu siguiente vida y restablecer en tu cuerpo la energía del miedo y la falsa creencia de la escasez con el propósito de sanarlos.

Las experiencias que planeas para tu siguiente vida equilibrarán el karma, pero no necesariamente abordarán el miedo o la falsa creencia. Si estos elementos permanecen sin sanar, es muy probable que te lleven a emprender otras acciones que generarán más karma.

El karma original se liberará solo cuando el miedo subyacente y la falsa creencia sean sanados. En el nivel del alma, serías consciente de este hecho y podrías planear, por ejemplo, la experiencia de la pobreza o de los problemas económicos en tu siguiente encarnación, no como un castigo por el acto de haber robado en tu vida pasada, sino como un medio de reflejar ante ti mismo aquellos aspectos de tu conciencia (el miedo y creer en la carencia) que necesitan ser sanados. Aunque el sufrimiento nos provoca desagrado y resistencia, es un potente mecanismo de sanación incluso aunque no comprendamos conscientemente cuándo o cómo la causa. Sin embargo, ser conscientes deliberadamente de su propósito puede empoderarnos para aprender las lecciones subyacentes y generar la sanación necesaria de una manera mucho menos ardua.

En uno de nuestros diálogos, Jeshua describió el karma como «un conjunto de falsas creencias acerca de uno mismo y del mundo... la creencia en el miedo y la separación». Creo que en esta época crucial para la evolución de la humanidad, estamos regresando a un estado de conciencia unitaria en la que todo ello está sanando. Contrariamente a la creencia popular, tal sanación puede producirse de una forma muy rápida, incluso en un instante. Dice Jeshua:

La liberación del karma puede ocurrir en un instante, cuando el alma se da cuenta de la verdadera naturaleza de su propia esencia: divinidad pura, unidad con el Espíritu. Esta comprensión produce una profunda paz. Cuando el alma puede albergar este conocimiento, se liberará muy fácilmente de los lazos del karma.

Hay una historia en la Biblia sobre un criminal que fue crucificado junto a mí. Se sentía profundamente conmovido por la energía compasiva que yo irradiaba y, debido a la profunda liberación que experimentó en el proceso de su muerte, pude decirle: «Hoy mismo estarás conmigo en el paraíso». En ese momento, tuvo lugar una verdadera liberación del karma, un despertar que recordará en sus vidas futuras.

Hay una paradoja que es inherente a la dualidad [vida tridimensional]. Un gran karma puede generar una gran iluminación; las almas que han explorado plenamente su lado oscuro y han llevado un enorme karma sobre sus hombros pueden convertirse en los maestros más grandes y compasivos para otras personas. Quizás hayan necesitado mucho tiempo para lograr la liberación, pero todos ellos dirán que la dificultad no fue la cantidad de luchas y de sufrimiento al que tuvieron que enfrentarse, sino el hecho de darse cuenta de que las luchas no eran verdaderas, sino un resultado de su creencia en el miedo y la separación, y que en realidad estaban libres desde el principio.

La liberación del karma no es difícil en el sentido de tener que experimentar mucho sufrimiento, sino porque arremete contra las ilusiones profundamente arraigadas que han nublado la conciencia de la humanidad durante tanto tiempo. La clave es ser consciente de quién eres realmente [tu alma] y recordar que el Espíritu te ama de un modo incondicional y que estás seguro y eres libre ahora. ¿Es difícil darse cuenta de esto? Seguramente *piensas* que así es.

El objetivo de este libro no es más que ayudarte a recordar quién eres realmente: el vasto, sabio, afectuoso, ilimitado, eterno y Sagrado Ser que planeó la vida que llevas ahora. Conforme entras más plenamente en este recuerdo, verás cada vez con mayor claridad que puedes equilibrar y liberar tu karma y sanar todo lo que necesitas sanar. Tú eres el poderoso creador de todo lo que experimentas, tanto de los desafíos que planeaste antes de nacer como de la sanación que creas a cada momento.

SANACIÓN

También planeamos los desafíos y otras experiencias de vida para sanar distintas energías y aspectos de nuestra conciencia que podrían no relacionarse con nuestro karma. Por ejemplo, en *El plan de tu alma* cuento la historia de Penelope, una joven que planeó nacer totalmente sorda. Cuando la médium Staci Wells y yo accedimos a su sesión de planificación prenatal, descubrimos que en la vida anterior a la actual tuvo la misma madre que en esta. En esa vida anterior, Penelope había oído cómo el novio de su madre le disparó hasta matarla. Penelope quedó psicológicamente traumatizada por ese hecho, hasta el punto de que la llevó a suicidarse más adelante. De esa manera, regresó al

Espíritu con lo que podía denominarse una «energía de trauma sin resolver», que debía ser sanada. En su sesión de planificación prenatal, el Espíritu Guía de Penelope le preguntó si le gustaría nacer sorda para que no volviera a sufrir ningún otro trauma similar y para que pudiera lograr la sanación de la vida anterior. Penelope respondió: «Sí, eso es lo que deseo hacer». Así comenzó la planificación de la experiencia de vida de su sordera.

También relato la historia de Pat, un caballero que, antes de nacer, planeó experimentar varias décadas de alcoholismo. Pat forjó ese plan de vida en parte por la forma en que murió en una existencia anterior: cayó en combate, y fue el último hombre que quedó en el campo de batalla. Mientras lo recorría mirando a sus compañeros caídos, sintió un intenso miedo. En ese estado de miedo extremo, recibió un disparo y falleció. De esa manera, la energía del miedo se alojó en su conciencia y le produjo una gran necesidad de sanación. Antes de nacer, Pat sabía que una larga experiencia de alcoholismo sería tan dolorosa emocionalmente que le llevaría a buscar a Dios, tras lo cual tendría un despertar espiritual que sanaría su miedo. Su sanación empezó, de hecho, un día cuando volvió a casa del trabajo, bebió literalmente hasta la última gota de alcohol de que disponía, cayó de rodillas y gritó a Dios en busca de ayuda. En ese momento, sintió perfectamente la presencia de Dios. Pocas semanas después, se sometió a un proceso de rehabilitación y nunca volvió a beber. Pat planeó y completó brillantemente un círculo de sanación: planificó que su miedo se expresara en forma de alcoholismo con el objetivo de que este generara un dolor emocional que le llevara a descubrir su espiritualidad para que esta lo sanara.

Nuestros planes de vida están diseñados para sanar ciertas energías sin resolver de nuestras vidas anteriores. Entre ellas se encuentra el juicio —a nosotros mismos o a los demás—, la culpabilidad —por nosotros mismos o por otros—, la ira y muchas otras emociones negativas. Si finalizamos varias vidas con estas emociones aún presentes en nuestra conciencia, se convierten en un residuo para nuestras almas. Estas, por lo tanto, al planificar futuras vidas (o, en algunos casos, al ser arrastradas hacia ellas) reflejarán estas emociones ante nosotros para que podamos afrontarlas. Aquello que queda sin sanar en una vida debe sanarse en otra.

El Don de tu $\mathfrak{A}$lma

DAR SERVICIO A LOS DEMÁS

En el nivel del alma, el deseo de ofrecer un servicio a los demás es una motivación muy importante para planear ciertas experiencias de vida. Este deseo es una expresión orgánica de la conciencia de unidad, el estado natural de nuestro ser en nuestro Hogar no físico. Entiendo el concepto de *Unidad* como la realidad de que existe un solo Ser en el universo. Tú, yo y, de hecho, todas las personas, no somos más que expresiones individualizadas de ese Ser, que es la Unidad. Es por ello por lo que la expresión «dar servicio a los demás» realmente quiere decir «dar servicio *aparentemente* a los demás».

Supongamos que, en el nivel del alma, tú y yo planeamos una vida juntos. Cuando nos encontramos en un estado de conciencia de la Unidad, sabes que yo soy, literalmente, tú. Este conocimiento es más que solo un concepto intelectual, como lo es para la mayoría de nosotros cuando estamos encarnados; en lugar de ello, *percibes* realmente que yo soy tú y que tú eres yo, y de esa manera te sientes inclinado a darme servicio. Y a la inversa, dado que yo experimento que, literalmente, tú eres yo, yo deseo darte servicio a ti.

Esta es una vía rápida para la evolución espiritual. Cada uno de nosotros recibe aquello que da. Aprendemos lo que enseñamos. Un error común (aunque en realidad no existen los errores; toda experiencia es un aprendizaje) del aspirante espiritual es centrarse excesivamente en su propio crecimiento, como si dicho crecimiento fuera independiente del servicio a los demás. El excesivo enfoque en uno mismo, aun aunque se relacione con el progreso espiritual, provoca que la propia evolución sea más lenta. Tendemos a olvidar esta verdad cuando nos encarnamos, pero en el nivel del alma somos extremadamente conscientes de ella. Por esta razón, planeamos dar servicio a los demás con el objetivo de fomentar la expansión y la evolución de la Unidad de la que cada uno de nosotros es una parte esencial.

¿Qué significa *servicio*? Sin duda, la palabra «servicio» puede referirse a los actos de generosidad.[1] Una de las funciones más comunes de dar servicio con actos de generosidad es la de unos padres que educan a sus hijos. Sin embargo, también en ocasiones las funciones negativas se planean antes de nacer. De hecho, las personas que nos plantean

---

1. Actos de generosidad motivados por el amor. Similar al término budista *metta*.

mayores desafíos en la vida podrían estar haciéndolo a instancias de nosotros mismos. Los hijos de Pat, por ejemplo, sabían antes de nacer que su alcoholismo le impediría estar tan presente o ser tan cariñoso como cabría esperarse. Lo eligieron como su padre no a pesar de su alcoholismo planeado, sino debido a él. Sentían que la experiencia de tener un padre alcohólico fomentaría su propia evolución.

Las personas que desempeñan las funciones más negativas en nuestras vidas *no siempre* lo hacen porque nosotros se lo hayamos pedido. Por ejemplo, en el capítulo 12, verás que una parte más elevada del alma del violador permitió la planificación prenatal de una violación de tal forma que una parte inferior o más oscura del alma tuviera la oportunidad de sanar la ira. Beverly, la mujer que fue violada, no pidió esa experiencia, pero sabía antes de nacer que tenía muchas probabilidades de sufrirla. Sin embargo, su alma estuvo de acuerdo con ese plan por las razones que analizaré en ese capítulo.

TRES ESTRATOS DEL ALMA Y SANAR LAS FALSAS CREENCIAS

El hecho de que una parte superior de un alma permita que una parte inferior realice un acto como la violación no fue algo que descubrí en la investigación que llevé a cabo para mi primer libro, al menos no en esos términos. Cuando tropecé con este hecho más adelante, me quedé perplejo: tenía entendido que nosotros, como almas, somos amor. Jeshua lo aclaró con la siguiente explicación: «El alma es amor y no amor. El alma crece y evoluciona, y no es toda conocimientos ni toda amor. Es la parte de ti que experimenta y, a través de la experiencia, pasa del no amor al amor».

El alma posee tres «estratos»: el Yo Espiritual, el Yo del Alma y la personalidad terrenal. El núcleo de nuestro ser es el Yo Espiritual, lo que algunas personas conocen como el Espíritu, Dios o la presencia Yo Soy, todo conocimiento y amor. Es parte de la esfera del Ser: siempre presente, inalterable, Uno con todos los demás seres y Todo lo que Es.

El Yo del Alma es parte de la esfera del devenir, el aspecto de nosotros que interviene en la dualidad y que evoluciona a través de la experiencia. Puede cometer lo que podríamos considerar como errores, olvidar su vínculo eterno con el Espíritu y sentirse aislado del amor del cual fue creado y hacia el cual se desarrolla.

La personalidad terrenal es una expresión de esa energía mucho mayor que es el Yo del Alma. La personalidad es inspirada por el Yo del Alma, que mientras tanto aprende de las experiencias de la personalidad, particularmente de los *sentimientos* experimentados por esta. Cuando volvemos a nuestro Hogar no físico entre encarnaciones, se producen muchas sanaciones, aunque algunas de ellas lo hacen únicamente a través de la experiencia de vivir plenamente y superar un desafío cuando estamos encarnados. En la esfera no física, tenemos un mayor conocimiento, pero la vida en la Tierra nos da la magnífica oportunidad de transformar ese conocimiento en una *experiencia percibida*. Es la diferencia entre tener y ser sabiduría.

El Yo del Alma sabe más que la personalidad terrenal, pero no necesariamente está de acuerdo con el Espíritu. Es pluridimensional: puede expresarse simultáneamente en distintas dimensiones o encarnaciones. La sanación que cada uno de nosotros realiza sana a otras personalidades que han sido creadas antes por el Yo del Alma, y también produce una sanación en nuestra vida actual. En el capítulo 13 verás que, antes de nacer, Mikæla consintió en experimentar varias formas de enfermedad mental extrema de manera que pudiera sanarse a ella misma y, al hacerlo, sanar a otras encarnaciones de su Yo del Alma.

Surge una pregunta: ¿por qué el Espíritu o Dios permite tantas formas de sufrimiento? Una respuesta es que el Espíritu es intrínsecamente ilimitado. Si impidiera que el Yo del Alma planease una encarnación y tuviese ciertas experiencias, él mismo se volvería limitado, lo cual es contrario a su naturaleza. Por esta razón, el Espíritu permite que el alma experimente todas las manifestaciones de la ignorancia, el miedo o la oscuridad.

Cuando el Yo del Alma planea encarnar en la Tierra, el plan se crea a partir del conocimiento pero también de la ignorancia, del amor pero también del miedo. La ignorancia incluye las falsas creencias: «Carezco de valor», «Me veo impotente», «Estoy solo», «El amor duele», «No se puede confiar en la vida», «La vida es sufrimiento», etc. Cuando se tienen estas creencias, el alma atraerá circunstancias de vida que coincidan con ellas, y con el tiempo, conforme se reflejen ante la personalidad, se incorporarán a la conciencia. Solo cuando la personalidad se dé cuenta del poder creativo de las creencias y del hecho de que nuestro exterior no es más que un reflejo de nuestro mundo interior, se podrán empezar a sanar esas falsas creencias.

Para lograr esto, se requiere más que la mera intención y la conciencia; también son necesarias experiencias que refuten la falsa creencia. Somos más capaces de generar tales experiencias positivas cuando actuamos *como si*: como si nos sintiéramos valiosos, como si supiéramos que somos poderosos, como si el amor fuera seguro y la vida, gozosa. Con el paso del tiempo y al repetir experiencias positivas, nuestras falsas creencias se transforman. Quizás lo más importante es que no podemos cambiarlas únicamente obligándonos a tener pensamientos diferentes. Las falsas creencias se transforman debido a que los *sentimientos* también lo hacen. ¿Puedes *sentir* que eres valioso, poderoso y que no estás solo? ¿Puedes *sentir* la presencia del Espíritu y el amor que el Universo tiene para ti? ¿Puedes *sentir* gozo y confianza en la vida? Para liberarte realmente, debes llevar tus creencias al nivel de los sentimientos. Este puede ser el trabajo de toda una vida.

Si el mundo exterior refleja nuestras creencias ante nosotros mismos y, por lo tanto, si tenemos experiencias repetidas e incluso vidas enteras que proporcionan pruebas de esas creencias, ¿cómo podemos sanar las que son falsas? Para responder a esta pregunta, debemos comprender que el sufrimiento es producto de las historias que nos contamos a nosotros mismos. Por ejemplo, la experiencia de que tu pareja sentimental rompa contigo no es intrínsecamente buena ni mala. Sin embargo, si reaccionas pensando: «Nadie me volverá a amar» o «Nunca seré feliz», habrás creado una historia que te hará sufrir. En el instante anterior a que tu mente creara la historia, tuviste lo que Jeshua denomina un *momento de elección*. En ese momento, elegiste cómo reaccionar ante el evento externo. Existe un espacio dentro de ti desde el cual respondes. Cuando adquieres conciencia de este espacio, también adquieres conciencia de quién eres realmente: no una víctima, sino un poderoso creador. La sanación nace de esta conciencia.

Tu alma usa los desafíos y las crisis para provocar una necesidad de elegir. Si nunca experimentaras desafíos o crisis, si siempre estuvieras rodeado de personas afectuosas y en un entorno pacífico, no tendrías la necesidad de elegir. Tú, es decir, tu personalidad terrenal, te sentirías feliz, pero no estarías motivado para viajar a tu interior, para recordar quién eres realmente y elegir de un modo consciente la sanación. Tu alma, que anhela integrar sus aspectos no sanados, notaría que algo le falta y se vería obnubilada por los residuos de las falsas creencias no afrontadas. Tu alma trata de sanar desde dentro. Dado que tú eres una extensión de tu alma en forma física, estás «dentro» de ella y, por tanto, puedes sanarla.

Si tu alma tiene aspectos no sanados, no necesitas sufrir continuamente hasta que tu sanación esté completa. Como señala Pamela Kribbe: «El proceso de crecimiento no es lineal. Las vidas con mucha negatividad se alternan con otras más tranquilas y pacíficas, lo que permite que el alma se recupere de las experiencias traumáticas y se concentre en otros aspectos de sí misma. El alma no es obligada a elegir circunstancias negativas hasta que "comprende". En última instancia, y aunque pueda parecer lo contrario, tu alma desea que sanes hasta que nades en un océano de felicidad».

EL CONTRASTE

Nuestro Hogar no físico se parece mucho a la forma en que se lo representa tradicionalmente: un entorno de gran paz y amor, gozo y luz. En este entorno no experimentamos el contraste. Deseamos y planeamos nuestras vidas en la Tierra porque aquí existe la dualidad: arriba y abajo, caliente y frío, bueno y malo, amor y odio. Como almas, aprendemos mediante el contraste, ya que nos ayuda a comprender mejor quiénes somos. También nos sirve para generar sentimientos intensos, a través de los cuales crecemos y aprendemos. Los sentimientos que experimentamos serán más intensos si olvidamos que la vida en la Tierra es sólo una obra dramática sobre un escenario, una obra que nosotros mismos escribimos. Cuando creemos que esta ilusión es real, los riesgos parecen mayores y, por tanto, nuestras emociones suelen ser más intensas. La intensidad de la experiencia acelera nuestra evolución *si* sentimos nuestras emociones y aprendemos a trabajar con ellas con amor. Los seres no físicos hablan a menudo de lo maravillosas que son las oportunidades que se dan en la Tierra para el progreso espiritual y de cómo los seres humanos podríamos evolucionar más en una sola vida de lo que ellos pueden hacerlo en un período de «tiempo» infinitamente más largo.

El contraste es particularmente marcado en un plan de vida de aprendizaje mediante contrarios. En él, el alma planea experimentar precisamente lo contrario de lo que más desea aprender. Existen infinitos matices y variaciones en los planes de aprendizaje mediante contrarios. Un ejemplo de esto sería que las almas que desean aprender sobre la conciencia de unidad, es decir, la Unidad de todos los seres, reencarnan en familias en las que son muy diferentes del resto de los miembros. Los roces interpersonales e incluso el ostracismo que sufren hacen que estos individuos se sientan aislados. El dolor de la separación los lleva hacia su interior y, gracias a ello, con el tiempo adquieren un *sentimiento-conocimiento* de la Divinidad que vive dentro de ellos. Cuando perciben la Santidad en sí mismos, pueden sentir la santidad dentro de los demás. Se dan cuenta de que la divinidad penetra en todas las cosas y en todos los seres, que es la esencia misma de todo lo que existe. Esta conciencia es el inicio de la conciencia de la Unidad, una conciencia en la que la humanidad se adentra rápidamente.

LOS DESAFÍOS VITALES BENEFICIAN A LA PERSONALIDAD

A menudo me preguntan: «¿Por qué debo sufrir para que mi alma pueda evolucionar y sanar?». La respuesta a esta pregunta justa y natural es que los desafíos vitales benefician a tu personalidad encarnada y a tu alma.

El famoso maestro psíquico, sanador y canalizador John Friedlander aborda esta cuestión con el siguiente ejemplo: supongamos que durante años, y quizás en varios empleos, has tenido que trabajar con personas muy difíciles. Has descubierto que esta experiencia te resulta fatigosa y molesta. En ocasiones, incluso has sentido que es más de lo que puedes soportar. Has fantaseado a menudo con ganar la lotería para poder jubilarte y, como les dices a tus amigos, «nunca tener que trabajar más con idiotas».

Si tu plan de vida es aprender la amabilidad y la generosidad, es muy poco probable que cumplas tu sueño de ganar la lotería. La energía predominante en tu aura es la de la lección de vida que debes aprender, y esta energía es la que produce tu experiencia. Dado que la mente egocéntrica no comprende la relación entre «trabajar con idiotas» y aprender la amabilidad y la generosidad, quizás sientas que tus circunstancias de vida son injustas o incluso insoportables. Sin embargo, conforme desarrollas la amabilidad y la generosidad, te enriqueces profundamente, al igual que tu alma.

Tú y tu alma participáis en una sociedad exquisitamente hermosa, significativa y mutuamente beneficiosa.

EL PROCESO DE PLANIFICACIÓN PRENATAL

Una vez que terminas una vida en la Tierra, te fusionas nuevamente con tu alma.[2] La expresión «fusionarse nuevamente» es algo engañosa en este contexto, porque en realidad nunca te separas de tu alma. Sin embargo, tu conciencia se mezcla con la de tu alma de una forma más completa. Una ola nunca se separa del océano, pero cuando muere vuelve a unirse al océano de la misma manera en que tú vuelves a unirte con tu alma. Tu alma se enriquece con todo aquello que adquiriste y que llevas contigo, con todo lo que experimentaste en tu vida.

Al final, tu alma anhelará una nueva vida física, y así comienza la creación de una nueva personalidad. Si es el momento de que reencarnes, tu energía siembra tu nueva personalidad, es decir, forma el núcleo de quien serás en tu próxima vida. Esta personalidad es realmente nueva. Ya no serás quien eres ahora, así como ahora no eres quien fuiste en una encarnación anterior. La creación de una nueva personalidad es un nacimiento sagrado que forja tu alma no por sí misma, sino en asociación con el Espíritu. Tú, es decir, la nueva personalidad que surge, tienes vida y conciencia. Te sientes vinculado con tu alma como un niño con su madre y eres consciente de su mayor sabiduría.

En un momento dado, cuando tu deseo de una nueva encarnación se vuelva más fuerte, tendrá lugar una sesión de planificación en la que se creará el proyecto para tu próxima vida. En las sesiones de

---

2. En rigor, la personalidad es eterna. Una explicación de la eternidad de la personalidad está más allá del alcance de este libro. Si estás interesado en este tema, te recomiendo que consultes el libro *Psychic Psychology: Energy Skills for Life and Relationships*, de John Friedlander y Gloria Hemsher, donde encontrarás una explicación amplia y detallada.

planificación prenatal que ella ve, Staci Wells suele describir este paso como «el alma probándose la capa de la personalidad». En esta etapa, recibes la retroalimentación de distintos Espíritus Guías que explican el propósito de las oportunidades y los desafíos de la vida que tienes por delante. Puedes expresar cualquier sentimiento, duda o pregunta. Si te preocupa alguna parte de tu plan de vida, tus Guías y tu alma te tienden la mano para apoyarte de manera afectuosa y compasiva. Disfrutas de libre albedrío, por lo que debes estar de acuerdo con el plan de vida antes de concluirlo. Aunque puedes oponerte o incluso negarte a llevarlo a cabo, sentirás la gran generosidad y sabiduría de tu alma y de tus Guías, por lo que es muy probable que lo aceptes. Tu alma se sentirá agradecida contigo por aceptarlo y, de hecho, por todo lo que harás en tu siguiente reencarnación. Tu alma y tus Guías tienen un gran respeto por ti debido al valor que muestras.

El Espíritu y tu alma forjan tu plan de vida de un modo instintivo y no analítico. Tu alma sabe en qué áreas tiene que trabajar y desea adquirir experiencia en ellas. El Espíritu responde a este deseo presentándole distintas opciones de planes de vida, que tu alma recibe y asimila como tú lo harías con las imágenes de una película. El proceso de planificación es difícil de medir en tiempo lineal y su duración es diferente para cada alma.

El lenguaje que se utiliza en este libro, y que de hecho se debe utilizar necesariamente si deseamos explicar la planificación prenatal, hace que el proceso parezca más analítico de lo que es realmente. En este entorno, entran en juego un lenguaje y un cerebro humano tridimensionales para comprender un fenómeno que en realidad es interdimensional. Por esta razón, el lenguaje empleado para describir este fenómeno no es más que una aproximación. Al igual que otros fenómenos interdimensionales, la planificación prenatal es mucho más grandiosa y magnífica de lo que puede expresarse con palabras.

EL LIBRE ALBEDRÍO

El libre albedrío y la planificación prenatal se interrelacionan en un rico e intrincado tapiz. Para comprender cómo funcionan en conjunto, tomemos el ejemplo de una persona (llamaré George arbitrariamente a esta alma, aunque en realidad es andrógina) que tuvo muchas vidas en las que hizo ciertos planes antes de nacer pero cedió ante los deseos de otras personas cuando estuvo encarnado. En otras palabras, antes de su nacimiento, George deseaba aprender y crecer de cierta forma, pero cuando estuvo en la Tierra, permitió que otros le dictaran cómo vivir su vida. Durante la evaluación de vida que tiene lugar después de cada encarnación, George se dio cuenta de que tenía esa tendencia y resolvió sanarla. De esta manera, planeó, en el nivel del alma, incorporar energéticamente en su cuerpo la tendencia a ceder ante los deseos de los demás.

Supongamos que hay otra alma en el grupo de George (un conjunto de almas que se hallan más o menos en la misma etapa evolutiva, que encarnan juntas repetidamente y que desempeñan todas las funciones que se puedan concebir las unas con las otras) que tiene precisamente la tendencia opuesta. Cuando estuvo encarnada, esta alma, a quien llamaré Sally, normalmente les decía a los demás qué era lo que debían hacer y les imponía su voluntad de un modo inapropiado. En sus evaluaciones de vida, Sally se dio cuenta de que presentaba esa tendencia y decidió sanarla. Así, planeó, en el nivel del alma, incorporar energéticamente en su cuerpo la tendencia a dominar a los demás.

George, que conoce el plan de Sally, le dice: «Veo que estás incorporando en tu cuerpo la tendencia de dominar a otros con el propósito de sanarla. Yo estoy incorporando en mi cuerpo la tendencia a ceder a los deseos de los demás, con el mismo propósito. Planeemos casarnos cuando yo cumpla treinta años. Aunque sabemos que probablemente será un matrimonio turbulento, nuestra esperanza será que yo aprenda a hacer valer mis derechos y que tú aprendas a respetar los deseos ajenos». Viendo la gran sabiduría de este plan y su potencial de generar un gran crecimiento espiritual, Sally muestra su acuerdo con gran alegría. Generalmente, existe un sentimiento de gozosa colaboración entre las almas, aun cuando se planeen desafíos muy difíciles.

Ahora, supongamos que cuando George ha cumplido veinticinco años, comienza a trabajar con un jefe que no le tiene ninguna consideración, que lo trata con una profunda falta de respeto y de amabilidad. George hace acopio de sus recursos internos y se opone a este trato. Le dice: «Alto. Usted no puede tratarme de esta manera. Si quiere que continúe trabajando aquí, debe mostrarme respeto y generosidad». En el momento en que George hace esto, su vibración aumenta tremendamente. Si puede mantener esa vibración hasta que cumpla treinta años, y si Sally no incrementa la suya a un nivel similar, en virtud de la Ley de la Atracción, es probable que ocurra una de estas dos cosas: que George y Sally nunca se conozcan o que, si lo hacen, no se atraigan mutuamente. En cualquiera de los dos casos, el matrimonio planeado nunca se producirá; sus distintas vibraciones les impedirán unirse. (El alma de Sally habría tomado en cuenta esta posibilidad en el proceso de planificación prenatal y habría creado un «plan B», en el que conocería a otra pareja que le daría la oportunidad de aprender la lección deseada.)

Esta historia hipotética ilustra cómo la planificación prenatal y el libre albedrío se cruzan en la más elegante de las formas. Aquí, George usó su libre albedrío para aprender la lección planeada (defender sus derechos y ser leal a sí mismo), obviando así la necesidad del desafío de un matrimonio difícil.

EL NUEVO SER HUMANO

Aunque los desafíos vitales constituyen un crecimiento tremendo para la personalidad y para el alma, el sufrimiento no es necesario para que se produzca ese crecimiento. Como seres humanos, siempre hemos tenido la total libertad de analizar nuestra conciencia y de usar nuestro poder creativo. Durante miles de años, hemos tomado decisiones basadas cada vez más en el miedo y en la creencia en la separación. Ahora, este proceso está empezando a dar marcha atrás conforme basamos cada vez más nuestras decisiones en el amor y en la compasión. La raza humana está a punto de evolucionar hacia la madurez espiritual. Dice Jeshua:

Aunque la exploración de los extremos es un proceso viable, ahora es el momento de crear un nuevo equilibrio e ir más allá del aprendizaje mediante el sufrimiento. Este puede ser un medio para despertar, pero eso no quiere decir que uno no deba hacer todo lo posible para aprender de formas distintas y más positivas. No juzgamos el sufrimiento o la negatividad, pero al mismo tiempo haremos todo lo que podamos para ayudarte a ir más allá.

La humanidad evoluciona y reconoce cada vez más la Unidad que está detrás de todas las formas de vida. Ahora, es capaz de atravesar las ilusiones del miedo y de la separación, así como de aceptar su verdadero destino: convertirse en la inspiración y en la vía de acceso a una nueva Tierra, el hogar de muchos seres diferentes que viven juntos en paz, gozo y creatividad.

Los nuevos seres humanos irán más allá del paradigma del aprendizaje mediante el sufrimiento. Al estar menos impulsados por el miedo, descubriremos que la curiosidad, la creatividad y el amor se convierten en nuestras principales motivaciones para crecer y aprender. Conforme el miedo disminuya y nos sintamos más seguros, satisfaremos más plenamente nuestra curiosidad natural hacia nuestros semejantes. Abandonaremos los límites innecesarios, nos permitiremos sentir lo que los demás sienten y nos comunicaremos con ellos con una gran empatía.

La creatividad se convertirá en un mayor motivador conforme nos sintamos libres y seguros para expresarnos de manera desinhibida y gozosa y para compartirnos a nosotros mismos y nuestra abundancia. El amor —abandonarnos a nosotros mismos y unirnos a aquello que es más grande— ampliará la conciencia humana de modos que jamás nos hemos permitido imaginar.

«VENCER» LOS DESAFÍOS DE LA VIDA

La resistencia a la vida y los desafíos que nos presenta suele manifestarse con una actitud de «voy a vencer esto». Si decretas al universo que vas a «vencer» algo, le ordenas que traiga a tu puerta más de aquello que no deseas.

Cuando transmites la energía de *vencer* (o cualquiera de sus variantes, como *luchar*, *combatir* o *conquistar*), el universo, como un bumerán, te la devuelve obedientemente. Con independencia de tus intenciones conscientes, el universo manifiesta a tu alrededor las vibraciones con las que resuenas.

Cuando piensas: «Quiero vencer esto», las células de tu cuerpo responden y luchan contra ellas mismas; de ese modo, cualquier tipo de sanación es literalmente vencido y eliminado de tu conjunto de opciones. La dureza de la energía de querer vencer algo también puede aparecer (y generalmente lo hace) en otras áreas de tu vida, como el dinero, las relaciones y otras circunstancias personales.

Quizás sientas que has vencido algún desafío concreto en tu vida, como el cáncer. Si lo superaste, no fue gracias a la energía de vencer, sino a pesar de ella. La preponderancia de la energía de tus pensamientos, palabras y acciones resonó con una frecuencia mucho más alta que la de vencer, aunque tu mente consciente podría haber creído que participabas en una supuesta pelea contra el cáncer.

Durante miles de años, personas de todo el mundo han provocado conflictos de manera inconsciente al tratar de vencer un desafío vital. La paz, el gozo, la prosperidad, la sanación y todas las demás bendiciones del universo no se generan al vencer algo; por el contrario, se crean al aceptarlo todo.

POR QUÉ PREGUNTAR POR QUÉ

Cuando preguntas por qué ha ocurrido u ocurre algo, generas un vórtice de energía que atrae hacia ti las respuestas que buscas. Sin importar si tu mente consciente sabe que ha recibido una respuesta, la energía que atraes hacia ti al hacer la pregunta es profundamente sanadora. No sugiero que te obsesiones con el porqué; al contrario, la mayor sanación se produce cuando preguntas por qué y lo liberas hacia el universo como si soltaras un globo de helio, dejándolo volar hacia el cielo. El globo encontrará su destino correcto, al igual que tu pregunta. El universo siempre te responde, aunque no lo haga de una forma que puedas identificar o en el momento que prefieras.

Si el hecho de descubrir el significado más profundo de los sucesos que ocurren en nuestras vidas es beneficioso, ¿por qué no encarnamos recordando todo nuestro plan prenatal? Existen varias razones. Como he mencionado, el hecho de no recordar «el otro lado» hace que la vida en la Tierra parezca más real, y esa percepción nos lleva a experimentar intensos sentimientos, de los cuales aprendemos mucho durante una encarnación. Además, si recordásemos todo el plan, sería como hacer un examen con el libro abierto sobre el pupitre. Se produce un aprendizaje mucho mayor cuando no acudimos a los libros, cuando buscamos, encontramos e integramos las respuestas por nosotros mismos, justo como lo estás haciendo ahora. Asimismo, el simple hecho de descubrir las preguntas que deseamos hacer es una valiosa parte del viaje. Si supiéramos las respuestas, nunca buscaríamos las preguntas.

En última instancia, el propósito de preguntar por qué no es que tu mente logre averiguar la totalidad de tu plan prenatal, sino invitarte a rendirte a tu corazón. Cuando le prestas atención a la llamada de tu corazón, estás cumpliendo tu plan de vida, incluso si tu mente no tiene una conciencia deliberada de ese plan.

LA CONCIENCIA DE VÍCTIMA

Actualmente se está produciendo un gran cambio de conciencia en nuestro planeta. Este cambio depende totalmente de que aquellos de nosotros que estamos encarnados logremos elevar nuestra vibración, lo que significa, en pocas palabras, ser las personas más afectuosas que podamos. Conforme elevamos nuestra vibración, la Tierra también eleva la suya. Los Espíritus Guías, ángeles, seres queridos y otras entidades de la esfera no física pueden enviarnos amor, sabiduría, luz e inspiración, pero debemos recibir y expresar estos dones. Estos seres no físicos que nos aman y nos guían no son capaces de generar por sí mismos un cambio en la conciencia humana.

La conciencia de víctima, es decir, la creencia de que has sido victimizado por una persona, una experiencia o la vida en general, tiene una frecuencia vibratoria muy baja. Cuando comprendemos que somos los poderosos creadores de todo lo que experimentamos, incluso si ignoramos cómo o por qué creamos algo, nos apartamos de la conciencia de víctima, elevamos nuestra vibración y, al mismo tiempo, elevamos la vibración de la Tierra. Si tu intención prenatal o actual es contribuir al cambio de conciencia humano, debes saber que abandonar la mentalidad de víctima es una magnífica y poderosa forma de hacerlo.

La conciencia de víctima es una falsa creencia que se ha convertido en parte de nuestra manera limitada y habitual de pensar. Produce unos beneficios secundarios muy tentadores: se trata de una forma de ganarnos la compasión de otros, un medio de establecer lazos afectivos con otras personas que también creen que son víctimas. Esto no debe juzgarse, porque resulta fácil creer lo que nos han enseñado y es muy natural desear el apoyo de otras personas. Mi intención no es juzgar la decisión de percibirnos a nosotros mismos como víctimas, sino aclarar que es una elección. La otra opción consiste en recordar nuestra identidad y poder como expresiones de las almas eternas que planearon las vidas que ahora llevamos, saber que somos creadores, y no víctimas, de nuestras propias experiencias. Esta conciencia eleva al mundo entero.

La conciencia de víctima tiende a perpetuarse. Si crees que eres una víctima, vibras en esa frecuencia y atraes energéticamente las experiencias que confirmarán en tu mente que eres una víctima. Una clave para romper este ciclo es liberarte de la culpabilidad, ya que te coloca precisamente en la frecuencia de la conciencia de víctima. Podemos liberarnos más fácilmente de la culpabilidad cuando asumimos la responsabilidad de haber estado de acuerdo con nuestros planes de vida. Esta responsabilidad es un terreno fértil en el que florecen una mayor conciencia y un mayor autoconocimiento.

EL JUICIO

Al igual que la conciencia de víctima, el juicio resuena en una frecuencia muy baja. Genera separación, la separación produce miedo y el miedo es la causa de la mayoría de los problemas de nuestro mundo. El cambio actual en la conciencia humana es, en parte, un regreso a la Unidad o conciencia de unión, nuestro estado natural en nuestro Hogar no físico. No podemos regresar a esta conciencia de Unidad si juzgamos y, por lo tanto, estamos separados unos de otros. La conciencia de la planificación prenatal hace más fácil que nos liberemos de juzgar a otros, porque de esa manera llegaremos a comprender que todo plan de vida surge del amor y se basa en la sabiduría.

La sociedad establece juicios particularmente severos para las personas que sufren determinadas experiencias, como la falta de vivienda, el alcoholismo, la adicción a las drogas o ciertas enfermedades: «Tiene que hacer algo», «Realmente no lo intenta», «Es débil», «Debe esforzarse por mejorar su situación»... Enjuiciar a alguien que padece sida es especialmente inclemente: «Debió de haber sido una libertina», «Se lo merece», «El sida es la manera en que Dios castiga a los homosexuales por ser así»... Sin embargo, en realidad estas experiencias son planeadas antes de nacer y se trata de planes valientes, planes que muchas personas no se atreverían a emprender. Cuando comprendemos la planificación prenatal, nuestros juicios desaparecen y son reemplazados por un respeto y una admiración constantes por las valerosas almas que se enfrentan a tales desafíos.

A pesar de ello, el juicio podría ser una herramienta útil para adquirir conocimientos sobre tu plan de vida. Pregúntate: «¿Qué rasgo juzgo con mayor severidad en las personas que forman parte de mi vida?». Luego: «¿Qué es lo opuesto a este rasgo?». Probablemente adolecías en una vida anterior —y es posible que también ahora, hasta cierto punto— del rasgo que has juzgado en otra persona. Todo juicio a otros es en realidad un juicio a ti mismo. Si no tuvieras el rasgo que juzgas, serías incapaz de reconocerlo en otra persona, o no lo juzgarías si lo vieras.

Dado que lo que experimentamos fuera de nosotros mismos siempre es una proyección de nuestra realidad interior, no nos es posible evitar juzgar a otras personas hasta que dejamos de juzgarnos completamente a nosotros mismos. El hecho de pronunciar palabras y realizar acciones que no impliquen juicios no quiere decir que no estemos juzgando. El único indicador verdadero de la ausencia de juicio es cómo nos experimentamos a nosotros mismos, ya que es así como experimentamos realmente a los demás.

Debemos tener cuidado, asimismo, de no juzgar al juicio. Aunque a ninguno de nosotros le gusta que lo juzguen, decidimos, por una buena razón, encarnar en un momento de la evolución humana en que el juicio es común. En pocas palabras, el juicio es un poderoso maestro, y algunos aprendemos mejor al experimentarlo sobre nosotros mismos. Esa experiencia es un medio muy eficaz para desarrollar empatía, compasión, independencia emocional y muchas otras virtudes divinas. Las vidas que planeamos antes de nacer son oportunidades para adquirir y expresar tales virtudes.

IRA HACIA TU ALMA

Si has experimentado un trauma y sientes que la experiencia traumática fue planeada por tu alma, es posible que sientas ira hacia ella. Si es así, no juzgues la ira como algo negativo, ni te juzgues a ti mismo por sentirla. Tu ira y, de hecho, todos tus sentimientos, cualesquiera que sean, son comprensibles, naturales, adecuados y verdaderos. Hónralos. Respétalos. No los suprimas. En lugar de ello, abrázalos con amor. Date cuenta de que tú no eres tus emociones; las emociones son fardos con los que cargas. Al igual que ocurre con todo aquello que te pese demasiado, puedes dejar a un lado las emociones cuando estés listo.

En mis conversaciones con Jeshua, abordó la ira que se puede sentir hacia el alma:

No veas la ira como un mensajero de la verdad ni digas: «Mi alma tomó decisiones equivocadas». Considérala un mensajero de la parte de ti que se halla más lastimada. Considérala un niño que necesita tu atención y tus poderes sanadores. Que no te preocupe que la ira te haga ganarte la antipatía de tu alma o que tu alma se sienta ofendida por ella. *Es correcto sentir ira*.

Abraza al niño enfadado y mira lo que ocurre. Verás que no solo está enfadado, sino también muy solo y triste. Anhela tu compañía y tu orientación. La sanación se produce en cuanto te conectas con el niño de tu corazón. Si eso ocurre, estarás alineado con tu alma: el amor circula a través de ti y te sana desde dentro.

Trabaja *con* la ira; no la combatas. Tu parte lastimada necesita *sentir* la energía de un padre sabio, apacible y compasivo.

LA RESISTENCIA

El sufrimiento se produce cuando te resistes a determinadas emociones, como el miedo o la ira, que pueden surgir en respuesta a los sucesos de tu vida. El adagio «lo que resistes, persiste» es verdadero: cuando te concentras en algo, le das tu energía, y la resistencia es una poderosa forma de enfoque. Te preguntarás cómo puedes liberar tu resistencia ante las emociones negativas, como el miedo o la ira, y permitir que la sanación circule en su lugar.

Para lograrlo, debes hacer lo que harías si no tuvieras tales emociones. Por ejemplo, sentí mucho miedo de revelar en el prefacio que había sufrido maltrato en mi niñez, además de vergüenza por el propio maltrato, ya que se trata de algo sumamente personal. Antes de escribir acerca de ello, pensé que sería como mostrarme desnudo ante todo el mundo. Si me hubiera dejado guiar por mi miedo y por mi vergüenza, habría decidido no compartir este aspecto de mi vida. En lugar de ello, me pregunté: «¿Qué haría ahora el valor?». Me hice vulnerable al abrirme de este modo (hay poder en la vulnerabilidad) y siento un mayor respeto por mí mismo y una mayor autoestima por haberme enfrentado a ello. Asimismo, gran parte del miedo y de la vergüenza simplemente se han desvanecido. Del mismo modo, los médiums que aparecen en este libro han hablado abiertamente de algunos de los desafíos que han experimentado. No somos más valientes que tú. Podrás liberar tu resistencia a las circunstancias y sucesos de tu vida haciendo lo que el valor te diga que debes hacer.

Si piensas que te falta coraje, recuerda que cuando tu alma planeó tu vida, tuviste la oportunidad de sucumbir ante el miedo y negarte a seguir el plan. Sin embargo, tuviste el valor de estar de acuerdo con él. Solo las almas más valientes eligen encarnar en la Tierra. Tú eres una de esas almas. Cuanto más difícil sea el plan que acordaste, más valentía mostraste al aceptarlo. Si has olvidado lo valiente eres, este libro te ayudará a recordarlo.

Cuando surja el miedo, no olvides que ya sabías antes de nacer que sería un elemento importante de tu experiencia terrenal. Conocer el miedo mientras estás encarnado es parte de tu plan. Por ello, debes estar muy seguro de que *solo los valientes planean tener miedo*. El valor que requeriste para planificar el miedo es el mismo que necesitas ahora para transformarlo. El hecho de que estés encarnado da fe de que tienes el valor necesario para transformar tus miedos en amor. Precisamente el deseo de hacer esto es una de las razones por las que elegiste encarnar en este momento especial de cambio de conciencia.

ESTAMOS AQUÍ PARA SANAR

En el nivel más básico, el acuerdo prenatal es el mismo para todos: abrazar y transmutar todas las energías discordantes (no basadas en el amor). Las energías que no hemos transmutado anteriormente vendrán a nosotros en esta vida para que podamos hacerlo. Todos pedimos esta oportunidad antes de nacer; de hecho, fue un requisito esencial para nacer en la esfera física en este momento. Esta vida es, por lo tanto, de primordial importancia en el calendario cósmico. Estamos aquí para integrarnos en la totalidad de nuestro ser y, al hacerlo, sanar los residuos de las energías no integradas de todas nuestras vidas, físicas y no físicas.

Cuando nos resistimos a cualquier aspecto de la vida, también nos resistimos a la sanación. Cuando se produce un bloqueo en una dirección, hay un bloqueo en todas ellas. Por consiguiente, en última instancia, el propósito de todo desafío vital es el mismo: darnos la oportunidad de abrazar aquello contra lo que hasta ahora nos hemos resistido. Asimismo, todo desafío vital sana del mismo modo: dándonos cuenta del poder de lo que pensamos, decimos y hacemos. Nuestra *experiencia* de vida no está determinada por nuestro plan de vida, sino por la forma en que respondemos a ese plan. Nuestras respuestas, es decir, nuestros pensamientos, palabras y acciones, crean nuestra experiencia y, potencialmente, también nuestra sanación.

Es aquí donde el conocimiento de la planificación prenatal resulta extremadamente útil y sanador. Cuando comprendemos que hemos planeado nuestras vidas, sabemos que todo lo que ocurre tiene un significado y un propósito profundos. Cuando sabemos que todo lo que ocurre tiene un significado y un propósito profundos, nos resulta infinitamente más fácil pensar, hablar y actuar con amor. Cuando respondemos a la vida de manera afectuosa, nuestra resistencia previa se convierte en aceptación, nuestra aceptación se torna en receptividad, nuestra receptividad crece hasta convertirse en consentimiento y nuestro consentimiento se transforma en gratitud por las experiencias que abren nuestros corazones y nos expanden como almas.

Has encarnado en la Tierra en este momento para sanarte, despertando conscientemente al recuerdo de ti mismo como alma. Tu sanación se completa cuando ves la luz de tu alma y sabes que esa luz es quien eres realmente.

Capítulo 2

El despertar espiritual

Nosotros, como almas, escogemos el período de tiempo en el que habremos de nacer y las experiencias que tendremos en esa vida futura. Creo firmemente que vivimos en una época de un rápido y amplio despertar espiritual. Si has encarnado en este período y, particularmente, si estas palabras han llegado hasta ti, es probable que hayas planeado despertar en esta vida. Para mí, despertar es comprender internamente de manera profunda que eres más que tu cuerpo, más que tu mente; que eres, en verdad, un ser eterno.

Cuando planeamos nuestras vidas, solemos incorporar puntos de inflexión, catalizadores o detonantes importantes que, dependiendo de nuestras reacciones ante ellos, pueden llevarnos en direcciones radicalmente opuestas. Un despertar espiritual es uno de estos puntos de inflexión.

Como chispas de nuestras almas, siempre disponemos de libre albedrío. Cuando alcanzamos un punto en nuestras vidas en el que la posibilidad de despertar estaba planeada, podemos aceptar el despertar o resistirnos a él. Las repercusiones de esa decisión, independientemente de si es consciente o inconsciente, resonarán en nosotros con fuerza el resto de nuestros días.

Siete años antes de escribir este capítulo, experimenté un profundo despertar espiritual. Cuando comenzó y mientras se desarrollaba, ignoraba que estaba despertando. En realidad, si alguien hubiera usado la palabra «despertar» para describir lo que estaba experimentando, no habría comprendido qué quería decir. Solo sabía que nuevos y espectaculares panoramas se abrían rápidamente ante mí, uno tras otro. De repente, veía facetas de la vida de las que nunca había sido consciente, aunque intuía que habían estado ahí desde siempre. Fue un tiempo de exploración, emoción y fascinación. Sentí cómo cambiaba y me expandía con una gran rapidez, impulsado por una corriente poderosa pero invisible. No sabía a dónde me llevaría esa corriente, pero me abandoné totalmente a ella de forma instintiva y placentera. La idea de nadar a tierra nunca entró en mi mente y mi vida jamás volvió a ser la misma.

¿Qué es un despertar espiritual? ¿Por qué algunas almas planean antes de nacer *dar a luz* a un nuevo yo en el plazo de una vida? ¿Cómo cambia la propia vida después de despertar?

MI VIDA[1]

En mayo de 2003, tenía una vida insatisfactoria como consultor autónomo de mercadotecnia y comunicaciones. Aunque me gustaba una parte de mi trabajo, no obtenía de él ninguna satisfacción profunda. Sentía que si desaparecía de la faz de la Tierra, mis clientes ni siquiera se darían cuenta; simplemente pondrían a otra persona en mi lugar y seguirían adelante. Lo más importante era que mi vida no era una expresión única de *mi alma*. Al ser muy espiritual pero no religioso, anhelaba ofrecerle al mundo alguna aportación que fuera característicamente mía, pero no tenía ni idea de cuál podría ser.

Mis antecedentes son convencionales. Crecí en una familia convencional en las afueras de Cleveland, Ohio. Recibí una educación convencional basada en el método científico. Con tales antecedentes, mis primeros intentos por descubrir el propósito único de mi vida también fueron convencionales. Empecé por decirles a mis amigos y a mi familia que sentía que había una vocación más alta para mí y les pregunté cuál pensaban que sería esa vocación. En general, recibía dos

1. Adaptado del prólogo de mi libro *El plan de tu alma*.

tipos de respuesta. Algunas personas solo se encogían de hombros y decían: «No lo sé». Otras me sugirieron que me dedicase a lo mismo que ellas. Como puedes imaginar, ninguna de estas respuestas me resultó particularmente útil.

Recurrí entonces a otro enfoque convencional: hablé con un consejero vocacional. Tomé el test Myers-Briggs y descubrí mi tipo de personalidad. Sin embargo, con todos mis respetos hacia él —puede ser una herramienta realmente poderosa—, la información que me proporcionó no me sirvió de nada en absoluto.

Dado que los enfoques convencionales resultaron infructuosos, decidí pensar de manera no lineal. ¿Qué podía hacer para encontrar el propósito de mi vida? ¿Con quién podía hablar? De repente, me vino una inspiración aparentemente inverosímil: consultar con un médium. Sabiendo lo que sé ahora, creo que un Espíritu Guía me susurró al oído esa idea, aunque en ese momento no sabía qué era un Espíritu Guía y creí que había tenido la idea por mí mismo.

Mi sesión con la médium tuvo lugar el 7 de mayo de 2003. Recuerdo la fecha exacta porque fue el día en que mi vida cambió. Le conté a la médium muy poco acerca de mí mismo y le describí mis circunstancias solo en términos muy generales. Ella me explicó que cada uno de nosotros tiene Espíritus Guías, seres no físicos con los que planeamos nuestras vidas antes de encarnar. A través de ella, yo podría hablar con los míos. Ellos lo sabían todo sobre mí, no solo lo que había hecho, sino también lo que había pensado y sentido. Por ejemplo, mencionaron una oración específica que le había hecho a Dios unos cinco años antes. En un momento particularmente difícil, había rezado: «¡Dios mío!, no puedo hacer esto solo. Por favor, concédeme tu ayuda». Mis Guías me aseguraron que se me había proporcionado ayuda adicional no física. «Tu oración fue respondida», dijeron. Estaba estupefacto.

Ansioso por comprender el sufrimiento que había experimentado, les pregunté a mis Guías sobre los principales desafíos que había afrontado. Me explicaron que yo había planeado esos desafíos antes de nacer, no con el propósito de sufrir, sino para lograr el crecimiento que provocarían en mí. Esa información me desconcertó. Mi mente consciente no sabía nada acerca de la planificación prenatal, pero intuía que sus palabras eran verdaderas.

Aunque no me di cuenta en ese momento, mi sesión con la médium me proporcionó un profundo despertar espiritual. Comprendí después que ese despertar realmente había sido un recuerdo, es decir, había recordado quién era yo como alma eterna y, más específicamente, lo que había planeado hacer en la Tierra.

Durante las siguientes semanas, seguí con mi vida normal, aunque no podía dejar de pensar en la información que mis Guías me habían ofrecido. No sabía qué hacer con ella. Entonces, por primera vez en mi vida, empecé a tener mis propias experiencias metafísicas.

Un día me desperté a las tres de la madrugada. Como no podía volver a dormir, pensé en comer algo. Caminé por el pasillo y, justo antes de entrar en la cocina, vi que algo se movía en el aire a mi alrededor. Ese algo era negro, lo que lo hacía aún más espantoso. ¡Estaba aterrorizado! Me quedé paralizado en el pasillo, con el corazón latiendo furiosamente en mi pecho. Sin mover ni un músculo, exploré la habitación con la vista, mirando a la izquierda... a la derecha..., luego otra vez a la izquierda..., a la derecha. No pude encontrar nada. Respire profundamente, me calmé y caminé nuevamente hacia la cocina.

¡Otra vez había movimiento en el aire que me rodeaba! Y de nuevo, lo que se movía era de color negro. Una vez más, me quedé congelado en la entrada, con el corazón latiendo a toda velocidad. Lenta y deliberadamente, exploré la habitación. No vi nada raro. Me quedé inmóvil durante un par de minutos, respiré profundamente y me dije a mí mismo: «No sé qué es lo que ocurre aquí, ¡pero no voy a dejar de comer por ello!» Entré en la cocina; nuevamente, la cosa negra se movió en el aire junto a mí.

Para entonces, ya había averiguado algo importante: con independencia de lo que fuera, sus movimientos estaban directamente correlacionados con los míos. Así que empecé a jugar con él. Me di cuenta de que había una fina línea negra que me salía de la cabeza, los hombros y los brazos —básicamente, de la mitad superior de mi cuerpo—, a unos dieciocho centímetros por encima de la superficie de la piel. Si me quedaba inmóvil, la línea también permanecía inmóvil, y por eso no pude verla cuando me quedé petrificado en la entrada. Pero si movía el brazo, por ejemplo, la línea se sostenía en el aire durante unos segundos y luego fluía muy lentamente hasta detenerse a aproximadamente dieciocho centímetros por encima del brazo.

Cuando llegué al frigorífico y lo abrí, descubrí que la luz producida por su bombilla era perfecta para ver la fina línea negra. ¡Me tenías que ver, a las tres y diez de la madrugada, de pie, frente a un frigorífico abierto, moviendo los brazos como un ave que se prepara para volar y observando una fina línea negra que subía y bajaba por el aire!

Cuando ocurre algo inexplicable, suelo tener dos reacciones: la intelectual y la intuitiva. A veces, esas reacciones son contradictorias, y eso fue lo que ocurrió en esa ocasión. Intelectualmente, me decía: «Está bien, Rob, ¿cuál es el diagnóstico diferencial para una alucinación óptica?». Pensé en las drogas, pero nunca he consumido ninguna, o en el alcohol, pero bebo muy pocas veces y esa noche no lo había hecho. «Entonces debo de tener un tumor cerebral», anunció mi mente lógica. Ese era el absurdo diálogo que se producía en mi cabeza.

Mientras tanto, mi intuición decía: «Rob, cálmate. *No* es un tumor cerebral. Quizás no sepas lo que es, pero por ahora relájate. Ya averiguarás lo que es». Durante la siguiente semana, siempre que tenía un momento libre, buscaba en Google todos los términos que se me ocurrían y que pudieran estar relacionados con lo que había visto. Después de una semana buscando en Internet, me topé con algunas publicaciones arcanas que se referían al «*fluidium* etérico» —*fluidium* es un término en latín que significa «parecido a un fluido», y «etérico» quiere decir no físico—. En esas publicaciones, se explicaba que el *fluidium* etérico es el espacio entre el cuerpo físico y el límite exterior del aura humana, y que dicho límite exterior circula de forma parecida a un fluido, exactamente como yo lo había visto. En ese momento supe que la fina línea negra era el borde exterior de mi propia aura.

Estoy convencido de que mis Guías y mi Yo Superior crearon esa experiencia como un modo de fomentar mi despertar espiritual y llevarme hacia la nueva vida que habría de desarrollarse. Al provenir de un entorno convencional, no podía haber dado el salto repentino de trabajar en el sector corporativo a escribir sobre la planificación prenatal. En efecto, el Espíritu me estaba abriendo a esa posibilidad diciéndome: «Hay mucho más en el universo de lo que jamás habías imaginado». Vi el borde exterior de mi aura muchas más veces, aunque solamente cuando me despertaba en medio de la noche. Pienso que cuando regresaba a mi cuerpo después de un viaje astral en el estado de sueño, me encontraba temporalmente en una vibración más alta y debido a ello podía ver cosas que también presentan una vibración más alta, como el borde exterior de mi propia aura. (Durante el sueño, salimos de nuestros cuerpos por distintas razones, como recibir clases en «el otro lado», dialogar con las personas con las que compartimos nuestras vidas o murmurar palabras de consuelo a individuos que se encuentran en otras partes del mundo mientras viven sus vidas cotidianas y se enfrentan a los desafíos que planearon antes de nacer.)

Unas cuantas semanas después, tuve una experiencia mucho más profunda, que modificaría de manera radical y permanente la forma en que me veía a mí mismo, a la vida y al universo. Esa experiencia fue la piedra angular de mi despertar espiritual y la base del trabajo que hago ahora.

Una tarde, estaba en mi apartamento, realizando mis tareas cotidianas. Decidí tomarme un descanso y salir a dar un paseo. Mientras caminaba por la acera, ¡de repente sentí un amor abrumador e incondicional por todas las personas que veía! Ninguna palabra puede expresar adecuadamente el poder de ese amor. Era de una intensidad y profundidad que nunca había experimentado y que no sabía que fuese posible. Cuando digo «amor incondicional», no me refiero a la clase de amor que uno podría sentir por su padre o su madre, su hijo o su pareja sentimental; en lugar de ello, se trataba de un Amor Divino. Fue una experiencia trascendente.

La primera persona a quien vi era un taxista sentado detrás del volante de su taxi, esperando llevar a algún pasajero. Miré a ese hombre, a quien no conocía en absoluto, y sentí un profundo amor incondicional hacia él.

Luego vi una barbería en la esquina. Miré a través de la ventana y vi al barbero cortándole el cabello a un cliente. También ellos eran unos completos desconocidos para mí, pero yo me sentía abrumado de amor por ellos.

Después vi a una joven madre empujando a un bebé en un cochecito por la acera. Mientras los observaba, una ola tras otra de amor incondicional me inundaba.

¡Cuando miraba a mi alrededor, cada vez que veía a alguna persona, sentía un amor puro e ilimitado hacia ella!

A diferencia de la experiencia con mi aura, no se produjo ninguna batalla entre mi mente y mi corazón. Supe de un modo intuitivo y con una certeza absoluta lo que estaba ocurriendo: *me hallaba en una comunión intensificada e inmediata con mi alma.* En efecto, mi alma me decía: «Este amor es lo que tú eres. Esta es tu verdadera naturaleza». Creo que provocó esa experiencia para facilitarme el trabajo que pronto empezaría.

Después de mi sesión con la médium y de estas dos experiencias, me obsesioné con leer acerca de la espiritualidad y la metafísica. Mientras leía, pensaba a menudo en la planificación prenatal. Toda mi vida había considerado que mis desafíos no eran más que vamos sufrimientos, que ocurrían de forma aleatoria y arbitraria. Si hubiera sabido que yo mismo los había planeado, me habría dado cuenta de que tenían un enorme propósito. Ese conocimiento, por sí solo, habría aliviado gran parte de mi sufrimiento. Si además hubiera sabido *por qué* los había planeado, podría haber aprendido conscientemente las lecciones que albergaban. Habría reemplazado mis sentimientos de miedo, ira, resentimiento, culpabilidad, victimización y autocompasión por un enfoque en el crecimiento. Quizás incluso podría haber estado agradecido por ellos.

Durante mi intenso estudio y exploración interior, conocí a una mujer que puede canalizar a su propia alma y que aceptó dejarme hablar con esta acerca de la planificación prenatal. Además de mi única sesión con la médium, yo no sabía prácticamente nada sobre la canalización. Me sentí desconcertado cuando esta mujer entró en trance y otra conciencia, que hablaba de una forma muy distinta a ella y tenía grandes conocimientos de «el otro lado», empezó a hablar a través de ella. Hablé con su alma durante quince horas, repartidas en el curso de cinco reuniones.

Nuestras conversaciones fueron muy emocionantes. Verificaban y complementaban mis lecturas y mis estudios. Su alma me habló detalladamente sobre su propia planificación prenatal: los distintos desafíos que se habían analizado, cuáles se habían seleccionado y por qué, cuáles se habían descartado y por qué. En ese momento, obtuve una confirmación directa y específica de un fenómeno que pocas personas conocían. Dado que el dolor que había experimentado en mi vida me había hecho sumamente sensible al sufrimiento de otras personas y me había motivado intensamente para aliviarlo, me emocionó la sanación y la conciencia que la planificación prenatal podía darles. Sabía que la información que había descubierto podía aliviar su sufrimiento y darles un nuevo significado y propósito a sus desafíos. Por esta razón, resolví escribir un libro sobre el tema y compartir su trascendencia con todos vosotros.

Sin embargo, el entusiasmo que sentía con respecto a mi nuevo camino disminuyó por la incertidumbre de liberarme del viejo camino, aunque insatisfactorio, cuando menos me resultaba cómodo y familiar. Afortunadamente, la importancia del trabajo y la oportunidad de expresarme de una forma única que sería útil para el mundo me mantenían, o quizás sería mejor decir que me obligaban a seguir adelante, y la certeza de saberlo provenía del hecho de experimentar mi alma directamente.

Al principio, creía que la idea de escribir sobre la planificación prenatal se había originado en esta vida. Ahora sé que simplemente había recordado mi propio plan. Al trabajar con diferentes médiums y canalizadores de gran talento, descubrí que había planeado escribir una serie de libros sobre este tema. En total, realicé docenas de sesiones con ellos, durante las cuales hablé en espíritu con muchos seres sabios acerca de mis desafíos y de la planificación prenatal en general.

Dado que personas de todo el mundo están despertando en este momento, es muy importante que comprendan todo lo referente a la planificación prenatal de este despertar. En las primeras etapas, pueden sentirse perdidas o confundidas, y quizás no sepan qué hacer con la experiencia. Incluso después de que el despertar se haya producido y lo hayan comprendido, es posible que no sepan qué hacer a continuación, cómo utilizar de mejor manera su conciencia ampliada. En este capítulo se presenta un marco apropiado para comprender y aprovechar el despertar espiritual. He decidido analizar mi propio despertar porque lo conozco mejor y más íntimamente que el de cualquier otra persona.

MI SESIÓN CON PAMELA Y JESHUA

Muchos suponen que debido al trabajo que hago, estoy al corriente de todos los detalles de mi plan prenatal. Aunque conozco algunos de ellos, hay mucho más por descubrir. Por ese motivo, me emocionó mucho trabajar con Pamela cuando canalizaba a Jeshua, uno de los más grandes maestros y de los seres más afectuosos que han encarnado jamás en nuestro planeta. Traté de averiguar, por medio de Jeshua, si había planeado un despertar espiritual en esta vida y por qué. Más en general, quería comprender el papel que este despertar desempeña en nuestras vidas, cómo podemos utilizarlo de mejor manera —particularmente si incluye la conciencia de la planificación prenatal— y por qué tantas personas están despertando en esta etapa de la evolución.

—Hay algunas cosas que me gustaría aclarar acerca del despertar espiritual en general —comenzó diciendo Jeshua—. Vosotros [almas encarnadas] soléis vivir escondidos tras un velo o nube de ideas sobre lo que es correcto y lo que no, cómo debéis vivir vuestra vida y cómo relacionaros con vuestras emociones. Cuando se produce el despertar, un rayo de sol atraviesa ese velo o nube y os abre a una forma totalmente nueva de ver las cosas. Es un modo compasivo y sin juicios de miraros a vosotros mismos y a todo lo que ocurre en vuestro interior. Esto es tan nuevo para la mayoría de vosotros que al principio puede ser inquietante familiarizarse con esta perspectiva. El despertar espiritual no siempre es agradable porque nos arranca de nuestra zona de confort.

»En *The Jeshua Channelings* (Las canalizaciones de Jeshua) describí cuatro etapas del despertar en profundidad. Hablé sobre cómo liberarse de la conciencia basada en el ego y crecer hacia una conciencia basada en el corazón. Actualmente, muchas personas se hallan en este proceso de transformación. El mundo está cambiando. Deseo deciros a todos aquellos que os encontréis en este proceso que el despertar espiritual es un viaje en el que os liberáis de certezas externas una a una hasta alcanzar vuestro propio núcleo. En ese núcleo, sois *Espíritu*. Cuando lleguéis allí, experimentaréis una profunda sensación de alivio, paz y abandono. Es posible, sin embargo, que en el camino encontréis resistencia, ira y dolor, porque vuestra personalidad no está dispuesta a abandonar fácilmente sus certezas externas. Generalmente, se opondrá a ello.

Las palabras de Jeshua tuvieron un profundo efecto emocional en mí. Después de mi despertar, muchas de mis viejas formas de mirar el universo se disolvieron. Aunque la lógica y el pensamiento lineal habían gobernado mi mundo, fui cada vez más capaz de tomar decisiones basadas en el corazón, incluso cuando me parecían ilógicas. Sin embargo, las antiguas, limitadas y limitantes formas de pensar y hacer siguen siendo habituales, y hasta el día de hoy aún siento un apego interno a ellas, al cual mi mente dominada por el ego no renuncia con facilidad. Noto que personifico, de forma gradual y entusiasta, cada vez más la sabiduría y el amor de mi alma, aunque hay una resistencia que coexiste con mi entusiasmo. Esa resistencia proviene de mi miedo a lo desconocido. Si mi viejo yo se disolviera, ¿en qué me convertiría?

—Cuando estás en medio de esto –continuó Jeshua– dejas de encajar en las viejas estructuras de tu vida. Los empleos y las relaciones podrían desvanecerse. Quizás te sientas solo e inadaptado, y no sepas a dónde vas. Si reconoces que esto [está ocurriendo], por favor, date cuenta de que te encuentras en tu camino, que no estás perdiendo el juicio y que eres tremendamente valiente por emprender este viaje interior. Es el mundo el que está perdiendo el juicio en su mayor parte, insistiendo en mantener esta nube de ideas rígidas del bien y el mal. Tú te estás liberando de todo ello. Ten fe. Estamos justo a tu lado. Los Guías y los ángeles tratan constantemente de recordarte tu verdadera naturaleza, angelical y libre. Estás aquí para experimentar la naturaleza humana y también para aumentar las posibilidades de la humanidad de abrir el conocimiento a un nuevo horizonte. Lo estás haciendo al ir a tu interior y liberarte de los falsos juicios que hiciste sobre ti mismo. Eres un ser divino y puro. Fija tu atención en este núcleo interior de luz y belleza, y verás que el dolor y la soledad disminuirán hasta que tu luz brille abiertamente, atrayendo a otras personas e inspirándolas para que su propia luz brille más intensamente.

Las palabras de Jeshua eran edificantes.

—¿Puedes hablarme más –le pregunté– sobre lo que significa despertar espiritualmente?

—Un despertar espiritual significa que te vuelves más consciente de tu alma, de tu Yo Superior, tu esencia divina, que te das cuenta de que hay más en ti que tu cuerpo físico y tu personalidad actual. Te vuelves consciente de una dimensión que trasciende la esfera de lo visible y te sientes guiado por esa dimensión.

»Los despertares espirituales pueden producirse de distintas maneras. Algunas personas son capaces de entrever la esfera de su alma en ciertos momentos. Otras experimentan un cambio en su experiencia, que las lleva a realizar cambios duraderos en sus vidas. En general, el despertar espiritual significa que uno se libera de muchas ideas preconcebidas. Se tiene el conocimiento de que la vida es más de lo que la mente puede comprender, que hay un significado oculto tras los sucesos aparentemente arbitrarios de tu existencia y que hay una fuerza mayor en el universo que desea guiarte para lograr una paz y una autoexpresión gozosa.

»El despertar espiritual es un proceso continuo, no un suceso único —concluyó—. Es una fusión gradual con tu alma mientras te encuentras en tu cuerpo terrenal.

—Jeshua, ¿la gente está espiritualmente más despierta hoy que las personas de las generaciones anteriores?

—En general, sí. Podríamos decir que en esta época la *necesidad* del despertar espiritual es mayor que nunca. Este es un período de crisis. La evolución ha llegado a un punto decisivo. La humanidad tiene que elegir otras opciones si quiere restituir la armonía. Muchos seres humanos perciben esta necesidad de cambio en sus vidas personales como un anhelo de propósito y significado. Ya no les satisface solo la riqueza material o el éxito terrenal. Podría parecer que gran parte de la humanidad aún se encuentra seducida por estos objetivos; sin embargo, ahora existe una amplia contracorriente que apunta en otra dirección. Infinidad de personas de todo el mundo anhelan ponerse en contacto con el propósito de su alma, con su intención original de estar en la Tierra en este momento. Este anhelo genera un nuevo conocimiento en la conciencia colectiva de la humanidad.

»Un signo de lo que hablo es el crecimiento de la energía femenina y la lenta desaparición de la vieja y agresiva energía masculina. Por supuesto, esta energía aún existe en el planeta; sin embargo, cada vez más personas están de acuerdo en que no representa el verdadero liderazgo o la verdadera fortaleza. La humanidad está abriéndose gradualmente a una visión más equilibrada del liderazgo y del poder. La integración de la energía femenina es esencial para que esto [ocurra]. Significa que los núcleos de los seres humanos que se relacionan con sus sentimientos, es decir, sus corazones, están abriéndose. Se sienten más vinculados con sus semejantes y con el resto de los seres vivos en general. Cuidan más el planeta. Y dado que se encuentran en una época en la que la información se difunde fácilmente por todo el mundo, existe un creciente sentido de unidad e interconexión entre los seres humanos y la vida en general.

—Jeshua, si los corazones se están abriendo ahora, ¿esto quiere decir que las personas estaban menos despiertas cuando encarnaste?

—Estaban menos despiertas en general; no obstante, había individuos e incluso comunidades muy evolucionados y que permanecían en contacto con sus almas. Existían diferentes líneas de conciencia. Yo sabía que había suficientes seres humanos presentes que comprenderían mi mensaje de plantar semillas para las próximas generaciones. También sabía que hallaría resistencia y que mi enseñanza sería rechazada por la mayoría gobernante.

—¿Hay despertares no espirituales?

—Según mi definición, los despertares siempre son espirituales en cuanto que generan una mayor conciencia de tu verdadero Yo.

ENCONTRAR TU PROPÓSITO DE VIDA

—Jeshua, me gustaría preguntarte acerca del propósito y el despertar. Muchas personas me escriben para preguntarme cómo pueden encontrar su propósito en la vida. La mayoría de ellas asegura que han sufrido una terrible falta de propósito durante años. Yo me sentí así durante los primeros cuarenta años de mi vida, hasta que mi despertar me condujo a realizar el trabajo que hago hoy. ¿Qué les dirías a las personas que se sienten así? ¿Cómo les aconsejarías que encontraran su propósito? ¿Cuál es la relación entre el despertar espiritual y el hecho de encontrar el propio propósito?

—Experimentar una falta de propósito significa que la persona ha perdido el contacto con la dimensión de su alma —explicó Jeshua—.

Sin embargo, también implica que está buscando realmente un significado que va más allá del ámbito físico. A esa persona no la satisfacen los objetivos superficiales. En ese sentido, un individuo está despierto cuando experimenta la falta de propósito porque se da cuenta de esa falta en su interior y no fuera de él. *Esa persona anhela su alma.*

»Sé que el dolor de perder el alma es difícil de soportar. Sin embargo, sed conscientes de que cuando percibís la falta de propósito, estáis llamando a vuestra alma para que se acerque y se una a vosotros más íntimamente. Vuestra llamada será respondida, pero debéis confiar en el proceso. Es aquí donde la mayoría de las personas se sienten bloqueadas. Esperan que se produzcan cambios rápidamente. Si no es así, pierden el valor y sus mentes quedan atrapadas por pensamientos negativos. Para que el alma responda a su llamada, antes tienen que ocurrir muchas cosas. Abrirse a la guía de su alma significa liberarse de ideas preconcebidas, hábitos emocionales y adicciones que se han convertido en una costumbre arraigada.

Entiendo que Jeshua denomina *adicciones* a factores como el miedo —cuya forma más leve denominamos preocupación— o esa charla constante y generalmente vana de la que se suelen ocupar nuestras mentes y gran parte de la cual consiste en juicios acerca de nosotros mismos, de los demás y de la vida en general. Dado que estos aspectos de la vida son tan comunes y la mayoría de nosotros los hemos experimentado durante tanto tiempo (generalmente desde que nacemos), podemos tomarlos erróneamente como algo natural e inevitable.

—Una persona se transforma por el vínculo con su alma —continuó Jeshua—. Al principio, dejar que tu alma entre puede significar que te sientas confundido, inseguro y asustado. Esto no es algo negativo; simplemente quiere decir que estás permitiendo que se produzca el cambio. Después de un tiempo, quizás te sientas insatisfecho con tu vida, con tu trabajo o con una relación. Tal vez desees escapar sin saber cómo y qué hacer después. Esto es positivo. No te dejes atrapar por el miedo en este momento. Sé consciente de tus sentimientos y confía en que el universo te ofrecerá una solución. No necesitas hacer algo ahora mismo. Solo permite que el cambio ocurra en tu interior. Cuando lo hagas, atraerás hacia ti los cambios externos que reflejarán tus nuevos deseos.

»Encontrar un propósito en tu vida que venga desde dentro equivale al despertar espiritual, ya que el propósito que tiene sentido para ti es el único que alegra a tu alma. Siempre que tus actos creativos, cualesquiera que sean, estén unidos a un sentimiento de gozo y satisfacción, permanecerás despierto a la llamada de tu alma.

—Antes de mi despertar en 2003 –dije– hice muchas cosas que no me produjeron ninguna reacción emocional. Algunas de ellas fueron experiencias negativas. Por ejemplo, realicé trabajos que no le decían nada a mi alma, trabajos con los que únicamente me ganaba la vida. ¿Esto era parte del plan de mi vida, y si es así, por qué querría mi alma que dedicara tantos años a realizar actividades tan insatisfactorias?

—Tú buscabas un significado –me explicó Jeshua–. A veces, uno tiene que experimentar la falta de significado en muchos sentidos antes de poder abrirse a lo que percibe. En tu juventud, te inculcaron muchas ideas que no produjeron ningún efecto en tu alma. Durante mucho tiempo, comparaste esas ideas con la realidad. Este proceso era como quitar las capas de una cebolla. Descubriste que no tenías nada en común con ellas. Cuando aceptaste este hecho, llegaste al núcleo de tu ser, lo que causó tu despertar espiritual. Nacer en la familia en la que naciste y estar rodeado de las energías que te rodearon en tu niñez formaba parte de tu plan de vida.

Cuando tuvo lugar esta conversación, yo aún no había decidido si debía hablar de mi infancia en este libro.

—Tengo miedo de escribir sobre mi infancia –le dije a Jeshua–, porque sería como sentirme desnudo y completamente vulnerable frente a todo el mundo.

—La vulnerabilidad tiene un gran poder –me respondió–. Requiere valor. Estar desnudo también significa ser honesto. El hecho de liberarte de las influencias de tu infancia y encontrar tu propio camino requirió mucho tiempo de preparación. Pero esta vez no fue en vano. Descubriste cosas importantes por el camino y adquiriste habilidades valiosas que ahora te resultan útiles. También desarrollaste un profundo sentido de compasión y sabiduría espiritual debido al sufrimiento que padeciste. Todo este tiempo de espera te ha hecho madurar y te ha convertido en una persona más sabia que cualquier otra de tu edad.

Eres el maestro que eres no solo por lo que te ocurrió en 2003; eres el maestro que eres también por todo lo que sucedió antes de esa fecha. Ambas partes de tu vida no se hallan tan separadas como piensas. Las experiencias negativas, como tú las llamas, prepararon el camino para el avance espiritual que experimentaste. Te ayudaron a ser más consciente de tu verdadera naturaleza.

Jeshua tenía razón: había dividido mi vida en dos partes, una que me alegraba dejar atrás y otra que estaba ansioso por adoptar. Sin embargo, cada uno de mis pasos, incluso aquellos que durante mucho tiempo había percibido como errores, me habían llevado a este diálogo con él. Mientras asimilaba sus palabras, pensaba en algo que escribí en mi primer libro: estoy enseñando aquello que más necesito aprender. Por ejemplo, les sugería a otras personas que agradecieran sus desafíos. Ahora Jeshua me señalaba amorosamente que debía aplicarme ese consejo a mí mismo. Yo quería hablar más acerca del tema.

—Jeshua, cuando recuerdo los muchos años en los que me sentí perdido, hubiera deseado hacer algo más importante. Por ejemplo, me pregunto si debí haberme unido a las Fuerzas de Paz. ¡Qué experiencia tan asombrosa habría sido! ¿Mi alma desea que yo hubiera hecho otra cosa? Si otras actividades, como incorporarme a las Fuerzas de Paz, me habrían ayudado más a la hora de fomentar mi evolución, ¿por qué no sentí el impulso de viajar por esos caminos?

—Las experiencias que tuviste en la época en que te sentías perdido fueron dolorosas pero no carecían de significado —respondió Jeshua—. Las necesitabas para averiguar quién eres realmente. Decir que debiste haber hecho algo más útil con tu tiempo es hacer caso omiso de la dinámica interna del proceso de crecimiento del alma. El alma aprende por contraste. Al explorar lo que *no* quieres, aclaras lo que sí quieres. No sentiste el impulso de unirte a las Fuerzas de Paz porque eso no tenía ningún efecto emocional en la persona que eras en ese momento. No te equivocaste, y en general tu vida tomó el curso que debía tomar. Algunas cosas pudieron haber sido diferentes, ya que siempre existe la posibilidad del libre albedrío, pero tú necesitabas las experiencias que viviste para llegar al punto en el que te encuentras ahora. Detrás de una poderosa experiencia de despertar siempre hay todo un desarrollo en el pasado que da como resultado este avance.

El pasado puede parecer vano en retrospectiva, pero en realidad es el peldaño desde el cual te lanzas hacia una mayor conciencia.

LA PLANIFICACIÓN PRENATAL DEL DESPERTAR

Había llegado el momento de plantear las principales preguntas.

—¿Mi despertar fue planeado antes de nacer, y si es así, por qué? —quise saber—. ¿Y estaba planeado que ocurriera a los cuarenta años?

—La oportunidad de despertar estaba planeada, sí. El despertar mismo no se podía fijar en un momento determinado; es decisión de la personalidad abrirse realmente y seguir la vocación del alma. No obstante, las circunstancias que te rodeaban a la edad de cuarenta años aumentaron las probabilidades de que te liberaras del pasado y atravesaras el velo de la ilusión que te mantuvo encarcelado durante tanto tiempo. La razón por la que esta oportunidad fue incorporada en tu plan de vida es que el objetivo de tu alma era dirigir su luz hacia la Tierra desde el corazón, sin importar el dolor del rechazo que experimentaste cuando eras pequeño. Querías saber cómo apreciarte y amarte a ti mismo, independientemente de los demás, y deseabas compartir ese amor con otras personas como maestro y autor.

»En tu caso, los cuarenta años era la edad correcta. En general, en ese momento de su vida las personas suelen hacer una pausa y reflexionar sobre su existencia, para descubrir aquello que es realmente importante para ellas y los objetivos que quieren alcanzar en la segunda mitad de su vida. Asimismo, por regla general se producen determinados cambios físicos, especialmente en las mujeres (el principio de la menopausia) que influyen en la psique. Por esa razón, la probabilidad de que ocurra una transformación espiritual a través de una crisis o del despertar se incrementa indudablemente a esa edad.

Después, le hablé a Jeshua acerca de mi sesión con la médium en 2003.

—Esa experiencia me abrió realmente a la esfera de lo no físico —dije— y me hizo pensar en toda clase de cuestiones que nunca había considerado, como la idea de que todos planeamos nuestras vidas antes de nacer. Siento que la sesión con la médium cambió el curso de mi vida y provocó mi despertar.

—La sesión estableció un vínculo con tu alma y, en ese sentido, fue muy importante para tu despertar –confirmó Jeshua–. La reunión se produjo en el momento preciso. Tú estabas listo y abierto para familiarizarte con la dimensión de tu alma, y el universo respondió a tu llamada poniendo a esa médium en tu camino.

—¿La sesión con la médium fue planeada antes de que yo naciera? Si no hubiera tenido lugar, ¿habría despertado?

—La sesión tenía muchas probabilidades de producirse. También en este caso, nada está completamente predeterminado. Fue una poderosa herramienta. Si no hubiera ocurrido, habrías despertado más gradualmente a través de distintas experiencias. Habría sido menos espectacular. Sin embargo, era muy probable que la sesión se efectuase, y se puede decir que era solo cuestión de tiempo que te toparas con la médium.

—Jeshua, poco después de esa sesión, dejé de trabajar para empresas y empecé a investigar y escribir mi primer libro sobre la planificación prenatal. Todo en mi vida ha cambiado (para bien, en mi opinión) como consecuencia de esa decisión. Ahora, mi trabajo me resulta profundamente satisfactorio. Siento que importo y que le estoy aportando algo al mundo. Me siento más vivo, más feliz, más cerca de Dios. ¿Pude haber usado mi libre albedrío para negarme a despertar espiritualmente? Si lo hubiera hecho, ¿cómo sería mi vida ahora? ¿Mi alma y mis Guías habrían persistido para tratar de despertarme? Si es así, ¿cómo lo habrían hecho?

—Después de la sesión, empezaste a sentir la inspiración de tu alma, y esto produjo felicidad y satisfacción en tu vida –respondió Jeshua–. Pudiste haberte negado a despertar espiritualmente en el sentido de dejar pasar la oportunidad, pero en ese momento eso era improbable porque tú anhelabas los conocimientos y la luz de tu alma aun sin ser consciente de ello. Eras como la manzana proverbial, lista para caer del árbol.

»Si no hubieras despertado en ese momento, tu alma y tus Guías habrían continuado estimulándote. Siempre lo hacen, en todo momento. La vida siempre ofrece nuevas oportunidades de cambio. La forma en que los Guías te ayudan es como si te susurrasen consejos en el oído, tratando de hacerte ver las cosas desde una perspectiva positiva. Te envían una poderosa energía de sanación y estímulo. Tú puedes recoger esta energía incluso si no estás vinculado intuitivamente con ellos y no recibes los mensajes o las imágenes que te envían. Los Guías no te obligarán a nada, pero su energía siempre se halla a tu alcance.

—Si no hubiera despertado y escrito sobre la planificación prenatal, ¿el Espíritu habría encontrado a otra persona para hacer lo que ahora hago?

—Tu aportación es característicamente tuya. Se ajusta a tu naturaleza, a tus intereses especiales y a tus dones. No es una tarea fija que pueda transferirse a otra persona en caso de que tú no la quieras. Tiene tu marca energética profundamente grabada. Y es así como debe ser. Cada alma posee su propio don específico para dar a este mundo, de acuerdo con sus intereses, sus capacidades y su energía. Lo que atrae a tu público es la energía de tu alma, no solo el tema de la planificación prenatal.

—¿Mi despertar fue planeado por mí, por mi alma, o por ambos?

—Por ambos. Tú eres una parte de tu alma; no eres un ser dividido. Sin embargo, la personalidad que se desarrolla a partir del alma con cada encarnación disfruta de una especie de independencia. Tiene su propia voz en su plan de vida, por lo que la respuesta es «ambos».

—¿En qué punto del proceso de planificación prenatal comencé a existir?

—Resulta confuso hablar en términos de tiempo —dijo Jeshua—. El alma es eterna, y debido a que eres parte de ella, tú también eres eterno. El alma te hace nacer durante el proceso de planificación prenatal como una potencialidad —que existe de una forma que no puede describirse en términos humanos— que se vuelve real. No es importante comprender esto con la mente. La personalidad es un aspecto del alma que esta libera en el momento de encarnar. Aunque sigue estando unida al alma, también es independiente de ella en el sentido de que puede tomar sus propias decisiones. Esto es necesario, porque ¿de qué otra manera el alma aprenderá y experimentará nuevas vivencias a través de la personalidad? El objetivo de esta consiste en explorar la vida en sí misma y tener la alternativa de alinearse con el alma o no. Por ello, no viene al caso hacer juicios sobre lo correcto o lo incorrecto del comportamiento de la personalidad, es decir, la parte del alma que crece y aprende.

—¿Dónde me encontraba antes y qué estaba haciendo? –pregunté.

—Tú, como la personalidad que eres ahora, te hallabas en un estado latente dentro de tu alma y carecías de una manifestación material. Eras como una semilla dentro del útero de tu alma.

—¿El alma ya está despierta y lo está siempre? Si es así, ¿por qué necesita o desea crear una personalidad que experimente un despertar espiritual?

—El alma no está completamente despierta –explicó Jeshua–. Tiene una perspectiva más amplia que la personalidad humana, pero también crece y evoluciona. Anhela explorar la vida y ampliar su conciencia. Arde en deseos de experimentar la creatividad y la felicidad, así como de expandir sus límites constantemente. La vida es interminable y está siempre en movimiento.

»Asimismo, el alma desea estar despierta y manifestarse *mientras tiene forma humana*. Es más fácil permanecer despierto si no se tiene una forma humana, pues de ese modo uno no se ve en la necesidad de lidiar con las limitaciones de la ignorancia y el miedo. Por ello, la personalidad es, en realidad, la parte más valiente del alma, el vehículo a través del cual esta encarna en la Tierra. Estar despierto y presente en forma humana es un profundo deseo del alma, porque solo en el ámbito material puede expresar plenamente su potencial, su creatividad. El alma desea iluminar la realidad material de dentro hacia fuera, y encuentra una gran satisfacción al hacerlo.

—Jeshua, ¿hay grados de despertar?

—Sí, los hay. Existen momentos de compenetración con el alma, que las personas experimentan como destellos de verdad o de orientación, y también existen estados más duraderos del despertar. De hecho, incluso es posible estar alineado más o menos permanentemente con el alma. Eso es a lo que todos vosotros aspiráis. Sin embargo, conviene aceptar que es un proceso gradual en el que cada persona se abre lentamente a la realidad de su alma.

LA EXPERIENCIA DE JESHUA CON EL DESPERTAR

—Jeshua, con todo respeto, ¿puedo preguntarte si tú mismo estás completamente despierto? —Me sentí un poco incómodo al hacer esta pregunta, pero me parecía razonable e importante—. ¿Y estabas completamente despierto en tu encarnación como Jeshua? ¿Experimentaste distintos grados de despertar en esa vida?

—Estoy despierto, pero aún aprendo y me desarrollo. Incluso aquí siempre estamos trascendiendo nuestros límites, expresándonos de nuevas formas y, por lo tanto, aprendiendo más sobre quiénes somos. En mi vida como Jeshua, a veces me sentía totalmente compenetrado con mi alma, pero también hubo momentos oscuros en los que perdí la fe y dudé de mi misión. No olvides que era un ser humano como tú. Experimenté un mayor despertar antes de mi fallecimiento. En ese momento, requerí una gran claridad y perseverancia para mantener la fe ante mi muerte inminente. Me visitaron el miedo y la duda, pero también experimenté la gracia y el abandono hacia el final. Fui humano en mi vida sobre la Tierra, no un dios que hubiera trascendido toda emoción humana. Nací con un alto sentido de autoconciencia que era parte de mi plan prenatal. Mi personalidad pudo ceder ante la misión de mi alma en esa vida, pero no lo logré sin experimentar esas emociones tan humanas que son el miedo, la duda y la ira.

—En aquella vida, ¿cómo trataste de despertar espiritualmente a las personas?

—Intenté hacerlas conscientes de su verdadera fortaleza, que está más allá del éxito, de la riqueza o del género. Traté de despertar su núcleo interior al mirar más allá de la apariencia exterior y verlos realmente como seres divinos, inocentes. Si te concentras en este aspecto de los demás, lo traes a la vida. De esa manera, logras que la gente sea más consciente de él. Para ayudar a las personas a despertar no es necesario transmitirles teorías o conocimientos; se trata de una transmisión energética, de tocar la energía divina en sus corazones escuchándolas sin juicios y aceptándolas como son, con todas sus dudas, sus miedos y su ira. El hecho de dejarlas ser completamente y reconocer su belleza interior, incluso si ellas mismas no la ven, puede ayudarlas a abandonar su estado de negación o de falta de autovaloración.

—¿Piensas que tuviste éxito?

—Sembré semillas, pero necesitaron un tiempo para florecer. Algunas personas se vieron influidas inmediatamente por la energía de mi enseñanza. Otras tuvieron que digerirla poco a poco. Muchas no la comprendieron. Aquellas que tenían el poder me rechazaron principalmente porque mi enseñanza hablaba sobre la igualdad de todos hombres y estaba en contra de sus doctrinas la jerarquía social y separación.

Con el término «separación», Jeshua se refería a la creencia, generalizada entonces y ahora, de que estamos separados de Dios y de nuestros semejantes. En realidad, no hay ninguna separación, solo la ilusión de que existe, generada por las limitaciones de los cinco sentidos. Esto no es algo negativo; la aparente separación de Dios y de los demás nos hace experimentar una intensidad emocional que de otra manera no sentiríamos. En el plano terrenal, el crecimiento se produce a través de la experiencia de emociones intensas y de nuestras reacciones ante ellas.

—A la larga, mi misión dio resultado —continuó Jeshua—, pero estoy hablando de un lapso de varios siglos. Las semillas Crísticas se sembraron en mi vida, no solo por mí, sino también por mis seguidores y compañeros. Muchos hombres y mujeres valerosos trataron de abrigar y proteger esas semillas. En esta época actual se está produciendo un despertar más amplio entre la humanidad. La Conciencia Crística está afianzándose lentamente en la Tierra, pues millones de personas buscan adoptar un estilo de vida basado en el corazón y no en el miedo y el juicio.

CÓMO DESPERTAR

—Jeshua —pregunté—, ¿qué puede hacer una persona para despertar?

—Esencialmente, se trata de mirarse a uno mismo con una mayor compasión y comprensión. Os castigáis frecuentemente por todo aquello que creéis que hacéis mal. Sin embargo, vuestro comportamiento es correcto; simplemente tratáis de lograr que vuestra vida funcione lo mejor posible. Sed amables con vosotros mismos. Reconoced vuestra inocencia, pues no sois más que ángeles que están adquiriendo experiencia en un cuerpo humano en la Tierra. Si podéis reconocer este hecho sin la carga del juicio a vosotros mismos, vuestro dolor y sufrimiento, sin importar si es emocional o físico, se verá aliviado. Si os permitís ser vosotros mismos, de ese amor que os profesáis surgirán cambios positivos en vuestras vidas. Comenzaréis a ver que la vida no desea castigaros, sino liberaros y haceros conscientes de la felicidad y la libertad que está a vuestro alcance. El despertar empieza siempre con el amor a uno mismo.

—¿Qué puedo hacer para despertar aún más?

—Puedes empezar felicitándote a ti mismo por todo lo que has logrado hasta ahora. Has tenido un enorme valor al enfrentarte al dolor y la pena de tu infancia. Has logrado una verdadera transformación espiritual en tu interior. Por supuesto, dentro de ti aún hay emociones que te afectan negativamente, pero puedes transformarlas dejándolas ser, sin tratar de perseguirlas, considerándolas unos niños pequeños que recurren a ti en busca de orientación. Para despertar aún más no es necesario que hagas nada ahora mismo; simplemente deberías dejarte ser quien eres realmente.

—¿Todas las personas que leen esto están despiertas? ¿Cómo saberlo?

—Las personas que leen tu libro anhelan estar despiertas —contestó Jeshua—. Y ese es el principio del despertar. Cuanto más consciente seas de ti mismo y cuanto más asumas la responsabilidad de tu propia realidad, más despierto estarás. Repito, el despertar es un proceso gradual.

USAR LA CONCIENCIA DE LA PLANIFICACIÓN PRENATAL

Saber que planeamos nuestras vidas y nuestros desafíos antes de nacer nos proporciona consuelo y significado, pero puede ser difícil aplicar esta conciencia cuando nos encontramos inmersos en un gran desafío. Le pregunté a Jeshua de qué manera se puede usar la conciencia de la planificación prenatal de una forma práctica cuando uno se halla en circunstancias difíciles.

—El hecho de saber que tú, como alma, planeaste tus desafíos puede ayudarte a darte cuenta de que no es casual que ciertos hechos se produzcan ahora mismo en tu vida —dijo Jeshua—. No es algo aleatorio o carente de significado. Esto puede ayudarte a aceptar lo que ocurre, aunque siga siendo algo con lo cual es difícil vivir. En última instancia, no son las emociones de miedo, pena o ira las que te bloquean realmente en la vida. Es tu *resistencia* ante ellas la que impide que la vida circule a través de ti y te ayude a sanar. El hecho de saber que tu alma permite la existencia de desafíos por una determinada razón puede ayudarte a liberarte de la resistencia o del sentimiento de ira e indignación que sientes hacia aquello que te ocurre.

»Tu alma está evolucionando tanto como tú. Quiere desarrollarse *a través* de ti. No se hace a un lado, dejándote sufrir, sino que permanece justo ahí contigo. Sin embargo, sabe que el dolor tiene un significado y conduce a un nuevo horizonte, mientras que la personalidad generalmente es menos consciente de ello. Por ese motivo, al hacer que la personalidad tome en cuenta el punto de vista del alma, el dolor puede volverse soportable porque se coloca en una perspectiva más amplia y significativa.

»Las personas pueden recurrir a sus almas para explicarse por qué sobrevienen ciertos desafíos. Si se abren a esa posibilidad, las respuestas vendrán, aunque no necesariamente mediante un vidente o cualquier otra persona. Tendrán corazonadas o señales que les indicarán que su sufrimiento posee un significado. Esto puede darles cierto alivio o quizás incluso una sensación de paz. Es posible que, al principio, el alivio o la paz no duren mucho tiempo, pero si se mantienen en contacto con la perspectiva del alma, su sufrimiento se verá muy aliviado.

Las palabras de Jeshua me recordaron la gran importancia de la meditación, una manera muy importante de conectarse con el alma. Yo nunca había meditado antes de mi despertar. Desde que desperté, sin embargo, he meditado con asiduidad. En la meditación, literalmente hay filamentos de luz que salen del Yo Superior y van hacia la personalidad, generando así una mayor unión. De vez en cuando, también he recurrido a mi alma para que se comunique conmigo en mis sueños. Planteo una pregunta concreta en voz alta antes de ir a dormir. A continuación, pido que se me envíe un sueño que contenga una respuesta a mi pregunta y que se me despierte de manera que pueda escribir el sueño; de otro modo, sé que no lo recordaré por la mañana. (Si escribes despacio, quizás prefieras tener una grabadora junto a la cama.) En muchas ocasiones, los sueños nos proporcionan conocimientos muy útiles.

—Jeshua, las personas a menudo se preguntan si es posible evitar un desafío planificado antes de nacer.

—La pregunta de si es posible evitar los desafíos nace del miedo. Este miedo es muy comprensible, pero bloquea tu visión. Si tomas decisiones para evitarlos, siempre existe en ellas un programa oculto corrompido por el miedo. Las decisiones tomadas verdaderamente con amor nacen de la confianza, no el deseo de evitar algo.

»Es posible evitar los desafíos, pero esto no puede convertirse en tu objetivo, ya que se trata de un objetivo negativo; además, de esa manera nunca sabrás cuáles fueron los desafíos que evitaste. A todas las personas se las invita a que confíen en la vida, lo cual exige que se rindan a ella y que suelten el control. Esto es difícil para los seres humanos, pero hay una Guía Divina que es más sabia y dulce que el sentido humano del control. Debéis tratar de sentirla y de agradecer las bendiciones de vuestras vidas, porque son el testimonio de esta mano afectuosa y orientadora. No estáis solos. Los poderes del amor y de la generosidad os rodean y desean ayudaros a disfrutar de la existencia más satisfactoria posible.

—Jeshua, cuando algo malo ocurre en la vida de una persona, particularmente si lo hace de forma reiterada –por ejemplo, perder a un ser querido a una edad muy temprana–, si esa persona está espiritualmente despierta tendrá cierto consuelo en el hecho de que la experiencia podría haber sido planificada antes de nacer, pero aun así no podrá evitar preguntarse: «¿Por qué sigue ocurriéndome esto?».

—Si ciertos desafíos se dan una y otra vez en la vida de alguien, existe algo que el alma ansía profundamente comprender o vivir. Es un acto muy valiente por parte del alma y de la personalidad decidir experimentar repetidamente esos desafíos. Es importante que la personalidad no piense que está haciendo algo malo o que está recibiendo un castigo por algo si el desafío se repite.

»No siempre es posible comprender plenamente por qué ciertos desafíos se presentan en el momento en que lo hacen. El significado será más claro después, cuando se ha pasado la etapa más difícil. A menudo, cuando las personas reflexionan sobre sus desafíos en una etapa posterior de su vida, se sienten agradecidas y piensan que aprendieron algo muy importante y valioso gracias a ellos. Este conocimiento no suele estar presente en el momento de la crisis, y a eso se debe que esta sea tan desafiante, pero no existe la menor duda de que llegará con el tiempo.

»Así que si te preguntas por qué ciertos desafíos aparecen una y otra vez en tu vida, puedes reflexionar acerca de qué era lo que te enseñaron la primera vez que se te presentaron. Eso te dará una pista. Quizás ahora incluso desees aprender o comprender la lección que te ofrecen en un nivel más profundo. Por otro lado, es importante *saber* simplemente que todo desafío posee un significado, aun si no comprendes todavía cuál es.

El uso del verbo «saber» por parte de Jeshua me impresionó. La confianza es, literalmente, un mensajero de luz, y cuando la luz inunda nuestra conciencia, despertamos. Cuando *creemos* que hay un significado en nuestros desafíos, demostramos cierta confianza en la bondad de la vida, pero cuando *sabemos* que hay un significado, confiamos profunda y verdaderamente en esa bondad. Es entonces cuando aceptamos plenamente la luz de nuestras almas y despertamos.

—En general, las crisis te llevan a vivir de otra manera –resumió Jeshua–. Te cambian como individuo, y eres tú, la persona transformada, quien «comprenderá» el verdadero significado que se oculta detrás de la crisis. Ahora estás creciendo hacia un nuevo Yo, que comprenderá lo que tú aún no puedes o no quieres comprender. La clave reside en confiar en que este nuevo Yo se encuentra latente en tu ser, esperando que lo aceptes. El nuevo Yo puede hablarte, apoyarte y tranquilizarte. Vincúlate con él visualizándote a ti mismo en el futuro, explicándole a tu Yo presente el significado de lo que estás sufriendo y aconsejándote sobre cómo afrontar tus emociones día a día.

Aquí, Jeshua ofrecía una reflexión específica y práctica a la que uno puede llegar para comprender el significado más profundo de una experiencia.

—Jeshua, las personas que están despiertas y que son conscientes de la planificación prenatal a menudo se preguntan lo siguiente: si el alma sufriese de la misma forma en que lo hace la personalidad a veces, ¿haría los mismos planes para la vida?

—De nuevo te diré que tu alma se encuentra justo a tu lado. No permanece en el cielo viéndote desde ahí arriba; no es algo externo a ti. Tu alma sufre la experiencia contigo, pero sabe que esa experiencia es significativa y te llevará a un lugar de belleza y gozo. El alma comparte tu dolor, pero no lo condena como tú lo haces. Esa es la diferencia. El alma se encuentra generalmente en un estado más profundo de aceptación que la personalidad. Disgustarse o enfadarse con ella por haber puesto esos desafíos tan difíciles en tu camino equivale a levantar una barrera entre tú y tu alma. El alma es una fuerza sutil. La resistencia que la personalidad siente hacia un desafío es lo que puede hacer que dicho desafío parezca insoportable.

»Si te vinculas con tu alma, que vive dentro de ti, podrías intuir que el plan que ha forjado también coincide con lo que tú quieres. A menudo, las personalidades tienen ciertos sueños, anhelos y visiones. El universo quiere cumplir esos deseos, pero en ocasiones eso significa que en tu camino te toparás con desafíos que no esperabas pero que están unidos a tus anhelos y deseos más profundos. Las mismas crisis que te parecen tan difíciles de afrontar al final te llevarán exactamente a donde tú, como personalidad, deseas estar. Sin embargo, dado que aún no ves el resultado final, piensas que tu alma te está obligando a seguir con un plan que no te pertenece. Estás equivocado: *sí que te pertenece*, solo que todavía no puedes ver el panorama general. Esa es la esencia de vuestra condición, lo que os convierte a vosotros, los seres humanos, en los ángeles más valerosos que existen.

Parecía un buen momento para preguntarle a Jeshua acerca de un tema que seguía desconcertándome: las circunstancias en las que acordamos el plan de nuestra alma.

—En la esfera no física a la que llamamos nuestro Hogar, donde estamos sumergidos constantemente en el amor divino, ¿tomamos decisiones realmente bien fundadas cuando decimos: «Sí, estoy de acuerdo con el plan»? ¿Comprendemos en verdad cómo será la experiencia en la Tierra?

—Es un acto de fe cuando [antes de nacer] decides afrontar ciertos desafíos en tu vida —respondió Jeshua—. La personalidad es consciente de ello. Incluso puede resistirse a la futura vida y, en tal caso, los desafíos serán más difíciles de aceptar [una vez que el alma haya encarnado]. Sin embargo, una parte de la personalidad está de acuerdo con el plan, por lo que la decisión no carece de fundamentos. Antes nacer, se le explica que los desafíos inmediatos son en realidad lecciones muy valiosas que ella misma querrá aprender para lograr sus propios objetivos. Por ejemplo, la personalidad podría anhelar una vida plagada de éxitos, ser feliz con su pareja y formar una familia. Sin embargo, también podría tender a volverse emocionalmente muy dependiente de su pareja, o tener una visión excesivamente idealizada de lo que es una relación sentimental. Por ello, aunque el deseo de una relación amorosa es un objetivo legítimo, la personalidad podría tener que aprender primero a ser emocionalmente independiente. Podría necesitar experimentar una pérdida o separación dolorosa en ese ámbito antes de lograr la relación que desea. La separación podría parecer insoportable y cruel; sin embargo, la personalidad, al experimentar el proceso de duelo y pasar algún tiempo a solas, creará un sentido de independencia emocional que la preparará para una nueva relación realmente satisfactoria.

»A la personalidad no la engaña el alma, aunque podría parecer que lo hace cuando experimenta los desafíos en un nivel emocional. El alma desea consolarte de manera real y profunda. No está en sus planes que sufras innecesariamente. El simple hecho de confiar en ella podría aliviar tu dolor.

»Cada personalidad tiene cierta pasión. La pasión representa un aspecto del alma que desea ser expresado a través de esa personalidad. Podría ser la pintura, el cuidado de los niños o el hecho de ser un maestro espiritual. El objetivo de los desafíos de la personalidad consiste en conectarse con la pasión principal y expresarla libremente. Si alguien desea convertirse en maestro espiritual, como tú, también deberá desear encarnar profundamente el amor a sí mismo y la autoconciencia que pretende enseñar a otras personas. Deberá abrazarse a sí mismo con tanta ternura y compasión como lo hace con los demás. Esto lo llevará al núcleo de su pasión y le permitirá expresarla con alegría y sin reservas.

Jeshua hablaba ahora acerca del núcleo de mi propio plan prenatal: aprender a amarme a mí mismo. El mío es un clásico plan de aprendizaje por contraste. En las primeras etapas de mi vida, juzgaba mucho y sentía una gran falta de gratitud y aprobación. Mi alma deseaba esa experiencia para servir a dos propósitos: conducirme a mi interior —donde descubriría y cultivaría la autoaprobación y el amor a mí mismo— y generar la pasión necesaria para escribir libros acerca de la planificación prenatal, libros que ayudarían a otras personas a conocerse y amarse como seres sagrados. Al igual que todo el mundo, mis desafíos personales y mi pasión principal están inseparablemente entrelazados, alimentándose y reforzándose entre sí.

—Jeshua, dije antes que me siento más feliz, más vivo y más cerca de Dios como consecuencia de mi despertar y del trabajo que ahora hago. No obstante, todavía experimento las llamadas emociones negativas, que son una parte de la experiencia humana. ¿Qué puedo hacer para permanecer en ese lugar de paz y felicidad?

—Acepta que la paz y la felicidad no se pueden crear mediante la voluntad —me aconsejó—. Se producirán como consecuencia de la profunda aceptación de tus emociones dolorosas. Cuando las aceptas, simplemente dejándolas ser sin querer cambiarlas, pasarán de largo. La naturaleza de las emociones es moverse y cambiar, como el clima. Si fijas demasiado tu atención en una emoción negativa, no pasará de largo tan rápidamente como debería. Estará rondándote, esperando a que la liberes. Desea moverse, como una nube negra que anhela disolverse en forma de lluvia. Tus emociones tienen un ritmo natural. Si confías y tratas de no analizarlas, el cielo se volverá más despejado.

»Estás entrando en una fase más avanzada del despertar. En la primera fase, experimentaste un profundo vínculo con tu alma, que te satisfizo realmente. Ahora, una capa más profunda de tu alma desea ir a la Tierra, llevar a ella más amor y sabiduría para compartir con los demás y para darte a ti mismo.

Conforme despertamos espiritualmente, vemos cada vez con mayor claridad que el sufrimiento es causado no por las circunstancias externas, sino por nuestras reacciones hacia ellas, como señaló Jeshua. Con frecuencia, esta comprensión trae consigo un deseo de sanación, con el propósito de que podamos responder más positivamente a las vidas que planeamos. Le pedí a Jeshua que abordara el tema de la sanación.

—La verdadera sanación viene del interior –dijo–. El problema es que para lograrla se suele necesitar más tiempo del que espera la personalidad, y eso puede hacer que desespere; sin embargo, tu alma te ha dado las herramientas para sanarte a ti mismo. Pondrá en tu vida personas y circunstancias que te ayudarán de alguna manera, incluso si tú no te das cuenta de ello. Pero lo más importante es que, dentro de ti, tienes un increíble poder a tu disposición. Dios, o el Espíritu, son parte de ti. No estás solo. Dios trata de iluminarte desde tu interior. Para enlazarte con esta fuerza de la luz de la que eres portador, es necesario que confíes. Confía en que las cosas ocurren por una razón, en que tus sentimientos te guiarán y te indicarán lo que necesitas y deseas en tu vida. No estoy hablando de tus emociones, sino de tu intuición. Si te preguntas sinceramente, desde el corazón: «¿Qué es lo que necesito ahora mismo?», recibirás una respuesta desde tu interior. De hecho, recibes este tipo de respuestas constantemente, pero se requiere valor para actuar de acuerdo con ellas y seguir siendo fiel a tu corazón. Sin embargo, hacerlo es posible, y te proporcionará un mayor autoconocimiento y, posteriormente, una mayor sanación.

»Las modalidades de sanación externa pueden ser útiles si le recuerdan a la persona su propio poder interior –añadió Jeshua–. Con frecuencia, la vibración de los sanadores es la que marca la diferencia, más que las herramientas físicas que usan. Cuando los individuos reconocen esta vibración como sanadora y verdadera, pueden activarla dentro de ellos mismos.

DESPERTAR MUNDIAL

—Jeshua, me gustaría hablar contigo sobre este período de tiempo en la Tierra, una época de amplio despertar. Muchas personas hablan de un importante cambio de conciencia. ¿Qué está ocurriendo?

—Actualmente, mucha gente busca un tipo diferente de significado en sus vidas. En los países más ricos, gran parte de la población sabe que los objetivos materiales realmente no proporcionan satisfacción o autorrealización. Estas personas están despertando. Asimismo, sienten que son miembros de la humanidad además de formar parte de una nación o de una comunidad más pequeña. En otras palabras, empiezan a darse cuenta de que comparten su humanidad con todos los demás seres humanos que los rodean. Esta unión genera un sentido de unidad y de responsabilidad por el planeta. Los procesos del despertar son difíciles de pronosticar. Es preferible centrarse en el presente y en el propio proceso que en el futuro. No se necesita saber nada sobre lo que nos espera para llevar una vida consciente. El mejor sentido de seguridad se deriva de permanecer en el presente y escuchar los propios sentimientos en lugar de teorías y especulaciones sobre el futuro.

—En ocasiones, se habla del efecto del «centésimo mono», un término que se utiliza para describir la idea de que cuando un cierto número de individuos despiertan (una masa crítica, si deseas verlo así), muchas otras personas despertarán muy rápidamente. ¿Es así como funciona?

—Sí –dijo Jeshua–. Aunque cada proceso de despertar es único, cuando la vibración de toda la humanidad se eleva, es más fácil que las personas recojan esa vibración y se vean inspiradas por ella. Al final, surgirán organizaciones más iluminadas en áreas como la educación o la atención sanitaria. Habrá un flujo de energía nueva en la sociedad que le dará a la humanidad más posibilidades de aumentar la conciencia.

—¿Ha existido antes un período así en la Tierra?

—Cada época es única. Ha habido sociedades iluminadas, sociedades muy antiguas que no han sido registradas por la historia. En esta ocasión es diferente, porque el proceso de transformación es un asunto que atañe a toda la humanidad y los individuos se hallan mucho más vinculados entre sí, a lo largo y ancho del planeta, que en épocas más tempranas.

—¿Cómo se benefician las almas de las personas al encarnar en una época de amplio despertar?

—Las personas, o almas, deciden vivir en esas épocas porque desean concluir sus propios asuntos sin resolver –me dijo Jeshua–. En la Tierra habitan ahora muchas almas evolucionadas que desean borrar los viejos sufrimientos y traumas de vidas anteriores. Vivir en una época de despertar tiene muchos beneficios, pero también puede hacer que la vida sea muy intensa en ocasiones.

»Puede ser un verdadero reto liberarse de una gran parte de tu vieja identidad y abrirte a un nuevo estilo de vida centrado en el corazón —añadió—. No obstante, ese es el verdadero deseo del alma, por lo que aprovecha la oportunidad de encarnar en esa época.

—¿Todas las personas van a despertar? Si no es así, ¿qué sucederá con aquellas que no lo hagan?

—No es posible hacer pronósticos sobre eso. No existe ningún tipo de plazo. La casa de mi Padre tiene muchas moradas. Cada alma encontrará una morada de acuerdo con su vibración en el momento que le corresponda.

—¿Los seres de otros planetas o de otras dimensiones también experimentan despertares espirituales? ¿Hay seres que no necesiten tal experiencia?

—La vida en la Tierra posee una calidad única, en tanto que abarca a tal variedad de seres y experiencias —observó Jeshua—. Sin embargo, el universo está lleno de vida, y toda forma de vida busca una mayor conciencia y una mayor autoexpresión, está dirigida hacia un despertar mayor e interminable.

~

Vivimos en la que bien podría ser la época más emocionante e importante de la historia de la humanidad. Como dijo Jeshua, en la Tierra ha habido sociedades iluminadas, pero el despertar espiritual que se está produciendo ahora es un fenómeno mundial. Detente un momento para dar gracias por estar aquí. Con independencia de tus circunstancias, simplemente agradece el honor y la bendición de haber encarnado aquí y ahora.

Déjame compartir contigo lo que significa para mí el despertar espiritual. He llegado a *saber*, desde el centro mismo de mi ser, que vivimos para siempre. No temo a la muerte, porque sé que la muerte no existe.

Mientras escribo estas palabras, mi padre está muy enfermo. No sé cuándo decidirá regresar al Espíritu; quizás este año, quizás el próximo. Cuando él trascienda, mi dolor disminuirá porque sé que, en realidad, solo habrá salido de una habitación de una gran casa para entrar en otra. Aunque no podré volver a verlo en su cuerpo físico, sin duda le hablaré y *sabré* que él me escucha.

Mi padre sufre. Le falta el aliento a cada momento. Tiene muchas dificultades para caminar. De vez en cuando, experimenta un intenso dolor físico. No puede recordar las conversaciones que tuvimos hace apenas un día, e incluso hace unas horas. Está confundido, ya no puede arreglárselas por sí solo y, en su confusión, teme profundamente lo que será de él. No tiene ninguna creencia especial sobre la vida después de la muerte.

Aunque mi padre no lo cree, sé que su experiencia es extremadamente significativa. Si no lo supiera, me sentiría furioso con Dios. Le preguntaría airadamente: «¿Por qué permites que mi padre sufra de este modo?». Sigue siendo muy difícil para mí verlo sufrir, pero creo que él planeó esta parte de su vida para aprender a aceptar el cuidado y el amor de los demás. Y al hacerlo, *da* servicio a otras personas. A mí, por ejemplo, me ha ayudado a abrir mi corazón. Durante la mayor parte de mi vida, no pude decirle que lo amaba. Ahora lo hago fácilmente.

Asimismo, he llegado a saber que a cada uno de nosotros se nos ama más allá de cualquier cosa que podamos concebir como amor. Este amor es incomprensible para la mente humana. Cuando era más joven, lo percibía como una inefable dulzura que parecía estar en todas partes. Ahora sé que *está* en todas partes. Y lo estará siempre.

He llegado a saber que Dios/la Fuente penetra (en realidad, *está*) en los insectos, en las hojas, en la suave brisa, en los rayos de sol, en los átomos y las moléculas, y en todas y cada una de las personas que formamos este maravilloso mundo. Cada individuo es un hilo esencial de este gran tapiz. Si se retirara tan solo uno de los hilos, todo el tapiz se desharía. En nuestra aparente separación mutua, con frecuencia no nos damos cuenta de que somos esenciales; en lugar de ello, nos sentimos pequeños, insignificantes, carentes de importancia. No obstante, la belleza plena del todo está contenida en cada una de sus partes, y el todo es tan hermoso *gracias* a esas partes.

He llegado a saber que nosotros, quienes encarnamos en la Tierra, somos algunos de los seres más valerosos que existen. Se nos reverencia en todo el universo por tener la valentía de asumir la forma física en uno de los planetas más desafiantes. Considera durante un momento lo que hiciste para llegar aquí. En la esfera no física, sabías que no tenías límites. Podías crear instantáneamente con el pensamiento, ver literalmente en todas direcciones, comunicarte telepáticamente. Tu salud era perfecta y no envejecías. Te encontrabas en un estado de unidad con Todo lo que Es, sabiendo que eras uno con Dios y con todos los demás seres. Rebosabas de una vibración de amor, paz y felicidad que todo lo abarca.

Entonces, decidiste encarnarte en un cuerpo físico y limitar tus percepciones a las de los cinco sentidos. Te retiraste —aparentemente— del amor que todo lo envuelve para experimentar un ambiente en el que suele predominar el miedo. Planificaste grandes desafíos. Decidiste olvidar tu verdadera identidad y todos los aspectos de la esfera de la que viniste. Hiciste todo esto para favorecer la evolución de tu alma.

Ocultarte a ti mismo tu propia grandiosidad y magnificencia es un acto de valor extraordinario.

Ahora, mientras despiertas, te recuerdas a ti mismo como una encarnación de la Divinidad.

Capítulo 3

El aborto espontáneo

Con frecuencia, la experiencia del aborto espontáneo es una combinación de conmoción, dolor emocional, ira y culpabilidad. Perder a un hijo a cualquier edad es terriblemente doloroso, pero cuando esa pérdida se produce *antes* de que el bebé nazca, cuando ni siquiera se ha tenido la oportunidad de acunarlo entre los brazos, se siente un tipo de tristeza intenso y único. ¿Cómo se despiden los padres de un hijo al que aún no conocen? Asimismo, los acongojados padres suelen enfurecerse consigo mismos, con su pareja y con el universo. ¿Cómo pudieron quitarles a su hijo no nacido?, se preguntan. ¿Qué pudieron haber hecho para evitarlo? ¿Sus genes eran defectuosos? ¿Quién es el culpable?

Para comprender todo este proceso, hablé con Rebecca Valentine, que tenía treinta y cuatro años cuando sufrió un aborto espontáneo en la decimosexta semana de gestación (aquello había ocurrido siete años antes de nuestra conversación.) Aunque había superado desde hacía mucho tiempo la fase del dolor emocional agudo, yo sabía, gracias a nuestros contactos anteriores, que Rebecca aún tenía un duelo y una culpabilidad sin resolver, y que todavía no se había perdonado a sí misma. Supe después que ese perdón a sí misma había sido una lección con la que había luchado en vidas anteriores, que la había traído a su vida actual para sanarla y que ahora luchaba de nuevo con ella.

Cuando descubrí que Rebecca no se había perdonado totalmente siete años después de sufrir el aborto espontáneo, pensé que sería muy importante reflejar su historia en este libro. En este momento de la evolución humana, nosotros, como almas, deseamos sanar, de una vez por todas, esos antiguos problemas con los que hemos luchado durante milenios. Al igual que Rebecca, muchas personas tienen una lección especial que no pudieron aprender en vidas anteriores y, por ello, tratan de resolverla ahora. Cuando vemos estas lecciones en nuestras vidas o en las vidas de otras personas, resulta útil mirarlas con compasión, amor, paciencia y respeto, recordando que solo los más valientes acuerdan, antes de nacer, enfrentarse a las heridas de su alma y sanarlas.

REBECCA

Rebecca es madre de cuatro hijos: Max, de trece años; Tucker, de diez; Tavia, de siete e Isabella, de cinco. Ella y su pareja, Wes, crían a su familia en un pequeño pueblo del norte de Colorado. El antiguo marido de Rebecca es el padre de los varones; Wes es el padre de las niñas. Calvin, el bebé que murió, habría nacido después de Tavia y antes de Isabella. El aborto espontáneo ocurrió el 11 de junio de 1999. El embarazo de Rebecca había ido muy bien hasta aquella mañana, cuando comenzó a sangrar. «Vamos a perder a este bebé», le gritó a Wes. Este llamó rápidamente a un amigo de la familia, quien se llevó a todos los niños.

—Entré en el baño –dijo Rebecca– y Calvin salió. Lo tenía en la mano, muy diminuto, con el pulgar en la boca. Era como tener a un bebé vivo, pero en miniatura. Lo envolví en una toalla de mano y lo llevé a la cama conmigo. Estaba aturdida; me sentía como si caminara en el agua. Estaba allí, sentada, sujetando a Calvin, simplemente mirándolo. Aunque sabía que estaba muerto, sentía una increíble necesidad de protegerlo. Trataba de limpiarle la sangre, cuidándolo como si estuviera vivo. Pero el cerebro no piensa de manera lógica. De hecho, no piensa en absoluto.

Rebecca regresó al dormitorio, donde empezó a sangrar profusamente. Corrió de nuevo al baño y se desmayó de un modo tan repentino que se golpeó la cabeza con la tapa del water.

—Lo siguiente que recuerdo —me contó— es que me desperté en el suelo del baño, con ocho médicos a mi alrededor, tratando de localizar una de mis venas. Recuerdo que decían: «No dejéis que cierre los ojos. Mantenedla despierta o la perderemos». Lo raro es que podía ver la parte superior de sus cabezas y podía verme a mí misma tirada en el suelo. Recuerdo que tenía mucho frío, como si no pudiera sentir los brazos o las piernas. Y también recuerdo esa sensación de querer estar quieta y abandonarme. Era consciente del hecho de que el bebé había muerto.

Rebecca veía a los médicos desde su punto de vista, en el techo del baño. Entonces distinguió a Wes en la entrada, aterrorizado. «¿Qué les pasará a mis hijos? —pensó—. Van a dividir a mi familia». Y con ese pensamiento, volvió repentinamente a su cuerpo.

—A partir de ese momento, dejé de ver a esas personas desde arriba; estaba en el suelo, mirando al cielo raso. Recuerdo haberles dicho que consiguieran una aguja mariposa porque mis venas son pequeñas. Sabía que si utilizaban una aguja grande, no encontrarían ninguna vena, ya que todas ellas estaban colapsadas. Nadie me escuchaba. Lo siguiente que oí fue: «Llamad al helicóptero». Comenzaron a llevarme escaleras abajo para meterme en la ambulancia.

»Mientras bajábamos las escaleras, vi a un hombre sentado en mi habitación a quien nunca antes había visto. Tenía el pelo castaño oscuro, con barba y ojos marrones muy oscuros. Se parecía muchísimo a un tipo con quien salía hace muchos años, alguien muy apacible y amable. Lo miré y pensé que realmente se parecía a Donny.

»Subimos a la ambulancia. Aquel hombre salió de la casa y aunque vestía un polo blanco y pantalones cortos color caqui —no llevaba ninguna clase de uniforme— entró en la ambulancia. Me tomó la mano y me dijo: «Te vas a poner bien». Sentí una grandiosa sensación de la paz. Le creí. Le creí completamente, al cien por cien. Le dije: «Necesito una aguja pediátrica». Me respondió: «Lo sé». Encontró una vena en el primer intento y me enganchó [al gota a gota]. Entonces le dijo al conductor de la ambulancia: «No necesita el helicóptero. Lo logrará. Solo llévenla al hospital». Después, bajó de la ambulancia.

»Había dos personas en el asiento delantero de la ambulancia, y un médico y yo estábamos en la parte trasera. Uno de ellos preguntó: «¿Quién era ése?». Otro dijo: «Creí que era parte del equipo del helicóptero». Y el primero que había preguntado añadió: «Yo creí que era parte de tu equipo». Hasta donde pude entender, había tres equipos diferentes: el Departamento de Bomberos Voluntarios, el del helicóptero y los médicos del hospital. Todo el mundo pensaba que esa persona pertenecía a uno de los otros equipos. Nadie volvió a verlo nunca.

La ambulancia llevó inmediatamente a Rebecca al hospital, donde la estabilizaron y le informaron de que su bebé había muerto de encefalocele, una anomalía en la parte alta del cuello que impide que la espina dorsal se conecte con el tronco encefálico. Después, le indicaron que la placenta se le había roto y había estado a punto de desangrarse.

—El doctor me dijo: «El bebé murió hace poco» —recordó Rebecca—. «Hace tres semanas», le confirmé. «¿Cómo lo sabe?», preguntó. «Porque lo sentí». Había estado pintando en la habitación de los niños y había movido un bloque de cemento. Sentí que algo ocurrió y tuve una horrible sensación de temor. Pensé: «Mi bebé acaba de morir».

Rebecca llevó a Calvin a casa y mantuvo su cuerpo en hielo hasta que pudo realizar los trámites para incinerarlo. Le pedí que me hablara más acerca de los sentimientos que experimentó ese día.

—El primer pensamiento que tuve mientras sostenía a Calvin en mis manos fue: «¡Dios mío!, ¡lo siento tanto!». Recuerdo haberme sentido increíblemente conmocionada. Allí estaba, mirando a un bebé tan bien formado... Parecía que si hubiera podido hincharlo hasta que alcanzara un tamaño más grande, habría sobrevivido. Me horrorizaba el hecho de no haber podido mantenerlo seguro y también sentía una gran culpabilidad. Ha sido la pérdida más tremenda que he sentido jamás en toda mi vida.

—Rebecca, cuando volviste a casa del hospital, ¿cómo les explicaste el aborto espontáneo a tus otros hijos?

—Les dije: «El bebé se ha ido. Tenía una enfermedad que no lo dejó vivir. Pero sabemos que nunca sufrió». Lloramos. Tucker me acariciaba la mano. Me dijo: «¿Puedo sentarme contigo?». Tenía miedo de lastimarme el abdomen. «Sí, puedes sentarte conmigo», le dije. Tenía a Tavia y a Max a un lado y a Tucker al otro. Nos acurrucamos en la cama durante un largo rato.

Pocos días después, Rebecca y Wes realizaron una ceremonia para ayudar a sus hijos a comprender lo que había ocurrido. Con la canción de Carly Simon *Life is Eternal* (La vida es eterna) como fondo, plantaron hiedra a modo de monumento. Rebecca y Wes les preguntaron a los niños si querían decirle algo a Calvin. Tucker contestó: «Solo quiero que sepa que lo amo». Juntos crearon un mural; los niños dibujaron o pegaron aquello que esperaban que Calvin encontrara en el cielo. Dibujaron arcoíris y dinosaurios y pegaron calcomanías del dinosaurio Barney y fotos de ellos mismos.

—En los días siguientes —dijo Rebecca—, Wes y yo repasamos lo que había ocurrido. «Donny» se había acercado a Wes y le había dicho: «Wes, ¿hay algo que yo pueda hacer?». Wes le respondió que no, así que el hombre simplemente se sentó. Nunca dijo quién era. Solo se sentó allí esperando. Y al bajar de la ambulancia, se alejó caminando por la calle. No se subió a ningún vehículo. Simplemente desapareció.

»Desde entonces, he tratado de averiguar exactamente quién era ese tipo. Estoy convencida de que lo enviaron aquí para ayudarme. El hecho de que se pareciera excepcionalmente a alguien a quien yo conocía me hizo convencerme aún más de ello.

—Rebecca —le pregunté—, ¿sabes si Donny estaba vivo en ese momento?

—Está vivo ahora. Es maestro en Nueva Jersey.

—¿Cómo pudo subir a la ambulancia sin uniforme?

—Lo mismo me pregunto yo.

—Hay historias de ángeles que toman temporalmente una forma humana en situaciones de emergencia —observé—. ¿Piensas que era un ángel?

—Eso es lo único que puedo deducir —respondió—. El hecho de que esa persona apareciera como alguien en quien yo confiaba... tiene sentido para mí.

Mientras pensaba en lo que le había ocurrido a Rebecca, me parecía que no podía ser más que un milagro. Le pregunté si creía que habría muerto si ese hombre misterioso no hubiera intervenido.

—Me imagino que sí –dijo seriamente–, porque no podían hallar una vena y yo sangraba muchísimo. –Entonces mencionó un detalle importante–. Cuando le dije: «Necesito una aguja pediátrica», ya la tenía en la mano. Es algo que he recordado todos estos años. Nunca lo vi buscando una aguja. Nunca lo vi pidiendo una.

Podía aceptar que un ángel u otro ser no físico hubiera tomado una forma humana y salvado la vida de Rebecca, pero una parte de la historia aún me desconcertaba.

—Y luego este hombre –dije–, que no vestía un atuendo médico, que no tenía ninguna credencial y que era un desconocido para todos, les dijo a tres equipos médicos diferentes, a ninguno de los cuales pertenecía, que debían llevarte al hospital en ambulancia y no en helicóptero. ¿Y nadie lo cuestionó?

—Exactamente –dijo.

Nos quedamos en silencio durante un momento. Yo intentaba asimilar los sucesos de ese día. Sin saber qué más decir sobre «Donny», y de hecho al sentir que no había más que yo *pudiera* decir, le pedí a Rebecca que hablase sobre cómo se sintió en las semanas y meses después del aborto espontáneo.

—Estaba increíblemente deprimida –dijo con tristeza–. No quería ver nada ni a nadie. Me culpaba a mí misma: «¿Qué hice mal? ¿Qué fue lo que no comí?». Me volví realmente brutal conmigo misma y tuve un periodo de odio a mí misma que duró bastante más de un año. Engordé, porque no quería que nadie me mirara y pensara nada agradable.

Gradualmente, la vida volvió a la normalidad para Rebecca y su familia. Dos años después del aborto espontáneo, Calvin empezó a visitarlos. En una ocasión, mientras Rebecca estaba en la cama, sintió a un niño sentado sobre ella y la luz de la habitación se apagaba y se encendía. Poco después, leyó en un libro que los difuntos pueden manejar la electricidad para anunciar su presencia. Un día le preguntó a Tucker si había notado algo extraño en su dormitorio.

—Sí –contestó su hijo despreocupadamente–. Calvin viene.

—¿Qué dices? —preguntó Rebecca, sobresaltada.

—Bueno, la puerta se abre y lo siento entrar.

—¿Y qué hacéis?

—Nada. Solo gatea hacia la cama y nos acariciamos. Cuando me despierto por la mañana, ya no está.

Rebecca me dijo que las visitas de Calvin eran muy reconfortantes y fueron un paso importante en el camino de sanación para ella y su familia.

—¿Crees que esa es la razón por la que volvió? —le pregunté—. ¿Para ayudarte a superar el duelo?

—Sí. Pienso que volvió para informarme de que estoy bien y de que él está bien.

LA SESIÓN DE REBECCA CON STACI

La conmovedora historia de Rebecca me había planteado muchos interrogantes. Además de la pregunta principal sobre si ella había planeado su aborto espontáneo, traté de comprender el plan prenatal de Calvin. ¿Un alma pondría su energía en un feto a sabiendas de que no habría de nacer? ¿Qué aprendería o cómo crecería un alma al hacer eso? ¿Y qué hay del misterioso «Donny»? ¿Quién era y cómo había podido salvar la vida de Rebecca?

Rebecca, Staci y yo comenzamos con un momento de silencio mientras esperábamos que el Espíritu nos presentara lo que teníamos que comprender.

—Calvin está aquí con nosotros —anunció repentinamente Staci. Su aparición me sobresaltó, pero también me encantó.

—Te perdono —le dijo de inmediato a Rebecca—. No hay culpabilidad.

El hecho de que Calvin comenzara la sesión de este modo me indicaba que era extremadamente consciente de que Rebecca todavía se culpaba por el aborto espontáneo. Con frecuencia, suponemos que nuestros seres queridos están tan ocupados con su nueva vida en el Espíritu que no se percatan de cómo nos sentimos o de lo que ocurre en nuestra vida. Al contrario, ellos conocen nuestros sentimientos tan íntimamente que con frecuencia van mucho más allá de lo que experimentamos en el plano terrestre. A menudo vienen a echarnos un vistazo, guiándonos con insinuaciones intuitivas, amándonos a través de pensamientos implantados en nuestros sueños nocturnos.

Como pronto descubriríamos, las palabras de Calvin se referían no solo al aborto espontáneo sino también a otra vida en la que él y Rebecca habían estado juntos.

—Ahora veo imágenes de una vida anterior —anunció Staci—. Veo un fuerte, una instalación militar en algún territorio de Estados Unidos en la primera década de 1800. Veo hombres uniformados. Calvin es un soldado en esa vida y, Rebecca, tú también eras soldado. Tú eras su superior. Había un oficial con un rango mayor que el tuyo, pero viajaba a menudo, y en sus ausencias tú te hacías cargo del fuerte. Te gustaba dirigir a los hombres y desarrollaste un estrecho vínculo con muchos de ellos. Tenías una buena relación con Calvin y lo querías como si fuera tu hijo.

»Veo una situación justo fuera del fuerte, de lucha, y veo cómo los soldados tratan de mantener la puerta cerrada. Los están invadiendo, y ellos tratan de impedir que los indios entren. Te veo en tu escritorio dentro del fuerte, Rebecca, debido a tu reticencia natural a participar en el combate. Eras muy buena con las palabras, pero no te gustaban los enfrentamientos físicos.

»Miras por la ventana a los hombres que tratan de impedir que los indios entren en el fuerte. Calvin está detrás de ti; tú permaneces sentada en tu escritorio. Ambos analizáis lo que véis. Tú le ordenas que se una a los demás hombres en la batalla. Y, ¡oh Dios mío!, una flecha penetra directamente en su corazón y muere pocos minutos después.

»Tú te sentías responsable y no te perdonaste. Calvin me lo está mostrando. Te veo arrodillándote en el suelo a su lado, llorando desconsoladamente. Lloraste durante unos tres días y tardaste todo un mes en volver a ver la luz del día.

»Moriste en esa vida debido a un aneurisma aórtico cuando tenías alrededor de cuarenta y nueve años, unos diez años después del incidente en el que Calvin falleció. En todo ese tiempo, lo llevaste en tu corazón. Sentías que nunca debiste haberlo enviado al combate. Era tan especial para ti... Ambos sentíais un profundo vínculo y un gran afecto mutuo.

»Cuando moriste, Calvin fue una de las muchas almas que te dieron la bienvenida. Para ti, fue un gran alivio encontrarte con él de nuevo. Os veo a ambos en vuestros cuerpos espirituales, vuestros cuerpos de luz, una forma ovalada de luz blanca, fusionándose. Donde estarían los brazos, veo los bordes de los cuerpos de luz estirándose y fundiéndose uno con otro. Habláis de una manera muy íntima. Te está diciendo que el hecho de enviarlo a la lucha no había provocado su muerte prematura. De todos modos habría abandonado esta vida unos meses más tarde en alguna otra batalla, donde tú no habrías estado para protegerlo. Las cosas sucedieron como debían haber sucedido.

»Tú no lo aceptas. Dices una y otra vez: «No puedo perdonarme a mí misma. No puedo perdonarme a mí misma». En este momento, dos personas que te quieren mucho, un Espíritu Guía y tu madre de otra vida, te separan de él y te llevan a un sitio donde puedes descansar. Es un lugar donde he visto a muchas personas después de que crucen. Se parece a una habitación de hospital, pero no tan clínica. Es un pequeño dormitorio con una ventana que da a unos hermosos jardines a través de la cual puedes mirar desde la cama. Es un lugar muy tranquilo y con mucha luz.

»Pasaste lo que, en tiempo terrestre, sería un par de semanas dedicándote únicamente a descansar. El Espíritu me dice que se trata de un «tiempo de reconfiguración». Te acostumbras a estar fuera de la vida física y con una forma espiritual otra vez, mientras te reorganizas. Pocos seres interactúan contigo en tu fase de descanso. Veo un Espíritu Guía. Veo nuevamente a esa figura maternal. No veo que Calvin se acerque. Distingo a otros dos seres, una figura paterna y alguien a quien consideras un hermano. Te visitan brevemente de uno en uno, como una caricia para darte consuelo.

»Ahora, pido que se me lleve a la sesión de planificación prenatal. Lo primero que veo es una alfombra pequeña y verde en medio de un suelo de madera. En una de las paredes hay una ventana rectangular. En otra, una mesa con un arreglo floral. Hay otras dos paredes que tienen, a falta de una palabra más adecuada, monitores. En las pantallas aparecen imágenes de tu vida anterior más reciente y de otras vidas pasadas. Estabas sola con tus Espíritus Guías antes de que entrara el resto del grupo de tu alma, observando con ellos tus vidas anteriores en esas pantallas. Hablasteis acerca de los temas kármicos en los que habías estado trabajando en esas vidas anteriores.

»Ahora, la habitación está llena de miembros del grupo de tu alma. Algunos tienen un profundo interés en la sanación, pero una gran parte de ellos desempeñan una labor artística. Me dicen que aproximadamente un tercio de tu grupo de almas se hallaba en una encarnación física en el momento en que hacías tu propia planificación prenatal. Ese tercio está formado principalmente por maestros. Por lo tanto, tu grupo de almas está constituido por sanadores, artistas y maestros.

»Hablas sobre lo que te gustaría trabajar en esta vida. Piensas que en tu última vida, avanzabas por el camino hacia la independencia emocional. No la lograste, pero sin duda pasaste suficiente tiempo a solas para aprender a ser un mejor recurso para ti misma. Deseas continuar en esa línea. Hablas con un Espíritu Guía de apariencia masculina. Es más alto que tú y lleva una túnica de color crema. Tiene el pelo y la barba oscuros, pero su piel es clara. Te deja hablar y solo asiente con la cabeza y pronuncia algunas palabras.

»No te estoy viendo como el cuerpo espiritual que vi cuando saliste de aquella vida. Ahora, tienes piernas y brazos, y luces la capa de la personalidad que poseerás en tu vida actual. Ya has seleccionado a tus padres y sabes qué aspecto mostrarás. Le dices a tu Espíritu Guía que hay elementos de algunas vidas pasadas que te gustan mucho y que deseas incorporar en esta vida. Uno de ellos es el amor por la naturaleza. Quieres estar en un lugar en el que haya grandes superficies de campo abierto.

»Caminas hacia la alfombra verde y te sientas en un extremo. Llega un segundo Espíritu Guía y coloca sobre ella lo que parece un tablero de juegos. En ese momento, está vacío casi por completo, pero comienza a llenarse de líneas conforme vas planeando tu vida. Veo a alguien que parece mayor, como una figura paterna, sentado frente a ti, de unos cuarenta y cinco o cincuenta años de edad, caucásico, con el cabello oscuro y entrecano en las sienes. En ciertos momentos, ocupa totalmente el manto de la personalidad y en otros, se disuelve y puedo ver el cuerpo espiritual subyacente. Esto sucede especialmente con la mitad inferior de su cuerpo, como si le resultará difícil adaptarse a la representación física de su forma. Se me dice que esto ocurre porque esta alma ya tiene una forma corpórea.

»Por lo tanto, no está ahí en el tiempo entre vidas como tú, sino en forma astral, mientras su forma física duerme. Es alguien que representa un maestro para ti, alguien a quien conociste cuando tenías unos cinco años de edad. Era como un tío en ese momento.

—Estás describiendo a Ted Roter, que era mi vecino de al lado, en la casa a la que me mudé cuando tenía tres años y medio –explicó Rebecca–. Mi padre era un hombre muy distante y frío, no tenía mucho en común con los niños. El señor Roter y su esposa eran unas personas muy amables. Siempre venían a nuestra casa, me recogían y me llevaban en su camión y me compraban golosinas. Cuando teníamos una fiesta en nuestra casa, se escabullía para traernos comida a mi hermana y a mí, porque se nos prohibía salir de nuestra habitación. Siempre me cuidaba. Hasta el día en que nos mudamos, cuando yo estaba en sexto curso, fue para mí como un padre. Era un hombre grande y fornido con pelo oscuro y sienes entrecanas, como lo describes.

—Cuando te instalaste en tu nueva casa, estoy segura de que ambos os reconocisteis en un nivel subconsciente –explicó Staci–. Recibiste algunos cuidados, antes de que fuera demasiado tarde, por parte de una figura paterna.

»Permíteme continuar. Calvin se encuentra en el fondo de esa habitación. Está esperando que planees otros aspectos de tu futura vida antes de presentarse y hablar contigo. Pero mientras lo hace, camina de un lado a otro del grupo, girando para acercarse a ti. Su cuerpo espiritual cambia y asume la forma del cuerpo que tenía en esa vida anterior. Albergas sentimientos encontrados cuando lo ves. Te sientes feliz pero todavía estás llena de tristeza y de falta de perdón a ti misma. Él se sienta y te toma de la mano.

CALVIN: Quiero que te perdones. Te lo digo otra vez: tú no fuiste responsable de mi muerte. Simplemente, era el momento de que ocurriera algo que debía ocurrir de todos modos. Libérate de esa vida y del vínculo pesado y negativo que todavía mantienes con ella. Vuelve a tu mente y mira esa vida otra vez, centrándote en todo lo positivo que hiciste antes y después de conocerme.

REBECCA: Deseo pagar por lo que te hice.

CALVIN: Fue poco tiempo, y el tiempo no significa nada.

REBECCA: No, no, no puedo perdonarme a mí misma de esta manera. No puedo dejarlo ir. Debo hacer algo para expiar mi culpa. Nuestra relación era como la de un padre y su hijo.

CALVIN: ¿Te gustaría continuar esa relación en la vida que estás planificando?

REBECCA: Pero no quiero ser un hombre. Seré una mujer.

—Ambos conciben al mismo tiempo la idea de que lo lleves en tu vientre. Veo cómo pone la mano en tu abdomen.

CALVIN: ¿Estarás bien sabiendo que llevarás mi cuerpo solo durante un espacio de tiempo tan breve?

—En este momento, tú lloras porque sientes la tristeza, el dolor de perderlo en esa vida anterior, y sufres al saber que lo llevarás tan poco tiempo en tu futura vida.

CALVIN: Ese es el tiempo que se me concedió en esa vida. Te daré el obsequio de mi vida durante ese período si te resulta útil.

REBECCA: No importa cuánto tiempo; solo te quiero conmigo. Me sentiré mejor sabiendo que puedo pagar por lo que te quité. No puedo perdonarme de ninguna otra forma.

—Esta es una manifestación de tu desafío kármico de encontrar el equilibrio dentro de ti misma. Es una parte de ti misma que se encuentra muy desequilibrada, incluso durante el tiempo entre vidas. Calvin no parece creer que esto vaya a funcionar para ti.

CALVIN: ¿Estás segura de que será suficiente?

REBECCA: Después de llevarte en mi cuerpo este breve lapso de tiempo, podré dejarte ir y soltar esta carga emocional.

—Él mueve la cabeza, porque no cree que puedas lograrlo. Ahora, uno de tus Espíritus Guías da un paso adelante. No se sienta contigo y con Calvin; se inclina y te habla cara a cara.

Espíritu Guía: ¿Estás segura de que podrás liberarte de esto?
Rebecca: Sí, quiero hacerlo.

—Estás muy perturbada y todavía lloras. Tu grupo de almas que se encuentra en la habitación permanece en silencio en este momento. Puedo sentir su amor y su apoyo hacia ti, sus deseos de que te encuentres bien y te integres emocionalmente, pero también su escepticismo. Consultas con algunas personas más en esa sesión y a continuación te sumerges en un estado meditativo antes de entrar en el cuerpo de tu madre.

La extraordinaria visión de Staci de la sesión de planificación de Rebecca había ido directamente al núcleo del tema: Rebecca no había podido perdonarse a sí misma por «provocar» la muerte de Calvin en una vida anterior. En su planificación prenatal, había decidido desafiarse de la misma forma, esta vez esperando superar la culpabilidad y el autocastigo generados por el aborto espontáneo. En un nivel subconsciente, también llevaría en su cuerpo la culpabilidad de su vida anterior con Calvin. Son esta clase de recuerdos subconscientes los que hacen que la sanación de un determinado asunto sea mucho más difícil para una persona que para otra. Si Rebecca puede perdonarse a sí misma por el aborto espontáneo, sanará la culpabilidad y el autocastigo por ambas vidas, la anterior y la actual.

—Hace un par de décadas —continuó Staci —mi Espíritu Guía me enseñó un ritual de meditación para liberarse de la carga emocional. Quiero transmitirte esta información, Rebecca. Consigue una vela de al menos dieciocho centímetros de altura. Graba el nombre de Calvin en ella con una pluma o un cuchillo. Esto le indica a tu mente a quién representa la vela. Luego, toma una hoja de papel y escribe en ella: «Me libero de esto y lo dejo en manos de Dios». Enciende la vela y quema el papel en la llama. Simbólicamente, esto le muestra a tu mente que estás soltando la carga emocional en el éter. Después, durante diez o quince minutos, deberás repetir, en silencio o en voz alta: «Me libero de esto y lo dejo en manos de Dios». Por último, apaga la vela. Al día siguiente harás lo mismo, pero no volverás a escribir nunca esa frase en el papel. Solo encenderás la vela, repetirás el mantra y la apagarás. La mayoría de las personas sienten cómo su carga se hace más ligera en el transcurso de unos días o semanas. Para cuando la vela se haya consumido casi totalmente, el difícil problema ya no estará ahí. Se trata, literalmente, de una manera de reprogramar tu mente para liberarte de él.

Me pareció que la sugerencia de Staci podría ser muy sanadora para Rebecca, pero sabía que lo más sanador que podíamos ofrecerle en ese momento era la oportunidad de hablar con su amado Calvin.

—Staci, ¿Rebecca puede hablar con Calvin? —En el preciso instante en que acabé de decir esto, Calvin vino a Staci.

—Quiere que te diga que no volverá a la vida física durante tu vida actual. Iba a regresar aproximadamente cinco años después con una pareja distinta de padres, pero cambió esos planes porque tú no eras capaz de dejarlo ir. No se arrepiente de esto y tiene mucha confianza. Dice: «No pudiste lidiar con mi muerte como pensabas que lo harías, y yo no puedo dejarte ir hasta que lo logres. Quiero estar cerca de ti para consolarte. Hemos sido amigos demasiado tiempo para abandonarte justo ahora».

»Y desea esperarte en la vida después de la muerte cuando abandones esta existencia. Asegura que sabe lo que significa para ti el hecho de verlo, estar con él, una vez que termines tu ciclo de vida y quiere estar ahí para ver otra vez la mirada en tu rostro cuando vuelvas a verlo. También dice que tu culpabilidad te ha impedido sentirlo algunas veces.

—Solo quiero que Calvin sepa cuánto lo amo —dijo Rebecca en voz muy baja.

—Lo sabe. Dice que forma parte de tu familia, casi como si hubiera nacido.

—Calvin —interrumpí—, al principio de la sesión, le dijiste a Rebecca que querías que supiera que la has perdonado. ¿Podrías hablar más acerca del perdón y de cómo puede perdonarse a sí misma por el aborto espontáneo?

—La falta del perdón es como si fueses un preso encadenado a una bola —contestó Calvin—. La bola va delante de ti cuando entras en una habitación, flota en el aire por encima de ti cuando te sientas o estás de pie e incluso puede habitar el mismo espacio que tu cuerpo, extendiéndose hacia delante y hacia atrás como si estuviera centrada en tu abdomen. Te aísla mientras la cargas y te impide experimentar la felicidad total, el gozo total e incluso el dolor total. Actúa como una muralla.

—Las personas se acostumbran a ella —añadió Staci—, justo como se acostumbran a un matrimonio insatisfactorio porque es mejor que enfrentarse a lo desconocido. Calvin me indica que esto se ha convertido en un patrón de pensamiento para Rebecca, una manera habitual de pensar y de sentir, y que debe soltarlo.

La reflexión de Staci me recordó algo que había aprendido en mi camino espiritual: es mejor no discutir con nuestros pensamientos o sentimientos. En lugar de fortalecerlos con nuestra atención, podemos observarlos y dejarlos ir suavemente y sin juicios, como uno aprende a hacerlo en la meditación.

—Parece fácil, pero no lo es, obviamente, o no lo habría mantenido conmigo durante tanto tiempo —dijo Rebecca, riendo mientras hablaba, aunque el dolor subyacente era palpable.

—¿Quieres dejarlo ir? —le preguntó Staci directamente.

—Me encantaría dejarlo ir. Me encantaría. El mantra... Creo en su poder, pero me pregunto si hay algo más que pueda ayudarme, porque solo Dios sabe lo profundamente arraigado que está en mí.

—Tratas de complicar lo que es simple —observó Calvin.

—Todo comienza con una decisión, y tú nunca has tomado esa decisión en tu corazón —dijo Staci—. La decisión de dejarlo ir.

—Esa comprensión es la clave para ayudarte a abrir tu corazón —le indicó Calvin a Rebecca—. Nunca es fácil liberarse de algo, pero la vida es realmente un don y haber estado vivo, independientemente de cuánto tiempo haya durado, es algo estupendo. En mi caso, no viví fuera de tu vientre, pero durante el tiempo que me llevaste en tu interior, estaba dentro del cuerpo y fuera de él, pero muy cerca. Mis ojos, mis oídos y mi corazón disfrutaron de muchos placeres durante ese tiempo, a pesar de su brevedad.

»Para ayudarte a liberarte del dolor, lo único que puedo decir es que la vida es una celebración y que siempre hay tiempo para más vida. Las personas deben comprender que la existencia continúa, independientemente de si la ven o la sienten. Siempre existirá la oportunidad de habitar un cuerpo físico en el futuro, ya sea en forma humana o en otra forma en algún otro mundo. Venimos a la vida física para experimentarnos a nosotros mismos, para experimentar los desafíos a través de los cuales evolucionamos. Amamos ese proceso y lo ansiamos de vez en cuando. Esto nos devuelve a la vida física una y otra vez.

»Debéis saber que, aunque no podáis vernos, estamos muy vivos. Visitamos a menudo a aquellos a quienes amamos, ponemos nuestras manos en su corazón y los rodeamos de manera que puedan sentir nuestro amor y comprender que la vida es eterna. El hecho de que no puedan vernos no quiere decir que no existamos. La vida nunca termina. Es Todo lo que Es, la sustancia de la que estamos hechos, sin importar si tenemos una forma espiritual o un cuerpo físico. La vida realmente está en todas partes, y así como yo no me encuentro más que a un paso de mi madre, así todos nosotros nos hallamos literalmente a tan solo unos pasos de aquellos a quienes amamos. La velocidad del pensamiento es un vínculo poderoso, y pensar en los seres queridos que ya no están contigo los trae a tu lado de inmediato, independientemente de si los percibes o no.

Nos quedamos en silencio durante un momento para asimilar la belleza de las palabras de Calvin. Yo podía percibir su gran amor por Rebecca y por todas las personas que pudieran llegar a oírlo.

—¿Puedo preguntarle una cosa más? –dijo Rebecca–. Los doctores me dijeron que nunca sufrió.

—Así es –confirmó Staci–. Asegura que había salido de su cuerpo hacía mucho tiempo.

—¿Y visitó a Tucker?

—Dice que visita a Tucker constantemente. Que ha encendido y apagado las luces de la casa y que esa es su forma de saludar a su familia.

Parecía que era el momento oportuno para hablar del aspecto más extraordinario de la experiencia de Rebecca, la presencia de aquel desconocido en su casa. Escuché en silencio mientras Rebecca le contaba la historia a Staci. De inmediato, esta resolvió el misterio.

—Era el Espíritu Guía [de la sesión de planificación prenatal] –dijo Staci–. Aquel que dijo: «¿Estás segura de que podrás liberarte de esto?».

—¿Podemos traerlo y preguntarle por qué asumió la forma humana física? –pregunté. Cuando acabé de hablar, Staci nos transmitió las palabras que escuchó de este Espíritu Guía.

—Hacemos esto en ocasiones —nos informó—, cuando, como en el caso de Rebecca y Calvin, el alma no puede lograr algo que desea profundamente. Si Rebecca hubiera muerto, no habría terminado todo el desafío kármico de esta vida. Sabíamos muy bien que daría a luz a otro hijo, que tendría más responsabilidades y conseguiría más logros, y éramos conscientes de lo importante que esto era para ella. No era su momento. Nos presentamos de forma corpórea según el caso. Un clarividente habría distinguido un brillo peculiar en mi aura en comparación con los demás. Pero en ese momento nadie lo vio, y eso es algo que ocurre muy a menudo.

Pregunté por qué había decidido presentarse vistiendo un polo blanco informal y pantalones cortos de color caqui.

—Quería tener una apariencia informal —contestó Staci—, para ser mejor aceptado por todos, para producir una energía relajante que Rebecca y los demás percibieran. Y me dice que algunos de ellos lo vieron con un atuendo diferente, totalmente de blanco.

—¿Con un atuendo médico? —pregunté.

—Sí.

—¿Fue así como pudo subir a la ambulancia?

—Sí, pero no necesitaba presentarse de esa forma ante Rebecca. Su propósito al estar con ella no solo era salvar su vida, sino también tranquilizarla.

—¿Decidió a propósito parecerse a su antiguo novio Donny para confortarla?

—Esa forma familiar ayudó a inducir un reconocimiento subconsciente en el nivel del alma entre él y Rebecca —explicó Staci—. El reconocimiento de un consejero amistoso y en quien se pudiese confiar.

—Hubo un momento crítico —señalé— cuando este hombre tomó una decisión médica. Les dijo que la llevaran al hospital en la ambulancia, no en el helicóptero. Todo el mundo le escuchó, aunque nadie sabía quién era. ¿Puedes preguntarle cómo logró tener esa clase de influencia, especialmente con esa decisión tan crítica?

—Una manipulación de energías. Dice que es una ola de energía que emanó a través de su campo áurico. Lo compara con dos cosas diferentes: la forma en que un hipnotizador puede formular una sugestión y presentarla de un modo en que la persona abandona la incredulidad y la acepta, y lo que conocemos en nuestra cultura a través de *La guerra de las galaxias* como la «técnica Jedi», que se basa en este hecho. Se trata de una ola de energía que envían a través de sus campos áuricos, y la gente simplemente la acepta.

»En el caso de una madre que da a luz a un niño que vive tan solo seis horas, seis días o un mes, esto no quiere decir que el niño haya tenido una vida incompleta. Sencillamente deseaba, por alguna razón (y generalmente hay dos o tres razones), tener algo más de experiencia, un curso de repaso, un poco más de tiempo con su madre, un tiempo extra para ver algo que quizás en una vida anterior no pudo ver completamente. En cada uno de estos casos, el alma de ese niño está agradecida con su madre por darle esa experiencia. Sin importar lo breve que el tiempo le parezca a esta, fue suficiente para él. La madre actuó de manera compasiva como portadora y cuidadora de esa alma infantil.

~

La sesión de Rebecca con Staci se realizó como parte de la investigación para mi primer libro. Más tarde, decidí guardar su historia para este. Dado que Rebecca tuvo mucho tiempo para trabajar con la información proporcionada por Staci, le pedí que comentara cómo había influido todo ello en su vida.

—Cuando hablé con Staci respecto a la pérdida de mi bebé, me había convertido en una persona diferente, de algún modo disminuida en muchos sentidos en comparación con lo que era. Aunque alguna vez fui feliz y optimista, en ese momento me sentía triste y derrotada. Mi seguridad había dado paso a la duda y al odio a mí misma. Después de todo, si no era capaz de mantener una vida dentro de mí, ¿cómo podía merecer el orgullo de lo que ya tenía, tres niños sanos y vibrantes?

»Al aprender acerca de mi plan de vida, pude liberarme de la culpabilidad autoinfligida. Podía considerar mi experiencia del aborto espontáneo como un aprendizaje. Logré cerrar este aspecto de mi vida, porque ya no tenía para mí el venenoso misterio de todos aquellos «si hubiera...». Lo cual no quiere decir que no me entristezca a veces o que no me pregunte cómo sería Calvin, a cuál de sus hermanos se habría parecido más. Eso todavía ocurre. Pero ocurre dentro de los límites de la aceptación y, por tanto, no me provoca el dolor que una vez me causó.

»Esa sesión cambió mi vida y me permitió volver a vivir y criar a mis otros hijos. Me ayudó a volver a mí misma. Es un viaje que no podría haber hecho sola.

CORBIE CANALIZA EL ALMA DE REBECCA

Para obtener información adicional sobre el plan prenatal de Rebecca, le pedí a Corbie que canalizara su alma. En particular, esperaba que su alma ofreciera palabras de sanación a los padres que han perdido a un hijo debido a un aborto espontáneo. ¿Cómo nos animarían nuestras almas a responder? ¿Cómo ve tal experiencia el alma misma?

—Madre/Padre Dios —oró Corbie—, rodéanos con tu luz blanca de amor, compasión, sabiduría, servicio y verdad incondicional. Permite que solo se diga la verdad. Permite que solo se escuche la verdad. Permíteme ser un canal claro para hacer que el Yo Superior de Rebecca Valentine hable hoy con nosotros y, como siempre, que mi cabeza, mis manos y mi corazón estén totalmente a tu servicio. Pido esto en nombre de Cristo, y en nombre de Cristo lo hago. Amén.

—Amén —repetí.

—¡Buenas tardes! —saludó el alma a través de Corbie—. Has pedido hablar con el alma de Rebecca Valentine. Me complace estar aquí.

Las palabras de Corbie habían disminuido considerablemente su velocidad, lo que indicaba que había entrado en trance.

—Gracias por reunirte hoy con nosotros —dije—. Quisiera preguntarte si el aborto espontáneo de Calvin fue planeado por ti antes de la encarnación de Rebecca y si es así, por qué.

—Rebecca, la personalidad, pidió [antes de nacer] que se le permitiera sentir la maternidad en todas sus formas —contestó el alma—. Es una hermosa voluntaria, una vasija que comprendió que, en este caso, el don era la concepción, no la vida que llevaba en ella.

»Cuando el alma encarna, aun si no experimenta el mundo como un ser humano separado de su madre, tiene un conocimiento del mundo a través de ella. El alma que ha atravesado por dificultades en

127

otras vidas quiere «meter solo la punta del pie en el agua». Quizás un alma que no ha ido a la Tierra antes, pero que está acostumbrada a otras formas, desea probar algo brevemente, como cuando te pruebas un sombrero y luego, te guste o no, eliges otro. Rebecca, debido a la fortaleza de su maternidad, comprendió y estuvo dispuesta a abrirse a las posibilidades. Sus otros hijos fueron planeados porque si hubiera sufrido un aborto espontáneo tras otro, se habría tratado de un karma muy complicado. Esto no era necesario.

—¿Por qué quería el alma de Calvin tener la experiencia de ser concebida pero no de nacer? –pregunté.

—Incluso en una violación –respondió el alma de Rebecca–, incluso cuando se tienen relaciones sexuales con ira, nadie puede negar que cuando el espermatozoide se une al óvulo, esa es la máxima expresión del amor de Dios por la vida y la creación. Calvin deseaba sentir ese amor pero no olvidarlo. Cuando uno nace, olvida gran parte de lo que sabía cuando se encontraba en el vientre de su madre. Calvin solicitó la benevolencia y la bendición de sentir el amor de la creación y de poder recuperarlo para sanar una parte de su propio karma. Pidió que ese fuera el don que le daría la fuerza de volver en un embarazo y un nacimiento completos [en una vida futura] con más fe en la humanidad y el amor que todo lo impregna.

—Has dicho que la experiencia de ser concebido, pero no haber nacido, podría ayudar a sanar a Calvin. ¿Puedes explicar cómo ocurre esto?

—La sensación de un pequeño cuerpo físico que está total y completamente nutrido, rodeado y mantenido dentro de la madre es la mayor totalidad de amor que un ser humano puede sentir físicamente. Lo que se busca al crecer (el abrazo de un niño, hacer el amor, una agradable reunión frente a una fogata con todos tus amigos) son intentos de recrear ese amor físico que todo lo abarca. Cuando el alma está fuera del cuerpo, permanece en contacto con el amor de Dios. Pero si un alma ha tenido dificultades para percibir el amor cuando ha estado en un cuerpo, a veces esta [ser concebido pero no nacer] es una forma de recordarle, y preparar así a la personalidad para su próxima encarnación, que los seres humanos son capaces de sentir un amor increíble, hermoso e infinito. Así como una madre alberga en su cuerpo al niño nonato, así nos encontramos acunados en manos de Dios. Todos estamos en el Vientre.

Esa fue una revelación importante. Había visto ejemplos de personas que habían cargado con energías negativas, como el miedo, de una reencarnación a otra con el propósito de sanar ese miedo, pero esa era la primera vez que escuchaba hablar acerca de volver a encarnar una energía como el amor. Aparentemente, Calvin tuvo problemas para sentirse amado en sus vidas anteriores. En el útero, había estado inmerso en el amor de Rebecca, íntimamente consciente de cada uno de los pensamientos y sentimientos que ella tenía acerca de él. Su intención era regresar al Espíritu con esa conciencia y llevar consigo ese sentimiento-recuerdo a su próxima vida.

—Fue una manera de extender el amor a otra persona, un acto de servicio —continuó diciendo el alma de Rebecca—. Ha creado un lazo de amor entre Calvin y Rebecca que se manifestará bellamente en otra vida cuando ambos encarnen. Se requiere un gran corazón para hacer lo que Rebecca ha hecho sin perder la fe en el mundo.

»Cuando vuelva a encarnar, Calvin dedicará su vida a recuperar ese vago sentimiento de amor que olvidó al nacer, aunque aún conserva una cierta sensación de él. Cuando conozca a Rebecca en esa vida, su reunión abrirá la puerta en su interior para expresar ese amor al mundo y, por lo tanto, hacer que el mundo comprenda mejor el don que representa una vida nacida [del amor basado en una existencia anterior]. Esto los enriquecerá a ambos. Rebecca, que tendrá la ligera sombra de la vida en la que tuvo el aborto espontáneo, se sentirá sanada de repente, y muy probablemente lo verá como el efecto de Calvin. También le dará a esa personalidad [Rebecca] una comprensión más profunda de la humanidad, del amor. Ambos tendrán un hijo que será la culminación del amor verdaderamente incondicional y desinteresado. Será algo espectacular.

—Ya sabemos por qué Calvin quería tener esta experiencia del aborto espontáneo. ¿Por qué querías tú que Rebecca la tuviera?

—Recientemente, la maternidad, los hijos, la transmisión de las creencias y la fe han sido un tema de varias vidas. Digo *recientemente* porque en el pasado inmediato, la vida era casi siempre femenina. Hubo una vida en la cual se produjo un aborto espontáneo. El marido culpó a la esposa [Rebecca], que lo vio como un gran fracaso suyo. No pudo tener hijos después de eso y pasó su vida con un útero vacío en lugar de un corazón. Probó el lado amargo de la maternidad, pero la maternidad es a un tiempo amarga y dulce. En esa vida, tenía una especial devoción por la Virgen María, que ofreció su vientre a Dios y muchas veces deseó haber tenido esa oportunidad, no porque eso la hubiera elevado, ni porque su hijo sería Dios, sino por el pensamiento de estar a su servicio; esta sencilla entrega parecía la respuesta a todo. Y en esta ocasión lo ha hecho.

—Pero ¿el aborto espontáneo en una vida anterior no fue también algún tipo de acto de servicio a Dios?

—Sí, pero no se entendió de ese modo –dijo el alma de Rebecca–. Asimismo, no todos los abortos espontáneos son única y exclusivamente para el servicio de Dios. Algunos son un impacto emocional en respuesta a otro impacto emocional. Algunos se deben simplemente a que el alma que viene descubre que la vasija no está formándose del modo correcto y desea llegar completamente estructurada. No existe una razón lógica, emocional o espiritual para lo que ocurre, ya se trate de un aborto espontáneo, homicidios, hambre, matrimonio o amor; de otra manera, un alma volvería tres o cuatro veces y con eso bastaría. Hay demasiado que aprender en la Tierra, demasiadas facetas.

—Has dicho que a veces un aborto espontáneo se planea como un impacto emocional en respuesta a otro impacto emocional. ¿Puedes hablar un poco más acerca de eso?

—Si en una pareja uno de los miembros abandona al otro, no es necesario que se produzca [la misma situación] para lograr el equilibrio. Se da un abandono cuando ambos miembros encarnan. Una madre que desea fervientemente tener un hijo puede sentir una especie de abandono si el feto no llega a nacer.

—Entonces, si entiendo bien, a veces si uno de los miembros de una pareja abandona al otro en una vida, el que ha sido abandonado podría ser...

—El feto que no llegó a término –contestó el alma, terminando mi frase–. La parte que abandonó a la otra es la madre desolada. Es correcto. En ese plan prenatal, no se está castigando a la madre por haber abandonado a su pareja en una vida anterior. No hay castigo. Simplemente la madre ha decidido experimentar el sentimiento de abandono que le había provocado a otro. En el nivel del alma, tratamos de comprender, y por lo tanto experimentar, todos los aspectos de las diferentes situaciones y sentimientos. Al hacerlo, desarrollamos nuestra compasión y nuestra empatía. Desde nuestro limitado punto de vista mientras estamos encarnados, solemos centrarnos únicamente en el sufrimiento suscitado, pero al regresar al Espíritu descubrimos, para nuestra alegría, que hemos abierto nuestros corazones y expandido nuestras almas.

—¿Puedes decirme por qué otras razones un alma podría planear un aborto espontáneo? –pregunté.

—Para enseñarse a tener esperanza. Para sentir cómo sería la maternidad sin pasar toda una vida como madre. Si un alma tiene una mayoría de vidas como varón, puede darse el caso de que en sus primeras existencias como mujer experimente un embarazo pero no un nacimiento, de manera que la vibración femenina pueda asentarse. La discrepancia entre las vidas como mujer y como hombre, en lo relacionado con lo que uno come o hace para ganarse vida, o cómo reacciona en el mundo, es menos profunda de lo que podría pensarse, pero no hay nada que diferencie tan profundamente la experiencia de la vida masculina y la femenina como el hecho de llevar a un hijo en el vientre. Un hombre lleva la vida dentro de él, pero la vida no puede ser encarnada sino por la mujer.

—Has mencionado la esperanza. ¿Cómo ayuda un aborto espontáneo a un alma a aprender sobre la esperanza?

—Cuando una mujer quiere tener un hijo y lo intenta una y otra vez, pero sufre un aborto tras otro, ¿por qué no se encoge simplemente de hombros y dice: «Bueno, supongo que no puede ser»? ¿Cuántas veces se somete a tratamientos de fertilidad, visitas al médico y todo lo que pueda hacer para atraer a esa alma hacia ella misma junto con su marido? Un aborto espontáneo puede enseñar resistencia, esperanza, creencia en el Ser y perdón eterno. La mujer que tiene abortos espontáneos y no se culpa a ella misma puede convertirse en un modelo para otras. Si reunimos a cinco mujeres que hayan sufrido abortos espontáneos, una de ellas los habrá experimentado con mayor frecuencia en otras vidas que las demás, por lo que puede convertirse en un ejemplo de esperanza y resistencia para aquellas que están menos acostumbradas. Todos nosotros, si hemos tenido una experiencia en nuestros ciclos vitales con mayor frecuencia que otras personas, utilizamos dicha experiencia para enseñar.

—¿El perdón fue parte de tu motivación para planear todo esto con el propósito de que Rebecca pudiera aprender a perdonarse a sí misma por el aborto espontáneo? –quise saber.

—Exactamente. Para que comprendiera que no hay nada que perdonar. Ella no hizo nada malo. Por el contrario, otorgó un don. Si hay alguna lección que pudiera aprenderse de esto y comunicarse a otras personas a través de tu trabajo, es que aun cuando una mujer alberga una vida dentro de ella durante solo cuatro días después de la concepción, le ha dado sus células a esa alma. A su manera, ha experimentado el toque más sutil de Dios a través de su útero. Es algo que siempre la bendecirá. Lo que yo esperaría para Rebecca es el reconocimiento de su perfección, el reconocimiento de que sirvió tan profundamente a Calvin como lo hace con sus hijos vivos. Cada fruto de su vientre era una flor perfecta, sin importar la apariencia que tenga en la Tierra.

—Quizás haya personas que lean tus palabras –observé–, mujeres que han sufrido abortos espontáneos, que digan: «He hecho todo lo que he podido para trabajar en el perdón a mí misma pero no lo he logrado. ¿Cómo lo hago?».

—No se puede obligar a nadie. Debes ser muy delicado. ¿Qué harías con un niño que dijera constantemente: «No soy lo suficientemente bueno» o «Soy muy torpe»? Lo abrazarías. Has de dirigirle tanto amor y fe como puedas y dejarlo ir, sabiendo que has hecho lo que has podido. Rebecca debe amarse de esta forma. Cuando el amor se genera en el vientre, se concentra en el óvulo de la madre. Ese es el amor que albergamos para nosotros mismos [como almas] condensado en su mínima expresión. ¿Por qué a las personas les encanta ver a los hijos de su propia carne con sus ojos, sus pensamientos, sus acciones, sus hábitos? Porque esa parece ser una forma permisible de amarse, pero no necesitan tener hijos para hacerlo. Cada uno es su propio hijo. Así como Rebecca perdonaría a sus hijos, así como haría todo lo que pudiera para consolarlos y asegurarles que son seres valiosos, también debe hacerlo por ella misma. Eso es parte de la lección y del don de la muy breve estancia de Calvin en el plano físico.

—¿Cómo evolucionas tú, como el alma de Rebecca, una vez que ella ha aprendido a perdonarse?

—Cuando las almas aprenden a perdonarse a sí mismas, se refuerzan las encarnaciones posteriores. Es más difícil que el mundo les diga que no valen nada, que están equivocadas. Existen almas que tienen una profunda creencia en el porqué de su estancia en la Tierra y en lo que han venido a hacer. Son almas que han aprendido a perdonarse. El perdón borra la pizarra; hay más espacio para escribir poesía o fórmulas científicas, o para crear pinturas hermosas, sobre una pizarra limpia que en una garabateada con frases como «no valgo nada», «soy torpe» o «no soy lo suficientemente bueno». La mayoría de las lecciones que pueden aprenderse en la Tierra se reducen a lo siguiente: «No soy suficiente en y por mí mismo». El alma sabe que, incluso en las vidas más difíciles, siempre es autosuficiente. Las personalidades, sin embargo, lo olvidan. Es parte de ser plenamente. Es parte de estar enlazado con Todo lo que Es, con el instante único de amor en el universo. El amor es siempre suficiente. Cuando piensas que no lo eres [suficiente], es porque piensas que no te aman, que no eres capaz de recibir amor o que no tienes bastante amor en ti.

—Hablemos del proceso de duelo. Para las personas que lean tus palabras y que aún se encuentren en la etapa de duelo por un aborto espontáneo, ¿cómo les aconsejarías que sanaran?

—Es importante que comprendan a quién le están llorando. No lloran por el niño. Lloran por la potencialidad perdida [del niño]. Lloran por sus esperanzas perdidas. Si supieran que su hijo no les guarda rencor, que no hicieron nada incorrecto y que no son culpables, sería más fácil. Algunas personas lloran la muerte de sus padres porque hubo muchas cosas que no les dijeron. Si quienes pierden a sus padres les hubieran dicho todo lo que deseaban decirles y miraran con gratitud lo que se les otorgó, albergarían su recuerdo en sus corazones. Se alegrarían de que se encuentre ahora fuera de lo que pudo haber sido un cuerpo o una vida difícil y sabrían que el amor no se pierde. Esto no quiere decir que no tengan derecho a llorar por ellos o que hacerlo sea una tontería. Ninguna emoción es inútil si te ayuda a eliminar de ti mismo el dolor o la pérdida de la esperanza, pero hay que dejarla ir una vez que cumpla su misión. El dolor no debe definir una vida. Tú no estás en la Tierra para llorar constantemente por lo que no tienes, sino para regocijarte con lo que tienes y para compartir esos dones con los demás. Es así como todo se multiplica.

—Hablemos —le pedí— acerca del dolor del padre, porque a veces se le pasa por alto cuando se produce un aborto espontáneo.

—Su energía es muy diferente. No sienten el vacío en su propio cuerpo. No sienten la cámara de eco. Para los hombres es algo parecido a: «¿Mi semilla no era perfecta?». Para ellos es válida la misma respuesta: no hay pérdida. El alma que aceptó tocar la suya aún lo hace. El potencial del niño ha influido en su vida, y ellos pueden aplicar ese potencial en manifestaciones de belleza y fortaleza. Quizás puedan tomar esos sentimientos y dirigirlos hacia otro niño encarnado que no tiene padre.

»Cuando un niño es concebido —continuó el alma de Rebecca—, independientemente de si nace o no, el hombre que lo concibió es ahora padre. Esa marca permanece en él; siempre le quedará la energía de ser padre. Puede expresarla tratando otra vez de tener un hijo propio o compartiéndola con aquellos que ya están en la Tierra. Ese don nunca se pierde. La energía de ser padre es algo que influye en la vida. Es una medicina muy potente.

—Tú dijiste que no hay pérdida. Sé a qué te refieres, pero a una madre o un padre que acaba de experimentar un aborto espontáneo podría resultarle difícil comprender esa afirmación. ¿Podrías hablar un poco más acerca de ello?

—Se siente como una pérdida, nadie lo niega, pero los padres deben darse cuenta de que el niño todavía es el suyo. Las personas sufren cuando muere un ser querido, pensando que lo han perdido. Cuando alguien se muda a otro país, es posible que nunca vuelvas a verlo, pero no lo has perdido. Es como si el niño se hubiera mudado a otra parte del mundo. Debes saber que has realizado una aportación al amor que contiene el mundo. Nada es en vano cuando se trata de crear una vida y expresar el amor de Dios en otro ser humano.

»Durante el tiempo en que tuviste a ese niño dentro de ti, has acunado a tu propia alma y al alma del niño. Su amor por ti se queda contigo. No lo mires en un marco de referencia estrecho. Toma tu energía, tu amor, todo lo que le habrías dado a ese niño y entrégalo en otro lugar. Si todos son realmente de la misma carne, al amar a otro niño, amas al que perdiste, y su alma lo sabrá. No se sentirá menos amado, porque cuando se encuentra fuera del cuerpo, sabe que no hay más amor ni menos, simplemente hay amor. Ama a otro niño. El niño que perdiste lo sentirá. Los seres humanos aún no comprenden la profundidad de esta realidad. Si lo hicieran, todos podrían conectarse con ese amor que no tiene separación, y este libro no sería necesario.

Le pregunté al alma de Rebecca si deseaba añadir algo más.

—La energía de la maternidad y la paternidad... por favor, considérala uno de los dones más profundos que puedes traer al mundo. Es el toque de Dios en la humanidad. No desperdicies este don creyendo que si sufres un aborto espontáneo o provocado, eres una mala persona. Honra tu deseo de ser madre o padre, ya sea a través del cuerpo o como servicio, pues la energía siempre está completa. La energía nunca es un aborto espontáneo o provocado; la energía es tu oportunidad de extender la mano y ser como el dedo de Dios que toca amorosamente a otra persona. El amor que das a los demás es lo que sana las heridas del mundo. Todos vosotros lo tenéis.

∿

Amor, perdón y sanación. Estas son las constantes de la vida de Rebecca, y están entretejidas inseparablemente.

Rebecca se amaba lo suficiente antes de nacer para asumir uno de los mayores desafíos que puede afrontar cualquier persona: la muerte de un hijo. Lo hizo porque sabía que no se había perdonado por la muerte de Calvin en una vida anterior. Y así, por amor, se regaló la oportunidad de aprender a perdonarse a sí misma. Este perdón *es* la sanación que pidió en esta vida.

En mis conversaciones con el Espíritu, a menudo me dice: «Nada es como parece». Aquí, en el plano terrenal, desde nuestro punto de vista humano, la muerte de un niño nonato parecería una tragedia absoluta. Sin embargo, Rebecca sabía, desde su sesión de planificación, que la de Calvin podía significar su renacimiento. Sabía también que se culparía por el aborto espontáneo y que la culpabilidad la perseguiría. Como Calvin nos dijo, esa falta de perdón la aisló, sellando en su interior el dolor que debía expresar para poder sanar.

Las emociones son energía en movimiento, y la energía tiende a circular y expresarse. Es por esta razón por lo que la expresión sana, mientras que la supresión intensifica el dolor. Como una presa que contiene a un río muy poderoso, la falta de perdón de Rebecca hacia sí misma bloqueó la circulación del dolor, dejando que se agitara y creciera.

La dificultad que Rebecca experimentó para perdonarse se basaba en unos cimientos de falsas creencias, según las cuales, ella, como madre, había hecho algo mal —no tomar los alimentos adecuados, no cuidar lo suficiente a su niño nonato...—. Cuando consideró la *posibilidad* de que el aborto espontáneo hubiera sido planeado, esclareció esas creencias y descubrió que estaban vacías. No es necesario creer en la planificación prenatal para sanar; lo único que se requiere es la simple disposición a considerar que todo lo que experimentamos puede tener un propósito espiritual más profundo.

Uno podría preguntarse entonces: ¿cómo puede la muerte de un nonato estar en el Orden Divino? En su sabiduría infinita, el universo les ha dado a las almas encarnadas un período de prueba al que llamamos embarazo, un tiempo en el que las almas de los padres y del niño nonato pueden experimentarse íntima y mutuamente para determinar si una vida juntos sería una bendición para todos. Siempre se opta por el bien mayor, independientemente de la decisión tomada. Si el entrelazamiento de estas vidas promoverá la expansión de todas las almas involucradas pero el feto no es viable, el alma encarnada regresará a esos padres en otro futuro embarazo. Ese simple conocimiento resulta profundamente sanador.

¿Por qué otro motivo las almas piden la experiencia del aborto espontáneo? Más allá del deseo de cultivar el perdón a sí mismas, muchas almas lo planean para desarrollar la compasión. Cuando los corazones se rompen debido al dolor, puede surgir una profunda compasión. El alma del feto malogrado permanece al servicio amoroso de los padres, dándoles la oportunidad de elegir la compasión en lugar de la ira, la amargura y la culpabilidad. Cuando escogen la compasión para sí mismos y para el otro, los acongojados padres literalmente elevan la vibración de todo el planeta. Ellos eligieron valientemente, antes de nacer, servir al mundo de ese modo, y el Espíritu los reverencia por esa elección.

A veces, un alma que ha tenido problemas en vidas anteriores para experimentar sus sentimientos puede planear un aborto espontáneo con el objetivo de *sentir* profundamente en el centro mismo de su ser. Para ella, esto no sería un castigo, sino una oportunidad de transformación. Si esta persona permite la experiencia del dolor, le da vida para siempre a la capacidad de sentir más profundamente el amor, la paz y la alegría. El corazón se aviva y, una vez que el dolor ha sanado, vibra con una mayor capacidad de deleitarse en la belleza y el placer de la vida.

Algunas almas, particularmente aquellas decididas a experimentarse y, por lo tanto, a conocerse como compasión, incorporan el aborto espontáneo en sus planes prenatales como una garantía, como un medio de volver al buen camino si se salen de él. Por ejemplo, si una pareja se desvía del buen camino por perseguir el dinero, el poder o una determinada situación social, puede activarse la alternativa del aborto espontáneo establecida en su acuerdo prenatal. Años después de que se haya producido, esos padres hablarán a menudo de cómo se acercaron más el uno al otro y se volvieron a enfocar en lo realmente importante, desarrollando vidas plenas, con un propósito y basadas en la compasión, no a pesar del aborto, sino debido a él.

El Espíritu me ha dicho que algunas almas pueden equilibrarse y liberarse totalmente de su karma simplemente al tocar la Tierra en forma de feto; no necesitan nacer. Esas almas se liberan entonces, para pasar a dimensiones más elevadas. Este es otro ejemplo de que la concepción puede ser un don extraordinario. Bendecir así a otra alma es una de las prácticas más elevadas de servicio que cualquier persona puede llevar a cabo. Si lloras la pérdida de un niño nonato, considera que quizás le has dado a otra alma uno de los más grandes regalos que puedan imaginarse.

En la Tierra y en todo el universo, el Orden Divino se crea y la Divina Voluntad se expresa a través del servicio. La vida de Rebecca es un radiante ejemplo de servicio a sí misma y a otros. Se sirve al concederse la magnífica posibilidad de sanar lo que aún faltaba de su vida anterior con Calvin, y sirve a este dándole el sentimiento-recuerdo del amor incondicional de una madre con el cual retornó al Espíritu y que después traerá en su regreso en un cuerpo. Calvin, a su vez, ama a Rebecca lo suficiente para servirla al asociar su energía con el feto y cambiar sus planes para reencarnar rápidamente. Por amor y al servicio de Rebecca, decide permanecer en su forma espiritual para poder guiarla a través de su vida y darle la bienvenida cuando ella regrese al Hogar.

También sirve a Rebecca su Espíritu Guía, al asumir la forma física de su antiguo novio, Donny. Sabiendo que esta apariencia generará en ella sentimientos de confianza y de paz, el Espíritu Guía organiza una intervención infrecuente y milagrosa en una vida humana. Cuando, como almas, decidimos confinar una parte de nuestra energía en un cuerpo físico, generamos una sensación de separación del Espíritu, de soledad. Sin embargo, nuestros Guías y seres queridos caminan de nuestra mano, siempre conscientes de nuestros pensamientos, sentimientos y circunstancias. Nunca estamos solos.

Ayudada por el amor y la sabiduría de Calvin, su Espíritu Guía y otros seres de la esfera no física, Rebecca emergió de años de torturarse a sí misma para finalmente perdonarse. Ese perdón prepara un camino lleno de energía para que otras madres y padres puedan, asimismo, perdonarse; de hecho, hace más fácil que todos los habitantes de la Tierra se perdonen a sí mismos, independientemente de sus circunstancias. Y como nos dijo el alma de Rebecca, la fortalece en futuras encarnaciones, mientras que en esta vida borra una pizarra en la que había garabateado las palabras «no valgo nada». Ahora ha escrito en su lugar las palabras «amada», «amorosa» y «digna de amor».

Esto es lo que el alma de Rebecca esperaba lograr: el recuerdo de su propia perfección.

ABORTO PROVOCADO

Un capítulo sobre la planificación prenatal del aborto espontáneo estaría incompleto sin una consideración del aborto provocado. Mientras que la madre, el padre y las demás personas afectadas por un aborto espontáneo no lo eligen a sabiendas (después de encarnar), uno provocado requiere la decisión consciente cuando menos de la madre. Cuando una mujer decide interrumpir un embarazo, ¿está cumpliendo con un plan prenatal? ¿Toma su decisión en conjunto con el alma del niño nonato? Si un alma supiera que la gestación no iba a llegar a término, ¿por qué relacionaría su energía con el feto?

Para responder a estas y otras preguntas, le pedí a Staci que canalizara a su Espíritu Guía para hablar sobre el tema del aborto.

—Percibo a varios seres más con él [mi Guía] —empezó diciendo Staci—. Quiere expresar algo mediante un número de entidades mayor que él mismo.

Me sorprendió ese anuncio. En las muchas sesiones que habíamos llevado a cabo juntos, nunca había iniciado ninguna con tal declaración. La presencia de otros seres me indicaba que el Espíritu consideraba que el tema del aborto provocado era importante para la humanidad.

—¿Qué les gustaría decir? —pregunté. Quería darles al guía de Staci y a las demás entidades presentes una plataforma y una invitación para expresar toda la sabiduría que pudieran ofrecer. Staci permaneció en silencio durante unos momentos mientras se centraba en la presencia de su guía y esperaba sus palabras.

—Saludos, Robert —me dijo—. Hoy estamos alineados con mucha expectación por el próximo producto [libro], que es el resultado de una maravillosa colaboración. Cuando uso el plural, hablo en nombre de mí mismo, como el Espíritu Guía de Staci, y también del Consejo de Ancianos, que forman un anillo de apoyo alrededor de todos los grupos de almas en existencia y le prestan una atención especial al vehículo humano como un formato para la educación y el aprendizaje. Estamos hoy contigo para hablarte acerca de las decisiones para la encarnación individual, la experiencia recurrente de la forma física a través del sistema educativo que es esta escuela llamada Tierra.

»El aborto nunca tiene lugar debido a una única razón universal. Las razones para el aborto son muchas y muy variadas, tanto en las personalidades individualizadas [encarnadas] como en las almas de la madre y el feto. Debes saber que este último no es habitado completamente por el alma en el momento de la concepción. Con frecuencia, las almas de la madre y el hijo se reunirán en el área de planificación prenatal durante el primer trimestre de gestación con el propósito de realizar los arreglos y acuerdos finales, o si estos ya se hicieron previamente, para consolidarlos en ese momento. Esta experiencia se produce tan a menudo que podría decirse que es la norma; sin embargo, debes saber que muchas madres experimentan un vínculo con el espíritu de su hijo nonato desde el momento de la concepción. Diríamos que esto es así en aproximadamente el veinte por ciento de todos los embarazos humanos, particularmente en los últimos tiempos. No obstante, lo habitual es que las futuras madres experimenten un conocimiento gradual del vínculo con el espíritu del bebé que llevan en su vientre, que tiene lugar entre el cuarto y el octavo mes, es decir, en el segundo o tercer trimestre. En algunos casos, esto se debe a la ansiedad de la madre. En otros, a que el espíritu del niño no se ha vinculado aún al cuerpo fetal ni ha pasado ninguna cantidad de tiempo importante en presencia de la madre.

»Decimos esto para indicar que el Espíritu no habita el feto todo el tiempo durante el primer trimestre, precisamente cuando tienen lugar la mayoría de los abortos, ya sean provocados o espontáneos. Se dice que estos últimos son naturales o de Dios, o que ocurren por su voluntad. Sin embargo, si todos vosotros sois de Dios, ¿cómo podríais hacer algo que no fuera de Dios? Os animamos a ir más allá de las ideas limitadas que la humanidad ha mantenido acerca de la naturaleza de la vida y del principio de la vida, es decir, el punto de creación donde alma y el cuerpo, que es lo que importa, se reúnen.

»Cuando el cuerpo fetal nace a la luz de la vida que le rodea [es decir, el plano físico], a menudo el alma entra rápidamente en el cuerpo. Generalmente, esta intensificación del vínculo entre el alma y el cuerpo físico le provoca mucha confusión y desorientación a aquella.

»Os explicamos esto para que adquiráis una mayor conciencia y comprensión del momento en que el alma establece su vínculo con el sistema físico y neurológico del cuerpo del bebé, y en que la *kundalini* [la energía vital almacenada en la base de la espina dorsal] se vigoriza, mientras las numerosas conexiones entre el cuerpo y el alma se ejercitan rápida e intensamente.

»Debéis comprender también que, durante el proceso del aborto, independientemente de si es inducido por la madre, un médico o cualquier otra persona, o si es espontáneo, el alma no se encuentra unida al feto en el momento de la muerte del cuerpo. No hay dolor, salvo el que la madre lleva como una carga de culpabilidad.

»Nos gustaría que tus lectores comprendan mejor su propia experiencia y se perdonen por lo que quizás consideren que fue un asesinato. Hay muchos vehículos, en otras palabras, muchos cuerpos, que pueden ser utilizados para la experiencia de crecimiento del alma individual. Algunas almas establecen un sólido vínculo con otras que forman parte de su grupo de almas, y a menudo eligen encarnar juntas como familia o amigos. En ocasiones, cuando se ha producido un aborto, espontáneo o provocado, el alma no volverá a escoger otro vehículo en el cual encarnar hasta que surja uno dentro de esa familia de almas. El aborto es la elección del alma de ese niño. Queremos que las madres sepan que su experiencia es solo suya. Pueden decidir sentirse abatidas y culpables, pensando que fueron responsables de arruinar la oportunidad de vida de una persona, o bien verlo desde una mayor conciencia y saber que habrá otra oportunidad para el alma de ese niño, ya sea con ella misma o con otra persona. Queremos que las madres se den cuenta de que no le han causado ningún daño a su hijo; no han matado a su alma. El alma sigue existiendo y cuando esté lista, volverá a adoptar una forma física. Elegirá a los mejores padres según la clase de oportunidad de aprendizaje que desee.

»Al igual que los seres humanos, las almas pueden cambiar de opinión. De esta manera, aunque un alma puede elegir a una familia, si el cuerpo no es viable y se produce un aborto espontáneo o si la madre pone fin a la gestación, el alma del niño puede esperar a ver si la madre se queda embarazada de nuevo o decidir tener una experiencia diferente. El Consejo examinará las opciones disponibles y le presentará al alma, a través de su Espíritu Guía, las mejores oportunidades para obtener la experiencia y el crecimiento deseado.

»No hay ninguna necesidad del protocolo de juicio que rodea a cualquier aborto, ya sea este provocado por decisión de la mujer o por causas naturales. Las esperanzas y los sueños frustrados producirán dolor, pero no debe haber duelo por la muerte de un alma, porque esto no es posible: el alma nunca muere. Se produce solo una conjunción, que muchas madres perciben más a menudo en el segundo y el tercer trimestre. Pero incluso entonces, el alma habita el cuerpo fetal únicamente una parte del tiempo, que puede ser unos minutos, unas horas o unos días. Así como cuando un ser humano se aproxima a la muerte su alma tiende a estar dentro y fuera de su cuerpo pero sin desvincularse de él, de esa misma forma, durante el embarazo, el alma va y viene. No permanece en el cuerpo la mayor parte del tiempo hasta el séptimo mes. Nuevamente, enfatizamos que el alma se asienta por completo en el cuerpo fetal durante el parto, entrelazándose en la red neural de fibras que permite que el alma anime al cuerpo. Es entonces cuando se descorre el velo al que nos hemos referido en varias ocasiones. El alma percibe esa confusión durante esos primeros momentos después de nacer, porque ha dejado atrás el vínculo con la vida-entre-vidas y únicamente ve lo que está frente a ella, lo que la rodea. En muchos casos, se trata del útero o del canal de parto de la madre. Para el alma, el nacimiento, sea natural o por cesárea, es como un despertar y no sabe quién es o dónde está.

Staci se quedó en silencio. Yo sabía que el Espíritu había terminado de presentar la información que quería transmitirnos. Ahora era el momento de hacer preguntas. Le pedí a Staci que aclarara el vínculo cada vez más estrecho que el alma establece con el feto durante el segundo y el tercer trimestre.

—Lo que veo aquí, Rob —respondió—, es un alma que forma algo parecido a una cola que se envuelve alrededor de la espina dorsal del feto. Eso sucede en el quinto mes. Es como si el alma estuviera reclamando el cuerpo. Aunque podría no residir totalmente en él, la conexión energética se habrá establecido.

—¿Todos los abortos se planean con el consentimiento del alma asociada con el feto? —pregunté.

En ese momento, la conciencia de Staci se hizo a un lado y su Espíritu Guía empezó a hablar a través de ella otra vez.

—Sí, siempre —dijo—. Invariablemente, el alma del niño siempre está de acuerdo una vez que comprende que esa es la mejor decisión. No podemos decir que todas las almas hayan quedado satisfechas. Ocasionalmente, algunas de ellas expresan su decepción. Pero es solo una parte de la capacidad de adaptación que fomenta su crecimiento.

—¿Por qué un alma relacionaría su energía con un feto que no va a llegar a término?

—Para algunas de estas almas, la experiencia de este tipo de embarazo frustrado es como ir a mirar los escaparates de las tiendas para ver lo que quizás les gustaría elegir. Para ellas, eso es suficiente: echar un vistazo, tener un vislumbre, disfrutar de una breve sensación de vínculo. Recordemos que es la forma humana la que hace el juicio de valor relacionado con el tiempo. Para aquellos de nosotros que tenemos una forma espiritual, todo es uno. No se le asigna un valor relativo a la experiencia ponderada por el paso del tiempo. Simplemente es.

—Gracias —respondí—. Como sabes, en el plano terrestre se suelen producir enfrentamientos entre los médicos y enfermeras que practican abortos y los antiabortistas, que protestan frente a las clínicas donde se realizan o que llegan incluso a asesinar a aquellos que los llevan a cabo. Por favor, háblanos de esto.

—Estas almas sufren problemas de ira y miedo. De esta forma, una mujer podría perder a su marido en una incursión contra una clínica donde se practiquen abortos, por ejemplo, pero en el nivel del alma, hubo un acuerdo en el plan prenatal de esa mujer, según el cual pedería a su marido por una muerte repentina.

Aquí, entiendo que el Guía de Staci quiso decir que perder a su marido específicamente como resultado de una incursión contra una clínica proabortista pudo haber sido un suceso *posible* en el plan prenatal de la mujer. En el nivel del alma, ella habría aceptado experimentarlo. El hecho de que la muerte de su marido se produjera o no en tal incursión dependía de si su asesino potencial pudo sanar la ira o el miedo que llevaba en su interior.

—Aunque se sufrirá un gran dolor —concluyó el Guía—, en el nivel del alma se comprenderá que existe un propósito mayor, que aquellas personas que resulten afectadas por el suceso lograrán un crecimiento importante en el proceso de establecer un vínculo con sus almas. La complicada red de hilos energéticos que componen toda vida es como un instrumento musical resonante: al puntear o rasguear uno de los hilos se produce una respuesta vibratoria en todo el instrumento. [En el nivel del alma] existe una enorme resonancia de amor, compasión y comprensión sin fin. Todo ello es absorbido por el Gran Todo. Ningún ser tiene que llevar la carga a solas, y de hecho ningún ser lo hace.

Capítulo 4

Los cuidados

Mucho tiempo antes de iniciar la investigación para este libro, sabía que uno de los temas que quería abordar era la planificación prenatal del cuidado a las personas que sufren una discapacidad. Mi interés en ese tema era muy intenso incluso antes de que mi padre enfermara. Ahora, mientras él lucha diariamente contra sus graves dolencias físicas, además de la confusión y el miedo, y conforme mi familia y yo cuidamos de él, yo busco un significado para nuestra experiencia. Este capítulo es parte de esa búsqueda.

Mientras la medicina encuentra formas de prolongar nuestras vidas, y conforme enfermedades como el alzhéimer se vuelven cada vez más comunes, una creciente cantidad de personas reciben cuidados de sus seres queridos o bien se los proporcionan, a veces durante mucho tiempo. Como almas, podemos encarnar en cualquier ubicación y en cualquier momento en el tiempo. Escogemos aquellas circunstancias que fomentarán más nuestra evolución. Las personas que seleccionaron el momento actual de la historia humana sabían antes de nacer que esta época les proporcionaría muchas oportunidades de ofrecer o recibir cuidados. Independientemente de si esos cuidados se dirigen a una persona anciana o joven, con una discapacidad física o mental, siempre ofrece un enorme incentivo para el crecimiento.

¿Por qué planearía alguien asumir el duro trabajo y las intensas exigencias emocionales de proporcionar cuidados? ¿Por qué querría un alma permanecer en una situación en la que requiriera el cuidado de otra persona? Para responder a estas preguntas, hablé con Bob Barrett. Con setenta años en el momento en que tuvimos nuestra conversación, Bob había cuidado a su esposa, Kathryn, durante catorce años, una experiencia que comenzó un mes después de su jubilación. Tanto la duración de los cuidados como el momento aparentemente insólito de su inicio me indicaron, sin lugar a dudas, que formaba parte de un plan mayor.

Antes de nuestra conversación, Bob dijo que el hecho de cuidar a su esposa lo había impulsado a un viaje espiritual personal en el que había llegado a creer que él y Kathryn cumplían un acuerdo prenatal. Esa nueva perspectiva le había permitido perseverar en algunos momentos excepcionalmente difíciles en los que sintió deseos de darse por vencido. Me preguntaba de qué manera la comprensión de Bob con respecto a ese plan fortaleció su determinación y cambió para él la experiencia de proporcionar cuidados.

BOB

—Conocí a Kathryn en abril de 1958 —recordó Bob—, cuando ambos estudiábamos el tercer año en la Universidad Estatal de Michigan. Era muy guapa, inteligente y segura. Era coqueta, disfrutaba de ello: se jactaba de haber tenido una cita casi todas las noches durante su segundo año en la universidad. Les contaba a sus confidentes que había tenido más de seis propuestas de matrimonio, ¡una de ellas después de la mía!

»Me enamoré de Kathryn la primera noche en que nos conocimos. Fue una cita a ciegas para una fiesta en mi club estudiantil masculino. Hicimos clic de inmediato. Nos contamos historias escandalosas sobre nosotros mismos, bromeamos y nos reímos todo el tiempo. Cuando la besé para despedirme de ella, se echó atrás y me dijo que yo no sabía besar. Cuando le pedí que me enseñara, me sugirió que practicase ante un espejo. Sin embargo, en nuestra segunda cita, me enseñó a besar durante una hora. A partir de entonces fuimos inseparables.

Bob y Kathryn se comprometieron durante el último año en la universidad y se casaron justo después de la ceremonia de graduación. Sus únicas pertenencias materiales eran su ropa, un automóvil que los padres de Bob les dieron como regalo de bodas y cien dólares de los abuelos de Bob. Esa ausencia de posesiones materiales forjaría un fuerte lazo entre ellos mientras trabajaban juntos para lograr la vida de sus sueños.

Después de casarse, ambos permanecieron en la Universidad Estatal de Michigan durante el siguiente año escolar. Kathryn era maestra de quinto curso y pagaba las facturas, mientras Bob estudiaba un máster en Administración de Empresas.

—Era una gran maestra —dijo Bob orgullosamente—, porque tenía tres años de experiencia dando clases de verano a niños de los barrios pobres. Kathryn era una persona de gran talento, muy activa, llena de energía y de seguridad, y con la determinación de vivir una vida mejor que la que tuvo de niña en una familia de clase obrera. Inicialmente, su padre la desanimó de asistir a la universidad, pero ella obtuvo un préstamo y logró sus objetivos. La amaba y la admiraba por esa determinación y por lo que había logrado por sí misma.

Bob y Kathryn tuvieron un hijo, Christopher, y dos hijas, Wendy y Holly. Dado que la carrera administrativa de Bob con Mobil Chemical requería frecuentes viajes, ella asumió la responsabilidad principal de cuidar a los niños. En su tiempo libre, se ofrecía voluntaria en actividades religiosas, participaba activamente en clubes de lectura y llegó a ser una cocinera *gourmet*.

—Durante los primeros treinta y cinco años de nuestro matrimonio, Kathryn se enorgulleció de su apariencia —me dijo Bob—. La usaba para coquetear ocasionalmente, pero teníamos una relación sólida y cariñosa. Ninguno de nosotros habría permitido que algo o alguien se interpusiera entre ambos.

Tras una exitosa carrera, Bob se jubiló en abril de 1994. En mayo, él y Kathryn viajaron a California para asistir a una boda. Después, mientras compartían una tranquila cena en un hotel aeroportuario antes de volar de regreso casa, ocurrió algo que cambiaría para siempre el curso de sus vidas.

—Kathryn dijo: «¡Oh, Dios, olvidé de tomar mi medicina para la alergia!» —recordó Bob en tono serio—. «¿Te importaría ir por ella a la habitación?». Subí y le di la medicina. Ella tomaba seis o siete medicamentos diferentes; después, ordenamos nuestra comida. Hablamos y comimos como lo hacíamos normalmente.

»De repente, me di cuenta de que yo era el único que hablaba. La miré y vi que ella me miraba fijamente, como ausente. Le dije: «Kathryn. —Ella no respondió—. Kathryn, ¿te encuentras bien?». Tampoco hubo respuesta. Extendí la mano, la tomé del brazo y la sacudí ligeramente. «¿Qué ocurre, querida?». Tampoco me respondió.

Bob pidió una ambulancia y Kathryn fue trasladada inmediatamente al hospital. La examinaron y la pusieron en observación durante varias horas; posteriormente, los médicos le dieron el alta porque no encontraron nada significativo.

Cuando regresaron a casa, Kathryn era una persona diferente. Dejó de hacer sus labores —que pasaron a manos de Bob—, perdió el interés en sus amigos y en sus actividades habituales y un antiguo pero leve problema de escoliosis de repente se volvió sumamente doloroso. Sus médicos sospechaban que había sufrido un accidente cerebrovascular, pero no podían confirmarlo.

—No podía comunicarme con ella —dijo Bob con tristeza—. Se hundía cada vez más profundamente en la cultura del dolor. Tomaba un medicamento tras otro, de la codeína a la morfina, pasando por el Valium. Desde el incidente de California, Kathryn experimentó un cambio drástico. Ya no sé quién es. La última vez que hicimos el amor fue durante un viaje en 1994. Me gustaría mantener la intimidad que disfrutábamos, pero me resulta imposible porque, para mí, ella es ahora una completa desconocida.

Bob me explicó que Kathryn duerme ahora dieciocho horas al día. Sufre dolor crónico provocado por la polimialgia reumática y la osteoartritis. No ha preparado una comida en quince años y no muestra nada de su antiguo interés en las múltiples actividades que realizaba.

—Hace muy poco ejercicio y ha pasado de parecer joven y atractiva para su edad a mayor de lo que es realmente. Ahora es más baja y se ha encorvado.

Bob y Kathryn comparten un frustrante ritual matutino. Cuando ella se despierta, Bob le pregunta si tiene que usar el baño. Generalmente no responde. Él repite la pregunta. Si Kathryn dice que sí, la acompaña. Después, le pregunta si le gustaría regresar a la cama. Tampoco responde. Entonces, Bob va a la cocina por una taza de café. Cuando regresa, le pregunta a Kathryn si ha terminado de usar el baño. Tampoco recibe respuesta. Espera diez minutos, la ayuda a levantarse del baño y la conduce lentamente de vuelta a la cama.

—A continuación, le doy sus medicamentos matutinos. Después de darle Valium, llega el turno de sus otros medicamentos, disueltos en compota de manzana. Ella me pregunta qué tiene la compota. Se lo digo por enésima vez. Tras tomársela, quiere saber dónde está su Valium. De nuevo, por enésima vez, le explico que los tomó hace quince minutos. Esto da inicio a una discusión: ella insiste en que le oculté el Valium. Por último, le digo que no me importa si me cree o no, pero que no le daré un segundo Valium.

»Cuando se tranquiliza, le pregunto si tiene hambre. No responde. Después de varios minutos, le pregunto otra vez. Me responde: «¿Por qué? ¿Tú tienes hambre?», «Por favor —le digo— solo responde la pregunta. ¿TIENES HAMBRE, SÍ O NO?». Entonces ella dice: «¿Qué hay de comer?». No le contesto, porque sé que no recordará lo que le diga.

»Voy a la cocina, reúno el surtido de opciones y se lo muestro. Me pregunta qué es esto y qué es aquello. Prueba las diferentes opciones sin dar ninguna indicación de lo que le gustaría comer. Este proceso puede durar treinta minutos. Completamente frustrado, le insisto en que tome una decisión. Finalmente lo hace, pero piensa que estoy enfadado con ella.

Sus conversaciones al final del día no son mucho más satisfactorias.

—Debido a su falta de participación en la vida, no tiene ninguna base para conversar conmigo —observó Bob—. Nuestro tiempo juntos se limita a que yo le cuente lo que he estado haciendo, lo que he leído o visto en la televisión, o a recordarle sus compromisos. Le leo algunos libros, pero ella no puede recordar lo que escuchó hace pocos minutos.

Bob se enfrenta a otros desafíos que quedan fuera de la rutina diaria. Todos los años, él y Kathryn pasaban una temporada en su segunda vivienda, en Martha's Vineyard. Ahora, ella suele cancelar a última hora sus planes de viaje, diciendo que no puede irse porque no encuentra sus gafas o su dentadura. La última vez que fueron, no se vistió ni salió de la casa durante las dos semanas que duró su estancia.

Ocasionalmente, Kathryn también padece delirios. Una vez, a Bob lo despertaron las luces de las linternas que dos oficiales de policía dirigían hacia su rostro. Kathryn los había llamado, afirmando que Bob tenía encerrada a una mujer en el ático y pidiéndoles que registraran la casa. Cuando los oficiales le informaron de que no había nadie en el ático, les dijo que la mujer posiblemente había escapado por una escalera secreta construida por Bob. Hasta el día de hoy, cree que alguien vive en el ático. Si no puede encontrar alguna prenda de ropa o joyas, está segura de que la mujer la ha robado.

Bob lloraba después de algunas de esas experiencias y, hace varios años, consideró la posibilidad de separarse de Kathryn. En parte, se sentía abrumado porque sus hijos habían dejado en sus manos la mayor parte de la responsabilidad del cuidado de Kathryn. Aunque no las consideraba seriamente, incluso había tenido ideas suicidas de vez en cuando. Sin embargo, en lugar de separarse de su mujer o dañarse a sí mismo, Bob decidió embarcarse en un sendero de profunda exploración espiritual.

—Tenía muchas preguntas pero ninguna respuesta –dijo–. Así que empecé a leer.

Bob comenzó a leer acerca del dolor físico y estudió las obras de Norman Cousins y John Sarno. Aprendió que existía un fuerte vínculo entre la mente y el cuerpo, las emociones y la salud. Y un día su hermano mayor le envió una copia del libro *Conversaciones con Dios*. Fue un punto de inflexión en su vida.

—Me encantó el libro, y todo su contenido era importante para mí –exclamó Bob–. Así que leí los otros libros [de Neale Donald Walsch]. Leí cada uno de sus nueve libros una media docena de veces. Y a través de ello, *recordé* la reencarnación. Eso me llevó a pensar que lo que estaba experimentando no era producto del azar.

Ansioso por expandir su conciencia, Bob pasó a analizar la obra de Brian Weiss, Gary Zukav y muchos otros. Leyó... y leyó... y leyó.

También empezó a meditar sobre los cambios que observaba en Kathryn, lo cual le proporcionó conocimientos más profundos.

—Comencé a sentir que Kathryn estaba haciendo todo eso para lograr que yo me volviera más espiritual y menos controlador, y para que me tomará la vida como viene —explicó—. Esto me hizo creer que Kathryn había aceptado hacerlo por amor hacia mí. Todo cambió en cuanto empecé a comprender que todo esto formaba parte de un plan. Eso hizo que algo que en un principio era intolerablemente frustrante resultara tolerable más adelante y que finalmente se convirtiera en algo deseable.

—Bob —pregunté—, ¿qué les dirías a las personas que no creen en la reencarnación o en los planes prenatales?

—Independientemente de si sabes o no que hay un plan, este va a desarrollarse para tu beneficio. Lo que me sostiene es saber que la reencarnación existe y que Kathryn aceptó, antes de que llegáramos a esta vida, convertirse en una persona enferma y dependiente y, por lo tanto, permitió que me convirtiera en su cuidador a tiempo completo y aprendiera de esa manera las lecciones de generosidad, paciencia, compasión y amor. Creo que si no nos desviamos del buen camino, nuestras almas progresarán.

LA SESIÓN DE BOB CON BARBARA Y AARON

Evidentemente, Bob había llegado a entender el profundo significado y propósito de su experiencia con Kathryn. Sin embargo, Bob y Kathryn podían haber decidido trabajar con cualquier otro tema de vida y con muchas otras almas. ¿Por qué se habían elegido el uno al otro y por qué esas lecciones en especial? Esperaba que Aaron pudiera responder a estas preguntas. También esperaba que nos proporcionara información para las muchas personas que sufren cuando atienden a un ser querido. ¿Qué pueden hacer para encontrar el propósito de esa lucha y, quizás, transformarla?

Nuestra sesión empezó con unos minutos de silencio, mientras la conciencia de Barbara se hacía a un lado y Aaron entraba en su cuerpo.

—Mis bendiciones y mi amor para ambos. Soy Aaron. —De inmediato, sentí una gran calidez proveniente de él—. Lo que ofrezco es mi propia perspectiva personal. No garantizo que sea una verdad absoluta, sino lo que yo considero que es la verdad. Si a ti no te parece verdadero, simplemente déjalo a un lado.

Aaron le preguntó a Bob en qué año habían nacido él y Kathryn para poder acceder al Registro Akáshico. Al consultarlo, averiguaría todos los pensamientos, palabras y acciones, de esta vida y de vidas anteriores, que resultaran relevantes para Bob y Kathryn. Nos quedamos en silencio durante varios segundos mientras Aaron asimilaba todos los detalles. A continuación, aunque él ya conocía toda esa información, Aaron le hizo a Bob una serie de preguntas sobre la salud de Kathryn y su vida con ella. Trató de ganarse la confianza de Bob y obtener conocimientos adicionales al percibir los sentimientos subyacentes en las respuestas. Cuando estuvo preparado, Aaron nos ofreció sus impresiones.

—Esto ha sido muy duro para ti —le dijo a Bob—. Realmente has perdido a tu esposa. Estás atado a una mujer que, en muchos sentidos, se ha convertido en una desconocida. En ocasiones, seguramente te sientes solo, enfadado, perplejo y frustrado. Por ello, quiero dirigir nuestra atención a la forma en que esto fue planeado antes de encarnar.

»Sin embargo, también quiero que dediquemos algo de atención a la situación de Kathryn, porque pienso que es posible brindarle algo de sanación. Barbara, a través de cuyo cuerpo estoy hablando, ha estado en un centro de sanación en Brasil para ver a un hombre a quien llaman cariñosamente Juan de Dios. Muchas entidades de sanación diferentes se encarnan en el cuerpo de Juan y trabajan a través de él.

»Casi todos los seres humanos son un cincuenta por ciento positivos y un cincuenta por ciento negativos, pero por regla general tratan de volverse más positivos, liberándose de algunos de los viejos atributos negativos. Esto es parte de lo que estás haciendo al cuidar a Kathryn. Una persona no tiene que ser muy negativa para abrir la puerta a la negatividad externa. No me gusta la palabra «posesión» pero no conozco ninguna otra que sea equivalente. Puedo ver claramente en Kathryn la presencia de una entidad que cohabita su cuerpo, y en ese sentido el trabajo con Juan de Dios podría resultar muy útil, ya que ayudaría no solo a Kathryn, sino también a ese espíritu que comparte su cuerpo y que necesita liberarse.

Me sorprendió mucho esta revelación. Nunca me había encontrado con nadie que compartiera su cuerpo, voluntaria o involuntariamente, con otra conciencia. Una explicación sobre las entidades negativas está más allá del alcance de este libro, pero quizás resulte interesante mencionar que la posesión puede presentarse cuando el campo áurico de una persona se debilita debido a la enfermedad o al consumo de drogas o alcohol. Un individuo con un cuerpo energético saludable tiene pocas probabilidades de padecer este fenómeno.

Sin embargo, el miedo es un poderoso imán, y temer a estas entidades equivale a invocarlas. Por esta razón, la mejor manera de enfrentarnos a nuestros miedos es hacerlo como si aparcáramos nuestro automóvil. Es decir, retiramos la llave de encendido, cerramos las puertas y seguimos con nuestras vidas sin pensar en la posibilidad de que nos roben el coche. Afrontamos el problema de forma realista, pero no lo invocamos en nuestra experiencia al temerlo o pensar demasiado en él.

El miedo también disminuye cuando sentimos compasión por la entidad negativa, y podemos encontrar compasión en tales circunstancias si recordamos que cualquier entidad de este tipo está sufriendo. En su sufrimiento, busca distracción o alivio al unirse a otro ser. De hecho, podríamos sustituir el término «entidad negativa» por «ser que sufre».

—Volvamos a ti y a Kathryn, al karma de vidas anteriores –continuó Aaron–. Cada uno de vosotros tiene cierto karma y decide entrar en una vida con determinados desafíos, pero la naturaleza de estos desafíos podría no haberse expresado específicamente. Existen distintas posibilidades. Por ejemplo, en lugar de enfermar, a Kathryn la pudo haber atropellado un camión o pudo haber tenido un trastorno genético que saliera a la superficie en este momento de su vida. Esto es, sin embargo, prácticamente irrelevante en tu situación. En otras situaciones, sí que es relevante. Por ejemplo, la experiencia de la sordera de Barbara se produjo por una razón específica. Ella tomó la decisión de ser sorda antes de nacer.[1] Para Kathryn, solo existía la opción de quedar discapacitada, no la forma en que se produciría esa

---

1. Puedes consultar la Introducción para tener más información sobre el plan prenatal de Barbara.

discapacidad, y para ti, la opción de cuidarla. ¿Por qué? ¿Por qué habrías escogido esto?

»Uno no encarna por comodidad o conveniencia. Las razones principales para encarnar son amar, liberar y equilibrar el viejo karma, y formar patrones nuevos y más integrales.

Aquí, Aaron había hecho una importante distinción entre equilibrar y liberar el karma. Lo equilibramos cuando realizamos acciones que compensan algo que hicimos en vidas anteriores, y lo liberamos cuando corregimos las creencias, las actitudes o los rasgos de carácter subyacentes que nos llevaron a generar el karma en primera instancia. Sin hacer esto último, es probable que repitamos viejos patrones de conducta y que generemos más del mismo karma.

—Hay dos vidas anteriores de las que voy a hablar –dijo Aaron–. En la más antigua de las dos, tú y Kathryn estabais casados y en cuerpos del sexo contrario. Tú eras la mujer [la madre] y ella era el hombre [el padre]. Tuvisteis una hija que se mantuvo hermosa y sana hasta los cinco años. A esa edad, contrajo una enfermedad similar a la polio. Quedó paralizada y tú le proporcionaste un cuidado total. Teníais además otros dos hijos más pequeños, a los que enviasteis a un lugar lejano para que no contrajesen la enfermedad. Volvieron unos meses después. Parecía que el único sentido de tu vida era cuidar a tu hija enferma. La amabas profundamente. No podías soportar verla en esa situación. Por eso, te llevaste a tus otros dos hijos y dejaste a tu hija enferma al cuidado de su padre, que en esa vida era Kathryn. En tu corazón, no estabas contento con tu decisión, ya que parte de tu planificación previa a esa vida consistía en quedarte para cuidarla. En realidad, es tan simple como eso.

»Lo que estás aprendiendo es a no ser estoico, Bob, sino a afrontar tu situación con amor. Y veo que lo estás logrando. Tú la cuidas y ella lo sabe. En este momento, has liberado y equilibrado gran parte del karma. No vas a abandonarla.

Estaba encantado al escuchar a Aaron. A través de su amor y servicio por Kathryn, Bob no solo había equilibrado gran parte del karma que había creado en la vida anterior, sino que, además, había sanado la tendencia de huir de las situaciones difíciles. En su vida actual, había tomado una decisión diferente.

—Tu situación no tiene por qué ser tan desafiante como lo es ahora —observó Aaron—. Más tarde profundizaré en esto. También quiero hablar de la segunda vida. En ella, Kathryn era la madre y tú, Bob, su hijo. Ella era una mujer muy cariñosa y hermosa. Tu padre había muerto unos años antes. Eras hijo único. Cuando tenías dieciséis años, tu madre resultó herida en un accidente de carruaje y quedó parcialmente paralizada.

»Tú ya desempeñabas las tareas propias del cabeza de familia y ahora, para colmo, tenías el compromiso de cuidar a tu madre, quien ahora es Kathryn. Y lo hiciste, Bob. De hecho, con el paso de los años, te casaste, pero llevaste a tu madre contigo. Dividiste tu atención entre ella y tu esposa. Pero había un trasfondo de resentimiento. Cumpliste la parte del plan de vida de cuidar a tu madre, pero no pudiste hacerlo con amor. Por ese motivo en tu vida actual planeaste hacerlo con amor. Hacer algo con amor no quiere decir que nunca habrá resentimiento o dolor. Y el amor debe abarcar tanto a uno mismo como al otro, cuidándote a ti mismo como cuidas a Kathryn. Gran parte de tu plan en esa vida consistía en enfrentarte a una situación desafiante y hacerlo con amor.

—Aaron, ¿qué papel desempeñaba Kathryn en estos planes? —pregunté—. ¿Aceptó quedar discapacitada para darle a Bob la oportunidad de afrontar su desafío con amor?

—Sí —respondió Aaron—. En esta vida actual, bajo el mismo tipo de acuerdo, Kathryn se convertiría en una persona dependiente para que Bob tuviera la oportunidad de practicar. Esto podría parecer una gran carga para ella, pero debemos recordar que, en definitiva, la vida es tan breve como un suspiro.

»Kathryn también está aprendiendo. En la primera vida que mencioné, el padre [Kathryn] se sentía muy furioso y abandonado. En la segunda vida, en la que encarnó a la madre que resultó herida, se sentía indigna de pedir cuidados y amor. Quería desaparecer. No deseaba ser una carga para su hijo. Y dado que tú estabas resentido, Bob, ella también lo estaba. Usó la energía negativa de quien tú eras para alimentar su ira por estar discapacitada.

»En esta vida, podría parecer que Kathryn se está internando de nuevo en un sitio oscuro. Tú no lo estás fomentando, y hay formas en las que puedes ayudarle a salir de él. Habla constantemente con la antigua Kathryn, aunque no puedas ver gran parte de ella. Sigue tratando de sacarla de ese lugar de oscuridad. Sigue invitándola a salir.

—Tengo la fuerte sensación —dijo Bob— de que debo ser tolerante con sus decisiones. Me pregunto cuánto debo insistir o tratar de convencerla para que haga algunas de las cosas que le ayudarían a salir la oscuridad.

—Esa es una pregunta muy importante —reconoció Aaron—. Tú no puedes obligarla, pero el amor mantiene la puerta abierta. Es muy positivo decirle dos o tres veces al día, cuando esté despierta: «Hace un día estupendo. Por favor, ven conmigo a dar un paseo en el coche». Esta clase de respuesta persistente y cariñosa ayuda a retirar la energía de la negatividad que está dentro de ella. Tenemos que pensar en ella no como una entidad posesiva externa, sino solo como negatividad. Cuanto más la alimentas con más negatividad, más energía le das. Por el contrario, cuanto más la alimentas con generosidad, más energía pierde.

Las palabras de Aaron fueron bien recibidas. Los espíritus terrestres negativos pueden abandonar el cuerpo de una persona si se les envía amor; el malestar que sienten con la alta vibración del amor los incita a partir. Además, cuando alguien a quien amamos está enfermo, es importante no alimentar ninguna emoción negativa que el ser querido podría tener con respecto a su enfermedad.

—Recuerda —le dijo Aaron a Bob— que Kathryn posee muchos elementos positivos. Es como si fuera una ventana tan sucia que te impidiera ver hacia dentro. Cuando la limpias, la naturaleza del cristal es clara y radiante. Indícale que puedes ver esa claridad y resplandor en ella. Sé su espejo. Ayúdale a ver esos elementos en ella misma.

Aaron le recordaba a Bob que Kathryn, al igual que cada uno de nosotros, es un ser literalmente hecho de luz y sagrado por naturaleza. También nos recuerda que invocamos en las demás personas aquellos rasgos a los que prestamos atención. Cuando nos centramos en la luz de alguien, aumentamos dicha luz.

—Aaron —dije—, ¿hubo otras vidas anteriores que tuvieron un papel importante en el plan prenatal de Bob para cuidar a Kathryn?

—Existen muchas vidas anteriores. Usemos como ejemplo los motores de búsqueda de los ordenadores: tecleas una palabra y obtienes más de trescientas mil posibilidades, de las cuales las más importantes aparecen al principio de la lista. Lo que he hecho es elegir lo más relevante. Dentro de un año, o incluso dentro de una semana, una vida anterior distinta podría salir a la superficie. Si algo cambia en la relación entre Bob y Kathryn, eso podría traer al primer plano cualquier otra encarnación.

—Mencionaste que ese desafío específico no se expresó por adelantado. ¿Por qué terminó siendo una enfermedad y no, por ejemplo, un accidente automovilístico?

—No fue totalmente arbitrario –respondió Aaron–. Existen muchos factores. En la segunda vida pasada con Bob, Kathryn sufrió un grave accidente y quedó discapacitada. Esto le provocó tanto dolor físico que, cuando planificó esta vida actual, dijo: «Veo la necesidad de quedar discapacitada, pero esta vez sin un dolor tan insoportable». Asimismo, Kathryn fue la esposa en una vida en la que Bob no estuvo presente. Él tuvo una apoplejía y perdió la función de la mitad de su cuerpo. Kathryn cuidó a su marido, pero la incapacidad de este de moverse con facilidad por sí mismo y sus necesidades le provocaban mucha impaciencia a ella. Por esta razón, debía quedar discapacitada en una vida posterior para desarrollar la compasión hacia sí misma y hacia el marido que tuvo en esa encarnación.

—¿Podrías hablarnos más –le pregunté– sobre cómo la experiencia de la enfermedad y de requerir el cuidado de otra persona ayuda a crecer a Kathryn?

—En la vida en la que la madre [Bob] se fue, dejando al padre [Kathryn] con una niña enferma, Kathryn también deseaba irse pero tenía el suficiente sentido de responsabilidad para quedarse. No obstante, tenía mucho resentimiento y, a veces, una conducta brusca hacia la enferma. Había una conciencia [por parte del alma de Kathryn] de la necesidad de experimentar la discapacidad y el temor a la brusquedad de la otra persona. Y lo hizo, en la segunda vida que relaté, cuando ella tuvo el accidente. Dado que experimentó resentimiento, se sintió desorientada. Se permitió a sí misma albergar sentimientos de carencia de valor y diferentes rasgos desagradables, así como criticar a otros. Por ello, tuvo que regresar a esta relación con Bob y escogió una discapacidad muy dolorosa y debilitante, aunque en menor grado. No sabe lo que Bob le va a dar, si le va a mostrar resentimiento otra vez o si en esta ocasión va a trascenderlo. Sin embargo, independientemente de lo que reciba, su trabajo no es mudarse a un lugar de autocompasión o de sentimientos de carencia de valor o desesperación.

Aquí habíamos llegado a un tema que yo veía una y otra vez en la planificación prenatal: un alma que había respondido al desafío de una vida anterior desarrollando sentimientos o creencias de carencia de valor buscaría un tipo similar de experiencia en otra encarnación para superarlos y adquirir conciencia de su propio valor infinito. Sin considerar las circunstancias o los desafíos a los que nos enfrentamos, nosotros, como almas, antes de nacer deseamos recordar nuestra magnificencia inherente cuando habitamos un cuerpo.

—¿Por qué la enfermedad de Kathryn comenzó apenas un mes después de que Bob se jubilase? –pregunté–. Sin duda, no fue por azar.

—Empezó en ese momento porque la decisión no consistía en afectar a la parte más temprana de su vida, ni al trabajo de Bob y la oportunidad de ganar dinero, ni tampoco a sus hijos. Rob, como quizás tú dirías, el hecho de que le dejaran con la miel en los labios (lo imprevisto del hecho, la expectativa de la jubilación...) era parte del plan. Antes de encarnar, Bob temía que si todo ocurría demasiado pronto, terminaría abandonando a Kathryn. Tenía que producirse en un punto en el que resultara muy claro que no podría abandonarla y no lo haría.

»El acuerdo de cuidado lo había establecido con Kathryn y no con sus hijos –añadió Aaron–. En una situación kármica diferente, sí podría haber incluido a alguno de ellos.

—Tal vez determinadas personas juzguen a los hijos de Bob por no asumir una función más activa en el cuidado de Kathryn.

—Dado que no es posible conocer los planes prenatales con ninguna precisión, la pregunta que puede hacerse es simple: ¿dónde está la compasión? Cuando uno se encuentra en una situación en la que juzga a otras personas, casi siempre puede suponer que una parte del plan prenatal consistía en sufrir el juicio de los demás para trabajar hábilmente con él, liberarse de él y brindar un amor incondicional más profundo a uno mismo y a las demás personas implicadas.

—Aaron –le pedí–, por favor, diles unas palabras a aquellas personas que proporcionan cuidado a otras y se sienten agobiadas, enfadadas o abrumadas, o simplemente no pueden comprender por qué se encuentran en esa situación.

—Mis amados, no es de sorprender que os sintáis furiosos, ni que alberguéis resentimiento. Recordad que la vida es una enseñanza. Siempre os ofrece algo que aprender, y ese algo casi siempre se relaciona con cultivar un amor más profundo hacia vosotros mismos y hacia los demás. Cuando surge el resentimiento, observad cómo os relacionáis con él. ¿Tenéis el deseo de culpar al otro por la enfermedad? ¿Os atacáis después a vosotros mismos, diciendo: «No es su culpa, no debería reprochárselo»? Observad cómo la mente tiende a atacar, ya sea a la otra persona o a vosotros mismos. Podéis estar seguros de que os encontráis en esa situación porque habéis decidido aprender cómo relacionaros con la ira y el resentimiento de una forma más sana. ¿Seréis capaces de abrir vuestro corazón a vosotros mismos y a vuestro propio ser, así como a otras personas y a su dolor? ¿Entraréis en la expansión de la compasión y empezaréis a ver con mayor amplitud la mente que juzga? Comenzad por saber lo siguiente: «No tengo que creer en todo lo que pienso. El solo hecho de que la mente tenga este pensamiento de resentimiento o de ira contra mí mismo no quiere decir que me vea en la necesidad de involucrarme en la historia». Al hacerlo, tendrás más compasión.

—Aaron —dije—, muchas personas cuidan a gente que padece alzhéimer. ¿Qué puedes decirles? ¿Y por qué este mal es tan común en este momento?

—La razón principal por la que es habitual en la actualidad es simplemente porque la esperanza de vida ha aumentado el tiempo suficiente para que la gente contraiga la enfermedad —respondió Aaron—. Cuando una persona encarna, existe un acuerdo, pero también tiene libre albedrío. Así, cuando el acuerdo indica que uno debe convertirse en cuidador, se puede tomar la decisión de abandonar. El paso hacia el alzhéimer es más gradual que la incapacidad repentina provocada por una apoplejía o por un accidente. Si resulta claro que la otra persona va a retirarse como cuidador, la que está destinada a contraer alzhéimer simplemente podría dar marcha atrás y no desarrollar la enfermedad, o hacerlo en una forma menos grave.

Los conocimientos de Aaron coincidían con los míos sobre la planificación prenatal. Si un alma desea tener la experiencia de depender de otra persona pero no está segura antes de nacer de la futura respuesta del cuidador, o si este no tiene claro si decidirá quedarse, el inicio gradual de la enfermedad proporcionará un «terreno de prueba» sin riesgos en el que ambas personas descubrirán si puede crearse la experiencia deseada.

—Muchas almas aceptan experimentar alzhéimer antes de nacer porque simplifica la vida hasta cierto punto –continuó Aaron–. Uno deja de hacer planes. Ya no se preocupa por el pasado o el futuro. Para muchas personas, este es un catalizador muy útil. La intención podría ser aprender a vivir el momento.

»Me preguntaste qué consejo tenía para alguien que cuida a un ser querido con alzhéimer. Debe recordar simplemente que es un alma hermosa a la que está ofreciéndole un servicio. El don para el cuidador es que puede observar su propio resentimiento, su propio duelo, su propia ira surgiendo una y otra vez, y tiene la oportunidad de comprometerse a no permitir que ese resentimiento, ese duelo y esa ira le impidan pronunciar palabras y realizar acciones plenas y afectuosas. Esto no siempre cambiará la conducta de quien padece alzhéimer, pero a veces sí lo hará. Cuanto más predecible sea el cuidador y más hábil y amablemente responda, mejor podrá el enfermo eliminar su miedo. Por el contrario, cuanto más miedo muestre el cuidador, más negativa se volverá la persona con alzhéimer. Hasta cierto punto, son como un barómetro. Sin embargo, en ocasiones, su reacción es muy fuerte sin importar lo que haga el cuidador. En esos casos, este tendrá la oportunidad de recordar que no debe tomárselo como algo personal.

—Aaron, ¿cómo sabrá Bob cuándo ha logrado el equilibrio y liberado todo el karma que tiene con Kathryn y, más en general, cómo se sabe que hemos logrado el equilibrio y liberado el karma que tenemos con la persona a la que cuidamos?

—Rob, cuando hay miedo o estrés, el cuerpo se contrae. En ocasiones, esto se manifiesta en forma de enfermedad, como las afecciones cardíacas, la presión alta, la fibromialgia o las enfermedades del sistema inmunitario. Cuando tienes la capacidad de trabajar hábilmente con el estrés, puedes sentir la apertura, la ausencia de contracción de tu cuerpo. Uno puede aprender a leer este barómetro corporal. La pregunta es: «¿Reacciono negativamente ante el estrés o soy capaz de lidiar con él sin que mi mente se vuelva obsesiva, ataque y se contraiga por el miedo?». Resulta muy claro cuando uno simplemente vive el día a día con tanta amabilidad como es posible, con amor, con gentileza, con sencillez. Cuando has ayudado al enfermo durante un tiempo y cuando tu mente ha dejado de obsesionarse con la situación y de atacar al otro o a ti mismo, puedes estar razonablemente seguro de que el karma se ha resuelto y equilibrado.

Aaron dirigió su atención directamente a Bob, que había estado asimilando en silencio sus palabras.

—Bob, déjame añadir algo. En los momentos en que Kathryn se encuentre más lúcida, podrías recordarle: «A veces te enfadas, te asustas y te vuelves hostil. Me gustaría decidir ahora, mientras estamos más lúcidos, qué es lo que puedo hacer cuando esto ocurra para ayudarte a encontrar tu verdadero centro de amor». Quizás te resulte útil simplemente sentarte a su lado y hablarle, acariciarle el pelo, abrazarla y decirle «te amo». Si cuando haces eso ella arremete contra ti, por supuesto, no te quedes ahí y permitas que te golpee. Pero si practicas esto con frecuencia, quizás pueda relajarse. Tienes que explicarle, cuando esté tranquila, lo que piensas hacer cuando se sienta nerviosa.

—Cuando miro hacia el futuro –respondió Bob–, espero que Kathryn pase al otro lado antes que yo, para poder cuidarla hasta el final. ¿El plan dice algo acerca de eso?

—Escucho tu pregunta, Bob –dijo Aaron dulcemente–. Y lo siento, pero no hay ninguna decisión con respecto a ello. Existen demasiadas posibilidades. Tu intención es quedarte con ella. Es indispensable que adquieras confianza una vez que hayas establecido que se trata de una intención de amor. Si las cosas no salen así, habrá una razón.

»Bob, estás trabajando muy duramente para liberar y equilibrar el viejo karma. Serás honrado por eso. Por favor, hónrate a ti mismo. Te doy las gracias, Rob, mi hermano. Mis bendiciones y mi amor para ti. Si no tienes más preguntas, liberaré el cuerpo de Barbara.

LA SESIÓN DE BOB CON STACI

Con amor y compasión, Aaron nos ayudó a entender el plan prenatal de Bob y Kathryn. Para ver qué más podríamos aprender sobre el cuidado de otras personas, Bob y yo le pedimos a Staci y su Espíritu Guía que accedieran a la conversación que tuvo lugar entre Bob y los miembros de su familia antes de su nacimiento. Staci y su Guía lo hicieron en dos ocasiones: una larga primera lectura seguida por una interpretación más breve y complementaria. Ambas sesiones se presentan por separado.

Me preguntaba qué temas kármicos percibiría Staci en la vida de Bob y qué nos revelaría su sesión de planificación prenatal. En particular, ya que no habíamos hablado de los hijos de Bob y Kathryn con Aaron, quería conocer cuáles fueron sus palabras en esa sesión de planificación. ¿Por qué acordaron antes de nacer tener una madre discapacitada a una edad avanzada? ¿Y qué nos diría el Espíritu Guía de Staci acerca de cómo se considera al cuidado desde nuestro Hogar no físico?

—Bob –comenzó diciendo Staci–, vas a oír hablar de las lecciones kármicas en las que tu alma decidió centrarse en esta vida y los aspectos de tu personalidad que deseaba cambiar de alguna forma o que quizás solo quería experimentar por el mero placer de hacerlo. Piensa en tu vida actual y en todas las anteriores como la trama de un libro, y en tu karma como el tema de ese libro. Tu karma es la razón de lo que experimentas, la sencilla verdad que se oculta detrás de todo ello. Hay dos expresiones que uso indistintamente: «lección kármica» y «desafío kármico».

»Recuerda, Bob, que esto es algo que tú decidiste por ti mismo. Cada uno de nosotros determina lo que desea experimentar y por qué.

»Describo tu lección kármica más importante con la siguiente frase clave: «Maduración de la personalidad mediante la responsabilidad con la familia». En otras vidas, el hecho de estar presente para tu familia y asegurarte de que todos sus miembros recibían tu atención y veían satisfechas sus necesidades básicas supuso para ti un enorme desafío que deseabas dominar, ya que no te sentías muy seguro. Sabías que eso te haría madurar y te permitiría darle un aspecto más compasivo a tu personalidad. En algunas de tus otras vidas, como en esta, también trabajaste con el liderazgo. Como líder, fuiste arrogante e interesado. Sin embargo, te cansaste de ese aspecto de tu personalidad. Deseabas desarrollar más compasión y ofrecerle un servicio compasivo a tu familia.

—Lo que dice tiene sentido para mí –le dijo Bob a Staci–. Además de cuidar a Kathryn, también era el único que cuidaba a su madre. Eso no era lo que tenía en mente cuando me jubilé, pero me alegré de hacerlo y, con el tiempo, resultó ser una experiencia muy gratificante para mí.

—Tu plan –añadió Staci– era que esta última fase de tu vida estaría enfocada intensamente en ese desafío kármico especial. Querías experimentarte a ti mismo como una persona paciente, cooperativa, diplomática, comprensiva y capaz llegar a un acuerdo. Te escucho hablar de ello en tu sesión de planificación prenatal. Aseguras una y otra vez que lo harás tú solo y que, en esta fase de tu vida, no tendrás la ayuda a la que estabas acostumbrado.

—Me identifico con el hecho de hacerlo yo solo –respondió Bob –porque mis hijos, a pesar de ser tan cariñosos, están casi totalmente desvinculados. Sin embargo, no me compadezco a mí mismo. Lo que experimento, más que cualquier otra cosa, es frustración. Y la frustración puede convertirse fácilmente en ira, en particular si estoy cansado. Tengo que recordarme periódicamente a mí mismo que estoy optando por la ira pero que hay otras vías que puedo escoger.

—Esto te convierte en una personalidad más madura –observó Staci–. También había otras lecciones kármicas que deseabas dominar, principalmente dos de ellas, y yo diría que son tu segundo y tercer desafío más importantes. El segundo es aprender a controlar tus tendencias excesivamente impulsivas. Te gusta la libertad personal. En muchas de tus otras vidas, has disfrutado del dominio de ti mismo; nadie más ha tenido autoridad sobre ti excepto tus padres. Sin embargo, en ocasiones aprendes mucho más cuando tu libertad personal es limitada. Aprendes de la restricción y de la limitación.

»Nunca he visto a ninguna persona con la lección kármica de aprender a controlar sus tendencias excesivamente impulsivas que no fuera sumamente inteligente y lista, a veces en perjuicio propio. Hay un alto grado de capacidad mental que forma parte de esta lección y que es propicio para dar grandes saltos. Pero recuerda que lanzarse directamente a las conclusiones no es adecuado, y eso es lo que tratas de aprender a evitar.

»Otra de las tendencias relacionadas con esta lección kármica que veo en muchas personas es el escapismo —continuó Staci—, ya sea mediante el uso o el abuso de sustancias que alteran el estado de ánimo, la infidelidad e incluso el ejercicio. La mayoría de la gente con este desafío kármico, en lugar de realizar un duro trabajo dentro de sí mismas, busca un arreglo rápido. En tu caso, no percibo estos aspectos más negativos. Tu deseo, en el nivel de tu alma, de expresar tu amor es muy fuerte y buscas el equilibrio en lo que haces. Eres más autoconsciente, más evolucionado.

»Tu tercera lección kármica más importante es la independencia emocional. ¿Por qué te resulta tan importante? Has pasado por una serie de vidas en las que te has comportado como un déspota. Has matado, herido y manipulado a la gente para lograr tus objetivos y deseos. Mientras planeabas, comenzaste a esperar mucho más de ti mismo, una forma más alta de liderazgo. Comprobaste que cuando te encerrabas en ti mismo, no eras un líder eficaz. Por ello, ahora tratas de ser un tipo de líder más amable y apacible, más persuasivo y menos manipulador. Decidiste asumir la independencia emocional como uno de tus desafíos kármicos, porque cuando la logras, eres un mejor líder. Ya no dominas a las personas para que satisfagan tus necesidades o para que hagan lo que debes hacer por ti mismo.

»La mayoría de los que tienen la lección kármica de la independencia emocional dedican mucho tiempo a establecer relaciones en las que en realidad dependen de la otra persona para su bienestar —añadió—. La independencia emocional consiste en darte cuenta de que eres la única fuente de tu propia felicidad.

Tras abordar las principales lecciones kármicas de Bob, Staci se centró el caso de Kathryn.

—Kathryn pasa mucho tiempo con su familia y sus amigos en el otro lado, mientras duerme —nos dijo—. Ahí hay mucha felicidad para ella. Está libre del confinamiento del cuerpo. Siente la ligereza de ser que no tiene aquí. Experimenta una gran alegría y amor.

»Trabaja principalmente para considerarse a sí misma la fuente de todas las cosas. Su desafío kármico más importante en esta vida es el crecimiento y la evolución espiritual, al enriquecer primero su relación con sí misma. Está aprendiendo a nutrirse y trabaja con la independencia emocional. Y al igual que tú, trata de desarrollar una naturaleza más compasiva a través de la responsabilidad con su familia. A este respecto, ha hecho un buen trabajo en esta encarnación. No siento que esto sea un problema para ella en esta fase actual de su vida.

Ahora que Staci había proporcionado los principales temas kármicos de Bob y Kathryn, era el momento de conocer su sesión de planificación prenatal. Le pedí a Staci que incluyera una parte de la conversación con los hijos de Bob, particularmente con Wendy, quien, según nos contó su padre, fue la más afectada por la enfermedad de Kathryn. Bob y yo esperamos en silencio durante un par de minutos mientras Staci entraba en un estado meditativo. Cuando estuvo lista, empezó a decirnos lo que veía y escuchaba.

—Bob, mientras construyes la personalidad para tu vida y haces tus planes, noto una sensación de diversión, disfrute y expectación por asumir la forma física –dijo Staci–. Percibo mucha felicidad.

Este comentario no me sorprendió. Aunque nosotros, como personalidades encarnadas, no solemos ver nuestras vidas con alegría, el sentimiento predominante entre las almas durante el proceso de planificación prenatal es realmente de gozosa colaboración.

—Estoy justo al lado de Bob –continuó Staci–. Veo un suelo oscuro de madera, parcialmente cubierto, una mesa en un extremo y una ventana que da a los jardines. Esta habitación se encuentra en el segundo piso del edificio. Sí, hay edificios en el otro lado, Bob, y los creamos con nuestros pensamientos. Cuando son grandes como este, los creamos mediante el consenso de pensamientos.

»En uno de los extremos de la habitación distingo a algunos miembros del grupo de almas de Bob. En el otro, hay una antesala, separada de la habitación por un muro a media altura. Esta antesala proporciona a los Espíritus Guías un lugar para hablar entre ellos mientras Bob planea su vida.

»Veo al principal Espíritu Guía de Bob, que dice que ha sido su amigo y su sirviente [en las vidas anteriores en las que estuvieron juntos]. Tiene un gran sentido del humor. Permanece detrás de mí; yo estoy sentada entre él y el Consejo de Planificación de Bob. Bob comienza a ponerse el manto de la personalidad. La forma de su cuerpo de luz se ha vuelto más grande y angular. Hay espacios vacíos donde deberían estar los ojos. Veo cómo comienzan a formarse las características faciales. Percibo una energía masculina con él a estas alturas de su sesión de planificación. Enfrente veo a Kathryn en un estado similar de transformación, con el manto de la personalidad. Siento una suavidad y una calidad femenina, una redondez en su forma. Me incorporo en medio en la conversación.

KATHRYN: En esta vida, tendrás el beneficio de que dé a luz y cuide a tus hijos, y de que te cuide a ti también.

BOB: Lo sé y te lo agradezco. Te respeto mucho por tu capacidad de hacerlo. Nunca he sido la clase de madre que tú eres. Nunca he desarrollado esa habilidad para criar a otras personas.

KATHRYN: ¿Te gustaría tener la oportunidad de hacerlo ahora?

BOB: ¿Qué quieres decir?

KATHRYN: El hecho de transitar nuevamente contigo el camino de la discapacidad liberaría mi karma. Volvería a ponerme en un marco de referencia interno, donde podría aprender otra vez quién soy, manifestar mi esencia y consolarme a mí misma. Es una fortaleza que he venido desarrollando durante varias vidas.

BOB: Sí, lo sé.

KATHRYN: Estoy comprometida a continuar haciéndolo.

BOB: ¿Qué ocurriría si vuelves a ser un bebé [indefenso] otra vez?

KATHRYN: Ese es un proceso natural de la forma física en la Tierra. Lo que deseo experimentar es la pérdida de toda la independencia personal.

BOB: Repetiría gustosamente este proceso contigo para evaluarme a mí mismo, para ver lo que he aprendido y para retribuirte. Me he sentido mal por haberte desatendido [en ciertas vidas anteriores]. He llegado a comprender que mi descuido hacia ti era un resultado de mi propio egoísmo y arrogancia. Esperaba que fueras algo que no podías ser, que fueras siempre fuerte, que siempre estuvieras ahí para mí. Yo no pude estar siempre a tu lado con el mismo amor y compasión que tú me habías mostrado. Me encantaría tener la oportunidad de compensarte.

La conversación se dirige hacia la planificación de los hijos. Se habla acerca de incluir a Christopher, el hijo de Bob.

—Bob, es alguien con quien has tenido otras encarnaciones y con quien quieres pasar esta vida como amigo más que ninguna otra cosa. Nunca ha sido tu hijo en ninguna otra vida antes de esta.

KATHRYN: Se habrá ido [de nuestra casa] mucho antes de que esto ocurra.

—Cuando dice eso, menciona un área especial de la tabla de planificación prenatal de Bob. Es como un diagrama de flujo. Tiene una línea hacia algo, y ese algo puede parecer una casa o un edificio, o bien ser una palabra que representa un suceso. Luego, la línea continúa hacia el siguiente elemento, y luego a otro y a otro más. Muy a menudo hay bifurcaciones en el camino, donde hemos incorporado la posibilidad de tomar una decisión que nos lleve en otra dirección.

»La parte de la tabla de planificación de Bob que estoy mirando se relaciona con la enfermedad de Kathryn. Es como una gran mancha de luz blanca. Le pregunto al Espíritu: «¿Qué significa eso?». El Espíritu Guía de Bob dice: «Es un tiempo protegido». La luz blanca sirve como un escudo que cubre ese tiempo para que nada lo afecte. Parece una mancha porque no se sabe si Bob reaccionará de alguna forma en particular. En el nivel del alma, Bob conocía su propensión hacia el egocentrismo, por lo que la prueba consistía en decidir no reaccionar desde el egoísmo. Esa fase de su vida no estaba específicamente planificada más allá de la experiencia misma; se dejó abierta y sin marcar. La manera en que Bob reaccionaría frente a ella era su decisión en esta vida.

»Déjame regresar a la conversación. Pasan ahora a hablar con su hija, Wendy. Kathryn está sentada frente a Bob y Wendy, a la izquierda de su padre y a la derecha de su madre. Wendy es una burbuja brillante de luminosidad, gozo, entusiasmo, curiosidad y diversión. Ama tanto a esta alma que es su madre... Las veo enlazar sus cuerpos de luz durante un momento; parece como si una de ellas deslizara un brazo a través del brazo de la otra. Es un saludo y una forma de contacto íntima y familiar.

»Wendy expresa su alegría por el hecho de que Kathryn haya accedido a ser su madre en esta vida. Kathryn saca a colación el tema.

KATHRYN (a Wendy): Uno de mis mayores placeres siempre ha sido mi fortaleza, mi capacidad de perseverar en los peores momentos.

WENDY: Sí, lo sé. He estado contigo en varios de esos momentos.

KATHRYN: Sí, así es. Esta vez he planeado y acordado con tu padre que sufriré un problema físico grave, permanente, que modificará nuestra vida y afectará a nuestra conciencia en esta etapa de mi vida. [Señala un lugar específico de la tabla de planificación.]

WENDY: Ya veo.

KATHRYN: Esto servirá tanto para mi desarrollo como para el de tu padre. No quiero que te sientas personalmente responsable de ello y tampoco que te sientas responsable de mí.

WENDY: Pero, madre, tú sabes que te amo y que odio verte más débil de lo que realmente eres.

—Cuando Wendy dice esto, veo una vida en Escocia alrededor del año 1500. Kathryn era una mujer y Wendy, su marido. Wendy habla de esa vida anterior porque Kathryn dio a luz a un niño varón y pasó mucho tiempo en cama antes de recuperarse. El bebé era muy grande y la desgarró por dentro, pero no la mató. Wendy creía que iba a perderla. Esta vida anterior es una imagen holográfica que se proyecta al lado del cuerpo de luz de Wendy. Todos los que estamos allí podemos verlo muy claramente. Es posible ver a través de él y puede apreciarse desde todos los ángulos.

WENDY: Sabes que temeré perderte, madre.

KATHRYN: Y tú sabes que llegará un momento en el que *realmente* me perderás, pero no será en el inicio de esta situación, sea cual sea.

WENDY: Sí, madre.

—Hay una sensación de tranquilidad. Se quedan en silencio durante un momento.

WENDY: Pero ¿qué sucederá si pierdes el habla y no puedes comunicarte?

KATHRYN: Aun así podremos comunicarnos a través del tacto y de las palabras que se dicen en silencio. Tú lo sabes.

WENDY: Sí, sí. Pero ¿y si mi padre es incapaz de cuidarte?

KATHRYN: Eso no ocurrirá, cariño. Tu padre y yo ya hemos planeado esto. Quedarse y encargarse de mis necesidades diarias servirá para sus propósitos. Este es nuestro acuerdo. No hay ninguna razón para dudarlo.

WENDY: Sí, lo sé. Pero, madre, tengo miedo de quedarme sola sin ti.

KATHRYN: (riendo): Entonces, ¿por qué aceptar ser mi hija?

WENDY: Para poder disfrutarte otra vez. Para probar este papel de ser tu hija en lugar de tu hijo o tu marido.

KATHRYN: ¿Por qué decides ser una hija y no un hijo?

WENDY: Para ser más servicial y sensible y para tener la oportunidad de criar a mis propios hijos y cuidar a otros con la capacidad que me dará la forma femenina y que no está disponible en la forma masculina.

KATHRYN: Entonces, ¿por qué temes aquello que sabes que ocurrirá?

WENDY: Ese es mi propio problema: mi intento de evitar aprender esta difícil lección de que estoy bien yo sola y dentro de mí misma, que puedo seguir existiendo en salud, sabiduría, fe y esperanza sin que tú estés ahí.

KATHRYN: Entonces, ahora te doy la oportunidad de cuidarme. Hago esto por ti con amor y de forma voluntaria.

LA LECTURA COMPLEMENTARIA DE STACI PARA BOB

Al escuchar esta primera lectura, me sorprendió la aparente rapidez con la que Bob y Kathryn habían tomado la decisión de que ella experimentara alguna forma de discapacidad. En una explicación posterior, el Espíritu Guía de Staci dijo que las sesiones de planificación de Kathryn y Bob «transcurrían simultáneamente pero no en el mismo lugar. Cada uno podía entrar y salir energéticamente de la sesión del otro al tiempo que se formulaban los planes». Por lo tanto, parte de la discusión sobre la enfermedad de Kathryn había tenido lugar en su sesión de planificación prenatal, por lo que no era necesario abordarla en la planificación de Bob. En una interpretación adicional, Staci escuchó lo siguiente de la sesión de planificación de Kathryn. Aquí, el Guía de Staci la llevó hasta la parte final y más importante de un diálogo entre Bob y Kathryn.

KATHRYN: La parte fundamental de todo esto es que necesito una mayor experiencia para avanzar hacia la conciencia, hacia una mayor comprensión de mí misma. He visto que en otras vidas, has llevado a cabo el proceso de crecimiento en ti mismo. Trato de emular esto al vivir contigo durante una parte importante de mi vida y particularmente en los últimos treinta años.

BOB: Actuaré como tu red de protección y te rodearé y te sostendré mientras te encuentras a ti misma. Hago esto porque sé que reforzará la confianza en mí, en la personalidad que trato de crear y dar forma para esta vida y las generaciones por venir. Sé bien que mi influencia afectará a muchas personas. Nuestra vida juntos me enseñará a ayudarlas y a enseñarles.

En muchas vidas tú me has dado todo tu apoyo. Me has permitido que tome la delantera, que haga lo que siento que debo hacer, que ayude a otras personas, pero lo has hecho discretamente. Ahora comprendo el resentimiento que has albergado en el pasado en nuestros esfuerzos por traer a la luz lo mejor de lo que tenemos que ofrecer.

En esta próxima vida me sentiré negado. Me sentiré maltratado por tu forma. Me sentiré ignorado. Pero también sentiré mi propósito y mi lugar a tu lado. Espero realmente que el amor que hemos compartido juntos en el pasado me mantenga enlazado contigo. Creo que habrá resistencia en mi interior ante la pérdida de mi libertad personal, pero puedo soportarlo. Me doy cuenta de que has renunciado por mí a muchas cosas en otras vidas. En esta vida que planeas, te serviré cuidándote, lo cual, en realidad, significa cuidarme a mí mismo.

Cuando concluyó esta parte de la visión de Staci sobre la sesión de planificación de Kathryn y me indicó que ese diálogo era todo lo que su Guía deseaba presentarnos de aquella sesión, le pregunté a Staci si podía volver a la sesión de planificación de Bob y quizás escuchar algo que arrojase más luz sobre sus intenciones y motivaciones. El Espíritu respondió a mi solicitud presentándole a Staci imágenes de una de las vidas anteriores de Bob.

—El Espíritu me está mostrando una vida –dijo–, en la que Bob se experimentó a sí mismo como un hombre erudito, maestro y sanador, su primera vida como médico. Escucho que esto ocurrió en Grecia durante la época romana. Veo a Bob caminando por una calle, sonriendo y recibiendo saludos, sabiendo que ha influido en las vidas de muchas personas. La sensación de calidez y generosidad de su alma con la que entró en contacto era abrumadora y satisfactoria. Manifestaba su Yo más compasivo en esa vida.

»Bob decidió que quería profundizar en esa experiencia de sí mismo y, por lo tanto, su búsqueda en esta vida actual consiste en desarrollar aún más la compasión, aumentar su capacidad de ver a los demás como realmente son en lugar de juzgar cómo podrían o deberían ser. Bob comprende que esta conciencia y aceptación le permitirán disfrutar de un mayor grado de servicio compasivo a otras personas, lo cual, a su vez, le proporcionará otras experiencias que podrá disfrutar: una mayor capacidad intelectual e influencia en la vida. Ha decidido ser siempre un hombre erudito en sus vidas de identidad masculina, que constituyen la mayoría de sus encarnaciones en el plano humano.

»El alma de Bob ha elevado su conciencia y, por consiguiente, su experiencia de cómo el servicio a otras personas incrementa la alegría en su interior. Por esta razón, trata de ayudar lo mejor que puede a Kathryn; sin embargo, el manejo de la emocionalidad sin manipulación todavía es algo que trata de aprender, por lo que Kathryn constituye su mayor desafío.

»Ahora, se me conduce a la sesión de planificación prenatal de Bob. Veo que una de las otras almas reunidas allí para brindar apoyo sale de la galería y le da un obsequio, un ramo de flores. A continuación, lo veo conversar con la entidad que ha decidido ser su padre.

BOB: Enséñame lo que tengo que saber. Llévame de regreso a mí mismo. Recuérdame quién soy. Siempre se te ha dado bien ver mi verdadero yo, hermano.

Esta vez necesito que tú me procrees. Tengo que aprender acerca de mí mismo a través de ti en las primeras etapas de mi vida. Necesito que me proporciones una buena base de conocimientos para comprender la función del propósito de esta vida, de manera que pueda seguir adelante, aun cuando dar cada paso sea lo más difícil que pueda hacer.

PADRE: ¿Por qué buscas esto?

BOB: He planeado una vida de gran crecimiento. El sendero que tengo ante mí es cuesta arriba, pero siento que es un camino necesario para una mayor autodeterminación y sabiduría en mi ser y para adquirir más fuerza.

Amar es el mayor don de todos. Lo sé ahora. Lo comprendo de una forma en que no podía haberlo hecho antes. Quiero demostrar este conocimiento a quienes me rodean y a quienes me han ayudado en otras vidas. El objeto principal del deseo de mi corazón es Kathryn, que ha aceptado ser mi esposa.

El hecho de que me hagas este favor, el gran favor de acceder a ser mi padre, me permitirá entrar [encarnar] en una vibración en la que puedo desarrollar rápidamente la confianza, confianza en mi familia y confianza en mí mismo. Esto es primordial para lo que debo hacer. No puedo pensar en otra cosa que no sea exclusivamente servir mejor a los demás.

Dentro de mí albergo una gran alegría y humildad, pero he olvidado cómo es el sentimiento de ser humilde. Debo recordármelo a mí mismo para que pueda ser más quien soy realmente.

Tener a Kathryn en mi vida me ayudará a contar con mi mejor capacidad para servir a los demás y me pondrá en circunstancias que me permitan adquirir una mayor comprensión, conciencia y crecimiento. Creo que volveré de nuevo poco después del final de esta vida, beneficiado gracias a la experiencia con mayores conocimientos y una mayor comprensión, hambriento y sediento otra vez de salir al mundo y ayudar a otros a sanar.

—El Espíritu me dice —añadió Staci— que Bob se había retirado del servicio a otros como sanador y como autoridad.

Entonces, repentinamente, el patrón del discurso cambió. Su Guía hablaba ahora directamente a través de ella.

—Una vez hubo una experiencia de vida —dijo el Espíritu Guía de Staci— en el que la entidad [Bob] creó una personalidad que quedó atascada y aturdida, y perdió de vista la verdadera esencia del Yo así como la conciencia y el gozo que se manifiestan al satisfacer las necesidades de otros. Esta personalidad se volvió quisquillosa, irritable e insolente, y se quedó estancada en esa actitud el resto de su vida, lo cual resultó destructivo para los demás y para sí misma. Murió en medio de un cruce de disparos en una pelea que ella misma había empezado. Desde esa vida, esta entidad se ha retraído, pues no está segura de tener la capacidad de estar genuinamente al servicio de los demás. Teme extraviarse en el camino, reencarnar y perder ese vínculo con el Yo, y, de esa manera, sentirse orgullosa, jactanciosa y sin alma, en el sentido de olvidar que existe un alma. Esto lo ha afectado significativamente y, sin embargo, a través del proceso [de reencarnar en vidas en las que se abstuvo de servir a otras personas] ha generado una mayor coherencia en su capacidad para expresar sus verdaderas pasiones y ser compasivo. La presencia de Kathryn es el nivel más elevado.

Diálogo con Staci y su Espíritu Guía

La información proporcionada por Staci y su Guía me había planteado algunas preguntas.

—Staci —quise saber—, ¿por qué Bob y Kathryn no planificaron nada menos extremo?

—Porque sabían que no podrían crear una experiencia menos extrema. Ambos son apasionados y propensos a los extremos en su carácter emocional. No han dominado el punto medio.

Pregunté por qué la salud de Kathryn se había deteriorado repentinamente apenas un mes después de que Bob se hubiese jubilado.

—Bob deseaba jubilarse en ese momento porque una parte de él sabía que la siguiente etapa de su vida estaría totalmente ocupada con esto —contestó Staci—. Fue un cambio planificado. El acto va de acuerdo con la orientación que sentía, pero de la cual no era consciente.

Staci hizo una pausa. Cuando empezó a hablar otra vez, lo hizo a una velocidad considerablemente menor. Su Espíritu Guía hablaba nuevamente a través de ella.

—La entidad conocida como Kathryn ha mostrado tal inteligencia compasiva y comprensiva en tantas de las que vosotros denominaríais sus otras vidas que deseaba evitar cargar a Bob con un cambio extremo y drástico antes de que estuviera listo —dijo el Espíritu Guía—. Y para Kathryn, esta jubilación [de Bob] fue como accionar el interruptor: puso en marcha una energía en sus vías neurológicas que llevaron directamente al suceso planeado, que debía provocar una alteración radical y repentina de la situación con dos propósitos: uno, Bob y Kathryn prefieren tener personalidades tremendamente expresivas cuando presentan una forma física, y dos, eso abriría el corredor, la conexión energética, de manera que la resonancia con los desafíos fuera inmediata, inconsciente y no reconocida. De esa manera, Bob podía cuidarla y estar en el momento y para el momento. El resto ocurriría automáticamente, y los grandes intelectos de Bob y Kathryn no impedirían que los sucesos se desarrollaran.

—Staci, hemos tocado este tema, pero me gustaría saber más. ¿Los hijos de Bob acordaron antes de nacer no tomar parte en el cuidado para que Bob pudiera hacerlo?

—Déjame ver qué es lo que viene a mí... Se les dijo que ese no era su desafío, que era principalmente para Bob. Wendy y Holly sintieron que eran necesarias y tuvieron el deseo de ayudar. No percibo esa sensación con Christopher. Pero Bob levantó la mano [en la sesión de planificación prenatal] y dijo: «Esa es la función que debo desempeñar. Es mi responsabilidad. Tengo el deber y el honor de hacer esto por alguien a quien amo y aprecio tanto». Escucho que Wendy y Holly asienten y se abstienen de participar. Cuando miro la tabla de planificación prenatal y esa mancha blanca, no veo que los hijos entren en ella. Solo están Bob y Kathryn.

—Staci, Bob podía haber planeado proporcionar sus cuidados en cualquier otro período de tiempo o ubicación. ¿Por qué Estados Unidos en este momento de la historia?

Nuevamente, el Guía de Staci comenzó a hablar.

—Consideras este hecho desde un marco de referencia histórico. Para Bob y Kathryn, se trata simplemente de una extensión [de otras vidas juntos]. Este momento y lugar son propicios para que Bob se experimente a sí mismo como un hombre de éxito, y le proporcionan la oportunidad de asumir funciones de responsabilidad y liderazgo. Ambos sabían con certeza que en este punto de la evolución de la humanidad, y teniendo en cuenta la cultura y la tecnología de América del Norte, sus necesidades de orden social y comodidad física se verían satisfechas. Particularmente, el dinero que Bob ganó les proporcionaría alojamiento (su ambiente doméstico), así como la atención médica necesaria. No era importante que esto ocurriera en un lugar y un tiempo, históricamente hablando, en que la atención médica fuera mejor que en una vida anterior, porque lo que se deseaba era la experiencia del trastorno y del cuidado.

—Por favor, diles algo a aquellas personas que cuidan a otra y que se sienten abrumadas, resentidas o enfadadas.

—Que actúen desde el corazón y todo lo demás les facilitara el camino —observó el Guía—. Las reacciones impetuosas de culpabilidad, frustración e ira son infantiles; vienen del exterior del espacio del corazón. Dado que el propósito mayor de todas las encarnaciones terrenales es aprender a superar el miedo y a amar incondicionalmente, quisiera recordarles a los cuidadores que tienen mucho amor para dar. Que se visualicen a sí mismos en circunstancias similares. Cuando se identifican con la persona a la que cuidan, sus necesidades de gratificación para su ego se irán, y se darán cuenta de su vínculo con la entidad cuyo cuidado, atención y alimentación se les han confiado. Abrirán el lado compasivo de su naturaleza cuando comprendan que todos somos Uno. Os pediríamos a vosotros, los encargados de cuidar a otras personas, que os pusierais en su lugar y sintierais la impotencia, la indefensión y la frustración de hallarse en una forma física que ha dejado de ser completamente funcional, en resumen, que despleguéis toda vuestra empatía. No olvidéis que lo que les ocurre a ellas puede ocurriros también a vosotros. Se trata simplemente de otra oportunidad de aprender a dar amor incondicional en todas sus formas de expresión. Os pediríamos que renunciéis a vuestro propio ego y a vuestros miedos, y os volváis hacia el corazón, el corazón de amor y compasión, pase lo que pase.

—¿Y qué hay acerca de las personas que reciben el cuidado y que se sienten culpables por molestar?

—No seáis duros con vosotros mismos. Comprended que, aunque no seáis conscientes del bien mayor al que sirve vuestra discapacidad física, ese bien mayor *existe*. Se da una armonía en vuestra situación, como una sola nota que os une a todos vosotros. Cuando decimos «todos vosotros», nos referimos a vosotros y a aquellos que os cuidan, sean familiares, amigos o cuidadores profesionales que reciben un salario. Les dais a cada uno de ellos una oportunidad especial de expresar su amor, y quizás de compensar algo que esas personas sienten que realizaron de forma deficiente o de manera incorrecta en otra vida.

»Comprended que lo que tal vez se os pida sea el perdón: perdón a vosotros mismos de manera que empecéis a aceptar vuestra situación y obtener todas las ganancias que podáis a partir de ello. De esa manera, las personas que os cuidan pueden obtener grandes beneficios de la experiencia. Tened la total seguridad de que proporcionáis a aquellos que os cuidan una oportunidad enorme e imponente que no podrían obtener de ninguna otra manera.

»Amaos a vosotros mismos lo suficiente para aceptar vuestra situación con un corazón amable.

»Y aquellos de vosotros —concluyó el Guía— que habéis albergado la falsa suposición de que las únicas personas dignas de habitar vuestro planeta son las consideradas miembros productivos de la familia y de la sociedad, comprended que todos tienen el derecho de existir como lo deseen y en la forma en que puedan ser albergados por su cuerpo físico. No existe la concepción de ser merecedor de la vida. Nosotros, vosotros, todos elegimos tener una vida física. Nadie decide por nosotros; por ello, nadie juzga si es nuestro derecho ocupar una forma o un espacio físico en el planeta. Tratad de comprender y aceptar mejor a vuestros semejantes, así como el hilo común que nos une a todos.

$\sim$

En nuestro deseo de amar incondicionalmente, asumimos la forma corporal para otorgarnos el gozo único de expresar y, por lo tanto, experimentar el amor en el plano físico. Al dar y recibir, el cuidador y el que recibe los cuidados se bendicen uno al otro con la expresión y la experiencia del amor. En esta relación sagrada, se dan uno al otro la oportunidad de conocerse como almas afectuosas y eternas.

A menudo, el desafío para la persona que necesita que la cuiden es creer que merece ese amor. Como Aaron nos dijo, Kathryn tuvo una vida anterior en la que ella, como la madre discapacitada de Bob, se sentía indigna de sus atenciones. Los sentimientos o creencias de carencia de valor son algunas de las razones principales por las que nosotros, como almas, planeamos antes de nacer nuestra necesidad de recibir el cuidado de otra persona. Mientras tenemos un cuerpo, tratamos de descubrir nuestro valor inherente e ilimitado y colocarnos en una posición en la que no podremos valernos totalmente por nosotros mismos, de manera que esta experiencia pueda enseñarnos que somos valiosos. Como una vela en una habitación oscura, nuestra luz interna podría ser más visible para nosotros en la oscuridad de la enfermedad o de la discapacidad.

Cuando llegamos a conocer nuestro valor infinito, es decir, cuando lo *sentimos*, los cuidados podrían terminar convirtiéndose en una forma de servicio al cuidador. Entonces, ¿cuándo se les da servicio a los cuidadores? Estos pueden cultivar la empatía y expresar amor, a menudo de una forma en que no pudieron hacerlo en vidas anteriores. Como Bob nos dijo, Kathryn le ha dado la oportunidad y la motivación de aprender a ser generoso, paciente y compasivo. Estas virtudes divinas son inherentes al alma, por lo que no se aprenden nuevamente; en lugar de ello, las descubrimos dentro de nosotros mismos cuando las expresamos. (La palabra «descubrir» comienza con el prefijo latino *dis*, que significa «quitar». Cuando expresamos nuestros rasgos divinos en el plano terrenal, quitamos la cubierta, el velo del olvido que nos oculta nuestra verdadera naturaleza.) Así como las teclas de un piano ya existen pero requieren el contacto humano para crear música, así son también las cualidades del alma dentro de cada uno de nosotros, aguardando nuestra decisión de manifestarlas.

El cuidador está llamado a expresar su generosidad, paciencia y compasión hacia sí mismo y hacia aquella persona que lo necesita. Como dijo sabiamente Aaron: «Amar no significa que nunca habrá resentimiento». Esta conciencia ocasiona un profundo perdón y, por lo tanto, compasión hacia nosotros mismos. Si te haces cargo de un ser querido discapacitado y te juzgas por sentir resentimiento o ira, pregúntate lo que le dirías a un buen amigo en circunstancias similares. Seguramente, que es una persona llena de amor que está dando mucho de sí misma, que está mostrando una gran dedicación y que se está esforzando todo lo que puede. Le recordarías a tu amigo que es humano. Solo podemos darles a otros lo que nos damos a nosotros mismos. Si buscas darle generosidad, paciencia y compasión a un ser querido que requiere cuidados, antes proporciónatelas a ti mismo. De esa manera fluirán con facilidad de ti a los demás.

Los cuidados se prestan al juicio. Además de a sí mismos, los cuidadores juzgan a la persona que recibe sus atenciones por no responder como ellos desean, así como Bob a veces no puede evitar juzgar el comportamiento de Kathryn. Con frecuencia, tanto el cuidador principal como personas que no pertenecen a la familia juzgan a distintos miembros de esta por no hacer lo suficiente. Alguien que desconozca los acuerdos prenatales hechos por los hijos de Bob y Kathryn podría recriminarles que dejen la mayor parte de la responsabilidad en manos de Bob. También aquellos que se encuentran discapacitados pueden juzgar a sus cuidadores por no expresar una paciencia o una comprensión suficientes, o bien a sí mismos por necesitar demasiado o por ser demasiado exigentes.

No podemos dejar de juzgar a otras personas hasta que dejamos de juzgarnos a nosotros mismos. Cuando somos conscientes del juicio a nosotros mismos, podemos sanarlo. Por el contrario, cuando negamos su existencia, seguimos juzgando a los demás, porque lo que se niega no puede ser sanado, sino que seguramente será proyectado. De la misma manera, si juzgas a otra persona, con toda seguridad haces el mismo juicio acerca de ti.

No obstante, este juicio inherente a la experiencia del cuidado es una de sus atracciones principales para un alma que va a encarnar. La sanación constituye una motivación muy importante para planificar un desafío vital. Si en otras encarnaciones te juzgaste a ti mismo o a otras personas, y si antes de nacer deseas sanar tus juicios, verás los cuidados como un espejo claro a través del cual mostrarte esos juicios a ti mismo. Podría parecer que tu función consiste en ofrecer un servicio como Bob, recibirlo como Kathryn o hacerte a un lado como Wendy, pero tu verdadera función en este momento de la evolución humana es liberarte del juicio y aceptar el amor incondicional hacia ti mismo y, por lo tanto, hacia todos los demás. La antigua llamada a amar a tu prójimo como a ti mismo era, en realidad, una llamada para amarnos a nosotros mismos. De hecho, independientemente del grado de amor que tengamos hacia nosotros mismos, siempre amamos a nuestro prójimo como a nosotros. Es imposible que sea de otra manera.

Este amor surge y florece en la tierra de la autoconciencia y del perdón a nosotros mismos. Cuando somos conscientes de nuestra bondad innata, como Bob lo es cada vez más de la suya, podemos regocijarnos con lo que somos. Cuando nos perdonamos por nuestros fallos y errores, como Bob se perdona a sí mismo por sentirse frustrado, el discernimiento reemplaza al juicio a uno mismo, creando un espacio seguro en el que podemos elegir otro camino. La experiencia de Bob y Kathryn es, por lo tanto, un poderoso incentivo hacia la autoconciencia, el perdón a nosotros mismos y, en última instancia, el amor a nosotros mismos.

La lástima siempre implica una forma sutil de juicio: «Eres débil, quizás incluso incapaz». Aunque es cierto que una necesidad de cuidado podría provocar lástima, es igualmente cierto que la lástima podría suscitar una necesidad de cuidado. Todas las personas por las que se siente lástima intuyen este sentimiento, consciente o inconscientemente. Si no están lo bastante despiertas, interiorizarán la lástima involuntariamente, creyendo que son débiles y quizás víctimas impotentes de fuerzas que se encuentran más allá de su control. Esta falsa creencia podría requerir una sanación en otra vida, en la que planeen experimentar circunstancias aparentemente fuera de su control que les proporcionen la oportunidad de reclamar su poder para ellas mismos. Si sientes lástima por ti mismo o por otra persona debido al hecho de tener que dar o recibir cuidado, debes saber que vivimos en un universo benévolo y pleno de amor en el que todo cambio es para bien y *producido por nosotros mismos*. Negar lo primero es negar la naturaleza fundamental del universo. Negar lo segundo es negar nuestro poder ilimitado de creación.

En última instancia, ver a un ser querido discapacitado y con necesidad de cuidados puede ser una experiencia desgarradora. Así es como debe ser. Solo aquello que es frágil puede romperse. Como almas que desean amar incondicionalmente, *esperamos* que la vida rompa las partes frágiles de nuestros corazones. Únicamente entonces nuestro amor, como el amor de Bob por Kathryn, fluirá más libremente.

Capítulo 5

Las mascotas

Una de las preguntas que se me hacen más a menudo es: «¿Las mascotas son parte de nuestra planificación prenatal?». Millones de personas a lo largo del planeta aman profundamente a sus mascotas, y es natural que aquellas que son conscientes de los planes de vida se hagan esta pregunta. Intuitivamente, siento desde hace mucho tiempo que nuestros animales domésticos son realmente un aspecto importante de la planificación de nuestras almas. El universo está ordenado de un modo demasiado perfecto para permitir que nuestros amigos del reino animal entren en nuestras vidas al azar. Sin embargo, hasta que analicé atentamente este tema, no estuve seguro de su función en nuestros planes.

Marcia DeRousse, que se describe a sí misma como «madura», mide apenas un metro veinticuatro, pero su estatura oculta su enérgica presencia. Como médium y actriz, es serena, segura y carismática. Uno de sus dones psíquicos es la capacidad de comunicarse con los animales. Conocí a Marcia en una charla que di en Los Ángeles cuando preguntó qué papel desempeñaban los gatos en nuestras vidas. (Le respondí que eran nuestros maestros, pues nos enseñan la capacidad de encontrar satisfacción en el hecho de ser, en lugar de hacer.) Poco tiempo después, estrechamos nuestros lazos mediante el correo electrónico. Me impresionaba su profundidad, su sabiduría, su sentido del humor, su fortaleza y su gran corazón, un corazón tan abierto que lloraba fácilmente cuando hablaba de sus mascotas. Después, cuando supe que estas habían sido una parte tan importante de su vida, me pregunté si habían desempeñado una función en su crecimiento espiritual. Además, sentía que Marcia seguramente había planeado su acondroplasia (enanismo). Deseaba saber cuál era el vínculo entre su enanismo y los animales que habían estado, o que estaban actualmente, en su vida.

MARCIA

—Nací en Pontiac, Michigan, pero nos mudamos a una granja de Misuri —me dijo Marcia mientras me sentaba para escucharla—. Viví gran parte de mi vida en los montes Ozark. Soy vidente, médium, empática y actriz. Tengo un título en Arte Dramático y actuar siempre ha sido una gran afición. En esta vida, quería probar que podía ser actriz a pesar de las apariencias. Tengo impedimentos físicos que lo han dificultado mucho.

Marcia explicó que el término «enano» se refiere a las personas que miden menos de un metro veinticinco. Hay más de doscientas formas de enanismo, pero independientemente del tipo, suelen sufrir problemas en los huesos y en las articulaciones.

—Marcia, ¿cómo fue tu experiencia con el enanismo? —pregunté.

—Me apodaban *Bridget the Midget* (Bridget la enana) —dijo riendo—, y nunca me escogían para participar en ningún juego porque decían: «Es demasiado pequeña. No puede hacerlo». Cuando volvía a casa después de la escuela, lloraba. Empecé a rogar todos los días que se me concediera un gran sentido del humor, de manera que pudiera hacer que las personas se rieran conmigo y no de mí. Así, comencé a estudiar arte dramático y oratoria, en los que destaqué realmente. Sentía que finalmente me habían otorgado ese don que tanto había pedido. Siempre logro ver el lado divertido de las cosas.

Le pregunté a Marcia cómo habían sido las citas con chicos durante su juventud.

—Había chicos que eran mis amigos –explicó–, pero las citas no eran importantes para mí. Sé que elegí esta vida de manera que estuviera bien yo sola. Esto lo sé porque me daba mucho miedo quedarme sola. Cuando mi madre murió, no creí que pudiera hacerlo. Y si no hubiera tenido a mi gato *Snowflake* –Marcia empezó a llorar suavemente– no creo que lo hubiera logrado.

—Hablemos de tus mascotas. ¿Qué clase de animales has tenido? ¿Qué has aprendido de ellos?

—Cuando tuve una experiencia cercana a la muerte en 2003, los vi después de recorrer el túnel e ir hacia la luz. ¡Parecía una verdadera arca de Noé! Me hizo muy feliz verlos. La primera mascota que tuve fue un pequeño [perro] cockapoo llamado *Dusty*. Estaba conmigo para enseñarme a amarme a mí misma, porque era muy cariñoso. –Percibí una gran ternura en la voz de Marcia–. *Dusty* parecía polvoriento. Era blanco con mechones de un color marrón rojizo en las puntas de su pelaje rizado. Tenía unos ojos marrones grandes y enternecedores. Cuando los niños me molestaban, volvía a casa, abrazaba a *Dusty* y le contaba todas las cosas malas que me decían. –Marcia empezó a llorar otra vez–. Él se apoyaba en mí y me lamía la barbilla. Pensaba que si él podía amarme tanto, yo también debía amarme a mí misma. Recuerdo haber pensado así cuando era niña.

»Era realmente mi amigo; estaba siempre, siempre ahí –añadió–. Cuando no podía hablar con las personas, podía hablarle a él. Ese fue el inicio de mi comunicación con las mascotas, porque escuchaba su respuesta. Me decía: «No te preocupes. Para mí, tú eres perfecta».

Desde entonces, Marcia se comunica con los animales. En ocasiones escucha palabras; otras, sus mascotas proyectan imágenes en su mente. Asegura que a los animales les encanta hablar con nosotros y que no les avergüenza dejarnos saber cómo se sienten.

—Si están disgustados conmigo, me dan la espalda –dijo, haciendo referencia a la forma en que una mascota puede alejarse físicamente de su amo humano.

Le pedí que me hablara de otra mascota que hubiera influido en ella a lo largo de su infancia.

—Mi yegua palomina, *Cheetah*. Medía quince palmos y medio. ¡Era una yegua bien alta! –exclamó–. Yo quería un caballo grande para aprender a no tener miedo. Ella era tan apacible y amable... Buscaba algo sobre lo que pudiera subirme, saltaba encima de ella, me agarraba de su crin y la dejaba correr.

»Muchas veces acudía a ella después de un mal día en la escuela. Me frotaba su nariz aterciopelada en la cabeza. Podía escucharla: «No importa lo que digan. ¡Mira lo que tú y yo podemos hacer juntas! ¡Sube! ¡Vámonos!». Y eso era lo que hacía, montar y sentir el viento en la cara. Mi madre gritaba: «¡Te vas a romper el cuello!». Pero cuando *Cheetah* y yo estábamos juntas, éramos almas gemelas. Ella me enseñó a no tener miedo.

»Cuando entré en la universidad, tuvimos que venderla. Ese fue uno de los días más desgarradores de mi vida, cuando vi que se la llevaban en un camión. Justo antes de subir al remolque para irse, se giró hacia mí, me miró y dijo: «Tranquila. Te perdono, porque estaré bien y te amaré siempre». —Marcia sollozaba y tenía la cara bañada en lágrimas—. Era el momento de abrir mis alas y volar. Ella sabía que me había ayudado a hacerlo. Era un alma asombrosa.

—Es una hermosa historia —dije—. ¿Hubo otras mascotas?

—Cuando era adolescente, tuve un pollito. A su madre y a todos los demás pollos los había matado un zorro, pero él había sobrevivido. Tenía el pico torcido y no podía comer con nuestros pollos porque lo empujaban. Se convirtió en mi amigo. Yo tomaba un puñado de granos y él comía de mi mano.

—¿Cómo se llamaba?

—Lo llamé *Pico Torcido* —respondió Marcia. Me eché a reír—. Aprendí de él a sentir compasión y que no había ningún problema por ser diferente. Uno no tiene que dejar que esto lo deprima. Él no lo hacía. Nunca lo molestó. Se sentía especial.

Varios años después, justo antes de terminar la universidad, llevó a casa a un perro mestizo, una mezcla de terrier y caniche, que después tuvo cachorros con el terrier de su hermana. Uno de esos cachorros era *Brutus*, a quien Marcia describió como un gran maestro para ella. Sería parte de su vida durante los siguientes dieciséis años.

—Lo vi nacer —recordó—. Era negro, pero después se volvió blanco, con una capa superpuesta de color gris perla. No era muy bonito; en realidad, se parecía a Yoda, de *La guerra de las galaxias*. —Marcia y yo reímos—. Tenía unas grandes orejas que subía y bajaba. Cuando escuchaba a las personas, uno podía ver cómo cambiaban las expresiones de su cara. No pesaba más de seis kilos, pero siempre me protegía.

»Había ocasiones en las que pensaba: «Dios mío, si no tuviera un perro que cuidar, podría hacer otras cosas». Y él decía: «Está bien. Si quieres irte, hazlo». Desde luego, nunca lo hacía, no podía abandonarlo. Me enseñó a ser responsable de él en una época en la que era fácil ser irresponsable.

»Me hablaba mucho. Me enseñó a escuchar y a amar incondicionalmente. Él me amaba así, sin importar lo que yo hiciera. En ese entonces, solía ser un poco egoísta y gracias a él aprendí que esa no es la mejor manera de ser. Me enseñó a servir a la humanidad y a los animales.

Cuando la madre de Marcia enfermó, vivió con ella durante varios años. Siempre sabía cuándo iba a volver su hija del trabajo, porque *Brutus* se acercaba a la puerta y se quedaba allí, moviendo la cola. No lo hacía cuando Marcia llegaba, sino cuando salía de la autopista, a ocho kilómetros de distancia. Percibía su energía.

—Cuando tenía quince años —continuó Marcia—, contrajo una enfermedad en los pulmones, se quedó ciego y padeció cáncer. Hubo muchas ocasiones en las que pudo haberse facilitado las cosas y simplemente volver al Hogar, pero esperó hasta que pensó que yo podría lidiar con aquello. Finalmente, un día comenzó a respirar de forma entrecortada. Lo llevé al veterinario, que me dijo: «Creo que ha llegado el momento». *Brutus* me miró y dijo: «Estoy listo, mamá, pero no me iré hasta que tú lo estés». Lo llevé a casa, pero todavía respiraba con mucha dificultad, así que lo llevé nuevamente al veterinario para que lo «durmiera». Durante todo el camino, se acurrucó junto a mí. Me dijo: «Recuerda siempre cuánto te amo. Regresaré a ti si quieres que lo haga». Lo hizo de inmediato, la noche siguiente. Podía sentirlo al pie de mi cama, diciendo: «¡Mira, estoy sano otra vez! ¡Soy feliz!».

Marcia sufrió mucho por la muerte de *Brutus* y se dijo a ella misma que nunca tendría una nueva mascota. Sin embargo, poco tiempo después, una gata callejera tuvo gatitos en el tejado de la casa de un amigo. Uno de los gatitos resbaló y cayó en un cubo de basura, donde el amigo de Marcia lo descubrió maullando lastimosamente. De ahí en adelante, Marcia tuvo un nuevo compañero.

—Era una gata siamesa blanca, con un punteado de color rojizo anaranjado en algunas partes y unos enormes ojos azules —recordó—. Cuando me vio por primera vez maulló. Y en ese maullido la oí decir más claro que el agua: «¿Por qué has tardado tanto tiempo?». Me enamoré totalmente de ella. —Marcia la llamaba *Snowflake* (copo de nieve), o *Snowy,* para abreviar.

Snowflake resultó ser una excelente cuidadora para la madre de Marcia, que sufría demencia. Un día, mientras su madre descansaba en el sofá con *Snowflake* junto a ella, Marcia pasó por su lado y oyó que la gata decía: «Soy una buena enfermera, ¿no? ¡Tengo el uniforme blanco y todo!». Cuando su madre finalmente regresó al Espíritu, Marcia vio pequeñas motas de luz irradiando de aquel cuerpo sin vida y supo que *Snowflake* también las había visto. Luego, la gata camino hacia ella y le dijo: «Mi trabajo con ella ha terminado. Ahora tengo que cuidarte a ti». Y eso es exactamente lo que hizo.

Snowflake estableció una sólida relación con *Twinky*, otro de sus gatos. Cuando *Twinky* falleció, un amigo de Marcia tuvo la premonición de que un gato negro, un nuevo compañero para *Snowflake*, llegaría a su casa. Pocas semanas después, un gato negro muy grande apareció en la puerta de Marcia.

—Hola, ¿cómo estás? –lo saludé–. ¿Acaso no eres el gato más bobalicón?[1]

—Me gusta ese nombre –respondió el extraño gato negro.

—Así que, en ese momento, comenzamos a llamarle *Goofy*.

Goofy empezó a visitar periódicamente a Marcia y a *Snowflake*. Marcia pronto descubrió que era propiedad de uno de sus vecinos. Un día, el vecino fue a recogerlo, llamándolo por su nombre, *Asahi*. *Goofy* miró a Marcia y dijo:

—¿No es el nombre más tonto que hayas escuchado nunca?

El gato siguió visitándola hasta que el vecino se lo regaló.

—Creo que ha decidido quedarse contigo –le dijo amablemente.

—*Goofy* adoraba a *Snowflake* –dijo Marcia–. Era un amor no correspondido. Él la seguía y ella se daba media vuelta y lo dejaba con un

1. Este es un juego de palabras intraducible al castellano. En inglés, *goofy* quiere decir «tonto», «bobalicón», pero sin la connotación negativa que esas palabras tienen en español. (N. del T.)

palmo de narices. —Me contó que cuando *Snowflake* murió, *Goofy* metía la cabeza debajo de los muebles para buscarla—. Yo le decía: «*Goof*, no está ahí», y él respondía: «Tiene que estar en algún lugar». Me di cuenta de que lloraba conmigo.

Marcia añadió que *Goofy* es terco, dogmático y quiere hacerlo todo a su manera.

—Yo también soy una persona dogmática, pero me contengo mucho —confió—. Pero él me dice: «Simplemente di lo que quieres que los demás sepan». Así que estoy aprendiendo.

A *Goofy* no le gusta ir al veterinario. Debido a que pesa casi diez kilos y Marcia treinta y seis, no le resulta fácil atraparlo. Lo pone en una canasta para gatos y la desliza por todo el suelo, el porche y las escaleras frontales, para depositarla en un remolque de juguete. Luego, tira del remolque, lo lleva a su automóvil y empuja la canasta hacia el interior. La escena es tan cómica que sus amigos le han dicho que les gustaría filmarla.

Un mes después de la muerte de *Snowflake*, Marcia llevó a casa a una nueva mascota, un gatito siamés gris llamado *Willie*.

Marcia describió la relación entre *Goofy* y *Willie* como «odio a primera vista», pero a pesar de ello desde entonces se habían convertido en amigos íntimos. A veces, *Willie* rompe cosas por toda la casa, y luego mira a Marcia y le dice: «Pero te amo». Ella sabe que está ahí para enseñarle a tener paciencia.

MARCIA HABLA CON SUS MASCOTAS

Marcia compartió sus sentimientos sobre la razón por la que estos cariñosos animales habían formado parte de su vida. Consciente de su habilidad de comunicarse con los animales, vivos y muertos, le pregunté si podíamos hablar brevemente con sus mascotas. Quería saber por qué *ellas* pensaban que habían entrado en la vida de Marcia. Empezamos hablando con *Willie*.

—Por supuesto que esto era parte del plan [prenatal] —nos informó—. Mi trabajo en este momento es recordarle [a Marcia] que debe divertirse.

—Me está mostrando una imagen de niños, el espíritu juvenil —dijo Marcia—. Quiere sacar a relucir mis cualidades infantiles.

—Eso podría cambiar conforme envejezco –continuó *Willie*–. Pero en este momento, estoy aquí para hacerte recordar que debes divertirte y que debes seguir con tu vida. *Snowflake* está bien y es feliz. No la estoy reemplazando. Simplemente estoy enseñándote a divertirte y reír otra vez.

—Gracias, encanto –dijo Marcia suavemente.

Después, hablamos con *Goofy*.

—Vine aquí porque quería estar con *Snowflake*. Ella y yo tenemos una larga historia juntos. Igual que tú y yo. Necesitabas que yo estuviera aquí cuando ella murió. Necesitabas que te protegiera de ti misma. Estabas tan sola y apesadumbrada... Soy un chico, y los chicos cuidan a las chicas. –Marcia y yo reímos–. Cuando *Snowflake* murió, tú no querías continuar. Pero yo seguía aquí y te necesitaba. Todavía te necesito. Te necesito todos los días. –Y tras decir eso, *Goofy* salió corriendo.

—Marcia –pregunté–, ¿podemos hablar con tus mascotas que han vuelto al Espíritu?

Inmediatamente, su perro *Brutus* empezó a comunicarse.

—En el otro lado, soy maestro de otros animales que se sienten algo desorientados cuando vuelven. Yo fui tu primer maestro verdadero –le dijo a Marcia–. Vine para enseñarte a ser más generosa, afectuosa, compasiva y amable. ¡Hice un trabajo estupendo! Asimismo, vine porque tu madre se había casado con tu padrastro y si no me hubieras tenido, te habrías sentido abandonada por ella. Llegué a ser como tu hijo.

—Así lo creo –dijo Marcia–. Él y *Snowflake* eran como mis hijos.

En ese momento, *Snowflake* le habló a Marcia.

—Cuando entré en tu vida, tú sufrías mucho. Sabía lo que iba a ocurrir con tu madre. Te enseñé a ser independiente y autosuficiente.

—Esa es la verdad –explicó Marcia–, porque tuvimos muchas estancias en el hospital con mi madre. Volvía a casa y ahí estaba esa pequeña y hermosa cara siamesa mirándome, necesitándome, deseando mi compañía. Dependía mucho de mi madre emocionalmente. Me sentía tan sola e incapaz cuando murió...

Justo entonces *Dusty* hizo su aparición.

—Eras una niña pequeña que se encontraba muy sola –le recordó–. Te enseñé que podías hacer amigos, que las personas podían quererte y que, incluso si se reían de ti, tú siempre podías volver a casa y yo estaría ahí para amarte.

—Gracias, *Dusty* –le dijo Marcia con amor–. Nunca te olvidaré.

Nos quedamos en silencio durante unos momentos mientras Marcia saboreaba el vínculo con su amado cockapoo.

El silencio acabó abruptamente.

—¡Oh, *Cheetah*! –exclamó Marcia. La miré fijamente. Evidentemente, la yegua palomina de su infancia había aparecido en el ojo de su mente. Marcia estaba emocionada y sorprendida–. ¡Hace tanto tiempo que no te veía!

—Tu alma ya lo sabía –dijo *Cheetah*–, pero te ayudé a comprender lo valiente que realmente eres. Me honró mucho enseñártelo. El tiempo que pasamos juntos fue para que aprendieras a no rendirte.

Solo quedaba una mascota que no había hablado aún con Marcia.

—¿Podemos hablar con *Pico Torcido*? –le pedí.

Marcia hizo una pausa mientras sintonizaba con la energía del ave.

—¡Oh, está tan hermoso ahora! –dijo alegremente–. ¡Es un gallo precioso! Y ya no tiene el pico torcido.

Ambos nos reímos.

—Yo mismo permití esta deformidad –le dijo *Pico Torcido* a Marcia– para que pudieras ver que no importa la apariencia del cuerpo; lo único que importa es el interior. Tú me amaste a pesar de mi aspecto poco agraciado. Siempre te amaré y te agradeceré esto.

LA SESIÓN DE MARCIA CON STACI

Marcia había mostrado una gran comprensión del profundo significado espiritual de sus experiencias con sus mascotas. Y no me sorprendió que los animales mismos también lo hicieran. Sin embargo, en mi mente había muchas preguntas sin respuesta. ¿Estos animales habían estado con ella en vidas anteriores y si es así, en qué tipo de relaciones? ¿La planificación prenatal que realizamos con las mascotas es diferente de la que hacemos con las almas que encarnan como seres humanos? Más en general, ¿cuál es la naturaleza de un alma animal y por qué los animales deciden compartir el viaje con nosotros?

Como leerás, las mascotas hablan de una forma muy diferente en la sesión de planificación prenatal de Marcia que como lo hacen a través de ella misma. Marcia habló con la personalidad creada por el alma animal, mientras que Staci escuchó la planificación realizada en el nivel del alma.

—Marcia —dijo Staci cuando la información comenzó a fluir hacia ella—, en muchas de tus otras vidas, viviste con la sensación de estar separada de los demás. Se trata de una sensación de separación que usabas generalmente para impulsarte en un camino de liderazgo. En esas vidas, asumiste una actitud de juicio, del tipo: «Me considero distinta y superior a quienes me rodean». En esta vida actual, tu alma trata de equilibrar esa actitud, de abandonar el juicio hacia los demás sin dejar de ser líder. A tu alma le apasiona este objetivo.

»Puedo ver otra cosa. Atraviesas por una lección kármica de crecimiento y evolución espiritual a través del enriquecimiento de la relación contigo misma. Mi Espíritu Guía me dijo que este es el «curso» que ofrece la escuela terrestre, mientras que en otros sistemas planetarios dan otros cursos de espiritualidad. Las vidas de alguien que elija esta lección kármica han incorporado en ellas momentos de soledad, un sentido de separación hasta que la personalidad llega a disfrutar su propia compañía, y esta le resulta placentera y satisfactoria. El desafío consiste en establecer un vínculo con tu ser interior y, por lo tanto, con tu alma y con la materia divina que albergamos en nosotros y que nos une a todos.

—Cuando mi madre enfermó, uno de mis miedos más profundos y terribles era quedarme sola —confesó Marcia—. Cuando volvió al Hogar, tardé mucho tiempo en darme cuenta de que estaba bien, y no solo bien, sino que también era feliz y productiva. No sé si hubiera podido llegar a donde estoy si no me hubieran dado ese empujón.

Marcia acababa de describir una clásica experiencia de aprendizaje por contraste. Había logrado el vínculo interior mediante la desconexión externa con su amada madre. Es de este modo como nuestras almas evolucionan.

—Iré ahora a las encarnaciones anteriores —dijo Staci—. Veo una vida en un circo, un tipo de circo antiguo en el noroeste [de Estados Unidos], alrededor del año 1870. El circo inició su andadura en el sur y se fue desplazando al oeste, donde estaba el dinero. Los animales fueron importados de otros lugares. Entraron en el país por puertos del sur, especialmente de Nueva Orleans y sus alrededores.

Marcia confirmó que ya sabía que había tenido una vida en un circo. Al hablar con Marcia y Staci, supe que había sido la hermosa hija del propietario. En esa vida, tenía una gran afinidad por los animales, justo como la tiene ahora. Eran su gran amor y el centro de su existencia. Curiosamente, cuando era niña en esa vida anterior, a menudo jugaba a ser sirena, mitad humana, mitad animal.

Supe también que *Cheetah* había sido el caballo de Marcia en aquella encarnación, durante la cual habían hecho juntas varios números de acrobacias. Los compañeros felinos de su vida actual, *Snowflake* y *Willie*, también habían sido felinos en el circo: *Snowflake* era un león y *Willie* un tigre. *Pico Torcido*, por su parte, era un guacamayo, mientras que *Dusty*, *Brutus* y *Goofy* también estaban presentes, pero con una forma notablemente diferente: como elefantes.

—En esa vida anterior, los animales fueron los únicos seres con los que estableciste lazos afectivos –le dijo Staci a Marcia–. Fueron los únicos con quienes decidiste pasar tu tiempo, los únicos a quienes comprendías y que te comprendían. El guacamayo vivía contigo; no estaba encerrado en una jaula. Se te posaba en el hombro mientras trabajabas con los animales y se convirtió en tu fiel compañero durante veinte años, la relación más larga de todas las que tuviste. Aunque ocasionalmente discutías con él, erais buenos amigos. Tenía un buen sentido del humor.

»Regresó a ti en esta vida específicamente para darte el mensaje de que el tamaño y la apariencia corporal no importan y para darte el don del sentido del humor, que siempre puedes usar como una de tus mayores fortalezas.

—Eso fue exactamente lo que hizo –dijo Marcia.

—Estoy empezando a ver la conversación de tu sesión de planificación prenatal –dijo Staci–. Voy a quedarme en silencio mientras sigo este hilo energético.

Hubo una pausa muy larga. Esperé ansiosamente para ver si las mascotas de Marcia estarían presentes.

—Veo la sala de planificación prenatal. Ahí está Marcia. Mi punto de vista es como si estuviera de pie en el mismo lado que los Espíritus Guías que se encuentran en la antesala. La entrada de la habitación de planificación prenatal hacia esta antesala es sumamente amplia, no como una entrada común. Marcia, en su cuerpo de luz, permanece en un extremo de la mesa de planificación prenatal, que veo como una pequeña alfombra en el suelo. Frente a ella se sitúa el espíritu de este guacamayo que volvió como *Pico Torcido*. Veo una cabeza y un pico que asumen la forma de un guacamayo y luego se transforman en lo que, según creo, es *Pico Torcido*, porque tiene una inclinación en la parte superior del pico. Ha sido muchas aves. Le gusta ser una maravilla incapaz de volar. —Los tres reímos—. Eso es lo que escucho de mi Guía —dijo Staci—. Estoy entrando en el centro de esta conversación.

PICO TORCIDO: En un instante [el instante en el que entro en tu vida], esa historia de veinte años [de nuestra vida juntos en el circo] destellará en tu mente y toda la felicidad y el consuelo que nos dimos el uno al otro estará con nosotros nuevamente. Te traigo esto como un obsequio, pues no tengo ningún deseo especial de encarnar otra vez en esta forma tan pronto. Lo hago para corresponderte por los cuidados y la generosidad que me mostraste.

—Y en ese momento, veo sus pensamientos de lo escuálido que se veía y de lo grande que era su pico en esa vida como guacamayo, y de cómo lo sacaron del nido cuando era pequeño, mientras su madre miraba desde unos cien metros de distancia. Varios hombres lo metieron con rudeza en un saco de tela, cuyo interior estaba oscuro.

»Se quedó con ellos y sufrió el cautiverio hasta que te lo entregaron, Marcia, cuando tenía aproximadamente un año. Lo primero que hiciste fue bañarlo. Lo trataste como lo habría hecho su madre. A partir de ese momento, su experiencia contigo fue distinta de la que tuvo con otros seres humanos. Experimentó tu generosidad y sanó emocionalmente. Eso dio inicio a una valiosa amistad. Tú sanaste el corazón y el alma de esa ave. —Marcia lloraba—. Veo todo esto, pero no se habla de ello en la conversación. Él piensa acerca de ello, y todas las personas que se encuentran en la habitación saben que lo hace.

»En este momento me retiro y amplió mi enfoque. Veo un área de galería seccionada. Allí hay un pequeño grupo de almas, tal vez diez.

Lo extraño es que todas están apiñadas una junto a la otra. No había visto esto antes. Hay mucha luz y energía. Recibo información acerca de esto. Mi Espíritu Guía está hablando.

Repentinamente, el Guía de Staci comenzó a hablar a través de ella.

—La luz de la habitación —explicó— es la frecuencia energética generada por estas personas, que recorren un sendero [vibratorio] más alto que otras. Esta alma [Marcia] ha asumido el propósito de este grupo de almas de recorrer un sendero más alto pero se ha salido del buen camino, ha transitado por el margen, en lugar de hacerlo por el centro. Algunos de los otros miembros de su grupo de almas han alcanzado grandes logros en la comunidad científica o en la comunidad laica o eclesiástica de importantes iglesias. La propensión de esta alma hacia el individualismo ha cambiado su sendero y la ha guiado a lo largo de líneas más o menos paralelas, sin dejar de recorrer su propio camino. Esta alma, de mente elevada y noble propósito, reconoció que los cambios que había llevado a cabo en algunas de sus vidas más recientes no eran totalmente adecuados para sus elevados ideales. En una de sus encarnaciones anteriores, llevó una vida de ascetismo, nuevamente como un individuo solitario, como una personalidad que se separó de los demás y se sometió a un propósito más sublime, algo que consideró el logro de cierto nivel de dominio, aunque carente de un vínculo emocional; por lo tanto, dedicó su siguiente objetivo evolutivo a la consecución de una expresión emocional más rica. Esto es parte del sendero que esta alma recorre hasta el día de hoy.

—¡Vaya! —exclamó Marcia.

Staci y su Guía acababan de proporcionar una información importante sobre el plan prenatal de Marcia. En mi opinión, cuando hablaban de que se había salido el buen camino, se referían, quizás en parte, a ese período de la vida de Marcia en el que, según su propia descripción, había sido egoísta. El hecho de haberse centrado en el Yo era, en algunos aspectos, una continuación de su vida anterior como asceta. A través del amor desinteresado y la dedicación de sus mascotas y, de hecho, a través del ejemplo que le daban, Marcia sanó ese patrón y alcanzó el objetivo de una rica expresión emocional con los animales y con las demás personas. Realmente, sus mascotas habían sido, y todavía son, sus maestros.

—Hablemos de *Brutus* –sugirió Staci–. Veo otra vez la sesión de planificación prenatal de Marcia. Frente a ella se encuentra el alma de *Brutus*, aunque Marcia está sentada en el suelo, mientras que el alma de *Brutus* flota a un metro de altura. Escucho la risa amplia y profunda de esta entidad. Habla de cuando fue uno de tus elefantes en la vida del circo, Marcia, recordando los buenos tiempos juntos. Ambos os comprendíais el uno al otro; él siempre sabía lo que estabas pensando. Trajo todo esto a la vida actual, en la personalidad de *Brutus*. Esta alma es efusiva, rebosante de alegría y buen humor.

BRUTUS: Te enseñaré a darte cuenta de quién te ama. Mi presencia en tu vida te hará recordar que siempre debes elegir el camino positivo, el sendero de la felicidad, la vía de la mínima resistencia. Déjame mostrarte el camino. Te diré cómo hacerlo.

—Hay un trasfondo de optimismo lleno de vida y buen humor. Te contagia y tú ríes –dijo Staci.
—Sí –respondió Marcia–, y también me sentía así cuando él estaba aquí. Era imposible sentirse triste en su presencia.

BRUTUS: Cuando yo era tu elefante, estuviste triste muchas veces. ¿Acaso no iba yo y te levantaba el ánimo? ¿No te ponía de buen humor?
MARCIA: Sí, así era.

—Juntos –continuó Staci–, recordáis una ocasión en la vida del circo, cuando tú estabas sentada y él, de pie detrás de ti. ¡Tú permanecías absorta en tus pensamientos, hasta que te pasaba la trompa por encima del hombro y tomaba la comida que tenías en la mano! –Marcia rió–. Esto te hacía reír, igual que ahora.

MARCIA: Acepto tu amor y tu alegría en mi vida con gracia y humildad. Acepto tu consuelo.

—Juntos, ambos os inclináis hacia delante y miráis tu tabla de planificación prenatal. Tú señalas dos lugares en ella.

MARCIA: Te veo y te escucho, aquí y aquí. Aquí [señala el primer punto] tú me guiarás, me apoyarás y me levantarás el ánimo. Y aquí [señala el segundo punto] es donde estoy más abierta y receptiva a tu exultación.

—Exultación; esa es una palabra que ni siquiera yo uso, y mira que uso algunas palabras complicadas –dijo Staci.

—Marcia y sus mascotas tienen un vocabulario muy amplio –observé. Marcia reía aún más fuerte.

Marcia me dijo después que, a través de sus dotes psíquicas, se había enterado de que *Dusty* había enviado parte de su energía a *Brutus*, como un tipo de traspaso parcial. Esa fue la primera vez que oí hablar acerca de un traspaso entre animales, aunque conocía bien el fenómeno entre seres humanos. El término «traspaso» se utiliza para describir una situación en la que un alma sale de un cuerpo –porque ha terminado su trabajo en él o porque llega a la conclusión de que no podrá hacer lo que había planeado– y otra entra en él. Normalmente, el cuerpo físico moriría en ese momento; sin embargo, el alma entrante lo mantiene vivo. Esta alma siente que puede lograr su aprendizaje sin pasar por la infancia y quizás también la niñez. Ese es el motivo por el que opta por empezar una encarnación entrando en un cuerpo maduro en lugar de hacerlo en uno fetal.

En ocasiones, un alma se introduce en un cuerpo y «enlaza» su energía con el alma ya presente. En tales casos, el alma encarnada no sale, sino que ambas se funden en una personalidad coherente para combinar sus dones (generalmente, en alguna forma de servicio al mundo) y compartir las experiencias de esa vida. Resulta evidente que una parte de la energía de *Dusty* se había combinado con la de *Brutus*, lo que indica que ambos habían compartido intenciones similares: guiar a Marcia, levantarle el ánimo y ser una fuente de exultación en su vida.

—Voy a centrarme ahora en *Snowflake* –dijo Staci–. Escucho que era uno de los grandes felinos en esa vida en el circo. Me dice que ha estado contigo, Marcia, en casi todas tus vidas y que se ve a sí misma principalmente como un apoyo y como alguien que puede darte consuelo. En la encarnación anterior como un gran felino, te enseñó mucho acerca de la condición femenina, de cómo mantenerte con la frente en alto siendo mujer, sin dejar de ser serena y fuerte. En esa vida, como en tantas otras, también sentía que desempeñaba una función maternal, lo mismo que en la actual.

—Sí, así fue –dijo Marcia.

—*Snowflake* entró en tu vida actual porque quería verse sujeta al cambio. Deseaba un ambiente que la hiciera tener que adaptarse, porque ella misma había estado inmersa en un viaje de varias vidas para aprender a ser más flexible, algo que uno puede lograr cuando se centra en su propio poder. Ella te enseñó esto con su ejemplo. Tú estabas abierta a sus lecciones, las reconocías y las comprendías. Paso a ver la conversación prenatal.

SNOWFLAKE: Siento la mayor compasión por ti, por encima de todos los seres humanos, pues te he visto en tu historia humana como un alma plagada de conflictos, sumergida en el principal viaje de la humanidad, que consiste en luchar contra el yo inferior y abrir el camino para el Yo Superior y la verdad suprema, así como en reconocer que la vida funciona mejor si se es congruente con ellos.

—Tengo que describir el aspecto de esta alma, porque es diferente. Tengo la sensación de que existe algo único en ella. Ha estado en un viaje distinto al de nosotros, los seres humanos, en relación con el sendero evolutivo del alma. ¡Vaya! ¡No deja de sorprenderme lo alto, lo enorme que es el cuerpo de luz de esta alma! Tanto esta como la del perro con el que hablamos antes... Se me indica que sus cuerpos son más grandes porque se experimentan a sí mismos como seres de gran magnitud. Esto se ha producido después del paso de lo que podríamos llamar tiempo, pero también después de acumular muchos conocimientos y experiencia.

»*Snowflake* dice en la planificación prenatal que tuvo una forma humana antes pero no le gustó, y por eso decidió no encarnar en esa forma nunca más –nos dijo Staci, concluyendo su visión de esa parte de la sesión de planificación de Marcia. Era el momento de hacer preguntas.

—Staci –pregunté–, ¿las almas de los animales encarnan generalmente en personas en algún momento?

La conciencia de Staci se hizo a un lado y su Guía habló otra vez a través de ella.

—En ocasiones, las almas de los animales eligen encarnar como seres humanos –respondió–. A veces, para apoyar a una pareja humana, a veces simplemente para «probar esa experiencia», como vosotros decís. La diferencia entre las almas que encarnan solo como animales y las que habitan una forma animal y luego entran en una humana, a veces repetidamente, es que las primeras no se apegan a la experiencia humana.

»Muchas de estas almas animales se mantienen fuera del marco de la encarnación humana porque deciden no explorar las profundidades y los extremos emocionales que forman parte de esa experiencia. Las almas individualizadas que habitan formas animales sienten emociones en distintos niveles, que varían entre las diferentes especies, aunque en ocasiones también entre los miembros de una misma especie, de acuerdo con su propio proceso evolutivo y su deseo de experimentar la emotividad en todas sus formas.

»La experiencia humana –continuó el Guía– es de una dualidad extrema. Las almas animales –muchas de ellas de un orden más alto que decide no quedar atrapado en los conflictos humanos– se enfocan más de lo que permite normalmente la naturaleza del hombre. Gran parte de ellas se conciben como amigas de los seres humanos. Otras no. Hemos fomentado la compenetración entre la humanidad y estas criaturas, grandes y pequeñas, por muchas razones, todas las cuales sirven para el propósito de enriquecer las vidas, como lo ha experimentado esta alma a quien llamáis Marcia.

»La compañía de los animales es un don que debe ser valorado, cuidado, apoyado, vigorizado y mantenido. Ellos siempre tratan de enseñaros algo de alguna forma, desde el simple hecho de amar incondicionalmente hasta las formas más altas de pensamiento, pasando por valiosas lecciones de serenidad, autovaloración y autoestima, que siempre han sido parte de la relación entre Marcia y sus compañeros.

»Estos pequeños seres, se encuentren en tu casa o fuera, en la naturaleza, pasan por procesos similares al tuyo. Podrían ser, eso sí, un poco más sabios en un momento dado, porque deciden no entrar en la experiencia evolutiva humana. Esto les da la oportunidad de ver la vida desde puntos de vista que la mayoría de los seres humanos no alcanzan y, por lo tanto, siempre debéis reconocerlos y admirarlos como seres especiales, porque siempre proporcionan algún tipo de orientación para guiaros a través de la experiencia humana.

»La forma inferior y más lenta de dinosaurio que actualmente sigue habitando en la Tierra como reptil tiene un nivel de alma diferente al de las criaturas con dos o cuatro patas, con pelo o plumas. Son una rama de una tercera raza de seres que, en el inicio de su camino evolutivo, apoyaron la dominación, el control y la manipulación de los demás, así como el uso del miedo y la intimidación. Estas almas también se encuentran en un sendero evolutivo para avanzar lentamente hacia la amabilidad y la generosidad, pero se trata de un sendero diferente del de los humanos y el de las criaturas como aquellas de las que hablamos hoy.

Marcia le preguntó a Staci sobre su plan prenatal con *Cheetah*.

—Mi Guía me indica —respondió Staci— que esta yegua te mostró, con decisión y propósito, la lección kármica de la independencia emocional. Era a la vez sabia e irreflexiva, lo cual es un indicativo del equilibrio que lograste en ti misma y en tu vida en ese momento.

»Estoy en la sesión de planificación prenatal. *Cheetah* acaba de entrar en la habitación y provoca una oleada de risa en todo el grupo de almas porque entra vistiendo la capa de personalidad de un caballo y su actitud es del tipo: «¿Acaso no soy maravillosa?». Habías pensado en ella, Marcia, pero no estaba en la galería con el resto de tu grupo de almas. Supo lo que ocurría y ha querido participar haciendo una entrada espectacular.

MARCIA   (llena de alegría): ¡Sabía que vendrías!
CHEETAH: ¡Por supuesto! ¿Acaso pensabas que podía dejarte dar otra
           vuelta sin mí?

—Se acerca al otro lado de la tabla de planificación prenatal. Se reclina sobre un lado y cruza las patas frontales.

CHEETAH: He hablado con mi madre; sé que este es el cuerpo que tendré. Estoy muy contenta con él. Es la imagen de la serenidad. Esta es la manera en que te enseñaré. Soy tu amiga, tu confidente y tu guía.

—Al decir esto, gira sobre el costado y patea en el aire. Luego vuelve a girar hasta quedar sentada, como si estuviese celebrando algo.

MARCIA: Te doy la bienvenida a mi vida.

—Tú extiendes los brazos, Marcia, te lanzas hacia ella y la abrazas. Sus patas bailan de contento y hay gozo en su expresión. Ese abrazo dura bastante tiempo. Es un abrazo profundo. Veo cómo se conectan los chakras del corazón.

MARCIA: Todo mi corazón aceptará con felicidad y con alegría tu compañía en este viaje.

CHEETAH: Estoy contigo como madre, guía, confidente y compañera de juegos, pero quiero que veas que mantengo siempre la frente en alto, que manifiesto mi orgullo por mí misma. Te digo esto porque habrá ocasiones en las que tendrás que *ser* así, en las que tendrás que ser fuerte como yo. Es a través de nuestra comunicación no verbal como puedo ejemplificar esto de la manera más adecuada para ti. ¿Me permitirás ser una guía fuerte, constante y alentadora en tu vida, más cercana que antes?

MARCIA: ¡Sí, sin duda! Tengo el corazón abierto a ti. Estoy llena de felicidad al saber que compartiré al menos una parte de este viaje contigo y estaré otra vez con mi vieja y sabia amiga.

CHEETAH: Es verdad, así soy.

Nos reímos del comentario de *Cheetah*.

—¡Oh sí, esa es mi *Cheetah*! —dijo Marcia—. No tenía ningún problema de autoestima.

—Hablemos ahora con *Willie* —sugirió Staci.

WILLIE: Te recuerdo que debes conocerte a ti misma. Seré el vivo ejemplo de la valentía, el valor, el equilibrio y la lealtad, sereno y fuerte en mí mismo y en mi propio carácter.

—Cuando lo veo decirte esto, Marcia, surge de repente esa otra parte de su personalidad, casi como una segunda cabeza. Es un tipo de personalidad alocada, risueña y maniática. Nunca había visto algo así. Es un extraordinario ejemplo de la forma en que nos manipulamos y mostramos nuestros pensamientos en el nivel del alma. Está comunicándote que tiene un lado disparatado que va a salir de repente de vez en cuando.

»Déjame ver qué más trata de decirte. No sé cómo comunicarte esto como él lo hace, porque me lo muestra principalmente mediante imágenes. Se ve a sí mismo como un mayordomo, un ser con buen gusto, alcurnia y cultura y que te sirve muy bien. Así su vibración está en armonía con la tuya, ya que él se sujeta a un código más alto. Ahora habla de una vida en la que los dos tuvisteis una forma física al mismo tiempo. Ambos erais humanos.

WILLIE: Cuando éramos pequeños corríamos por el campo y te perseguía. En esta vida, no esperes que lo haga. Mi función no es la de hermano. Ni siquiera es la de ser amigo necesariamente todo el tiempo, aunque soy tu amigo. En esta función [como *Willie*], me veo a mí mismo como tu apacible guía.

Te serviré como ejemplo de un ser pequeño pero poderoso, como un recordatorio de aquello en lo que crees y cómo puedes conseguirlo. Porque tú deseas esa cualidad más íntima de fuerza secreta, ¿no es así?

MARCIA: Así es. Deseo poseer aquello que he buscado desde hace mucho tiempo, no como alguien que empuja a los demás a través del miedo y la desconfianza, sino como alguien que puede lidiar con cualquier cosa y cualquier persona, si así lo decide.

WILLIE: Sí, pero obtener esa fuerza mental en tu reducido cuerpo será todo un logro para ti, simplemente porque quienes te rodean te darán el mensaje opuesto: que eres pequeña y, por lo tanto, solo puedes obtener pequeños logros.

Mi objetivo es ofrecerme una vez más para ser parte de tu vida en un momento en que se producirá un cambio en tu evolución, un cambio en la capacidad de tu personalidad de expresar a tu alma. Mi energía se sumará a la tuya e incrementará la certeza de tu Yo interno, de manera que puedas cumplir los propósitos de tu vida: el logro de una afinidad dentro de ti misma, basada en el amor en el nivel del alma, y el reconocimiento de tu valía como alma, como poseedora de una forma humana, mucho más fuerte de lo que creías.

La conjunción de estos elementos te lleva al punto de cambiar tu vida: de la satisfacción de tus necesidades individuales, basada en tu interior, a una expresión más exteriorizada de lo que has reconocido en ti misma. Podrás establecer contacto con otras personas y convertirte en un modelo de verdad y confianza, —algo de lo que no has sido capaz en otras vidas—, porque habrás dejado de juzgarte a ti misma y de juzgar a los demás.

MARCIA: Lo sé.

WILLIE: En esta vida, según entiendo, aquí y ahora, deseas ir más allá de todo ello y lograr el reconocimiento de tu afinidad con los demás, a pesar de la aparente diferencia.

MARCIA: Es cierto. Sí. Sí.

—Marcia, ahora abres los brazos.

MARCIA: Vuelvo a darte la bienvenida a mi corazón y a mi vida. Quiero que sepas que siempre confiaré en ti y te valoraré.

—Es hermoso —dijo Marcia suavemente.

La conversación con *Willie* llegó a su fin, por lo que le pregunté a Staci si escucharía ahora el diálogo prenatal de Marcia con *Goofy*.

—Inmediatamente. Voy ahora a la sesión de planificación —dijo Staci.

GOOFY: Tendremos una forma similar. Seré mucho más pequeño para ti en esta vida de lo que he sido antes.

—En su mente, recuerda cuando era uno de tus elefantes en la vida del circo, Marcia. De repente, también veo otra vida anterior. En ella, estás en un lugar donde hay barrotes en las ventanas. Es ahí donde vives. Miras por una ventana; a través de ella ves una llanura africana y una leona. Eres la esposa de un explorador de finales del siglo XVI o XVII. La leona crió a sus cachorros cerca de tu casa. Tú pusiste comida, agua y leche de cabra para ella y sus cachorros todos los días.

GOOFY: Al igual que tú, he tenido que soportar el aislamiento y la exclusión, que me pusieron en lugares en los que habría preferido no estar. Algunas de estas circunstancias se debieron a la naturaleza insensible de los seres humanos y a su indiferencia hacia cualquier otro ser que no fuera ellos mismos.

MARCIA: Lo sé. Lo siento tanto...

GOOFY: No tienes por qué disculparte. Sé que todo ello sirvió a mis mejores intenciones, aunque no fuese de mi agrado.

MARCIA: En esta vida, lucharé para darte un mayor servicio.

GOOFY: En existencias pasadas, he vivido con restricciones, justo como tú debes hacerlo en esta próxima encarnación. Aunque no es mi deseo volver a habitar el mundo de los seres humanos tan pronto, me encantaría estar unido a ti durante un tiempo. Y así, transformo otra vez mi ser en la conciencia de un felino.

MARCIA: En un formato más pequeño, por favor, o no podrás vivir conmigo.

GOOFY: Lo sé.

—El cuerpo del alma, con su capa de personalidad, empieza a disminuir hasta que veo a un gatito pequeño, negro y peludo.

GOOFY: ¿Esto es lo suficientemente pequeño?

MARCIA (riendo): ¡Estupendo!

—Entonces recupera el tamaño que tenía antes.

GOOFY: Me veo tomándote la mano mientras pasamos juntos por la vida, siendo tu compañero, tu protector y tu amigo y siempre, en todo momento, mostrándote que a veces la vida se vive mejor con un cuerpo pequeño. ¿Acaso no ves esta verdad en mí?

MARCIA: Lucharé por aprenderlo. Y descubro que tu energía completa y complementa la mía.

GOOFY: Gracias. Recuerda que quizás me mueva con más cautela y más intencionadamente de lo que estabas acostumbrada conmigo. He sido muy despreocupado antes, ¿verdad?

MARCIA: Sí, a menudo.

GOOFY: Aún lo llevo dentro de mí, pero en esta vida he elegido ser más precavido. Trataré de equilibrarme empleando la precaución y, así, mostrarte la fortaleza que puedes alcanzar cuando estás en reserva.

—Ahora hace un pequeño baile. Luego se calma.

GOOFY (riendo): Pero con una naturaleza principalmente seria.

—Marcia, en ese momento tu actitud era como si dijeses: «Te reto a que permanezcas serio». Así que, aunque hay un poco de enseñanza mediante el ejemplo, también veo algo de amistad y juego, y también reconocimiento por parte del alma del gato de que ella también está creciendo.

EL ESPÍRITU GUÍA DE STACI HABLA SOBRE LOS ANIMALES

Una vez que se hubo completado la lectura correspondiente a la planificación prenatal, era el momento de hablar más en general con el Espíritu Guía de Staci acerca de las mascotas.

—¿Las mascotas encarnan generalmente para ayudar a las personas con sus desafíos vitales? –pregunté.

—No siempre lo hacen por eso – respondió con su característico estilo entrecortado–. La gente que está abierta a compartir su vida con mascotas suele tener una forma más apacible de comunicación y una mayor persuasión. No todas las almas que residen en una forma humana están en armonía con las almas de los animales, y por lo tanto no planifican la experiencia. Si esta aparece en sus vidas, puede haber reacciones que van del miedo a la fascinación, pasando por una actitud de indiferencia.

—En la sesión de planificación prenatal, los animales parecen tan inteligentes como las personas –observé–. ¿Lo son, y si es así, por qué deciden ser aparentemente menos inteligentes?

—Podría decirse que los animales a los que has escuchado hablar hoy poseen una inteligencia más alta –contestó el Guía–, porque no se han permitido a sí mismos quedar atrapados en la rueda evolutiva y en las profundidades emocionales a las que se sujetan las almas humanas. En su mayor parte, los animales pueden aprender más rápidamente de sus experiencias que quienes han encarnado en una forma humana. Quienes ahora tienen forma humana y han habitado ocasionalmente en una forma animal poseen dos cualidades comunes: una reverencia por todo cuanto existe y el conocimiento innato de que todos los seres vivientes poseen inteligencia. No todos los animales expresan el mismo nivel de inteligencia, así como no todos los seres humanos muestran el mismo nivel de crecimiento emocional. Por esta razón, descubrirás que algunos animales se asemejan a los delincuentes juveniles y que otros se permiten manifestar una expresión muy emocional de ira o miedo. Sin embargo, ellos aprenden más rápidamente de la experiencia.

Le pedí al Guía de Staci que aclarara la diferencia entre un alma humana y un alma animal.

—La forma en que mejor puedo describirlo a través de este vehículo es la siguiente: la diferencia estriba en lo poderosa que se perciba el alma a sí misma. No es una diferencia que reconocerías si vieras un cuerpo humano habitado por un alma que ha habitado una forma animal en la mayoría de sus otras vidas. Diremos, sin embargo, que las almas animales tienden a poseer una sensibilidad, una claridad de su ser, que es innegable. Gran parte de las almas humanas dedicarán muchas vidas a aprender a permitirse ser realmente y no perseguir logros bajo el juicio de otros. Las almas animales que encarnan en forma humana lo hacer generalmente para comprender esa experiencia en un nivel mayor y más determinado, con el objetivo de que cuando recuperen sus formas previas como vida animal, puedan ser más útiles a sus compañeros humanos atrapados en el ciclo y el proceso evolutivo.

—¿Qué porcentaje de almas encarnan como animales o como personas? –pregunté.

—Solo el cinco por ciento de todas almas deciden habitar la forma animal. ¿Qué porcentajes de estos eligen, mientras permanecen principalmente en la rueda animal, hacer incursiones en la forma de vida humana? Del dos al tres por ciento. Por tanto, se trata de algo muy infrecuente. Te repito que el camino humano no es fácil. No hay muchas almas que se ofrecerían voluntarias si comenzaran desde una perspectiva más alta que aquella desde la cual comienzan la mayoría de las almas humanas. Las almas que habitan a los animales poseen una inteligencia superior y un mayor sentido del orden y del propósito, único y diferente, de la experiencia humana.

De las conversaciones previas con el Guía de Staci, sabía que su uso de los términos «superior» y «mayor» no quería decir «mejor». Aquí eran neutrales, carentes de juicio, y se utilizaban en relación con la frecuencia.

Después, compartí con el Guía de Staci mi conocimiento de que, una vez que termina una vida humana, la persona establece un hogar en la esfera no física, se somete a una evaluación de su vida, lleva una vida social y asiste a clases.

—¿A dónde van los animales y qué hacen? –le pregunté.

—Los animales habitan los mismos espacios –explicó–, pero su evaluación de vida es breve y resuelta. Ellos, en tus términos, «comprenden» mucho más rápidamente que la mayoría de los seres humanos. No se atormentan por sus errores ni vuelven a perder las esperanzas dos veces por la misma causa. Siguen adelante. El tiempo que sigue a la evaluación lo dedican frecuentemente a jugar y divertirse. Tienen una gran facilidad para lograrlo.

»Muchos animales deciden ir al área de jardín, que les proporciona comodidad y la oportunidad de reorientarse, y donde pueden alternar con otros seres de vibración semejante. Normalmente se quedan en los jardines de forma permanente o los visitan a menudo.

Hay otras almas que, en lugar de permanecer en ellos, se dirigen rápidamente hacia sus compañeros animales y humanos de otras vidas, con quienes han estado vinculados mediante los hilos energéticos que pasan a través de ellos.

»En cuanto a las clases, no todas las almas animales están decididas a aprender y educarse, del mismo modo que las que adquieren la forma humana. No entran en la biblioteca. No conversan necesariamente con las almas de aquellos que alguna vez habitaron a las personalidades de Sócrates o Platón, por ejemplo. Tienden a congregarse entre ellos para hablar y examinar lo que han aprendido. Se sienten más cómodas, al igual que vosotros, con aquellas que piensan de un modo semejante, que tienen una frecuencia similar, que poseen una resonancia armónica. Se sentirán atraídas hacia ellas a menos que llegue a su conciencia un compañero que ha sido humano. Entonces irán al lado de esa persona, al menos durante un tiempo.

»Definitivamente, existe un vínculo entre un alma humana y sus compañeros animales. Sin importar cuántas patas posean, si tienen pelo o plumas, los animales se sienten atraídos hacia esa alma humana cuando se cruzan con ella. Las personas que han tenido experiencias cercanas a la muerte afirman haber visto a sus amadas mascotas anteriormente fallecidas. Esto ocurre, pero no en todos los casos porque no todos los seres humanos han valorado y disfrutado la compañía de un animal.

—¿Acaso Dios, o la Fuente –pregunté–, planifica que ciertos animales sean las mascotas de los seres humanos, y si es así, por qué?

—El plan es que las almas sean lo que desean ser. No hay otro «por qué» aparte de la Gran Experiencia.

—¿Qué función desempeñan las mascotas y otros animales en el cambio en la conciencia humana que se está produciendo en estos momentos?

—Puede describirse como un doble propósito de los animales. Uno de estos propósitos es guiar a la especie humana a través de este cambio energético en la conciencia, el pensamiento y la conducta, como si fueran los acomodadores de un teatro, agitando la mano y diciendo: «Por aquí».

»Existe otro propósito: algunos de los animales han aceptado servir como vehículos para apoyaros durante el viaje. Son la barca que transporta vuestra humanidad, vuestra alma humana y vuestra personalidad a través de este río de cambios. Es como si los animales tuvieran los mejores y los peores atributos de la humanidad —las emociones, la compasión, la ira, la sed de venganza, el egoísmo—, incluyendo las formas de conciencia más elevadas.

»En los momentos no tan buenos de la humanidad, los animales manifiestan vuestros mejores rasgos. Hay ocasiones en las que perdéis el vínculo con vosotros mismos y surge una forma temporal de lo que denomináis locura, que envuelve a la conciencia, como la que genera una reacción de terror o el hecho de encontrarse en una situación de supervivencia extrema. Cuando salís del estado de locura y os instaláis en el aquí y ahora, lo único que tenéis que hacer es ver a un animal en su estado natural y mirarlo a los ojos, sin importar si es vuestra querida mascota o una criatura salvaje. Al hacerlo y establecer ese vínculo energético, abrís la puerta de vuestro interior, detrás de la cual se encuentran las emociones ocultas de vuestro ser. Todas las facetas de la conciencia humana regresan a la persona, a veces inundando a los más susceptibles de vosotros con una abrumadora emocionalidad que generalmente produce un aluvión de lágrimas.

»No todos los animales poseen todo lo que está dentro de la emocionalidad humana —concluyó el Espíritu Guía de Staci—. Algunos de ellos, al igual que algunos seres humanos, solo tienen una porción mínima de la conciencia del alma. Y así, la conciencia del animal únicamente presenta las emociones más simples, porque su forma física no puede contener toda la complejidad de esa emocionalidad que, según algunos seres humanos, pertenece solo al hombre. Algunas almas deciden poner un poco de ellas mismas en un animal para disfrutar las complejas habilidades de esa forma física. Otras desean una experiencia emocional simple. El deseo de algunas de ellas es experimentar de cerca la naturaleza, y la vida de un animal es la mejor manera de lograrlo.

—¿Qué puedes decirnos sobre los delfines y las ballenas? —pregunté.

—Los delfines y las ballenas no vienen del mismo lugar [que otras almas animales]. Estos animales albergan lo que este canal ha llegado a denominar «otro». Surgen de un subtipo de alma muy antiguo, cuya historia está más allá de la de la Tierra. Ambas especies fueron llevadas a la Tierra, aunque por separado, como parte de un proyecto de implantación en otros sistemas planetarios.

»Podríamos decir que las ballenas son los elefantes del mar; de hecho, existe una resonancia energética entre ambos. En otro sistema planetario, Sirio, donde se consideraba que la vida de todas las criaturas tenía un valor y un propósito, había una raza de seres que vivían en el único planeta habitable de ese sistema. La raza de este planeta sabía que su sol se convertiría en una supernova, que se volvería cada vez más brillante y que estallaría pronto y todo se oscurecería. La inteligencia y la autopercepción de esta raza de humanoides de dos piernas había evolucionado hasta el punto de que todos mostraron su conformidad con el fin de la existencia de esa raza. Ningún alma deseaba sobrevivir a las demás. Todas aceptaron humildemente su así llamado destino, sabiendo que todo tiene un principio y un final, que la vida, como energía constante, siempre ascenderá y descenderá, y que la energía del planeta simplemente había descendido. Ya no había ningún juicio. Sin embargo, deseaban proteger a las especies a las que consideraban las más inteligentes de las mayores creaciones de Dios. Reconocían la inteligencia y la emocionalidad de estas criaturas. Reconocían también un propósito mayor en la continuidad de su existencia.

»Y así, se creó un proyecto que duró varias generaciones, que consistía en seleccionar a las criaturas a las que salvarían, elegir el lugar más adecuado para ellas y transportarlas a ese lugar. Las criaturas a las que conocéis actualmente como ballenas son una de ellas. Hubo otros animales marinos que viajaron con ellas, más notablemente los tiburones y los pulpos. Incluso hay algunos entre vosotros con forma humana. Muchas de estas almas son las que buscan a las ballenas, para trabajar con ellas y cuidarlas.

»Las ballenas son seres extraordinarios, una de las razas más antiguas de su planeta. Los habitantes de Sirio sintieron que no debían sufrir el mismo destino que ellos. No hemos oído hablar de ninguna alma que haya habitado el cuerpo de una ballena y también la forma humana.

—Gracias —dije—. Y qué hay de los delfines?

—Escucho una risa —respondió Staci—. Siento como si estuviera tocando la felicidad.

Su Guía continuó hablando a través de ella.

—Los delfines transmiten alegría, armonía y ligereza. Estos animales y las almas que residen en ellos disfrutan vidas con un propósito más alto, expresadas en una frecuencia muy elevada. Muchos de sus pensamientos y comunicaciones se desarrollan fuera de sus propios cuerpos y se transmiten al universo, en ocasiones a toda la humanidad como grupo. Otras veces, los delfines son transportados interdimensional y energéticamente a lo largo de un hilo de conexión con personas de alma y cuerpo humano que pueden armonizar con su alta frecuencia. Sí, los delfines son portadores de un gran gozo en su ser.

»Cuando fueron salvados y llevados a vuestro planeta —debido a su gran cantidad de agua— por los habitantes de Sirio, los seres humanos eran nuevos en la Tierra y, por tanto, se pensó que no constituirían una amenaza para los delfines. Su cualidad única es el gozo que albergan, del que provienen y con el que armonizan.

»Su misión consiste en iluminar y auxiliar, pero no interfieren en las vidas de los humanos a menos que se les pida. No es necesario que estén físicamente en la vida de un ser humano; es suficiente con su presencia energética. Independientemente de si el ser humano lo reconoce o no, los delfines suelen llevar optimismo a los enfermos que necesitan sanar y a aquellos que están deprimidos. Si les pidieses que usaran un traje de payaso, lo harían, pues disfrutan realmente de su función. Sin embargo, aunque esto pueda verse como un don para la humanidad, no se estableció con ese propósito. El objetivo era permitir que las propias criaturas, los delfines mismos, prosperaran.

»Hay delfines en otros planetas donde abunda el agua. Estos mamíferos tienen una gran inteligencia. No son posesivos por naturaleza, sino que disfrutan compartiendo. La suya es una vida de libertad y de gozo, y como tal, su energía produce equilibrio en este planeta.

»Sugerimos que fomentéis el apoyo y la actividad energética de los delfines poniéndoos en contacto con ellos de forma telepática durante un momento de oración. Contactad con estos maravillosos seres desde el espacio del corazón. Hacerlo es abrirse a la alegría en vuestra vida, en vuestro corazón, en las vidas de otras personas y en todo el mundo. Parecen nadar en el océano, pero cuando dormís, nadan en el éter alrededor de vosotros. No quedan muchos en la Tierra actualmente; deben ser apreciados. Nos causa mucha tristeza que la humanidad continúe con la masacre a gran escala de esta especie, pues su objetivo no es servir como alimento. Su objetivo consiste en ser y disfrutar, y de esa manera crear felicidad y armonía.

Le pregunté al Espíritu Guía si había seres en otros planetas que tuvieran mascotas.

—Algunos sí, aunque no todos los planetas alojan o estimulan la mentalidad que aprecia a las mascotas.

—¿Qué clases de mascotas tienen?

—Principalmente, el equivalente a vuestros gatos y perros, así como algunos monos pequeños. Las aves no se consideran mascotas en todos los mundos. En muchos de ellos no habitan pájaros pequeños, sino solo aves grandes que no son adecuadas para convertirse en mascotas.

—¿Qué clases de mundos no tienen la mentalidad para tener mascotas?

—La forma homínida [humana] –dijo– no es necesariamente habitual en algunos de estos planetas. No hay ninguna forma [tipo de cuerpo] que una mascota pueda ocupar, ni existe el deseo de tener mascotas. Al dirigir nuestra mirada a algunos otros planetas y razas, vemos que están comprometidos activa y exclusivamente con el desarrollo de la inteligencia. El hecho de compartir la vida con un compañero animal es muy ocasional en esos mundos.

—¿Cómo se concibe y se trata a las mascotas en civilizaciones mucho más evolucionadas que la humana?

—Existe un sentido de igualdad que impregna las relaciones, una expresión de auténtico cuidado y cariño mutuos, y esto está mucho más aceptado que en la Tierra, donde a veces los humanos desprecian o maltratan a los animales. Todo esto es resultado de una comprensión diferente, de una conciencia diferente.

—¿Hay algo más que quisieras añadir sobre la planificación prenatal con mascotas o animales en general? –pregunté.

—Esperamos que las personas vean que el punto de vista iluminado hacia los animales es de igualdad. Una gran parte de la humanidad infravalora todo aquello que tiene forma animal. Os diríamos que, aunque los seres humanos y los animales son diferentes, también tienen la misma materia divina corriendo por sus venas. También os diríamos que a la humanidad le resultaría muy útil adoptar una actitud más humilde hacia los animales. Aunque no siempre lo expresen de una manera comprensible para nosotros, no carecen de conocimientos o sabiduría. Si los seres humanos pudieran desprenderse de su arrogancia y de su visión inapropiada y mantenerse en silencio en su interior, podrían hacer coincidir su frecuencia con la del alma animal y de esa manera, comprenderlo, respetarlo y verlo bajo una luz completamente nueva, con valor, propósito y significado. Con frecuencia, los seres humanos pasan por la vida de una forma egocéntrica y solo ocasionalmente salen de ellos mismos a través del amor de sus compañeros animales. Debería permitirse que esto ocurriese más a menudo. Las almas de los animales son extremadamente positivas para la humanidad.

~

Quienes somos amor nunca podemos ser otra cosa, pero sí podemos olvidar nuestra naturaleza verdadera y eterna. Ocultos de nosotros y por nosotros mismos cuando cruzamos el velo del olvido para asumir la forma humana, hemos creado la más extraordinaria de las oportunidades: recordarnos que somos Amor y saber cada vez más profundamente, cada vez más íntimamente y, desde la perspectiva del alma, cada vez más dulcemente quiénes somos en realidad. Del olvido al recuerdo nace un autoconocimiento más profundo que no sería posible sin la amnesia autoelegida y autoinducida del plano físico.

El proceso de colocar nuestra energía dentro de un cuerpo y, al hacerlo, olvidar que somos seres inmensos, imponentes y divinos, hechos literalmente de la energía del Amor Incondicional, es como que te golpee en la cabeza la pesada rama de un árbol y quedes inconsciente para despertar después sin conservar absolutamente ningún recuerdo. ¿Qué ocurriría si tuvieras esa experiencia? Todas las personas que te aman, cada uno de los miembros de tu familia y amigos más queridos vendrían a tu lado y expresarían el gran amor que sienten por ti. Aunque tú no reconocerías a ninguno de ellos, su atención y afecto te conmoverían profundamente. Llegarías a la comprensión de que solo una persona realmente entrañable podría ser tan amada. Y en ese instante de la comprensión, conocerías, más allá de cualquier duda, tu verdadera naturaleza.

Esa es la función que las mascotas tienen en nuestras vidas. Así como las personas con amnesia no recuerdan a quienes formaban parte de sus vidas antes del olvido, de la misma manera nosotros no recordamos a las mascotas que nos acompañaban antes de nuestro nacimiento. Sin embargo, ellas acuden a nuestro lado y nos expresan su gran amor, recordándonos diariamente que solo nosotros, que somos Amor, podríamos ser tan amados.

Y nos recuerdan no solo que somos amados, sino también que somos *dignos* de recibir amor. Cuando Marcia volvía a casa de la escuela y lloraba por las crueles palabras de los otros niños, su perro *Dusty* siempre la esperaba para decirle que era perfecta, que «siempre podías volver a casa y yo estaría ahí para amarte». *Cheetah*, su fiel y afectuosa yegua, también le recordaba que era digna de recibir amor: «No importa lo que digan. ¡Mira lo que podemos hacer tú y yo juntas! ¡Sube! ¡Vámonos!». Y así, cabalgaban como el viento, la más pequeña de las niñas sobre la más grande de las yeguas, ambas libres y seguras, enamoradas de la vida y de ellas mismas.

De igual forma, las mascotas nos ayudan a sanar. De hecho, nuestros compañeros animales son maestros sanadores, en parte porque expresan el amor de una manera que no representa absolutamente ninguna amenaza, y esto genera en nuestro interior una disposición a recibir la sanación. Podemos tener miedo de aceptar el amor de otra persona, pero Marcia nunca sintió ese miedo con *Brutus* o *Snowflake*. Cuando su madre yacía enferma en el hospital, *Brutus*, meneando la cola y agitando las orejas, era un bálsamo de sanación para el dolor de Marcia, y cuando finalmente regresó al Hogar, *Snowflake* fue quien sanó el sufrimiento de Marcia, diciéndole: «Mi trabajo con ella ha terminado. Ahora tengo que cuidarte a ti».

¿Cómo nos curan las mascotas? No hay poder de sanación más grande en el universo que el del amor incondicional. No obstante, más allá de este, las mascotas ayudan a sanar al transmutar las energías.

Incluso cuando nos sentimos débiles e insignificantes, ellas vienen a nosotros para que las cuidemos y, así, recordarnos que somos lo suficientemente fuertes y capaces para hacerlo. Incluso cuando estamos empantanados en la ira o la culpabilidad, nuestras mascotas se sientan alegremente a nuestro lado, irradiando satisfacción e infundiendo paz en nuestro interior. En esos momentos en los que sentimos vergüenza, culpabilidad o nos falta valor, nos miran y ven solamente la perfección. Para ellas somos *luz*, la luz de la que, literalmente, estamos hechos, la luz que sabíamos que éramos antes de nacer. Cuando perdemos de vista nuestra magnificencia, ellas nos la recuerdan.

La autora y canalizadora Hannah Beaconsfield escribe que cuando una familia está hundida en un conflicto, en ocasiones una mascota decidirá regresar al Espíritu. En lugar de que la familia muera, lo hace la mascota, llevándose con ella las energías inarmónicas que estaban «matando» a la familia. De forma semejante, dice, las mascotas se expresan a menudo y liberan de esta forma las emociones que un ser humano ha reprimido. A veces, desarrollan síntomas para «compartir» una enfermedad que sufre un ser humano; es su manera de mostrar su apoyo incondicional. Beaconsfield también habla de otro tipo de apoyo expresado a través de las mascotas: nuestros seres queridos que han muerto pueden poner una parte de su energía en el cuerpo de una de ellas para estar físicamente presentes y continuar amándonos, protegiéndonos y guiándonos. De forma semejante, una mascota que ha muerto puede decidir regresar a su amo humano a través de la reencarnación o como un traspaso. En el segundo caso, por ejemplo, un gato que hubiera regresado al Espíritu podría participar en un acuerdo en el nivel del alma para intercambiarse con el nuevo gato del ser humano. El alma del nuevo sale del cuerpo, mientras que el alma del antiguo y amado compañero regresa al ser humano a quien ama.

A veces, un ser querido, incluso un Espíritu Guía, encarnará *como* mascota porque es la mejor forma, y quizás la única, de compartir una vida con nosotros. Tengo una amiga íntima que planeó no tener hijos en esta encarnación. Un alma a la que ama y que la ama profundamente a ella encarnó como su perro, de manera que pudieran completar la relación madre-hija que compartieron en una vida anterior como nativas americanas. Ambas habían sido sanadoras en otras vidas anteriores y continuaron su trabajo de sanación juntas en la vida actual. Mi amiga solía llevar a su perro a las sesiones con sus clientes, muchos de los cuales comentaban que sentían que la presencia del animal los había sanado.

En última instancia, ya sea que *Willie* le haga recordar a Marcia que debe divertirse, que *Goofy* la cuide y la ayude a sanar su dolor por la muerte de *Snowflake*, que *Brutus* le enseñe compasión y generosidad, que *Snowflake* sea su modelo de independencia o que *Dusty*, *Cheetah* y *Pico Torcido* hayan amado a una niña pequeña que solo necesitaba aceptación y amistad, cada uno de estos animales llegó a Marcia para amarla y recibir su amor. Cuando decidimos tomar la forma humana en el plano físico, nuestra intención principal es aprender a dar y recibir amor. Escogemos la Tierra como la escuela en la que aprenderemos esta lección porque aquí hay maestros que ya la han dominado. Los llamamos perros y aves, gatos y caballos. Aunque le demos cualquier otro nombre, el Amor sigue siendo Amor.

Capítulo 6

El maltrato

En este capítulo conocerás a Kathryn, escritora, oradora e instructora de habilidades para la vida, de cincuenta y tres años que trabaja con mujeres que han salido de unas relaciones en las que se han visto sometidas al maltrato y que ahora buscan sanación. Kathryn sabe de lo que habla, pues sufrió maltratos por parte de su ex marido, Tim, con quien estuvo casada durante doce años y con quien tuvo un hijo y una hija.

En Estados Unidos, aproximadamente cuatro millones de mujeres han sufrido maltrato físico por parte de su pareja, y casi veintiún millones ha experimentado maltrato verbal. Por supuesto, los hombres también los sufren en el contexto de las relaciones íntimas.

Las estadísticas sobre el maltrato se recopilan de una forma que crea una falsa dicotomía. En realidad, todo maltrato verbal también lo es físico, pero al desconocer en gran medida cómo funciona la energía, la sociedad moderna establece una diferencia arbitraria e inexacta entre ambos tipos. Las palabras son energía, y la energía de las palabras ofensivas traspasa los chakras o centros energéticos, golpeando al cuerpo tan duramente como cualquier puño. No puede haber ningún maltrato verbal sin el maltrato físico correspondiente, aun si los

215

efectos de las palabras no se manifiestan en el cuerpo de un modo identificable.

La historia de Kathryn no es solo sobre el maltrato. Es sobre la lucha externa de intentar que una relación funcione y la batalla interna sobre si permanecer en ella o abandonarla. Es sobre la intimidad emocional: lo que la crea, lo que daña su estructura y lo que acaba destruyéndola.

Nosotros, como almas, buscamos la experiencia de dar y recibir amor en el plano físico. Si deseamos recibir amor, ¿acaso planearíamos sufrir maltratos? Si deseamos dar amor, ¿acaso planearíamos ser una persona maltratadora? ¿O bien estas relaciones no forman parte de un plan prenatal, sino que son indicativas de algo que salió mal? Kathryn y yo tratamos de responder a estas preguntas a través de una sesión con la médium Staci Wells y, dado que Kathryn es clariaudiente, mediante una conversación directa con su Espíritu Guía.

KATHRYN

Kathryn recuerda que cuando era niña, su padre era controlador y perfeccionista.

—Definitivamente, todo lo quería hacer a su manera —me dijo—. Papá me tenía dominada. Yo lo temía, aunque nunca me maltrató. Quería que estuviera contento conmigo. Quería que me amara.

En su adolescencia, Kathryn y sus amigos se reunían frecuentemente en un parque del centro de la ciudad. A menudo, su padre aparecía inesperadamente para vigilarla. Le impuso un estricto toque de queda y siempre le exigía que le informara de a dónde iba.

Kathryn disfrutó de una sensación de liberación cuando se fue de casa para asistir a la universidad. Allí, empezó a salir con Tim. Aunque tenían la misma edad, él ya trabajaba. A Kathryn le atraía su recia apariencia masculina y el cariño que le prodigaba.

—No recuerdo haber visto nunca a mis padres abrazándose o besándose —me dijo—. Esto era nuevo para mí ¡y me encantaba!

También era nuevo para Tim, quien, como supo después Kathryn, tampoco había recibido mucho amor de sus padres.

—A Tim lo criaron una madre maltratadora y agobiante, y un padre que le enseñó a ser todo un macho sin aceptar la responsabilidad de sus acciones —explicó Kathryn—. Le enseñaron que sus problemas siempre se debían a otras personas.

En su segundo año en la universidad, Kathryn fue una de las pocas estudiantes seleccionadas para el equipo de esquí. Se sentía orgullosa y emocionada. Tim, sin embargo, se vio amenazado por sus nuevas amistades, por los demás miembros del equipo y por los viajes de esquí que la separarían de él. Le prohibió participar. Ella se unió al equipo de todos modos, pero se sentía culpable por hacerlo. En retrospectiva, cree que la reacción de Tim fue una clara señal de peligro a la que debió haber prestado atención.

Poco después, una amiga le pidió a Kathryn que fuera dama de honor en su boda. La noche anterior al enlace, Tim canceló una cita con Kathryn para ir a beber con sus amigos. Ea misma noche, fue a su casa, y se enfureció al descubrir que ella había salido con sus amigos.

—Me preguntó por qué había salido —recordó Kathryn—. Se suponía que no debía hacerlo. Hacía una pregunta y si no le gustaba la respuesta, me daba un puñetazo. Cuando comencé a llorar, dijo: «Oh, no te ha dolido», y volvió a golpearme.

»Al día siguiente, en la boda, tenía el mi brazo un enorme cardenal del tamaño de una pelota de béisbol. Era negro, morado y azul y me dolía mucho. Me bajé la manga del vestido para cubrirlo, pero hacía mucho viento y la manga se levantó. Un amigo me preguntó: «¿Tim te ha hecho eso?». Mentí y lo negué. Pero él dijo: «Yo creo que sí. No tienes por qué soportar eso». Lo que me dijo me entró por un oído y me salió por el otro. Estaba muy avergonzada. Creí que Tim me había golpeado por mi culpa.

—Kathryn —le dije—, seguiste viéndolo después de ese incidente, así que seguramente había muchas cosas que te gustaban de él. Mencionaste que era cariñoso. ¿Qué otras cualidades veías en él? ¿Cuál era la parte positiva de la relación?

—El noventa por ciento del tiempo era una persona agradable —contestó—. Era amable y afectuoso. Me besaba y me abrazaba. Nuestras cenas duraban horas. Hablábamos toda la noche acerca de nuestras vidas, de nuestra infancia, de lo que soñábamos hacer en el futuro. Estaba tan enamorada de él... Me hizo sentir tan... —Suspiró con nostalgia—. Nunca amé tanto a nadie.

Kathryn y Tim tuvieron una relación con altibajos. Los incidentes de maltrato se producían periódicamente, pero para Kathryn, los momentos felices los compensaban. Cuando tenían poco más de treinta años, se casaron.

Después de dar a luz a su primer hijo, Kathryn experimentó una depresión posparto. Tim no podía comprenderla y se enfurecía siempre que ella le hablaba al respecto. También mostraba poco interés en cuidar a su hijo.

—Yo tenía toda la responsabilidad, mientras que él no se atribuyó ninguna –dijo tristemente. El comentario de Kathryn asumiría un significado mucho mayor más adelante, cuando ahondáramos en su planificación prenatal.

Le pedí que describiera cómo le hablaba Tim.

—Me gritaba a menudo: «¿Acaso eres tonta? ¿Qué te pasa en la cabeza? Tú no piensas». También me decía: «Si crees que vas a encontrar a alguien mejor, piénsalo dos veces. Nunca encontrarás a nadie que te trate tan bien y que sea tan guapo como yo». Me decía que no era lo bastante inteligente, lo bastante guapa, lo bastante delgada. Si me comía un trozo de pastel, me lo echaba en cara: «¿Qué pasa, es que quieres verte como tu hermana? Deja de comer eso».

»Una vez –continuó–, leí un artículo sobre cómo las mujeres en Pakistán no son libres. Dije: «Desearía poder hacer algo para ayudarlas». Tim respondió: «¿Y quién eres *tú*? ¿Para qué diablos quieres ayudarlas?». Debía tener mucho cuidado. No le gustaba que tuviera compasión por nadie.

Después, Kathryn describió un episodio particularmente terrorífico. Ella y Tim hablaban en el baño y algo de lo que dijo lo hizo enfurecer terriblemente.

—Creí que iba a matarme. Me agarró por los hombros y me golpeó la cabeza contra la bañera. Los niños entraron en el baño gritando: «¡Papá! ¡Papá! ¡Detente! ¡Detente!». Estaba tan enfadado que no sabía lo que hacía. Finalmente, los niños llamaron su atención y se detuvo. Había agua por todas partes. Yo lloraba e hiperventilaba y los niños gritaban: «¡Mami! ¡Mami! ¿Estás bien?».

El matrimonio de Kathryn y Tim continuó por el mismo sendero pedregoso durante un tiempo. Fue solo cuando el hermano de ella murió inesperadamente por una insuficiencia cardíaca cuando se produjo un cambio en su relación con Tim.

—No permití que aflorara ninguno de mis sentimientos sobre mi hermano porque estaba muy ocupada cuidando a mis hijos y a mis padres, pasando por alto totalmente mis necesidades –dijo Kathryn–. Como consecuencia, sufría ataques de ansiedad.

En el asesoramiento que recibió por su ansiedad, habló sobre su relación con su marido.

—Tras varias sesiones de asesoramiento, me di cuenta de que debía recibir un mejor trato –me dijo Kathryn–. Así que empecé a hacerle frente.

—¿Fue entonces cuando comenzaste a pensar en irte?

—Sí. Luchaba conmigo misma. Era una guerra interna. Cuanto más aprendía a respetarme a mí misma, más perdía el amor hacia él. Luchaba contra ello porque pensaba: «Tengo dos hijos. Me casé con este hombre hasta que la muerte nos separe».

»Hacía mucho tiempo que habíamos dejado de hablar de nuestras emociones –añadió–. Un día, Tim dijo: «No vas a dejarme, ¿o sí?». Y sin pensarlo siquiera, respondí: «Sí». Le dije que nuestro matrimonio había terminado.

Kathryn se divorció de Tim y, con el tiempo, construyó una nueva vida para ella.

—Día a día, paso a paso, recupere lentamente mi vida.

Actualmente, su hija vive con ella, y Kathryn la ayuda con dedicación a criar a su nieto. Su hijo vivió con Tim durante varios años y ahora estudia en la Universidad.

Le pregunté a Kathryn cómo ha crecido como resultado de su experiencia.

—He sanado mucho con el paso de los años, me he mirado al espejo y he aceptado la parte de responsabilidad que me corresponde. He aprendido que el miedo está solo dentro de mí. Tan pronto como siento miedo, lo afronto y desaparece. Ahora experimento mis emociones más que nunca. Antes solía fingir que no estaban ahí. Ahora, yo misma me permito sentir.

El Don de tu Alma

La sesión de Kathryn con Staci

Dado el alcance y la complejidad de la planificación prenatal, no tenía duda de que Kathryn y Tim habían planeado estar juntos. Las relaciones importantes de nuestras vidas, e incluso aquellas que son aparentemente menos significativas, nunca se forman al azar, sin importar lo fortuita que pueda parecer una reunión inicial en el plano físico. Lo que yo no sabía era si Kathryn había anticipado el maltrato en caso de haber previsto esa posibilidad y de haber comprendido lo emocionalmente lacerante que le resultaría. Si así era, ¿por qué se había puesto en esa posición? ¿Y qué esperaba Tim que ocurriera? ¿Había comprendido que existía la posibilidad de convertirse en maltratador?

Con estas preguntas en mente, me dispuse a atender mientras Staci usaba sus dones psíquicos para ver y escuchar la planificación prenatal de Kathryn y Tim. Aunque yo no lo sabía en ese momento, estaba a punto de asistir a la conversación prenatal más amplia y sorprendente que hubiéramos escuchado en el transcurso de nuestro trabajo juntos.

—Veo algo que no había visto antes en ninguna sesión de planificación prenatal —anunció Staci al principio de la lectura—. Veo a Kathryn, a Tim y a otras dos almas en forma masculina, alineadas para hablarle. También quieren ser su pareja sentimental en esta vida. Lo que es poco usual aquí es que empuja a los otros dos y permite que Tim entre en su espacio. Eso nos dice sin lugar a dudas que su relación con él fue intencional. Ahora, veamos qué más puedo encontrar mientras nos acercamos.

»En esta sesión de planificación, Tim no ha asumido aún el manto de la personalidad que tendrá en la vida próxima. Todavía lleva la capa de una encarnación anterior, pero no de la más reciente. Es una vida transcurrida en Italia alrededor del año 1400. Esa fue la última vida en la que se sintió bien consigo mismo, y por ese motivo ha asumido esa personalidad.

Cuando estamos en espíritu, podemos adoptar cualquier forma que queramos. Cuando las personas ven a sus seres queridos que han muerto, y estos muestran el mismo aspecto que cuando se encontraban en la Tierra, se debe a que esas almas deciden presentarse en una forma familiar. En muchas de las sesiones de planificación que Staci ha visto, las almas asumen, completa o parcialmente, la apariencia que tendrían en la próxima vida. En otras, sin embargo, no asumen ninguna forma humana en absoluto, sino que prefieren permanecer como cuerpos de luz o espíritus. En este caso, Tim había escogido la forma que tenía en una vida anterior más distante, en la que percibía una sensación de autoestima. Como pronto descubriríamos, esta elección reflejaba lo que pensaba trabajar con Kathryn.

—Kathryn dice que siente una gran hambre y sed de él, que lo había deseado en vidas anteriores, pero nunca había podido tenerlo —continuó Staci—. Jamás había sido capaz de captar su atención. En esas vidas anteriores, ya lo había tomado otra persona.

»Kathryn ha reconocido siempre la necesidad de autoaprobación de Tim. Lo observó en otras encarnaciones y vio que nunca se sentía seguro. Quería amarlo. Dice que durante siglos ha percibido un gran recipiente vacío dentro de él y que le gustaría llenarlo. Su acuerdo consiste en mostrarle los aspectos positivos que ve en él y lograr que él también los vea.

TIM: No quiero depender de otra persona para sentirme bien conmigo mismo. El vacío que has visto en mí en la vida terrenal es un reflejo de eso. No quiero cebarme en ti, pero tampoco sé si puedo confiar en no hacerlo, particularmente cuando tú me ofreces tanto de ti misma. Me preocupa olvidarme de honrarte y valorar el amor que me otorgas. Ya me ha ocurrido con otras personas. No sería justo.

KATHRYN: Mi deseo es amarte, experimentar la sensación de estar en tus brazos y que tú me ames.

TIM: Pero puedo lastimarte y no me siento listo para regresar a la vida tan pronto. No estoy seguro.

—Tim hace una pausa mientras considera la solicitud de Kathryn. Finalmente se decide.

TIM: Lo haré. Hay muchas personas con las que podría decidir vivir [elegir como padres] y esto servirá a mi propósito en mi camino hacia la plenitud.

Me sorprendió escuchar la decisión de Tim en labios de Staci; parecía haber tomado su decisión muy rápidamente. Entonces recordé algo importante que había aprendido acerca de la planificación prenatal: las decisiones no se toman siempre, o enteramente, en lo que consideraríamos una forma analítica. En lugar de ello, hay un *sentimiento* de que la decisión es correcta, y los planes se basan en ese sentimiento. También recordé otro hecho igualmente importante: el tiempo, como lo conocemos, no existe en la esfera no física. La «pausa» de Tim, aunque aparentemente muy breve, había dado una oportunidad más que suficiente para que él y Kathryn pudieran comunicarse a través de los sentimientos.

KATHRYN: Aceptaré la mayor parte de la responsabilidad de formar una familia. No soy perfecta. Quizás haya veces en las que estallo de ira, pero ambos queremos aprender el poder del autocontrol. En ti me veré a mí misma. Espero que tú te veas en mí. Eso es lo único que deseo. ¡Veo tal belleza en ti! Así ha sido siempre. Quiero mostrarte esa belleza. Tu amabilidad y tu compasión podrían volverse mucho más intensas conmigo.

TIM: Me hallo en un proceso de aprendizaje de todo ello, pero no puedo prometer que seré siempre apacible. Espero ser de tanta ayuda para ti como tú lo serás para mí.

KATHRYN: Soy fuerte. Sé quién soy. Tengo valor y compasión suficientes para comprender y aceptar. Quiero que estés conmigo esta vez.

TIM: Sí.

—La habitación quedó en silencio –dijo Staci, refiriéndose a los miembros del grupo de almas y a los Guías Espirituales que estaban presentes–. Veo a Kathryn y a Tim unir sus cabezas a la altura del tercer ojo. Se trata de un momento en el cual las almas se fusionan. Mi

Espíritu Guía me dice que esa fue su forma de sellar su promesa y de mostrar su mutua devoción.

El tercer ojo es un centro energético situado entre las cejas, y se considera como el núcleo de la visión psíquica. Aunque fue claramente una expresión de afecto, este gesto de Kathryn y Tim también puede simbolizar una mirada hacia la vida próxima, en la que compartirán una experiencia en común.

Vi parte de la motivación de Kathryn para planear una reencarnación con Tim, pero no comprendía totalmente cómo esperaba crecer en esa vida o cómo el maltrato por parte de Tim podría favorecer ese crecimiento. Le pregunté a Staci si Kathryn tuvo alguna conversación al respecto con sus Espíritus Guías.

—Está hablando con un Espíritu Guía femenino acerca de esto —respondió Staci mientras visualizaba otra escena de la planificación prenatal de Kathryn—. Este Guía expresa su compasión. Todo en ella es suave pero fuerte al mismo tiempo, de una fortaleza apacible. Ambas hablaron antes de que Kathryn entrara en la Habitación de las Almas, que es donde realizan la verdadera sesión de planificación. Ese nombre, la Habitación de las Almas, me lo acaba de comunicar mi Espíritu Guía.

»Veo a Kathryn y a este Espíritu Guía salir del edificio donde se encuentra la Habitación de las Almas y entrar en un jardín. El Guía se transforma: partiendo de un ser de luz, pasa a asumir una forma humanoide. Hablan acerca de la compasión. Este Espíritu Guía ha estado con Kathryn durante «muchas generaciones».

ESPÍRITU GUÍA: He examinado algunas de las conversaciones que hemos tenido. Soy consciente de tu deseo de que Tim sea tu cónyuge. ¿Quieres seguir adelante? ¿Estás segura de que deseas asumir el desafío de esta relación?

KATHRYN: Sí. Lo deseo.

ESPÍRITU GUÍA: Todo lo que veo me muestra que esto podría no resultar como esperas. ¿Tendrás compasión por alguien que puede hablar cruelmente, alguien que irá a extremos emocionales con cualquier provocación o sin ella?

KATHRYN: Su deseo de ser perfecto es tan grande como el mío. Él ha sido una búsqueda para mí durante tanto tiempo que estoy lista para asumir este desafío, sin importar el coste. Siento en lo más profundo de mi corazón que puedo ofrecerle amor cuando los otros le den la espalda. Siento que necesita esta clase de fortaleza, este eje de apoyo para que pueda tomarla de mí y añadirla a su Yo. Mi fortaleza será suficiente para ambos.

—El Espíritu Guía de Kathryn niega con la cabeza.

ESPÍRITU GUÍA: Me temo que estás confundida. Me preocupa que no puedas ver todas las ramificaciones de este asunto.

—Kathryn deja de caminar y pone la mano en el brazo de su Guía.

KATHRYN: No, sé hacia dónde puede llevarnos esto. Pero sí sé, en mi corazón, que cumpliré la promesa que le hice cuando era mi hijo, mi bebé, a quien no pude proteger.

—Veo una imagen de una vida anterior muy antigua, en cuevas —dijo Staci—. Este hijo suyo fue asesinado por un hombre que le aplastó el cráneo con una roca. Este hombre era alguien que vagaba [por el campo], que no tenía familia. Estaba furioso y embravecido. Kathryn tiene la necesidad de compensar el hecho de no haber podido proteger a Tim. Todavía tiene mucho amor para darle. Esa es parte de su motivación.

»Ambos hablan y caminar un poco más. Luego se sientan sobre la hierba, junto a unos arbustos. El Espíritu Guía saca la tabla [el diagrama de planificación], llena de cuadrados negros y blancos, y señala un lugar concreto.

ESPÍRITU GUÍA: En esta vida, tú eras una mujer en la antigua Roma. Tenías muy poca voz con respecto a tus propios asuntos. Viviste mansamente, dependiendo de la voluntad primero de tu padre y luego de tu marido, en una época en la que las mujeres eran reverenciadas y desdeñadas a un tiempo. ¿Quieres repetir eso, ser reverenciada y despreciada, enaltecida y humillada? Pregúntate si eso fomentará un desarrollo positivo en ti.

KATHRYN: Tengo sentimientos fuertes, aunque no siempre sean coherentes.

ESPÍRITU GUÍA: Esta será una vida en la que tus cimientos, tu corazón y tu alma serán cuestionados una y otra vez. Tendrás que aprender a disociarte de lo que te dicen que eres y ser siempre consciente de tu verdad. ¿Eres lo suficientemente fuerte?

KATHRYN: Si no lo soy, ¿acaso no es seguro que esto me hará fuerte?

ESPÍRITU GUÍA: No, no es seguro que te haga fuerte. Es tu decisión. Puedes elegir justo como decidiste en vidas previas mirar hacia abajo y nunca volver a ver otro rostro. Puedes decidir ver tus manos y pies y volverte impotente.[1]

KATHRYN: No, eso no es lo que quiero. Fui impotente en una vida en la cual lo perdí debido a una paliza. Sé que mi amor por él será lo más fuerte que exista.

ESPÍRITU GUÍA: Pero ¿y tu amor hacia ti misma? ¿Acaso no es tu mayor objetivo en esta vida? ¿No solo mostrar tu amor a otras personas, no solo ser amada, sino amarte a ti misma?

KATHRYN: Sí. Comprendo que mi objetivo es todo esto y más.

ESPÍRITU GUÍA: No hay más; este es el verdadero núcleo, el elemento mismo del que vendrá todo aquello que deseas ser. Tu amor a ti misma, la alegría que viene de tu interior y tu capacidad de compartir ese amor y alegría con otras personas se derivan de esta única lección.

---

1. Referencia a algunas de las vidas anteriores de Kathryn, incluyendo aquella en la que fue una mujer en la antigua Roma. En esa vida, sus experiencias la dejaron tan desvalida que pasó toda su vida, literalmente, caminando con la mirada baja, mirando sus propias manos y pies.

Conforme crezcas y pases a tener una familia propia, será el amor interior el que compartirás con ella.

¿Estás dispuesta a sufrir lo que podría ocurrirte con esta persona, que tiene antecedentes de brusquedad e impulsividad y que tiende a no considerarse a sí mismo la fuente de sus problemas? ¿Estás dispuesta a sufrir las posibles consecuencias?

KATHRYN: Quiero elevarlo como no fui capaz de hacerlo [en la vida anterior].

ESPÍRITU GUÍA: Entonces, ¿por qué no has elegido ser su madre?

KATHRYN: Eso no me dará la felicidad que estoy buscando. Quiero probar una relación de pareja. Deseo sentirlo de ese modo. Ya he sido su madre. De esta manera, vendrá a mí como un hombre y yo seré una mujer, con nuestras actitudes ya establecidas. La felicidad que compartamos será más que suficiente para compensar cualquier pérdida que pueda ocurrir. Estoy lista. Déjame entrar [en la Habitación de las Almas] ahora».

Me fascinó el poder de este diálogo prenatal y el extraordinario detalle con el que Staci lo escuchó. Cuando Kathryn y yo hablamos de la lectura, me dijo:

—A este pobre hombre le aplastaron el cráneo cuando era mi hijo y yo deseaba amarlo como nadie más lo había amado nunca. Lo hice. Se lo mostré. —Respecto a no haber prestado atención al consejo de su Espíritu Guía, explicó—: Siempre salto al agua y luego busco el chaleco salvavidas. Así que soy igual incluso en el otro lado. Lo digo sinceramente.

El Espíritu Guía de Staci había facilitado la lectura, dirigiéndola exactamente a aquellas imágenes visuales y fragmentos de conversación que podrían responder mejor a nuestras preguntas. Consciente de que había desempeñado una función muy importante, le pedí algún comentario final respecto a la planificación prenatal de Kathryn o su vida con Tim.

—La personalidad rebota entre los extremos de la conducta antes de asentarse en un sentido de Yo —respondió el Espíritu Guía. La forma de hablar de Staci era más lenta, como suele suceder cuando su Guía habla a través de ella, pero ahora también se percibía una solemnidad poco común en su tono—. De niños, sois unas personas muy afectuosas, pero conforme distintas energías kármicas se activan en vuestras vidas, comenzáis a ver vuestras experiencias a través de esos filtros kármicos. La mayoría de las personas filtran sus experiencias actuales a través de antiguas conversaciones en las que alguien les dijo lo malas que eran, generalmente cuando eran niños. Este es el caso de Tim. No juzgamos a su madre, quien le transmitió esos mensajes. El desafío de Tim consistía en superarlos utilizando el amor incondicional a sí mismo.

»Kathryn y Tim trabajan en asuntos kármicos similares —continuó—. Ninguno de los dos puede ser juzgado. Kathryn entró en esta vida más evolucionada y estable desde el punto de vista emocional, con un gran deseo de dar amor y de recibirlo. Nadie puede juzgarla por eso. Ambos sabían que esto [el maltrato] podía ocurrir y, aun así, decidieron seguir adelante con esta relación.

KATHRYN CANALIZA A SUS ESPÍRITUS GUÍAS

Para obtener más información acerca del plan de vida de Kathryn, le pregunté si podía hablar con sus Espíritus Guías. En este momento de la evolución humana, la mayoría de las personas no escuchan conscientemente a sus Guías. El hecho de que Kathryn pudiera hacerlo constituía una rara y emocionante oportunidad de hablar con quienes participaron directamente en su planificación prenatal.

Intuitivamente, sentía que el hecho de que Kathryn hubiera elegido a Tim como pareja estaba relacionado con la elección de su padre en esta vida. Empecé a partir de ahí.

—¿Por qué eligió Kathryn a un padre controlador? —pregunté.

—Lo hizo porque eso le enseñaría, desde niña, a hacer lo que le decían, especialmente cuando una figura masculina dominante aparecía en su vida —respondieron los Espíritus Guías—. De esa manera, aprendería a tener problemas al usar su inteligencia ante una figura masculina.

»La infancia de Kathryn fue tal que acabó temiendo a su padre, la figura masculina más dominante de su vida en ese momento. El miedo que sentía cerraba su mente. Cuando conoció a Tim, sintió el mismo miedo debido a sus agresiones y hacía lo que él quería hasta que empezó a sanar. Su mente no era capaz de pensar hasta mucho tiempo después de que la situación hubiese pasado. Esto le daba a Tim la ventaja que necesitaba para maltratar a Kathryn hasta el grado en que lo hizo. Si ella no hubiera experimentado esa alteración mental, habría desafiado a Tim y a sus agresiones, y la relación habría tomado un camino completamente diferente.

—Me parece —dije— que Kathryn deseaba una experiencia en la que pudiera librarse de alguien y valerse por sí misma. Debido a que no lo logró con su padre, atrajo a un marido controlador para continuar aprendiendo lecciones sobre independencia.

—Es cierto —confirmaron los Guías—. En vidas anteriores, Kathryn se había visto dominada por otros. Cuando alguien siente que carece de valor, es controlado fácilmente por otras personas y no se siente lo bastante valioso para complacerse a sí mismo, sino que desea complacer a todo el mundo. Los temas son la libertad y el valor.

»Kathryn y Tim deseaban ayudarse el uno al otro. Ella quería adquirir fuerza, encontrar su propio valor, aprender a caminar con la frente en alto. Su objetivo también era ayudar a Tim a abrir su corazón al amor, a lograr su propio valor. Se acordó que si él no aprendía lo que deseaba, Kathryn saldría del matrimonio y eso sacudiría sus cimientos.

—Si uno de los objetivos de Kathryn era ser fuerte e independiente —pregunté—, ¿por qué escoger a un padre controlador en lugar de uno que le enseñara a valerse por sí misma?

—Aunque su padre era absorbente y controlador, también era un ejemplo de fortaleza. Su madre, por su parte, era apacible, amable y generosa. Esto le dio a Kathryn la posibilidad de tener una muy buena combinación de caracteres. Conforme trabaje en su crecimiento personal, aprenderá a combinar la fortaleza de su padre con la generosidad de su madre a fin de convertirse en la persona que necesita ser para seguir su camino de vida.

—¿El plan de Kathryn era casarse con Tim solo si no obtenía la fortaleza ni descubría su propio valor cuando fuera más joven?

—No, se habría casado con él de todas maneras. Debía vivir la experiencia de saber realmente cómo era, para que pudiera ayudar a otras personas a adquirir fortaleza a través de sus experiencias.

—Si Tim hubiera decidido no ser tan controlador y maltratador –pregunté–, ¿qué habría hecho Kathryn para obtener la clase de sanación y enseñanza que ha adquirido ahora?

—No la habría logrado. Sería una líder para desarrollar la fortaleza en las personas, pero no centraría su visión en aquellas que viven entre maltratos. Se enfocaría en un grupo diferente.

—Cuando Kathryn y Tim planearon esta vida, ¿ambos entendieron que él probablemente se comportaría como lo hizo?

—Siempre se creyó que Tim maltrataría a Kathryn en cierto grado, pero no en el grado en que lo hizo en realidad –respondieron los Espíritus Guías–. Existía la posibilidad de que la sanación se hallara más adelante. Con la sanación, la relación de Tim y Kathryn habría tomado un rumbo muy diferente.

—Tengo entendido que, a menudo, las almas se unen vibratoriamente en la planificación prenatal sobre la base de sus heridas emocionales. Por ejemplo, parece que Kathryn y Tim tenían sentimientos o creencias de baja autoestima y eso fue lo que los atrajo. ¿Lo he entendido bien?

—Las almas se unen por muchas razones. En ocasiones lo hacen por determinadas heridas emocionales. En otras, por las experiencias y las lecciones que quieren aprender para lograr dominar su propio crecimiento. Siempre se prevé que ambas partes obtengan una ganancia en la planificación prenatal. Nadie establecería un acuerdo egoísta, buscando solo su propio beneficio. Las almas quieren dar y recibir. Tal es el caso de Kathryn y Tim.

»Kathryn anhelaba amar a Tim, y Tim anhelaba ayudar a Kathryn con su autoestima. Al mismo tiempo, él vaciló, pues le preocupaba lastimarla demasiado, pero ella se mostró insistente al querer compartir su vida con Tim.

—¿Es correcto decir que si las personas curan sus heridas emocionales cuando están encarnadas, por ejemplo, si aprenden a amarse a sí mismas, si llegan a sentir su propia valía, no elegirán futuras vidas con alguien que probablemente se convierta en maltratador?

—Sí, esto es verdadero en cierta medida –contestaron los Guías–. Por ejemplo, Kathryn ha curado sus heridas y encontrado su verdadera autoestima. Su propio valor está ahora grabado en lo más profundo de su alma. Es probable que nunca vuelva a escoger una futura vida con alguien que pueda ser maltratador; sin embargo, es imposible afirmar eso con rotundidad. Quizás más adelante elija una encarnación con una persona que puede convertirse en maltratadora para ayudar a esa alma con su lección. Si Kathryn establece un acuerdo de esa naturaleza, no sufriría con su autoestima de la misma forma en que lo ha hecho en esta vida, porque no habrá ninguna herida abierta por la cual sufrir.

—Por favor, decidles unas palabras a aquellas personas que quieren sanarse a sí mismas para nunca más planear una vida de maltrato.

—Queremos ayudaros a reconocer que sois muy valientes al haber participado en este acuerdo de vuestra planificación prenatal. Si podéis abrir vuestras mentes y vuestros corazones y creer que tenéis la fuerza suficiente para sanar, la sanación comenzará. Es tan fácil como invocar ese deseo en el corazón. Os pedimos que tengáis fe en que os espera una mejor vida, no solo mientras permanecéis en la Tierra, sino también en el otro lado. Tened fe y confiad en el universo y en vuestro propio plan prenatal.

»Hay muchas almas que están actualmente en la Tierra, listas para ayudar a todos aquellos que desean adquirir conocimientos, a todos aquellos que buscan el crecimiento. Es vuestro crecimiento personal aquí en este planeta lo que redundará en el crecimiento de vuestra alma atemporal. Existen muchos caminos para vuestra sanación; las modalidades son demasiado numerosas para mencionarlas. Pedid y recibiréis. Te damos nuestro más profundo amor y gratitud a ti y a tu obra. *Namasté.*

～

En gran medida, la historia de Kathryn y Tim es la historia de dos almas que eligieron a sus padres y a su pareja sobre las bases de sus heridas emocionales. Sus vidas anteriores y sus decisiones prenatales son paralelas.

En varias vidas anteriores, Tim no fue consciente de su valor y sintió un gran vacío en su interior. Por ello, en la encarnación actual escogió a una madre controladora y maltratadora que reflejaba ante él sus sentimientos de carencia de valor. Es probable que ella misma careciera de un sentido de autoestima y que fuera atraída energéticamente hacia Tim de la misma manera en que él fue atraído hacia ella. Además, como aclaró el Espíritu Guía de Kathryn durante su planificación prenatal, Tim tendía a no considerarse la fuente de sus propios problemas. Ese es el motivo por el cual eligió a unos padres para su vida actual que, como nos dijo Kathryn, le enseñaron que los demás tenían la culpa de sus problemas. Las decisiones prenatales de Tim son la resonancia vibratoria en acción.

De forma semejante, en algunas vidas anteriores, Kathryn sintió que carecía de valor, por lo que permitió que otras personas la controlaran. Decidida a dominar esa lección, escogió a un padre controlador y dominante que, al igual que la madre de Tim, ignoraba su propia valía y fue atraído energéticamente hacia Kathryn tal y como ella fue atraída hacia él.

En su excelente libro titulado *How People Heal* (Cómo sanan las personas), Diane Goldner cita a Rosalyn Bruyere, sanadora de gran talento:

[Tus padres] están limitados exactamente de la misma forma en que tú lo estabas en tu última encarnación. Nuestros chakras son preconfigurados al nacer. Reflejan todo lo que hemos logrado en nuestras vidas anteriores. Llegar a donde ya has estado es relativamente fácil. Ir más allá es el trabajo de toda una vida.

Los padres elegidos por Tim y por Kathryn reflejan el nivel alcanzado en vidas anteriores. Este es su punto de partida. Su elección del otro como su pareja sentimental muestra su deseo compartido de desarrollarse más allá de ese punto y fomentar la sanación de ambos.

Del mismo modo que los sentimientos de carencia de valor llevaron a Tim hacia su madre y a Kathryn hacia su padre, los atrajeron el uno al otro en su planificación prenatal. Las palabras que Kathryn le dice a Tim —«En ti me veré a mí misma. Espero que tú te veas en mí»—

hablan de un futuro deseado en el que habrán descubierto su infinito valor como seres divinos y podrán ver esa grandiosidad en el otro. Sin embargo, la elección del otro como su pareja indica que *ya* se veían el uno en el otro antes de nacer: Kathryn vislumbró sus sentimientos de carencia de valor en Tim, y Tim reconoció sus sentimientos de carencia de valor en Kathryn. De hecho, la declaración de Kathryn «Estoy lista para asumir este desafío, sin importar el coste» indica que su elección de Tim se basó, en parte, en una falta de autoestima, pues ningún alma consciente de su propia magnificencia planearía una experiencia con esa despreocupación.

Aun así, el plan de vida también se basó en un amor profundo y mutuo y en el propósito de sanar. Kathryn pretendía mostrarle a Tim su propia amabilidad y compasión, así como ayudarlo a reforzar esas cualidades de su alma. Deseaba mostrarle su propia belleza, una belleza que había sido evidente para ella durante mucho tiempo, pero que estaba escondida para él. Tim quería ayudar a Kathryn a descubrir su valía y, por tanto, «ser de tanta ayuda para ti como tú lo serás para mí».

El hecho de que la relación no haya alcanzado lo que se buscaba no constituye un fracaso, de la misma manera que el hecho de que Kathryn haya planeado una encarnación con Tim en contra de la recomendación de su Espíritu Guía no constituye un error. Desde el punto de vista del alma, no existen los fracasos ni los errores, solo la experiencia, que nunca es negativa. Nuestras almas no nos juzgan; en lugar de ello, dan la bienvenida a la sabiduría, los sentimientos, el crecimiento y un autoconocimiento más profundo que es resultado de toda experiencia.

Cuando un alma alcanza un cierto nivel de evolución, las decisiones respecto a las futuras encarnaciones se basan en gran medida en la compasión. La que sentía Kathryn por Tim era tan grande que estuvo dispuesta a asumir los riesgos de planificar otra vida con él. Eso debe celebrarse y no considerarse algo doloroso. La profundidad de la compasión que Kathryn demostró en su planificación prenatal se cultiva durante cientos y a veces miles de vidas. No obstante, más allá de esta etapa de evolución se encuentra otra, en la cual la compasión permanece, pero la sabiduría y el amor a uno mismo generan distintas elecciones prenatales. En este nivel, uno dice «Siento una gran compasión por ti, pero no aceptaré que me maltrates».

Kathryn ha alcanzado este punto en su evolución. Al separarse de Tim, cumplió lo que su Espíritu Guía deseaba para ella: que aprendiera a amarse. Su amor por ella misma es ahora tan fuerte que, como sus Guías aseguraron, sería muy improbable que acordara un plan prenatal similar. Vibratoriamente, no se sentiría atraída hacia una pareja potencialmente maltratadora, y si un alma así se acercara a ella en su propio proceso de planificación, estaría más inclinada a servir como guía que como pareja encarnada. Aquellos de vosotros que buscáis llegar a este nivel de evolución, aquellos de vosotros que habéis sufrido o estáis sufriendo una relación de maltrato y no deseáis repetir nunca esa experiencia, estad seguros de esto: mientras os encontréis encarnados, vuestra tarea principal es sanar las heridas emocionales que os llevaron a planificar, antes de nacer, la posibilidad del maltrato.

Al igual que todas aquellas personas que han pasado por las llamadas relaciones fallidas, en ocasiones Kathryn se ha culpado a sí misma. Se ha preguntado si podía haber hecho más, si se había esforzado lo suficiente, si había amado bastante. Sus amigos y su familia podrían haberle hecho preguntas similares sobre su vida o haberla juzgado como alguien que tomó decisiones equivocadas. Podrían haberle preguntado por qué estableció una relación con Tim, por qué toleró el maltrato, por qué no lo dejó antes. Todas estas son preguntas naturales que se hacen desde la personalidad.

En su sabiduría, el Guía de Staci sabía que todo esto ocurriría. De todos los temas sobre los que pudo haber hablado, eligió el del juicio. Cuando nos damos cuenta de que otras personas tienen acuerdos prenatales para establecer relaciones de un maltrato potencial con el propósito de sanarse a sí mismas o ayudar a sanar a un ser querido, podemos ver sus vidas con compasión y comprensión. Cuando aquellos que han sufrido cualquier tipo de maltrato logran esa compasión y comprensión, pueden perdonarse a sí mismos. El juicio contra otros o contra uno mismo no tiene ningún mérito y es como un ancla para el alma; bloquea la luz, genera una separación y reprime el flujo de amor en el mundo.

Mientras estamos encarnados, el sufrimiento que experimentamos en las relaciones íntimas a menudo nos hace arrepentirnos de haber dado nuestro amor. Por contraste, cuando examinamos nuestras vidas tras regresar a la esfera no física, nos preocupan mucho más las ocasiones en las que *no amamos* a los demás y a nosotros mismos. En la evaluación de vida, vemos y sentimos en forma holográfica y hasta el mínimo detalle lo que habría ocurrido si hubiéramos tomado decisiones basadas en el amor. A pesar de ello, dado que tenemos el apoyo del amor incondicional de nuestros Guías y el sentido de Unidad que experimentamos en nuestro Hogar no físico, no nos juzgamos por ello. Es muy probable que Kathryn salga de su evaluación de vida con una profunda sensación de haber experimentado una existencia plena. En cierto momento, le dio amor a Tim; en otro, se centró en amarse a sí misma. Si se hubiera alejado rápidamente de Tim, ninguno de ellos habría sabido si él descubriría al final su valor inherente. Si nunca se hubiera alejado de él, habría repetido la vida que tuvo en la antigua Roma. Estas expresiones de amor a otros y a uno mismo son oportunidades aprovechadas, no oportunidades perdidas, por lo que constituyen un motivo de regocijo.

El uso repetido de la palabra «corazón» en la sesión de planificación prenatal de Kathryn refleja la forma en la que pensaba amar, y en la que amó, a Tim en esta vida. Le dijo a su Espíritu Guía: «Siento en lo más profundo de mi corazón que puedo ofrecerle amor cuando los otros le den la espalda. Siento que necesita esta clase de fortaleza». También dijo: «Pero sí sé, en mi corazón, que esto cumplirá la promesa que le hice». En muchas tradiciones espirituales, el corazón es la sede del alma en el cuerpo humano, el canal a través del cual recibimos y expresamos el Amor Divino en el mundo. Las palabras «endurecer el corazón» son más que una expresión coloquial; hacen referencia, literalmente, al estancamiento de la energía que se produce cuando una persona se niega a dar o a aceptar amor. Mantener el corazón abierto significa dar amor libre e incondicionalmente, justo como lo hicieron Kathryn y Tim en su planificación prenatal, y justo como cada uno de nosotros lo hizo en su propia planificación prenatal.

Llegamos, entonces, a la esencia de la vida de Kathryn y de toda vida en la Tierra. Estamos aquí para recordar el Amor y luego expresarlo y concretarlo en el plano físico. Esta es la experiencia que busca el alma. Si vives o viviste una relación marcada por el maltrato, tu alma te pide ahora que reconozcas la gran valentía y la profunda compasión que tuviste para planear esa experiencia, de manera que pudieras ayudarte a sanar a ti mismo o a otra persona. Cuando reconoces tu valentía y tu compasión, y cuando recuerdas que tu plan de vida fue creado con amor a pesar de todas las apariencias exteriores, reemplazas el juicio por el perdón a ti mismo, y la carencia de valor da lugar a un constante respeto y amor por ti mismo. Ahí se encuentra la sanación que pediste antes de nacer.

Tu sanación es el logro máximo de tu alma en el plano físico. Es el trabajo de tu vida.

Capítulo 7

La sexualidad

La mayoría de nosotros tomamos nuestra sexualidad como un don y nos identificamos totalmente con ella. Es decir, creemos que *somos* la mujer heterosexual o el hombre gay, por poner un ejemplo. Sin embargo, en el nivel del alma, no tenemos sexo, sino que somos una hermosa combinación de energía masculina y femenina. Antes de encarnar, escogemos sabiamente una sexualidad especial con amor para nosotros mismos y para aquellos que estarán en nuestras vidas, porque sabemos que la experiencia fomentará nuestra evolución y la de ellos.

Por regla general, cuando están encarnadas, las almas que han escogido la heterosexualidad no sufren y ni siquiera cuestionan su orientación sexual. Rara vez se preguntan: «¿Por qué soy heterosexual?». Además, la sociedad normalmente no juzga o discrimina a las personas que han elegido esta opción. Por lo tanto, aunque sin duda sería razonable preguntar por qué un alma planearía ser heterosexual, en este capítulo trataremos principalmente de analizar la elección prenatal de ser homosexual para ofrecer una perspectiva que puede aumentar la comprensión y la ausencia de juicio, sin considerar la orientación sexual.

Aunque la sociedad ha logrado grandes avances en su aceptación de las muchas maneras en las que puede expresarse la sexualidad, los homosexuales todavía son tratados de manera muy diferente a los heterosexuales. Para dar solo un ejemplo sencillo, actualmente el matrimonio entre personas del mismo sexo es ilegal en muchas partes de Estados Unidos. En una cantidad infinita de formas menos obvias, vivir con una orientación sexual distinta a la tradicionalmente aceptada le proporciona al alma un contexto excepcionalmente desafiante en el cual experimentarse y, por lo tanto, conocerse a sí misma. La dificultad del desafío resulta evidente en las estadísticas de suicidio entre la juventud: los gays, lesbianas, bisexuales y transgénero tienen una probabilidad hasta cuatro veces mayor de intentar suicidarse que sus iguales heterosexuales y hasta nueve veces más probabilidades si provienen de una familia que los ha rechazado. Las personas que se cuestionan su sexualidad más adelante podrían enfrentarse a un conjunto diferente de desafíos, como la conmoción o la indignación de sus parejas heterosexuales y la posible necesidad de cambiar y adaptarse a un nuevo estilo de vida.

¿Por qué las almas planean encarnaciones en las que serán diferentes a la mayoría? ¿Por qué se arriesgan o incluso buscan momentos de juicio por parte de otros? ¿Y qué hay acerca de sus probables desafíos para aceptarse y amarse a sí mismos?

JIM

—Cerca de un año después de casarme, me di cuenta de repente de que los hombres me habían atraído durante toda mi vida –dijo Jim Ashburn.

Jim nació en 1946 en un pueblo de mil setecientos habitantes al oeste de Pensilvania. Su padre era contratista de cocinas comerciales. Cuando Jim era adolescente, descubrió «atrevidas novelas de temática gay», como él las llamó, escondidas en el armario de su padre y le sorprendió mucho enterarse de que su padre tuviera tales fantasías. (Cuando Jim me habló de su descubrimiento, consideré que había elegido a sus padres y, por lo tanto, la predisposición a ser gay, antes de nacer. Me preguntaba si su padre alguna vez habría querido abandonar su matrimonio para estar con una pareja masculina.) Una abuela, una tía abuela y dos tíos abuelos vivían con Jim, sus padres y el hermano menor de Jim. Me contó que en su hogar había una «cultura católica irlandesa... muy católica». La parroquia era el centro de la vida familiar.

—Bloqueé totalmente cualquier cosa que no encajara en cómo, supuestamente, la gente blanca de clase media debía ser —recordó Jim—. Eso incluía, sin duda, cualquier atracción hacia los chicos. Simplemente me gustaba estar con ellos. Esto era presexual. Recuerdo que en la esquina de mi casa había una ferretería. ¡El tipo que trabajaba en ella me resultaba simplemente fascinante! No sabía por qué. De algún modo, sabía que no era algo de lo que se pudiera hablar.

Durante su infancia, Jim recibió mensajes confusos sobre la sexualidad.

—En la escuela católica, nos enseñaron que la masturbación era un pecado mortal —dijo—. Iríamos al infierno si lo hacíamos. Recuerdo que, en ocasiones, el hecho de desear hacerlo casi me hacía llorar. Mi abuela se sumó a esa dinámica. Me decía: «Tu cuerpo es sucio». Mi padre, que era un hombre muy cariñoso, nunca la contradijo, pero me llevaba aparte y me decía: «Tu cuerpo es un regalo de Dios. Tu cuerpo es hermoso». Eso me salvó de tener alguna tremenda marca emocional.

Cuando Jim tenía siete años, él y su padre arreglaban el jardín frontal de su casa. Cuando un niño llamado Bobby Weir pasó caminando, Jim, sin comprender lo que quería decir, gritó algo que había oído en la escuela:

—Bobby Weir es marica.

El padre de Jim dejó a un lado la pala, miró a Jim y le dijo muy seriamente:

—No uses nunca esa clase de lenguaje para referirte a otra persona.

Muchos años después, cuando Jim salió del armario, ese recuerdo le sirvió como un poderoso apoyo.

Durante toda su infancia, tuvo un amigo íntimo, Mike. Mike acompañaba a Jim y a su familia en muchas de sus salidas. A menudo, los dos chicos daban largas caminatas por las vías del tren, recogiendo bayas de saúco con las que la abuela de Jim preparaba mermelada.

—Una vez estábamos jugando en un solar con otros chicos, y Mike nos llevó a la sede de un club y nos habló sobre el sexo –dijo Jim riendo–. Nos dijo que los bebés se hacían cuando el hombre hacía pis en el cuerpo de la mujer. Yo pensé: «¡Eso no puede ser cierto, porque mis padres nunca harían eso!». –Jim reía ahora con más fuerza–. Pero eso me llevó a investigar. Encontré libros en la biblioteca pública. Sabía que no debía leerlos, pero los llevaba a un rincón y me sentaba allí los sábados por la tarde. Mike y yo pasábamos largos días hablando acerca de mis descubrimientos.

En el instituto, Jim se hizo amigo íntimo de Sue, una chica de su clase. Mike y Sue también eran buenos amigos y los tres compartían muchas cosas juntos. La amistad de Jim con Sue se convirtió en amor cuando él estaba en la universidad, y se casaron después de su segundo año universitario. Dado que Sue era estéril, Jim sabía que nunca tendrían hijos.

—Era asombroso hacer el amor con Sue –recordó–. Yo quería complacerla. Tenía curiosidad por su cuerpo, porque nunca había estado con nadie más. Éramos sexualmente muy compatibles. Nos amábamos realmente. Yo no me permitía sentir nada por los cuerpos de otros hombres, por lo que no podía compararla ni hacerla competir con ninguno de ellos.

—¿No pensabas en hombres en ese momento? –pregunté.

—Conscientemente, no. En lo profundo, sí. La capacidad de la mente para reprimir es asombrosa.

—Así que, a comienzos del matrimonio, ni tú ni Sue notasteis ninguna señal de que tú te sentías atraído por los hombres, ¿cierto?

—Así es, ninguna señal –respondió Jim–. Esto fue en 1967. La campaña a favor de los derechos de los homosexuales estaba empezando, pero no era ampliamente conocida. No formaba parte de la cultura siquiera cuestionar tu sexualidad. En ese momento, la única personalidad que había salido del armario era Liberace. No había ningún modelo a imitar para ser gay aparte de Liberace –dijo, riendo de buena gana.

—Jim, ¿en qué momento del matrimonio comenzó tu interés por los hombres?

—Me da un poco de vergüenza contar esta historia –dijo riéndose–. Cerca de un año después de que Sue y yo nos casáramos, un amigo y yo íbamos de vez en cuando a ver una película pornográfica [heterosexual]. Una vez, daban *Garganta Profunda*. ¡Salí del cine dándome cuenta de que no tenía ni idea de qué aspecto tenía ninguna de esas mujeres! –Jim y yo nos reímos–. Pero conocía hasta el último pelo del cuerpo de Harry Reems. Esta experiencia me inundó con la conciencia de que me sentía atraído hacia los hombres y de que así había sido siempre.

»Salí del cine y me dirigí hacia Liberty Avenue, en Pittsburgh. Fue, literalmente, la avenida de la Libertad. Pensé: «¡Santo Dios!, ¡soy gay!». Me quedé parado allí durante bastante tiempo.

Poco después, Jim se dio cuenta de que se sentía atraído no solo por los hombres en general, sino también por su amigo Mike en particular. Le confesó su interés a Mike, quien, aunque nunca había estado con otro hombre, era abierto y sentía curiosidad.

—Tuvimos relaciones sexuales –me dijo Jim–. ¡Y fue estupendo! Fue asombroso tener el cuerpo de otro hombre en mis manos. Me sentía vivo. Podía hacer el amor fácilmente con Sue porque la amaba, pero percibía la verdadera energía en el cuerpo de otro hombre. Mike y yo habíamos estado juntos solo dos veces, pero me estaba afectando profundamente. Sue me dijo una noche: «Jim, algo está pasando. Tienes que decirme qué ocurre». Recuerdo que me desmoroné y me eché a llorar. Dije: «Sé que soy gay o, por lo menos, tengo esa fuerte sensación». Ella se escandalizó totalmente. No era demasiado mundana.

»Recuerdo su tristeza y su miedo. Era muy insegura; aquello la llevaría rápidamente a desilusionarse de nuestro matrimonio, pero yo no lo veía así. Estaba comprometido con ella. Nunca tuve la sensación de: «Estoy haciendo algo malo». Era más: «¿Cómo voy a hacer encajar esto en nuestro matrimonio?».

Dado que Mike solo era sexualmente activo con Jim, ni a Sue ni a Jim les preocupaba la transmisión de alguna enfermedad sexual. Cuando Sue comprendió que Jim no iba a dejarla, dejó de sentirse amenazada; de hecho, incluso mantuvo su amistad con Mike. Jim y Sue se comunicaban abierta y profundamente sobre su sexualidad y, en muchas formas, se acercaron más durante los siete años en los que él mantuvo su relación con Mike. Poco después de que esta relación terminase, Jim y Sue se mudaron a California.

—Cuando llegamos allí –recordó Jim–, Sue bajó del automóvil, caminó hacia un mirador y empezó a llorar. Dijo: «Sé que vas a enamorarte de algún tipo aquí en California y que me vas a abandonar». No quería lastimarla, así que decidí que no mantendría relaciones sexuales con hombres. Reprimí totalmente esa parte de mí. Era terrible, horrendo. Me volví obsesivo. No podía pensar en otra cosa que no fuera practicar el sexo con hombres.

Jim reprimió sus impulsos durante los siguientes dos años, a lo largo de los cuales se convirtió en activista a favor de una ordenanza para proteger la orientación sexual como un derecho humano. Mientras hacía campaña, conoció a un hombre con el que se relacionó. Después, fundó y condujo una línea telefónica de apoyo para gays y lesbianas. Empezó a verse con otro hombre y su relación con Sue se volvió cada vez más tensa. Para aliviar la tensión, Jim y Sue fundaron un grupo de apoyo para lesbianas y gays casados.

—Apoyaba a una pareja tras otra cuando tomaban la decisión de separarse, para que pudieran hacerlo con más franqueza, amor y comunicación de como lo harían normalmente –dijo Jim. Mientras él y Sue veían cómo otras parejas se separaban, se dieron cuenta gradualmente de que ellos también tenían que hacerlo–. Llegamos a aceptarlo –me dijo–. Fuimos los mejores amigos durante todo el proceso.

Varios años después, Jim conoció a Zachary, el hombre con el que ahora comparte su vida. Sue se volvió a casar y dejó de tener contacto con Jim, algo que él atribuye a la influencia de su marido. Afirma que le duele profundamente la negativa de Sue de mantener el contacto porque la considera un alma gemela. Actualmente, Jim dirige una fundación sin ánimo de lucro en el norte de California que reúne a hombres gays en «círculos del corazón», es decir, grupos para compartir experiencias y apoyo, y participa activamente en la prevención del sida.

—Jim –le dije–, ¿qué le aconsejarías a alguien que te dijera: «Creo que podría ser gay pero no lo sé»?

—Antes de tener relaciones sexuales con un hombre o con una mujer, yo había pasado ya por un proceso de autoaceptación, por lo que no sentí ninguna culpabilidad —me contestó—. Con Sue era una expresión de amor. Con Mike, fue la idea de que era algo que valía la pena explorar. Muchas personas tienen encuentros sexuales antes de estar emocionalmente preparados para ello. Terminan sintiéndose culpables, y la culpabilidad es difícil de eliminar. Así que le diría a cualquier persona que pase por un período de autoaceptación antes de expresarse.

—¿Y a las que son conscientes de su sexualidad pero que aún no se lo han dicho a su familia o a sus amigos?

—Encontrad a otro grupo de personas con las que podáis hablar —aconsejó—. Salid del armario primero ante ellas y después ante el resto. En general, vuestras familias y amigos os aman, y casi siempre ya lo saben intuitivamente y solo esperan que se lo digáis. Si tropezáis con la homofobia, es importante que no os lo toméis de forma personal. No se trata de vosotros, se trata de los miedos interiorizados de la otra persona y de aquello que ha absorbido de la cultura convencional.

—Jim, cuando recuerdas tu viaje, ¿qué has aprendido sobre ti mismo y sobre la vida?

—La represión no funciona —dijo firmemente—. Es imposible vivir una mentira y llevar una buena vida. Si solo puedes expresar una parte de ti mismo, serás solo una parte de una persona en el mundo. La autoexpresión hace que la vida sea más plena. Es el principio de la felicidad.

LA SESIÓN DE JIM CON STACI

Si Jim había deseado la experiencia de ser un hombre gay, ¿por qué, me preguntaba después de nuestra conversación, había decidido nacer en un tiempo y en un lugar en los que su sexualidad no era comprendida ni aceptada? Si su intención había sido plantearse un desafío, ¿por qué había escogido a un padre tan cariñoso y comprensivo? ¿Y Sue? ¿Había sabido antes de nacer que ella y Jim se casarían y que él se volvería consciente de su atracción por los hombres durante su matrimonio? Si es así, ¿por qué Sue había pedido una experiencia tan dolorosa? ¿Y qué función había desempeñado Mike en la planificación prenatal de ambos?

—Voy a iniciar nuestra sesión —comenzó Staci— hablándote, Jim, sobre tu karma y específicamente sobre el desafío vital de descubrir y aceptar tu homosexualidad después de estar casado y llevar una vida como heterosexual.

»He vislumbrado vidas anteriores que se relacionan con Sue y Mike. Percibo un tremendo sentimiento de amor de Mike a ti. Este amor parece más grande y más amplio que la simple sexualidad humana. Casi diría que se trata de un *amor platónico*. De hecho, mi Espíritu Guía me ha dicho: «Amor incondicional en todas sus expresiones».

»Siento que Mike es un alma más evolucionada que la mayoría. En todas sus vidas, muestra la constante de haber sido sacerdote, monje o alguien que pasa mucho tiempo en el silencio y en la soledad, alimentando su relación consigo mismo y su vínculo con Todo lo que Es. En esas vidas, veo un afectuoso servicio a los demás. En muchas de ellas, tú y él tuvisteis algún tipo de relación.

»La única relación importante para nuestros fines es aquella en la que él fue un sacerdote. Escucho «Roma» y «Vaticano». Tú eras más joven que él, un acólito. Te conoció dos años antes de que te comprometieras a seguir ese camino. Mi Espíritu Guía me dice que tú eras parte de su familia, un primo suyo. Hablaste con él sobre la posibilidad de abrazar el sacerdocio y sobre el sentido de tu vocación. Se convirtió en tu consejero, tu mentor. A él le encantaba y a ti también.

»El Espíritu me dice que en dos vidas Mike fue tu padre. Una de ellas viene a mí intensamente. Veo una mina de gemas. Acabáis de terminar el trabajo. Deja a un lado la pala, se seca el sudor de la frente y dice: «¡Lo logramos! ¡Es por esto por lo que hemos trabajado tanto!». Tiene algún tipo de roca en la mano. Es muy oscura y negra, como una piedra preciosa en bruto. Mientras habla, siento una tremenda efusión de amor, un amor que va más allá de las generaciones y del tiempo. Aunque te habla desde el corazón y desde sus creencias en esa vida, todo ello no es lo suficientemente grande para contener esa enorme cantidad de amor entre ambos. De nuevo, debo decir que va mucho más allá del amor definido por los seres humanos, hasta alcanzar algo mucho más imponente, algo que tenemos como modelo y a lo que aspiramos.

»Ahora abordaré el tema del karma. Mi Espíritu Guía dice que tu desafío kármico más importante es aprender a conocer tu verdad y cómo usarla de mejor manera experimentando los cambios en tu familia emocional, así como aprender a adaptarte a esos cambios.

Entiendo que, con el término «familia emocional», el Guía de Staci designa a las personas con las que Jim tiene una relación importante en esta vida, no únicamente su familia de nacimiento.

Staci continuó.

—Veo que esta elección se expresa con frecuencia mediante un divorcio, una muerte o una gran enfermedad, que puede ser la locura. Jim, tú decidiste afrontar un cambio en la familia que creaste para comprender tu verdad y también para ayudar a Sue a aprender una lección que ha sido muy difícil para ella. La dejaré a un lado brevemente. Regresaremos a ella después.

»En tu relación con Sue, trabajabas en algunos temas que te presentó por primera vez un miembro de tu familia mayor y de sexo femenino, cuando eras niño. Escucho la palabra «reprender». ¿Sabes de quién estoy hablando?

—Sí, definitivamente –respondió Jim–. Es mi abuela. Me hizo avergonzarme de mi cuerpo. Todo lo relacionado con el cuerpo le parecía pecaminoso. Yo me bronceaba durante el verano, y ella me limpiaba la piel con una toallita, diciendo: «Estás sucio, estás sucio».

—El mensaje sobre la vergüenza –explicó Staci– tenía la intención de contrastar con tu experiencia interior de ti mismo [como niño] y también con tu relación con Sue, que te bendijo tan afectuosamente con una experiencia de amor. Parte de tu búsqueda en el nivel del alma durante esta vida es convertirte en una personalidad más adaptable y flexible. La experiencia elegida (y escucho que, en efecto, la elegiste tú) de ponerse a uno mismo en un camino y despertar al ser mientras se está en ese camino es una experiencia contrastante. Aprender a aceptar esa verdad es como pasar de un carril a otro. Tu elección [antes de nacer] era hacer esto para lograr un avance importante en el término de una vida.

Cuando estamos encarnados, nos motivamos con el contraste y también aprendemos de él. En los primeros años de la vida de Jim, las palabras vergonzantes de su abuela contrastaban con su conocimiento inocente e infantil de que no había nada malo en el hecho de broncearse o en su cuerpo. Más adelante, el aprecio del cuerpo de Jim por parte de Sue contrastó con la vergüenza impuesta por su abuela. Todo esto tenía como objetivo fomentar la posible aceptación de su sexualidad en el futuro.

—Tu segundo desafío kármico más importante –continuó Staci– es la independencia emocional, que implica reconocer que tú y solo tú eres la fuente de tu propia felicidad y bienestar. Junto con la independencia emocional, también trabajas en el desafío kármico de las relaciones y las habilidades.

—He dirigido una comunidad para hombres homosexuales en el norte de California durante veintiún años –le dijo Jim–. Los «círculos del corazón» son nuestro ritual principal, una manera profunda que permite que los hombres gays establezcan vínculos entre ellos.

—A través de la elección de ser gay en esta vida, hecha en el nivel del alma por mi hermano –dijo Staci–, llegué a comprender que algunos hombres todavía conservan traumas de una vida anterior en la que fueron mujeres y sufrieron salvajes maltratos. Todavía quieren trabajar con la naturaleza sensible de una mujer, pero tienen demasiado miedo para regresar en una forma femenina.

»Jim, tú trabajas para tender un puente hacia la conciencia y sacar a relucir una cualidad afectuosa en aquellos hombres a quienes ofreces tu ayuda. Eso fue exactamente lo que Mike hizo por ti en esta encarnación. Es la misma expresión de afecto, compasión y amor, incluso más allá de la sexualidad, que te ha expresado en algunas otras vidas. Me indican ahora que perteneciste a la generación de la posguerra porque previste con emoción la experiencia del amor en forma física en un espacio mucho más amplio y con una aceptación más incondicional de lo que lo habías experimentado en vidas anteriores.

»Esto me lleva a la siguiente lección kármica, darles un servicio compasivo a otras personas. Tu compasión es tan fuerte y tu naturaleza amorosa tan amplia que siento que tu cuerpo apenas puede contenerlas. Parte del sendero de dar un servicio compasivo a los demás consiste en tener una experiencia en los primeros años de la vida para recordar la conciencia de la compasión. Quizás hubo alguien que te hizo estar muy enfadado o desilusionado, o que te rompió el corazón. Lo que debías obtener de esa experiencia era un momento de súbita comprensión, en el que llegaras a entender que tal vez esa persona estaba condicionada a esa clase de respuesta, y que quizás sufrió algún tipo de maltrato en los primeros años de su vida. De repente, aceptas la compasión hacia esa persona, que fue muy importante en tu vida para empezar este proceso. ¿Estoy hablando de tu abuela?

—Completamente –dijo Jim–. Me estás ayudando a contextualizarla, porque hice exactamente lo que dices. Vi que ella no podía ayudarse a sí misma y así aprendí a tener compasión. Nunca vi completamente su propósito, pero lo veo en lo que dices ahora.

—Hay un aspecto negativo en el hecho de querer dar un servicio compasivo –señaló Staci–. Se trata de la tendencia a pensar que sabes lo que es mejor para los demás, que si hicieran las cosas a tu manera, todo iría mejor. Esta es en realidad la expresión de un deseo de dominar a los demás. Sin embargo, no siento esto en tu energía.

»Todo lo que siento acerca de ti me muestra que tu mayor pasión es ayudar a otros a lograr el equilibrio de la misma forma en que tú lo has logrado. Eso me lleva a tu última lección kármica: el equilibrio emocional. Se me indica que parte de la expresión de esta lección es que querías separar el amor y el sexo mediante una elección consciente. Pienso que llegaste a comprender que, aunque tu corazón sentía una gran pasión por las relaciones sexuales con hombres, eso nunca significó que amaras menos a Sue.

—¡Sí, sí! –afirmó Jim.

—Quiero explicar lo que trataba de ganar Sue y disipar cualquier culpabilidad que pudieras tener aún –continuó Staci–. Sue también trabaja en la lección del equilibrio. Tú le diste una experiencia en la que pudo haber tocado fondo. Tuvo que hallar un lugar de equilibrio dentro de sí misma para mantener el matrimonio. Asimismo, en varias otras vidas, ha buscado que la amen otras personas en lugar de amarse a sí misma. Quería aprender a apreciarse de manera que pudiera formarse su propio sentido de autoestima. Es probable que por esa razón haya escogido nacer en una familia no completamente funcional. Ese es el proceso que uno tiene que atravesar.

»Tú la amaste de una forma en la que no la habían amado antes en esta vida, y ese amor fue muy sanador para ella. Eso fue parte de vuestro acuerdo mutuo. Pero el acuerdo no consistía en convertirse en compañeros de vida. Teníais que dar marcha atrás en algún momento por vosotros mismos.

»En mi meditación [antes de la sesión de hoy] vi y escuché la discusión de planificación prenatal. Sue estuvo de acuerdo con la experiencia. Dijo: «Tú serás un ejemplo para mí». Al verte pasar por el proceso de descubrir tu verdad y luego confesársela a ella y al mundo, le serviste de ejemplo viviente. No ha sido capaz de hacer eso para ella misma, pero realmente quiere hacerlo.

Staci se quedó en silencio durante un momento.

—Estoy viendo ahora la sesión de planificación prenatal *de Sue.*

Esto fue una sorpresa; yo había esperado que sintonizara con la sesión de planificación de Jim. Sin embargo, sabía que el Espíritu estaba presentándonos exactamente lo que necesitábamos saber.

—Como he visto tan a menudo en estas habitaciones, el suelo y el mobiliario son de madera. Un barandal separa el área de planificación prenatal, desde donde el grupo de almas se reúne y observa. Hay una ventana en la pared, a la izquierda de Sue. A través de ella entra más luz de la que nunca he visto en estas sesiones.

»Esta luz no proviene solo de la ventana. Enfoco mi atención en el punto donde la pared y el techo se unen detrás de Sue. Esto es nuevo para mí y espero que Jim pueda decirnos por qué es importante. Veo un cuerpo de luz en forma de una gran esfera. Se me indica que es el alma del padre de Sue, que está observando la sesión. Jim, ¿existe una relación especial entre Sue y su padre?»

—No —dijo Jim—. Él era una especie de Archie Bunker.[1] No con tantos prejuicios, pero un hombre muy simple. Solíamos decir en broma que su madre era Edith y su padre era Archie.

—A veces, las personalidades con más prejuicios simplemente tienen una vida de experiencia y en realidad provienen de un lugar más alto —dijo Staci—. Siento que emana de este espíritu un gran amor y entusiasmo. Disfruta mucho pasando el tiempo con el espíritu de Sue. Han sido amantes. Cada uno es el mejor amigo del otro. Hay gozo porque ella ha decidido compartir nuevamente la vida con él.

»Jim se sienta frente a Sue. Lleva la capa de la personalidad, mucho más detallada que la de Sue. Ella permanece todavía en su cuerpo

---

1. Personaje televisivo, representativo del estadounidense conservador, racista e intolerante. (N. del T.)

de luz. Comienzo a verle [rastros de] la personalidad en el pecho, los hombros y el abdomen. Entro en medio de una conversación.

SUE: Te daré abrigo y refugio.

—Cuando dice esto (es difícil de describir) la veo mencionar otra vida en la que fue tu madre, Jim. Parte de su cuerpo de luz sale, como un segundo juego de brazos que le cubren el cuerpo de luz y abrazan al bebé [Jim]. Percibo una imagen visual a la altura de su cabeza. Son los recuerdos de dos vidas. La primera fue en la llanura occidental de Estados Unidos. Era tu madre. Tú viviste muy poco tiempo, solo unos cuantos meses. En la segunda, eras el amigo de su hijo. Esto fue en la antigua Grecia. Por ello, existe una resonancia maternal expresada en tu relación con ella. Ella quería cuidarte [en esas vidas anteriores y en la actual]. Y tú querías cuidarla a ella.

JIM: Te corresponderé con dulzura. Quiero abrazarte y darte el amor y el cuidado que no pude darte en otras vidas.

—Tú extiendes la mano, con las palmas hacia ella. Estás muy emocionado.

JIM: ¡Perfecto! ¡Eso sería perfecto! Sabes que te quiero y te adoro.
SUE   (riendo): Sí.
JIM: Pero también te traicionaré conforme llegue a conocerme a mí mismo.
SUE: Sí.
JIM: ¿Puedes coexistir conmigo en esa experiencia? La armonía entre nosotros se verá afectada durante ese tiempo. ¿Estás segura de que puedes estar de acuerdo con esto?

—Sue inclina un poco la cabeza mientras medita sobre ello.

SUE: Es mi obsequio por amarte. Es lo que te doy en un abrazo incondicional que me alimenta y me enriquece. ¿Comprendes esto?

JIM: Sí.
SUE: ¿Puedes adaptarte a esto?

—Veo de nuevo esa imagen; es como una pantalla de televisión. Sus pensamientos hacen una representación visual de su vida juntos. Los veo a ambos conversando en el [futuro] salón de su casa. Ella piensa en el momento en que le revelaste tus preferencias sexuales. «¿Puedes adaptarte a esto? —pregunta—. ¿Estás seguro de que puedes continuar con un matrimonio heterosexual? ¿Y estás seguro de que puedes afrontarla [tu sexualidad] durante este matrimonio?». Sabía lo difícil que sería para ti.

JIM: ¡Sí, sí, sí!
SUE: Esto es lo que realmente deseo: conocerme a mí misma y experimentar un don mayor de amor y un sentido más eterno de la presencia del amor incondicional.

—Ella se siente feliz porque vas a estar en su vida de este modo. Ambos unís vuestras manos.

SUE: Este es un obsequio que compartimos el uno con el otro a través de los años. Nos conoceremos y llegaremos a comprendernos mutuamente.
JIM: Pero ¿qué es lo que obtendrás de mí? ¿Qué hará esto por ti? ¿Cómo lo usarás? ¿Qué lograrás?

—La palabra «esto» es el anuncio de tu opción sexual y lo que le hará finalmente a la relación.

SUE: Lo usaré como un medio de autodescubrimiento, como mi propio proceso de adquirir un punto de vista iluminado de mí misma cuando tenga una forma física. Durante muchas encarnaciones he saltado a lo largo de mi sendero en lugar de dedicarme a lograr los objetivos que me había establecido. Tenerte en mi vida de este modo es un gusto y un desafío. Me será muy beneficioso, ya que dar y recibir amor incondicional me permite sentirme mejor conmigo misma. El hecho de que, al final, te des cuenta de tu verdad hará que yo, a la larga, reflexione y me vea a mí misma con un nuevo nivel de independencia y autocomprensión que, espero, me dé plenitud nuevamente.

—Jim, tú extiendes la mano hacia su cara (aunque no es un rostro físico; es suave, redondo y poco definido) en un gesto de amor y gratitud.

JIM: No deseo lastimarte.
SUE: Lo sé.
JIM: Mi único deseo es amarte y, al hacerlo, amarme a mí mismo.
SUE: Te ayudaré a lograrlo.
JIM: Es un gesto amable y cariñoso. Siempre he pensado que eras una de las mujeres más amables que he conocido.

—Sue ríe. La veo pensar y recordar sus vidas como mujer, que están en el lado izquierdo de la representación visual en su cabeza, y sus vidas como hombre, que se encuentran a la derecha. Ríe porque cuando ha tenido una forma masculina no ha sido nada amable; ha violado, saqueado y maltratado a insectos y animales pequeños. En el plano del alma, ha alcanzado un nivel de total comprensión del propósito de esas vidas, por lo que no se avergüenza de sí misma ni de lo que hizo. Pero cuando ha tenido la forma física femenina, ha luchado con desafíos de amor a sí misma, amor incondicional y equilibrio emocional.

SUE: Tu amor será un don a través del cual podré conocerme mejor a mí misma. Te observaré mientras aprendes tu verdad. Serás un ejemplo para mí. Y al darme exactamente lo contrario de aquello que ansío, que me amen [en un matrimonio de toda la vida], me obligarás a mirarme a mí misma y a reconocer que durante mucho tiempo he dependido de la necesidad que otros tienen de mí.
         Tenerte, abrazarte y dejarte ir es una experiencia de amor que puedo usar para aprender a amarme. Tú me darás una

razón para saber cómo cuidarme a mí misma, y esto me ayudará en lo que ha sido una lucha en tantas vidas: valorarme a mí misma y volverme plenamente independiente.

JIM: Lo sé.

SUE: Con esto me recompensarás, pues el amor que te he dado durante todos estos siglos se me devolverá en su totalidad en esta relación. Y me satisfará, pues cerrará el ciclo. Para cuando esta vida esté completa, habré experimentado todas las formas en que puedo llegar a conocerte y amarte.

JIM: ¿Acaso no es maravilloso?

—El círculo está completo con esta relación en esta vida —concluyó Staci.

Nos quedamos en silencio durante unos momentos para asimilar todo lo que se había dicho. Ahora ya conocíamos las excelentes razones de Sue para elegir esa experiencia tan difícil. Entonces, vino a mi mente una pregunta.

—Staci —dije—, Sue es estéril. ¿Tu Guía puede decirnos si esto era parte del plan prenatal?

De inmediato, el habla de Staci se hizo más lenta y su Guía empezó a hablar a través de ella.

—Aunque durante un breve período de su vida tuvo el deseo de concebir y tener hijos, esto no se había planeado —contestó—. Nunca se sintió capaz de asumir la responsabilidad de un embarazo. Había otra luz [recuerdo] que aún resonaba en esta alma acerca de una gestación múltiple que nunca llegó a término. De hecho, le desgarró el útero. Debido a ello, sentía aversión a vivir la experiencia del embarazo otra vez en su vida. Se pensó que esta alma individual podría tener experiencias para fomentar la capacidad de adaptación de su personalidad a través de otros miembros de su familia, no necesariamente de los nacidos a través de su útero.

Esta era una información importante. Cuando planeamos nuestras vidas unos con otros, lo hacemos para lograr un crecimiento y un aprendizaje mutuo y a cada alma se le da la experiencia que pide. En este caso, dado que ni Jim ni Sue habían planeado tener hijos, la sexualidad de él y la esterilidad de ella encajaban perfectamente.

Ninguno privaría al otro de la experiencia deseada. En un tipo de plan fundamentalmente distinto, Sue podría haber decidido encarnar con un fuerte deseo de ser madre y acordar con Jim, antes de nacer, que este interfiriera en su deseo o que incluso lo frustrara. En ese caso, habría muchas oportunidades de practicar y dominar el perdón.

Ya sabíamos que Jim planeó su sexualidad y el descubrimiento de esta más adelante como una forma de servicio a Sue. Sin embargo, ¿cuáles habían sido los objetivos de Jim para él mismo? ¿Qué era lo que deseaba aprender y cómo había esperado crecer como consecuencia de esta experiencia? Intuyendo que la conversación entre Jim y Mike respondería a estas preguntas, le pedí a Staci que nos llevara a esa parte de la sesión de planificación de Jim.

Staci permaneció en silencio durante varios segundos.

—Comienzo a ver la sesión de planificación prenatal de Jim. Lo primero que noto es que, en lugar de sentarse frente al barandal que separa el área de planificación del grupo de almas que observa y apoya la sesión, Jim permanece más cerca de la pared lateral, justo enfrente de la ventana. Nunca antes había visto esto. Está haciendo espacio para que más almas de su grupo participen en la planificación. Mi Espíritu Guía me dice que la ubicación de Jim indica que, en esta ocasión, está desempeñando el papel del observador en esta vida. Al principio, el propósito era observar a la familia que le rodeaba y el contraste entre esta y él mismo; después, observarse a sí mismo y a los demás, muchos de los cuales son miembros de su grupo de almas. Él los observa, les ayuda y aprende de ellos al mismo tiempo.

»Veo a Jim frente a su tabla de planificación prenatal. Parece un poco más grande que otras tablas que he visto. ¡Hay mucho que hacer! Mike se acerca a la tabla y se sienta en una silla. Es la primera vez que veo hacer esto. Las almas individuales siempre flotan a unos diez centímetros por encima del suelo, generalmente arrodilladas o con las piernas cruzadas. Cuando Mike se sienta, lo veo como era en otras dos vidas anteriores. Es como si estos [personajes] salieran de su cuerpo y volvieran a entrar a él, como si los viera en una película como dos capas translúcidas superpuestas. Estas encarnaciones son las que se relacionan más estrechamente con su participación con Jim en esta vida, así que trae a ella los recuerdos y los vestigios de esas personalidades.

»Resulta obvio que Mike siente alegría, amor y felicidad. Parece que tú, Jim, lo has pedido. No es que busques a esta clase de persona para interactuar con ella; lo requeriste específicamente *a él*. Lo llamaste de entre tu grupo de almas y le pediste que desempeñara una función en tu vida. Está deseoso y se alegra de hacerlo.

MIKE: ¿Qué deseas que haga?

JIM: Quiero que me acompañes en los primeros años de mi vida para que podamos continuar nuestras largas caminatas y conversaciones.

—Jim, te refieres a esa vida en el Vaticano, cuando abrazaste el sacerdocio y él fue tu tutor.

JIM: Me confortaría jugar contigo en mi infancia. Me fortalecería saber que estás ahí. Tu apoyo y tu orientación me han sido muy útiles constantemente.

MIKE   (riendo): Lo sé.

JIM: No estoy listo para renunciar a eso tan fácil o tan rápidamente en esta vida. Me pregunto si podrías hacerme un favor.

MIKE: ¿De qué se trata?

JIM: Que aceptases ser mi pareja y me permitieras explorar mi sexualidad contigo de una forma afectuosa, emocionalmente alentadora y tremendamente liberadora para mí.

MIKE: ¿Qué quieres decir?

JIM: Espero realmente que podamos enmarcar esta gran confianza y amor que tenemos en una relación: dos hombres que se aman. En esta exploración, tú me darías un enorme obsequio que me ayudaría a usar mi fortaleza interior y me permitiría comprender totalmente mi verdad personal. Verás, he decidido experimentar esta vida como un hombre gay...

—No sabía que usáramos la palabra «gay» en el nivel del alma —agregó Staci—. Quizás esta sea solo mi representación consciente de la palabra que se ha utilizado.

JIM: ...porque creo que eso me llevará al punto de tener que amarme a mí mismo con una aceptación incondicional que pienso usar para fortalecerme y para concederme el don de la compasión, de manera que pueda transmitir a otros lo que he aprendido y aceptado sobre mí mismo.

Mi misión consiste en llevar la autoaceptación y el amor propio a los corazones de muchas personas. Dado que me siento cómodo en presencia de los hombres y que reforcé mi comprensión de la experiencia masculina con las emociones y la espiritualidad cuando fui sacerdote, siento que debo abrazar a esos hombres, e incluso a esas mujeres, que están aprendiendo a sentirse bien con ellos mismos pero aún no lo han logrado plenamente. Reuniré a aquellos que buscan la plenitud y les mostraré posibles vías para llegar a su propio corazón, a su propia alma, a su propia sabiduría. Me darás un gran regalo si permites que esto ocurra en nuestra relación en esta vida.

MIKE: ¡Por supuesto que lo haré! Aunque adoptar esta clase de sexualidad o de expresión de vida no forma parte de mi plan, quiero que tú tengas éxito. En las épocas en que hemos tenido una forma humana, he tratado de inculcarte un respeto y una reverencia hacia aquello que está en tu ser. Hubo ocasiones en las que se te presentó como un amor más grande, el amor de Dios, por ejemplo.

JIM: Sí, lo sé.

MIKE: Has experimentado ese amor como algo más que un simple concepto.

JIM: Sí.

MIKE: Has experimentado el amor de Todo lo que Es y la humildad que surge al reconocer que no eres más que una parte de todo aquello que está más allá de ti, la humildad que se deriva de reconocer tu pequeño lugar en el universo y que todo cuanto existe en él es hermoso y cálido, y tiene un propósito.

JIM: Sí, lo sé.

MIKE: ¿Por qué no querría darte este obsequio? Si esto es lo que necesitas en tu próximo paso hacia la aceptación de la plenitud, le doy la oportunidad de ofrecértelo.

JIM: ¿Estás seguro? ¿Qué ocurriría si no pasamos toda nuestra vida juntos?

MIKE: Siempre ha habido una parte de nuestras vidas en que no hemos estado completamente juntos. Por tanto, no sería nada nuevo para mí. Puedo aceptar este hecho y estar de acuerdo con él. No necesito que estés en mi vida para experimentar la integridad o la plenitud amorosa, ni tampoco que seas mi compañero sentimental. Me gustaría que fueras mi amigo.

JIM: Una sólida base para una buena amistad, la amabilidad y la confianza se establecerá firmemente en nuestros primeros veinte años de vida si nos apegamos a este plan.

MIKE: Sí.

JIM: Después de los cuales, nuestra relación puede ser tan profunda como quieras, o cualquier expresión de amor y generosidad que puedas desear. No necesito que me ames de este modo durante toda mi vida. Siempre he acudido a ti en busca de orientación e instrucción. Esto es lo que ahora busco de ti, además de tu amistad.

MIKE: Lo has comprendido bien. Esto funcionará también de acuerdo con mis planes para esta vida, ya que me dará algo para recordar y reflexionar durante mucho tiempo. Dirigirá mi enfoque hacia ciertos asuntos, como la honestidad, que tienen que ver con las relaciones y con los que aún me planteo desafíos, y también transformará el modo en que me veo a mí mismo, dándome una experiencia a través de la cual yo también pueda aceptar el amor incondicional y la autoaprobación.

—Las manos de Mike habían estado apoyadas una sobre la otra. Ahora tiene las palmas hacia arriba.

MIKE: ¿Por qué no?

—Tú y Mike reís y os abrazáis. Después Mike se levanta y flota, alejándose de la tabla prenatal y volviendo al área del grupo de almas.

Staci concluyó su vista de la sesión de planificación prenatal de Jim. Ahora, era el momento de hablar con el Espíritu Guía de Staci. Le pedí que nos hablara más sobre por qué Jim había planeado su vida como lo había hecho.

—Esta alma siempre ha encontrado consuelo mediante batallas ganadas con mucho esfuerzo –respondió el Guía–, como en aquella ocasión en que declaró su renuncia a la vida que sus padres esperaban para abrazar el sacerdocio como un proceso de conocerse a sí mismo, de estar en comunión con su esencia y, por lo tanto, con Todo lo que Es y con la conciencia de Dios. En otras vidas más antiguas, defendió a otras personas de distintas formas, por ejemplo, tomando una espada y un escudo. Ahora las defiende utilizando su discurso –lo que dice, cómo escucha, cómo percibe– y una suave orientación y dirección hacia la integridad.

»Durante muchas vidas y en todo el tiempo que ha transcurrido entre ellas, esta alma ha reemplazado frecuentemente las necesidades de su propio ser y de su personalidad con las necesidades de los demás. Ha reconocido que ha pasado por alto el enfoque necesario en el cuidado de sí misma y en el uso de ciertos principios de amor incondicional y aceptación de sí misma. Esta alma ha precisado muchas vidas para conocer en cierta medida y aceptar el hecho de que todo el amor debe provenir primero del amor a uno mismo y que después puede aprender a amarse a sí misma de una forma completa y pura, así como que percibe que Dios la ama, así como todos sentimos nuestra unión con lo que llamáis lo Divino.

»En esta vida, como parte de su búsqueda del dominio de sí misma y de la integración del yo para constituir un todo más completo y perfecto, y poder ofrecer de esa manera un mejor servicio a los demás, esta alma decidió finalmente aceptarse y crear un ambiente a través del cual pudiera experimentar el contraste de un tipo de amor que, tradicional y culturalmente, no se considera normal. Esencialmente, no tenía más opción que enfrentarse a sí misma y a sus deseos, que eran tan fuertes que no podían ser ignorados, para colocarse en un camino perfecto y reconocer su verdad, aceptándose con un amor a sí misma que no había experimentado antes. Al hacerlo, completaría todo el panorama de lo que es el amor.

Estas conmovedoras palabras me indicaban que Jim había forjado magníficamente un grado de amor a sí mismo distinto al que había logrado en cualquiera de sus vidas anteriores. Sin embargo, ¿su despertar gradual a su verdadera naturaleza y la dolorosa separación de Sue habían sido realmente necesarios? Le pregunté al guía de Staci por qué Jim no había planeado simplemente aceptar su sexualidad en una etapa más temprana de su vida.

—Era muy importante que la persona [Jim] aceptara las normas de la sociedad —contestó el Espíritu Guía—. Quería experimentar la corriente principal de la vida. Se había sentido marginado en algunas encarnaciones anteriores, particularmente en una que compartió con la entidad llamada Mike, de la cual no se ha hablado, en la que ambos eran sacerdotes.

»En esta vida actual, deseaba experimentar la plenitud y la terminación de la relación con Sue, pero más allá de eso, sentía que el mejor sendero para el descubrimiento del amor a sí mismo sería caminar de acuerdo con las normas de su sociedad, experimentar los pensamientos de un hombre heterosexual. Esta alma individual deseaba recorrer el sendero de la aceptación, y en este momento y lugar, encontraría el marco de la aceptación, dentro de su sociedad heterosexual, como un hombre casado con una mujer.

»En muchas vidas, esta alma ha recorrido el mismo sendero que muchos otros. No se ha salido de las normas ni de lo admisible. Ha permanecido dentro de los límites de la conducta aceptable y ha encontrado un gran sentido de estabilidad y autoestima en este proceso. No quería volver a las lecciones previas. Ya había transitado esos caminos, por lo que en determinado momento comenzaría a experimentar la diferencia y el desequilibrio, que le permitirían precisamente hallar el equilibrio dentro de sí misma en lugar de experimentar los altibajos emocionales que experimentaría si trataba de complacer a todos a la vez.

»Esta alma se mantuvo fiel a lo que la complacía y a la experiencia del amor como lo percibía en su interior. Y así, al seguir el curso del amor a través del matrimonio convencional con una mujer, encontró su valía, su valor, su fuerza, y su autoidentificación como varón. Adoptó y utilizó [la heterosexualidad] como una plataforma muy bien construida sobre la que poder apoyarse y avanzar hacia delante. Era simplemente, como diríais vosotros, una plataforma de lanzamiento que le dio a esta alma una perspectiva más equilibrada desde la cual abordar la vida.

Le pedí al Guía de Staci que hablara de la homosexualidad más en general.

—En ocasiones, esta experiencia es solo sexual; en otros casos, se trata de la adopción incondicional hacia el amor del mismo sexo. A menudo, cuando lo ha experimentado una o dos veces, el alma continuará en su sendero con la forma física de lo que denomináis amor heterosexual. Aproximadamente el veinte por ciento de todas las almas disfrutan al expresarse a sí mismas como homosexuales. Esto les ofrece un viaje seguro a través de las experiencias que desean. Se sienten cada vez más cómodas al adoptar esa forma y la emplean durante muchas más encarnaciones —cinco, diez, quince, veinte—. Recordad que esta es solo una parte de la experiencia de vida que también se experimenta en otros sistemas planetarios, aunque en ellos la expresión masculino/femenino es ligeramente diferente. Vuestro sistema planetario se presta más a la experiencia de ciertos conceptos emocionales, como el amor, el miedo, el deseo o el anhelo.

»Esto [experimentar la homosexualidad] es un deseo. Cuando se siente, se actúa de acuerdo con él. Muchos de nosotros no hemos tenido esa experiencia, pero hemos experimentado muchas más vidas en muchos más lugares que vosotros [los seres humanos]. Vosotros diríais que somos sabios. No carecemos de conocimiento sobre la experiencia, ni sentimos aversión hacia ella. En su lugar, poseemos una comprensión total de ella a través del servicio que prestamos a quienes la han tenido. Y así, la experiencia está completa dentro de nosotros mismos sin haber tenido que expresarla o aceptarla.

—¿Por qué otras razones deciden las almas ser homosexuales?

—Una experiencia en una vida anterior, en la que, debido a su rol sexual, el alma fue esclavizada, herida o asesinada, y no desea experimentar eso otra vez. Por esa razón, vuelve con el sexo opuesto pero aún no está lista para amarlo, por lo que ama al propio. Por ejemplo, si uno ha sido una mujer que ha sufrido maltrato por parte de un hombre, puede elegir volver a encarnar muy rápidamente como varón para no hallarse en una posición que no sea completamente de poder. Sin embargo, no estará listo para hacer el cambio y amar a una mujer. Por ello, hará un acuerdo con otra alma, que también posea una forma masculina, de manera que se dé un sentimiento de seguridad, cercanía y compenetración y de manera que las experiencias puedan adquirirse. Esa alma sentirá cierta incomodidad al establecer una relación con una mujer, por lo que lo hará con varones.

Jim preguntó por qué elegiría un alma encarnar como una persona heterosexual.

—Porque da lugar a la interacción, a un juego con el sexo opuesto que proporciona experiencias únicas —nos dijo el Guía—. En vuestro sistema planetario existe una escuela de opuestos, definida a menudo como «experiencia por contrastes». Cuando los hombres establecen relaciones con las mujeres, se producen muchas oportunidades de abarcar distintos conceptos de aprendizaje que no se darían en el pensamiento consciente o de los que la persona no se percataría sin el contraste del sexo opuesto. Al coordinarse con el otro sexo, las almas se coordinan con los opuestos [en general]; esto es parte de la experiencia de esta escuela. En algunos otros sistemas planetarios, existen formas diferentes de procreación, distintas estructuras de personalidad, expresiones mayores y menores de la sexualidad manifestada en dos tendencias.

—Tengo entendido que en otros sistemas planetarios hay más de dos sexos, en algunos incluso cinco —comenté.

—Estos otros sistemas planetarios amplían algunas de las lecciones adquiridas en el vuestro y también dan acceso a muchas otras lecciones que vosotros no podéis experimentar. Son imposibles de describir porque vuestro lenguaje es demasiado limitado y este canal no tiene una imaginación capaz de hacerlo. —El Guía de Staci se refería a la mente humana en general, que es incapaz de concebir gran parte de lo que existe en el universo—. Espero que esto baste para satisfacer vuestras necesidades en este momento.

—Jim decidió ser católico —le dije al Guía—. Creció escuchando una y otra vez que la masturbación es un pecado. ¿Por qué planeó esto? Podía haber escogido otra religión.

—Esto creó el mensaje necesario, tanto consciente como inconscientemente, de que el amor a uno mismo y la masturbación eran erróneos. Debéis recordar que esta alma decidió aceptar la experiencia de los opuestos. Aunque estos mensajes fueron inducidos en esta vida, nunca fueron albergados en aquella en la que esta alma viajó por el Vaticano. Y así, estos mensajes (el pecado del amor a uno mismo, el pecado de la masturbación, el pecado del cuerpo) eran una afrenta para ella, sobre la cual reflexionaría durante algún tiempo y que llegaría a rechazarla en su proceso de aceptar el amor incondicional hacia sí misma en todas sus formas. Se trataba simplemente de un concepto que tenía que ser presentado en la vida de esta alma para establecer la lucha de contrastes que daría como resultado el amor incondicional y la aceptación.

—Una última pregunta. La abuela de Jim le dijo que su cuerpo era sucio y vergonzante, y constantemente intentaba limpiárselo. ¿Qué función tuvo ella en la evolución de Jim?

—Encarnaba una experiencia que Jim se comprometió a tener en esta vida. Esta persona [la abuela] ha desempeñado la función de madre y padre en dos de las otras vidas [de Jim]. En esta encarnación, esta alma trabajaba con conceptos y desafíos propios que no tenían nada que ver con la presencia de Jim en su vida. Su acuerdo con él en el nivel del alma consistía en proporcionarle cierto sentido de cuidado físico, pero lo que era más importante, debía proporcionarle los mensajes y la experiencia de contraste con respecto a su cuerpo. Además, su propio desequilibrio le serviría a Jim como un ejemplo viviente de lo que no quería ser en su propia personalidad consciente.

»Jim ha transitado durante mucho tiempo por un camino que lo conduce hacia una expresión más amable, más apacible y menos extremista de su naturaleza interior. Su abuela no ha estado nunca en ese camino y jamás han experimentado una amistad en ninguna de sus vidas anteriores. En esta, su papel era el de antagonista, proporcionando mensajes opuestos a la experiencia que esta alma deseaba tener en su forma física.

LA SESIÓN DE JIM CON CORBIE

Para complementar la sabiduría que Staci y su Guía habían compartido con nosotros, le pedí a Corbie que analizara las vidas anteriores de Jim. Corbie inició la sesión con su oración acostumbrada, para establecer un enlace con los seres no físicos que nos servirían como guías y para establecer la clara intención de que se nos concediera una comprensión del plan prenatal de Jim.

—La primera vida crucial que veo —dijo Corbie después de terminar su oración— fue en la Kenia del siglo VI. Jim, tú tenías una conducta un poco aberrante; te consideraban un chamán, un loco o un sabio, según quién te mirara. Vestías atuendos andróginos. No estabas de acuerdo con el estereotipo: «Soy varón, yo cazo, yo procreo». Les hablabas a las cosas [seres etéricos] que estaban «ahí fuera». Decías que era tu manera de tentar a Dios para que acudiera a bailar con tu pueblo y que habías recibido esa instrucción del sol. Tu pueblo practicaba una religión muy básica: Dios *era* el sol. Ahí era donde todos pensaban que Dios vivía.

»Cuando empezaste a hacer profecías, pensaron que estabas loco. Sin embargo, tenías un sentido de la naturaleza que era muy profundo. Podías percibir los eclipses, los movimientos celestes y cuándo ocurrirían las sequías. Un día dijiste: «La luna sangrará con ira ante su burla y el sol volverá su furia sobre ellos». Seguramente, después de eso se produjo un eclipse lunar (la luna tendría un tono rojizo) y luego una sequía. Más adelante pronosticaste correctamente el final de la sequía. Por ello, tu pueblo comenzó a reverenciarte, porque tenías sus vidas en tus manos. Cuando te preguntaron: «¿Qué deseas?», respondiste que un marido, no por una cuestión sexual, sino porque en esa civilización los hombres cazaban y alimentaban a su familia.

»Sue era un varón heterosexual a quien los jefes tribales te ofrecieron como marido. No hubo ninguna relación sexual entre vosotros y las tareas correspondientes a cada sexo estaban perfectamente definidas. Cuando había que sembrar los campos, se realizaba un ritual de 'magia sexual', pero no era de tipo carnal. Fue ahí donde la sexualidad se separó por primera vez de la idea de la lujuria.

»La siguiente vida que veo es aquella en la que tú y Mike erais sacerdotes. Ambos reconocíais que albergabais sentimientos el uno hacia el otro, pero los pasabais por alto para permanecer fieles a vuestros votos. Mike te dijo: «En el cielo, donde no hay ningún cuerpo ni lujuria carnal, nuestros sentimientos serán más apropiados y comprendidos por Dios. Son nuestras formas imperfectas las que malinterpretan este profundo afecto». Aparentemente, esto fue algo que te escribió, porque veo estas palabras escritas en un pergamino.

»En la siguiente vida que me viene –continuó Corbie–, Mike es tu padre. Te dice: «Un hombre no debe criar a su hijo simplemente para tener descendencia. Es su deber mantener al resto de las generaciones». Con eso [en mente] te casaste, y aquí estaba Sue otra vez. La dejaste embarazada, pero las relaciones sexuales eran un deber para ti porque tu padre te había dicho que tu obligación era proveer a las generaciones siguientes. Tenías una naturaleza muy apasionada y no comprendías por qué ignorabas a tu esposa desde el punto de vista sexual. Cuando ella estaba embarazada, ¡grandioso!: permanecías fuera de servicio durante nueve mes. Estaba bien alimentada y bien vestida, y era muy respetada en la comunidad, pero no sentías un gran amor por ella. Tu amor era por la idea de la Familia, con F mayúscula, la próxima generación, y el deber de poblar a la comunidad. Cuando esta encarnación terminó, Sue dijo que deseaba una vida en la cual la amaras realmente.

»Ahora, he aquí una vida crucial para Mike. Lo veo como un rabino que extiende unos rollos de pergamino. Esto es durante la Segunda Guerra Mundial. Está marcado [como judío] y lo han llevado a un campo de concentración. No era homosexual en esa vida, pero atendió a los «triángulos rosas» [hombres gays] cuando ni siquiera las otras víctimas del campo lo hacían. Debéis comprender que los homosexuales en un campo de concentración recibían el peor tratamiento. Incluso los otros presos tenían permitido robarles la comida.

»Mike vio a hombres gays que se amaban realmente el uno al otro. Estaban enfermos, exhaustos y muertos de hambre, pero el amor todavía permanecía en ellos. Eso lo hizo despertar a algo más grande que el Yo. La personalidad del rabino estaba tan conmovida por el amor que estos hombres sentían el uno por el otro que decidió volver contigo esta vez, diciendo: «Quiero probarlo por mí mismo».

Mientras asimilaba las palabras de Corbie, me di cuenta de que Mike había sido motivado por el simple deseo de experimentar algo que había observado en una vida anterior, lo cual no es una motivación inusual en la planificación prenatal. Como almas, tratamos de experimentarlo todo. De hecho, no hay nada más que hacer en el universo aparte de concedernos diferentes clases de experiencias.

—La sexualidad entre tú y Sue —resumió Corbie— fracasa siempre, independientemente de la vida de la que se trate, porque tú siempre tienes que pensar a lo grande. Tú y Mike habéis tratado en todo momento de pasar por alto cualquier tipo de vínculo sexual y habéis mantenido un vínculo en el nivel del corazón. Por esa razón, participasteis en la vida del padre-hijo. Llegasteis a crear algo que es una especie de «bebé no de carne y hueso». Cuando Sue decide aprender algunas de sus lecciones más duras, generalmente Mike está presente, ya sea como Espíritu Guía o como alma encarnada, para ayudarle a comprender la experiencia. Él es el más evolucionado de los tres.

—Corbie —pregunté—, antes dijiste «la siguiente vida». Sé que hay una secuencia de vidas y también sé que, desde la perspectiva del alma, todas las vidas ocurren simultáneamente. ¿Podrías explicárnoslo?

—Es como un banquete —observó Corbie—. Un muy buen chef puede preparar el *soufflé*, la ensalada, el pavo y los entremeses al mismo tiempo, pero cuando tú cenas, lo haces por partes. O como ver al mismo tiempo todas las piezas del ajedrez sobre el tablero. ¿Cuáles movemos? El jugador tiene que pensar seis movimientos por adelantado. El que haga en este momento, cuatro movimientos después afectará a la reina. Si podemos hacer algo como el ajedrez con nuestras mentes limitadas, seguramente podemos hacerlo también cuando estamos desencarnados.

—Corbie, Jim me dijo que Sue era estéril. ¿Jim y Sue planearon esta esterilidad? Y si es así, ¿por qué?

—Sí —respondió Corbie, con un tono de certeza—. Sue quería que la amasen por sus propios méritos, no por lo que ella pudiera dar. Con frecuencia, si una mujer tiene hijos, gran parte de su individualidad queda estancada en una esquina hasta que los hijos abandonan el nido. Ella adoptó la forma femenina para que la amases, y no tener hijos significaba que tendría toda tu atención durante todo el tiempo que fuera posible.

—Corbie, Jim también me dijo que creció en la fe católica y, más específicamente, que le enseñaron que la masturbación era un pecado. ¿Por qué eligió esto?

—Lo que escucho [del Espíritu] es que esto lo mantuvo siendo heterosexual, por lo menos en apariencia, y estuvo «alineado» hasta que fue lo suficientemente maduro para mantener una relación con Mike. Asimismo, si una persona entiende que la vida heterosexual es correcta y contrae matrimonio, y luego la homosexualidad viene con toda su fuerza de todos modos, estará menos diluida.

En otras palabras, pensé, Jim había querido no solo *una* experiencia de sí mismo como gay, sino que además fuese particularmente *intensa*, con todo lo que ello significaba.

—Jim —añadió Corbie—, si hubieras nacido con una orientación gay y si toda tu vida hubieras pensado en ti mismo como tal, serías una persona distinta. No podrías comprender visceralmente cómo es llevar una vida heterosexual y, después, descubrir la vida de un hombre homosexual y sentirse realizado.

A continuación, le pedí a Corbie que explicara la diferencia entre un alma que planifica una vida en la que se da cuenta de su sexualidad y la acepta desde el primer momento, y un alma que planea un descubrimiento posterior, como hizo Jim.

—Pasar de reconocerse como heterosexual a hacerlo como homosexual —contestó Corbie— es como ser católico durante toda la vida y luego convertirse al judaísmo. O como alguien que es racista y luego descubre lo que es estar en el ala progresista del movimiento en pro de los derechos civiles. Estoy recibiendo una imagen [del Espíritu]. Es como la diferencia entre las colinas y las montañas. Cuando alguien camina por las colinas, al final se cansa, pero no es consciente de los altibajos. Cuando sube una montaña, tiene una experiencia más acentuada, pero dispone de crampones para escalar la roca y clavos para asegurarse de no caer.

—Corbie, ¿cuáles son las lecciones para Jim en esta vida?

—Ser capaz de ver el amor como algo más grande que las personas involucradas. Ser capaz de verse a sí mismo como algo más grande que solo esta encarnación. Escucho que para Sue la lección es amar y dejar ir. Mike está aquí para ponerlo todo en marcha y luego hacerse a un lado.

»Jim —continuó Corbie—, hay algo acerca de ti cuando sintonizo con tu energía. Es una sensación de que puedes permitirte llorar, no por dolor, sino por alivio y gratitud debido a que *alguien te ve* como quien eres. Eso es lo que todos nosotros queremos realmente: que nos vean como somos, en lugar de como nos han dicho que somos o que debemos ser. Quienes nos ven así son ángeles generosos vestidos de paisano que nos muestran una llave dorada y dicen: «Esta es la llave de tu interior. ¿La quieres? Puedo ver en qué cerradura puedes meterla. Me quedaré aquí hasta que lo hagas». Hay una confianza tan increíble que la otra persona, aun si no puede verlo en ese momento, lo entenderá perfectamente. Pienso que este es el motivo por el que, en el nivel del alma, a Mike le encanta trabajar contigo. No pasará mucho tiempo antes de que hayas evolucionado hasta alcanzar su nivel. Tú eres uno de sus alumnos estrella.

»Si te quedas en silencio, puedes percibir el latido del mundo, lento, profundo y retumbante. Existe una paz que también está dentro de ti, Jim. Dado que has anclado esto, puedes transmitirlo a otras personas de un modo grandioso o sencillo. Puedes creer en ellas aun cuando ellas no crean en sí mismas, independientemente de si se lo dices en voz alta o si es esa pequeña complicidad en ti lo que mantiene encendido el piloto para ellas.

—¡Eso es exactamente lo que hago con las personas! —exclamó Jim—. Recibo esta retroalimentación constantemente. Es algo misterioso. No la comprendo totalmente, pero, sin duda, es lo que le doy al mundo. Mi homosexualidad fue excelente para la lucha relacionada con la autoaceptación. Vivir ese proceso me ha proporcionado una gran capacidad para apoyar a otras personas en su búsqueda de la autoaceptación, independientemente de si se refiere a la sexualidad, a la raza o a cualquier otro factor.

—Corbie —dije—, por favor, diles algo a esas personas que leen estas palabras y que saben o creen que son gays pero tienen problemas en aceptarlo.

—Uno no dice: «Ojalá hubiera tenido una mano aquí, pero tengo un pie» —respondió Corbie—. Si no hubiera moral, si no existiera lo correcto y lo incorrecto, no juzgaríamos. Cuando juzgas tu propia orientación sexual como una carencia, como algo impuro o como la única forma de ser, estás poniendo límites. La estás viendo como la ve el mundo y no como lo que realmente es. Trata de mirar lo que eres como algo neutro. Es entonces cuando «gay» es simplemente lo que eres. Las personas que nacen con una orientación heterosexual no se preguntan una y otra vez: «¿Por qué soy heterosexual?». Es una realidad que simplemente aceptan sobre sí mismas. Así que, a aquellos que todavía lucháis os pido que creáis que aquello contra lo que lucháis no es el hecho de estar equivocados o no, sino la forma en que reaccionáis ante vosotros mismos dentro del contexto del mundo. Después de todo, cuando desencarnamos, somos todo y nada.

~

Amor a uno mismo

Como almas que encarnan en el plano terrenal, nuestra planificación prenatal en general y la planificación de los desafíos en particular suelen basarse en el propósito de cultivar el amor a nosotros mismos. Para amarnos, debemos aceptarnos primero, porque solo lo que es aceptado puede ser amado, y para ello hemos de saber primero quiénes somos. Con gran sabiduría, Jim hizo un plan prenatal magistral cuya intención fue llevarlo a descubrirse, después a aceptarse y finalmente a amarse a sí mismo.

El autodescubrimiento de Jim se produjo cuando caminó hacia Liberty Avenue aquel extraordinario día. Antes de nacer, diseñó sabiamente las circunstancias (la estricta crianza católica, la abuela que lo hacía sentirse avergonzado...) que impidieron que ese autodescubrimiento ocurriera en una etapa anterior. Como nos explicó el Guía de Staci, estos elementos de la vida de Jim lo mantuvieron en el camino aceptado por la sociedad, el camino que necesitaba para construir una sólida plataforma desde la cual lanzarse a un nuevo estilo de vida. El plan de Jim también incluía un componente esencial que facilitaría ese lanzamiento: un padre cariñoso y que no lo juzgaba. Al elegir a su padre, Jim escogió a alguien que le proporcionó la cálida aceptación de la homosexualidad que más tarde le posibilitaría autodescubrirse.

Sin esa ausencia de juicio, habría podido reprimir la conciencia de su sexualidad durante mucho más tiempo, quizás incluso durante toda una vida.

Con frecuencia me preguntan cómo puede alguien conocer su propio plan prenatal. Si buscas comprender el tuyo, analiza cuidadosamente las circunstancias en las que naciste: tu período histórico, tu cultura, tus normas y costumbres, tu raza, tu religión y tu situación económica, así como las actitudes y las creencias de las personas que desempeñaron un papel clave en tus años de formación. Con frecuencia, verás un guion de fuerzas opuestas que provocan una tensión dinámica poderosa e inevitable. Examina con particular atención estas fuerzas, ya que la tensión que generan está imbuida de un profundo propósito. Antes de nacer, cada uno de nosotros desea experimentar esa tensión porque desata y promueve nuestra evolución espiritual. En la vida de Jim, se produjo entre una voz exterior que lo instaba a la represión (los ecos de su abuela y las figuras religiosas que le enseñaron que la masturbación era un pecado) y una voz interior opuesta que propugnaba la compasión, una compasión obtenida de la aceptación de los demás, fomentada por su padre.

Dentro de esa tensión interior se encuentra la elección, siempre entre el amor y el miedo. Desde la perspectiva del alma, es esta elección, el ejercicio de nuestro libre albedrío, lo que hace que la vida sea una gran aventura que buscamos emprender una y otra vez. Como almas, esperamos elegir el amor. Cuando lo hacemos, aumentamos nuestra vibración, nos imbuimos de luz y cultivamos virtudes divinas como el valor, que se vuelven parte de nosotros literalmente por toda la eternidad.

En el tiempo transcurrido entre su autodescubrimiento en Liberty Avenue y el momento en que se lo reveló a Sue, Jim luchó con la elección entre el amor y el miedo. Aunque fue un lapso relativamente breve de dos semanas, se trató de un *punto de inflexión* en su vida, un punto en el que se tomaría una decisión clave que bien podría determinar la dirección que Jim tomaría durante gran parte de esta reencarnación. Jim pudo haber sucumbido al miedo (el miedo a lastimar a Sue, el miedo a sus posibles juicios, el miedo a la voz interiorizada de la represión que aún albergaba en su interior) y decidir ocultarle a su mujer su sexualidad. No obstante, esa no fue la decisión que tomó. Valientemente, reunió toda su fuerza interior y le confesó a Sue que le atraían los hombres. Su elección fue extremadamente significativa porque tuvo que superar gran parte del condicionamiento de su infancia y el miedo que este había desencadenado.

Por todo lo anterior, la vida de Jim ha sido mucho más que experimentarse a sí mismo como un hombre gay. Él ha elegido valientemente ser leal a sí mismo. En el momento en que decidió ser sincero con Sue, aumentó la frecuencia de su conciencia. De la misma manera, se experimentó y, por lo tanto, se reconoció a sí mismo como un ser lleno de valor, una poderosa experiencia para el alma que hace que la vida en el plano físico sea muy deseable. Si el miedo no hubiera estado presente, el valor no se habría requerido ni experimentado. Si eres una de esas personas que se resisten a aquellos individuos o circunstancias que les hacen sentir miedo, debes saber que tales individuos o circunstancias están ahí precisamente para que puedas elegir tener valor. Esta comprensión hará que agradezcas su presencia. La alta vibración de la gratitud es incompatible con la baja vibración del miedo y tiene la capacidad de transformarla completamente.

De esta forma, el miedo se vuelve contra sí mismo mientras genera la conciencia que lo sana. Ese es el plan prenatal de muchas almas que encarnan actualmente. Dado que estás leyendo estas palabras, antes de nacer buscaste sanar el miedo en este planeta y sabías que tendrías las suficientes oportunidades de hacerlo. En esta época, toda alma encarnada tiene la capacidad de sanar de miedo en alguna manera; tú no podrías estar presente aquí si carecieras de esta capacidad. Cada vez que se elige el amor sobre el miedo, se cultiva la cualidad del valor en el alma y se produce una sanación para el individuo y para la humanidad en su totalidad. Cada decisión de este tipo nos acerca más a la Época Dorada, una época que todos vosotros llegasteis a crear y de la cual formáis parte, y que produce un notable aumento en la conciencia humana, distinta a lo que se ha visto nunca en el planeta.

La valerosa elección de Jim de aceptar su sexualidad y optar por el amor en lugar del miedo dio forma a la piedra de toque del amor a sí mismo que ahora disfruta. Todas las personas que se experimentan como un ser pleno de valor crecen en el amor a sí mismas. Muchos se preguntan por qué, después de tomar una decisión valiente, el sentimiento de amor a uno mismo se desvanece y se repiten las circunstancias difíciles. El universo siempre apoya una decisión valiente, pero también exige que la persona no se quede estancada, sino que continúe tomando una decisión valiente tras otra. Una gran mayoría no lo puede hacer; su luz literalmente se va atenuando y su vibración decreciente remagnetiza los desafíos en sus vidas. Estos desafíos son planeados como potencialidades antes de nacer y constituyen algunos de los cronogramas que Staci ve en las tablas de planificación prenatal. Cuando Jim y Sue se mudaron a California y Jim escogió «volver a la represión», es decir, cuando revirtió algunas de las valientes decisiones que había tomado, eligiendo el miedo en lugar del amor, atrajo un período de dificultad, cuyo objetivo era permitirle decidir nuevamente. En última instancia, Jim creció en el amor a sí mismo, no porque hubiera tomado la valiente decisión de revelar su sexualidad a Sue, sino porque había tomado muchas decisiones valientes a lo largo de muchos años. Su camino hacia el amor a sí mismo fue arduo y complicado, y se prolongó debido a la represión, pero él lo siguió valientemente y sin desfallecer.

Dado que enseñar *es* aprender, los planes prenatales están diseñados para darnos la oportunidad de enseñar lo que más tenemos que aprender. En ocasiones, el maestro es reconocido como tal en un sentido formal, pero más a menudo planeamos enseñar a otros a través de la forma en que vivimos: a través del ejemplo, la lucha e incluso lo que es, aparentemente, un fracaso. Jim trató de aprender a amarse en esta vida y planeó el potencial, activado y realizado por su libre albedrío, para aceptar su atracción por los hombres dentro del contexto del matrimonio con una mujer. Sue tenía una intención idéntica en esta vida, por lo que planeó la experiencia de estar casada con un hombre gay, una experiencia que esperaba que pudiera abrir su corazón y llevarla a un lugar de amor a sí misma. Ambos esperaban que él sirviera de ejemplo y maestro para ella, y Jim lo hizo con amor. De forma semejante, en su lucha por amarse a sí misma, Sue fue un ejemplo y una maestra para Jim. Aquí vemos uno de los principios fundamentales de la planificación prenatal: las familias, tanto aquellas en las que nacimos como aquellas que creamos posteriormente, con frecuencia deciden estar juntas porque sus miembros enseñan y aprenden las mismas lecciones. Comúnmente, esa lección es el amor a uno mismo. Si Sue comprende algún día que Jim la ama y decidió con amor ser su ejemplo y su maestro, es posible que lo perdone. Si tú eres o fuiste pareja de alguien que te dañó al adquirir conciencia de su sexualidad, ten en cuenta que esta persona podría haberlo hecho por amor, porque tú se lo pediste, y como un servicio para ti.

Por otra parte, ¿qué hay de los padres que luchan por aceptar la sexualidad de su hijo? Si te encuentras en esta circunstancia, tu hijo sabía antes de nacer que te enfrentarías a esta lucha y te escogió no a pesar de ella, sino debido a ella: se trata de una oportunidad de aprender a amar como una forma de servir a tu hijo. Recuerda que en la esfera física, nada es como parece. Si tu hijo hubiera querido a un padre que no experimentara ninguna dificultad con tu tendencia sexual, había elegido a otra persona. La elección prenatal de un padre siempre se realiza con amor y sabiduría.

¿Por qué un hijo escogería a un padre que habría de tener problemas con su sexualidad? Por la misma razón que Jim planeó los desafíos a los que se enfrentó: como un profundo incentivo para amarse a sí mismo. Esta conciencia permite que los padres se perdonen por cualquier juicio emitido hacia su hijo. Este perdón es la fuente de un mayor amor a sí mismos y de la sanación de la relación con su hijo. Si has juzgado a tu hijo, abraza suavemente tus juicios y a ti mismo con perdón y compasión, en lugar de juzgar al juicio. Quédate en paz sabiendo que, al optar por ti como padre, tu hijo hizo una elección perfecta. No podía ser menos.

Y si tuviste que lidiar o lidias ahora con el juicio a ti mismo o con los juicios de otros con respecto a tu sexualidad, debes saber que te hallas entre las más valientes de las almas. Tu viaje hacia la autoaprobación y el amor a ti mismo abre una brecha energética que hace más fácil que todas las personas, incluso aquellas a quienes nunca conocerás y que jamás oirán hablar de ti, acepten y amen no solo su sexualidad sino también todos los aspectos de su ser. Lo que te has dado a ti mismo, lo extiendes a todos.

Tú eres el maestro del mundo, una bendición para ti y para todos.

Capítulo 8

El incesto

Mientras escribía mi primer libro, entré en contacto con una mujer (la llamaré Paula) que había sufrido abusos sexuales por parte de su padre. El padre y la madre de Paula murieron hacía muchos años. A través de un médium, pudimos hablar con ellos. Explicaron que el potencial del incesto había sido acordado por todos antes de nacer. El padre nos contó que él y la madre de Paula tuvieron vidas anteriores en las que ambos habían abusado sexualmente de sus hijos. Habían arrastrado esa «energía del incesto» en su cuerpo no para expresarla, sino con la intención de sanarla. Lo que esperaban, según nos dijo, era que el incesto no se produjera y que su energía sanara cuando él controlara sus impulsos. Dado que antes de nacer no se sabía con certeza si podría lograrlo, la madre de Paula estableció un acuerdo con su hija en el que aceptó protegerla de su padre. Desafortunadamente, no lo consiguió, y el padre cometió el incesto.

La conversación con los padres de Paula fue profundamente conmovedora. Ambos estaban extremadamente arrepentidos, se disculparon de forma repetida y le pidieron perdón a su hija. Y en un momento de extraordinaria emoción, la madre de Paula le dijo:

—Siempre te amé. Amaba incluso el olor de tu pelo.

El Don de tu 𝔄lma

Paula, el médium y yo rompimos a llorar. Paula me dijo después que la conversación le ayudó a sanar heridas que la habían acompañado durante toda su vida. En ese momento me di cuenta de que una exploración de la planificación prenatal del incesto podría producir un tipo similar de sanación a otras personas.

Mientras consideraba el tema del incesto para este libro, lo vi alternadamente a través del lente del alma y del lente humano. Desde la perspectiva del alma, hallé nuevamente una oportunidad de ofrecer sanación, y sentí esperanza, humildad y honor por hacer este trabajo. Sin embargo, desde la perspectiva humana, sentí miedo. ¿Cómo podía sugerir, en particular a las personas que han experimentado el incesto, que algo tan traumático podía ser planificado por un alma? Si el universo me pedía que pusiera este espinoso asunto en consideración, ¿cómo podía hacerlo con amor y compasión? Me preocupaba especialmente que las personas que han experimentado el incesto pudieran sentir que las culpaba, aunque en el nivel del alma no sentimos remordimiento, juicio o culpabilidad con respecto al hecho de planear cualquier experiencia. Oré, pedí orientación y seguí adelante, sabiendo que mi sendero sería iluminado.

En este capítulo conocerás a Debbie, cuya historia es diferente de la de Paula en un aspecto fundamental: Paula y sus padres esperaban que el incesto no se produciese, mientras que Debbie y los miembros de su familia sentían antes de su nacimiento que era muy probable que tuviese lugar. Con un profundo amor y para dar servicio a sus padres, Paula estuvo dispuesta a asumir el riesgo y decidió antes de nacer que, si ocurría, usaría el incesto como un catalizador para su crecimiento. Debbie, por su parte, sabía que el incesto era la ruta más probable, por lo que diseñó un plan de vida basado en esa probabilidad.

La historia de Paula se presenta como una alternativa a la de Debbie, que estás a punto leer. Si has experimentado el incesto, por favor permite que tu intuición, y no tu mente lógica, te sirva de guía para percibir si tu plan de vida se acerca más al de Paula o al de Debbie. *Siente* cómo abordas esa cuestión. Mientras lo haces, sé amable y afectuoso contigo mismo. Báñate de compasión y permite que cualquier pensamiento o emoción de culpabilidad —hacia otros o hacia ti mismo—, de ira o cualquier otra cosa que pueda surgir pasen a través de ti sin juzgarlo. Recuerda, tú *no eres* tus pensamientos o tus emociones; únicamente las albergas. Jeshua aconseja verlos como a unos tiernos niños implorando que los comprendas y que los ames. Sé una madre o un padre sabio y apacible para ellos, y abrázalos como abrazarías a tu propio hijo. La sanación surge al amar cada una de las partes de nosotros mismos, sin rechazar ninguna.

Debbie es alguien a quien podríamos llamar una superviviente del incesto. Sin embargo, ha hecho mucho más que sobrevivir a él: ha creado una vida próspera. En las conversaciones que mantuvimos, me quedó muy claro que se había sanado a sí misma de una forma muy profunda. Como experimentada psicoterapeuta, Debbie dedica su vida a guiar a sus pacientes a lo largo del sendero de sanación que conoce tan bien. Su sanación surgió de un proceso muy intenso que incluyó conversaciones con sus Guías, ángeles y miembros de su familia en espíritu que le hablaron acerca de su plan prenatal de experimentar el incesto. Para ella, esas conversaciones fueron bendiciones que le permitieron comprender y sanar el dolor de su infancia. No es muy frecuente que conozca a alguien a quien se le haya otorgado tal perspicacia sobre su plan de vida. Sentí que me habían guiado hacia Debbie para poder compartir con el mundo su experiencia y su sanación.

DEBBIE

—A eso de los treinta y cinco años, noté en mí muchos comportamientos, pensamientos y sentimientos que no tenían sentido —me dijo. Con cincuenta y cuatro años de edad en el momento de nuestra conversación, Debbie irradia calidez y generosidad—. No comprendía por qué me había vuelto así y por qué tenía tantos problemas en mi vida.

»Empecé a mirarme a mí misma y me di cuenta de que apenas podía recordar algo sobre mi infancia. Esto fue antes de convertirme en terapeuta. No confiaba en nadie. Aparentemente era amigable y abierta, pero nunca dejaba que nadie se acercara demasiado. Actuaba seductoramente con los hombres, pero cuando se aproximaban demasiado, escapaba. Lloraba cada vez que tenía relaciones sexuales.

Además de sus problemas con los hombres, a Debbie la atribuló durante años una necesidad de ejercitar un rígido control sobre su programa diario y sobre todo lo que ocurría en su casa. Padecía insomnio, particularmente si tenía invitados que se quedaban a dormir. Además, bebía mucho alcohol. Se sentía carente de valor, desagradable e indigna, y la atormentaba la culpabilidad y la vergüenza, todo ello sin saber por qué.

Debbie describía a su padre como un alcohólico débil y que temía a su madre. Recordaba poco más acerca de él.

Cuando era niña, Debbie padeció una fuerte ansiedad que la llevó a consumir tranquilizantes. Mostraba una conducta obsesiva compulsiva; se lavaba las manos una y otra vez, a veces hasta hacerlas sangrar. Tenía miedo de que la abandonasen y frecuentemente se escondía en el armario de su dormitorio.

Los problemas en su relación con los hombres surgieron por primera vez en el instituto.

—Si salía con un chico —recordó—, por una razón que ignoraba, me sentía asqueada y nunca volvía a hablarle. No era nada que él hubiera hecho. Tuve un novio cuando estaba en la universidad. Finalmente, rompió conmigo y empezó a salir con otras chicas, pero seguía yendo a su apartamento para mantener relaciones sexuales con él. Pensaba de esta forma siempre tendría una parte de él. Además, seguía llamándome, así que pensaba que yo tenía algo especial.

Durante gran parte de su paso por la universidad, Debbie se enfrentó a una grave depresión. Después de un intento de suicidio, dejó las clases y regresó a casa, para convertirse finalmente en auxiliar de vuelo.

—Fue entonces cuando empecé a tener relaciones de una sola noche —dijo—. Todos eran el hombre equivocado y todos por razones equivocadas. Incluso me pudieron haber asesinado, pero no me importaba. Creía que esa era la única manera de gustarles a los hombres. Me odiaba a mí misma. Me sentía abatida y perdida.

Mientras Debbie hablaba, no mostraba ningún rastro de vergüenza o juicio en su voz, con excepción de una compasiva comprensión de la persona que había sido en ese momento de su vida.

Poco después, se casó con su primer marido, un hombre mayor que la hizo sentirse segura y protegida.

—Sin embargo, seguía teniendo mis propios problemas —reconoció. Durante los primeros años de su matrimonio, sufrió un aborto, y después un embarazo ectópico. Se le diagnosticó endometriosis grave—. Estos problemas reproductivos eran señales de lo que había ocurrido, un intento de llamar mi atención, pero no lograba unir los puntos —observó.

Deprimida, infeliz y convencida de que su marido era la causa de su desdicha, Debbie lo abandonó y se mudó con su padre. Poco después, surgieron más pistas acerca de su infancia.

—Me despertaba con ataques de pánico, sin poder respirar, con un miedo muy intenso —recordó—. Sentía como si alguien me estuviera ahorcando. Nunca dormí una noche completa.

Durante los siguientes años y después de su divorcio, Debbie se volvió a casar y obtuvo una licenciatura en Psicología. Trabajó como consejera en un refugio para víctimas de violencia doméstica, personas a las que habían agredido o acosado sexualmente.

—Observé que algunas de las cosas que experimentaban esas personas, como la ansiedad, me ocurrían a mí también —dijo—. Eso era parte del plan [prenatal]. Se me estaban ofreciendo oportunidades para recordar, pero no estaba lista para escucharlas.

Su siguiente trabajo en un centro comunitario de salud mental le dio a Debbie más información.

—Estaba sentada ahí, enfrente del paciente —recordó—, escuchando su historia, pensando en lo similares que eran sus síntomas a los míos. Un día me pregunté si yo misma habría sufrido algún tipo de abuso sexual.

Debbie también empezó a sentirse inexplicablemente enfadada con su padre, y su ira aumentaba conforme más trabajaba en el centro de salud. Pronto, las circunstancias intervinieron para responder a la pregunta que se había planteado.

—Mi familia política tuvo que mudarse con nosotros. Dejé el trabajo para cuidarlos. Tan pronto como lo hice, tuve tiempo para venirme abajo, así que los recuerdos comenzaron a fluir. Finalmente, me di cuenta de toda la verdad. Y no solo lo sabía con mi mente; lo sabía con todo mi cuerpo. Lo sabía en mi corazón. Me di cuenta de que toda mi vida había sido una mentira, que todo lo que creí que era verdadero no lo era y que tenía que trabajar muy duramente para hacer que todo tuviera sentido.

Debbie empezó a recordar escenas de su infancia, algunas de las cuales eran tan espantosas que durante muchas noches tuvo que dormir en el suelo con la espalda contra la pared. Pensaba que así nadie podría acercarse a ella a hurtadillas.

—Mi cama estaba contra la pared –dijo Debbie, con la voz repentinamente tensa mientras recordaba una de las escenas retrospectivas–. Recuerdo que trato de estar completamente quieta y en silencio. «Tal vez si no me muevo, no me ocurrirá nada malo», me digo. También siento náuseas y miedo. Mi corazón comienza a latir con fuerza. Siento calor en todo el cuerpo; el calor me recorre los brazos y las piernas. Sé que algo va a ocurrir. No hay nada que pueda hacer para detenerlo. Estoy indefensa.

»Miro la puerta. Está oscuro, pero hay una luz que viene desde el pasillo. Veo la sombra [de su padre] dirigiéndose hacia mí. Sigue avanzando. Se acerca. Huele a ginebra. Siento la aspereza de su barba contra mí. No me gusta. ¡Estoy muy asustada! Quiero gritar, pero no lo hago.

»¡Me siento tan mal! Pero ignoro que es algo malo, porque no puedo hablar con nadie acerca de esto. Mi madre lo sabe y no hace nada. Así que pienso que tal vez soy yo quien está mal. A nadie parece importarle.

Después de esa escena retrospectiva, Debbie comprendió algo que la había desconcertado durante mucho tiempo: aunque había consumido mucho alcohol con el paso de los años, nunca había tolerado el sabor de la ginebra. Ahora sabía por qué.

Conforme surgían los recuerdos de su infancia, también comenzó a tener pesadillas.

—Había una que se repetía una y otra vez. En el sueño, soy una mujer adulta. Estoy en un baño público. Hay sangre por todos lados. Sé que sería terrible que alguien lo viera, así que trato desesperadamente de limpiar el baño. Termino de hacerlo justo cuando oigo que varias personas entran en la habitación contigua. Entro en esa habitación; es un grupo de terapia. Todos están sentándose. Recorro el círculo con la mirada. Mi padre se ha sentado al lado de un psicólogo con el que trabajé y que daba tratamiento a personas que habían sufrido abusos sexuales.

»No pude dormir durante meses —añadió—. Lloraba. Gemía. Hubo ocasiones en que mi marido sacaba a sus padres de la casa para que pudiera desahogarme. *Sentía un dolor tan profundo dentro de mí... Me arrastraba por el suelo como un clase animal herido e indefenso. Eso aliviaba parte del dolor que no podía manifestar de ninguna otra manera. Por fortuna, me permití a mí misma hacer lo que fuera necesario para sanar.*

Debbie compró el libro *The Courage to Heal* (El valor de sanar) e hizo todos los ejercicios detallados en él. En ocasiones, se sentaba en el patio y les gritaba furiosamente a sus padres: «¡¿Cómo te atreviste?! ¡¿Cómo pudiste?!», liberando la ira contenida. Trató de no salir de su casa a menos que fuera necesario. Incluso un viaje a la oficina de correos podía ser más de lo que era capaz de soportar.

—Recuerdo haber entrado en correos pensando que llevaba en la espalda un enorme letrero que decía: «He sufrido abusos sexuales». Creía que todo el mundo podía verlo. Quería escabullirme de allí. Me sentía tan avergonzada y humillada...

A pesar del dolor que aquello implicaba, Debbie continuó mirando en su interior, expresando libremente cualquier sentimiento que surgiera.

—Conforme las emociones venían a mí, me permití sentarme con ellas en lugar de reprimirlas como lo había hecho toda mi vida, lo cual había provocado todos los problemas con los que había vivido.

»Un día estuve varias horas sin llorar. Conforme transcurrían los días, fui pasando cada vez más tiempo sin hacerlo. Y luego, finalmente, me sentí aliviada porque todo tenía sentido. Toda mi vida había pensado que estaba loca, que carecía de valor y que era una mala persona. Tardé un tiempo en perdonarme a mí misma por algunas de las conductas que había mostrado, por algunas de las personas a quienes había lastimado, pero ahora podría avanzar en una dirección que era la más adecuada para mí porque ahora sabía la verdad.

—Debbie —pregunté—, ¿el incesto ocurrió solamente con tu padre?

—Con mi abuelo también —respondió—. La razón por la que es importante es porque lo recordé a él primero. Para mantenernos cuerdos, nuestras mentes nos protegen, regulando la cantidad de los conocimientos que van llegando a ella. Dejé que esto entrara en mi conciencia antes de pasar a mi padre y procesar este enorme y doloroso recuerdo.

—Hablemos más acerca de la sanación. ¿Cómo la lograste?

—Esa es la parte buena de la historia –contestó Debbie, ahora con un tono perceptiblemente más brillante–. Tuve intensos síntomas y procesos. Comencé a viajar hacia mi Yo [alma] con Y mayúscula, y me di cuenta de que había elegido [antes de nacer] todo lo que me había ocurrido. Por ese motivo, también tenía el poder de pensar como quisiera acerca de ello y de modificar el significado que tuvo en mi vida.

»Ese proceso de sanación fue un tormento, pero no podía parar o nunca llegaría al otro lado. El hecho de saber que había escogido la experiencia lo puso todo en su lugar. Lo que quería hacer y aprender en esta vida fue para mi propio crecimiento.

—Debbie, parece que tu sanación consistió en pasar tiempo a solas, permitiendo que los recuerdos volvieran y luego llorando y lamentándote tanto como fuera necesario.

—Así fue –confirmó–. Y también consistió en hallar un lugar seguro. Encontré un grupo de meditación, con el que estuve durante todo un año. Era un grupo alentador, lleno de amor incondicional. No había nada que pudiera decir, sentir o hacer que fuera tan horrible para que dejaran de amarme. Asimismo, durante ese tiempo, profundicé realmente mi vínculo con el Espíritu, dándome cuenta de quién soy realmente, conociendo esa otra parte de mí.

Le pedí que me dijera cómo sabía que había planeado el incesto antes de nacer y por qué había hecho esos planes.

—Estaba meditando en una playa –me dijo–. Todos los miembros de mi familia que habían muerto vinieron a mí. –Debbie me explicó más tarde que los vio con su tercer ojo, considerado por muchas personas la sede de la visión psíquica. La claridad y la calidad de la visión fue tal que Debbie *sabía* que sus seres queridos se encontraban ahí con ella–. Estaban frente a mí y me dijeron que todo lo que había ocurrido entre nosotros fue hecho con amor y con un afán de servicio. Me decían:

Tú querías sanar al mundo esta vez. Tu vida debía experimentar sufrimiento, dolor, pesar y aflicción en suficiente medida para invocar la sanación personal. Si te hubieras sentido cómoda, la motivación para sanar no habría sido tan grande. Si el daño no hubiese sido suficiente para tu crecimiento personal, tu contribución al mundo sería menos apasionada e importante.

Ya ayudaste antes [en vidas anteriores] desde una distancia segura, pero cuando se convirtió también en tu historia, tuviste que participar de una forma mucho más profunda y comprometida. A través de la sanación personal, al haber tenido esa experiencia, puedes guiar a la gente a través de su dolor con firmeza y amor, porque tú sobreviviste a él. Por lo tanto, puedes tener un mayor impacto energético en el mundo. Al sanarte a ti misma, y mediante tus oraciones y meditaciones, llegas a más personas que están sanando.

»Les agradecí a cada uno de ellos la participación que tuvieron en mi vida —dijo Debbie—. Si no hubieran desempeñado tan bien su papel, no estaría donde estoy ahora, en contacto con mi Espíritu. Pude bendecirlos por ayudarme a hallar el camino de vuelta a mí misma. Recuperé mi poder y me di cuenta de que yo lo planeé todo. Yo estaba a cargo. Ellos solo hicieron lo que les pedí que hicieran.

—¿Tu padre y tu abuelo vinieron a ti?

—Mi abuelo, mi madre, todos los miembros de la familia por parte de mi madre. Mi padre aún vive. Trabajo con él ahora en el nivel del alma, porque todavía niega lo que ocurrió.

Este era un punto esencial. Cada uno de nosotros puede comunicarse directamente con el alma de otra persona. En estas comunicaciones, podemos pedir que se exprese nuestro amor o nuestro perdón a esa persona para sanar una relación. A partir de ahí, depende de esa persona, la personalidad encarnada, determinar si acepta el amor y el perdón. Sin embargo, en el nivel del alma, todos los mensajes de este tipo se reciben con alegría. Es conveniente abrirse y concluir tales comunicaciones con una expresión de gratitud al alma de esa persona por escuchar y atender. La gratitud es el equivalente a una línea telefónica interdimensional sin interferencias, conectada directamente al alma.

—En otra meditación –continuó Debbie–, entré en contacto con mi madre. Le pregunté: «¿Por qué, mamá? ¿Por qué tuvimos que hacer todo esto?». Ella respondió: «Porque tú lo pediste». Y añadió: «Aún trabajo con tu padre. El hecho de que ya no esté con nosotros de una forma física no quiere decir que el vínculo se haya roto».

—¿Hubo alguien más en espíritu que te hubiera explicado por qué habías pedido estas experiencias? –pregunté.

—Mi abuela materna dijo: Esto fue establecido hace mucho tiempo. El plan tenía varios niveles. Tú te sanarías a ti misma, a tu familia y luego ayudarías a salvar el planeta. Era un plan muy específico y no se habría producido sin un orden de eventos cuidadosamente planificado».

»Está claro que yo deseaba hacer esto –añadió Debbie–. Todo tenía que ponerse en el lugar que le correspondía para que pudiera hacer mi trabajo aquí. Pienso que el incesto fue lo mejor que pudo suceder. El Espíritu me ha dado la información de que puedo alcanzar grandes niveles de felicidad y amor, comparables a las profundidades de dolor y sufrimiento que sentí. Y sin conocer la diferencia, no podría amar tanto como lo hago ahora.

—Debbie, ¿crees que el plan prenatal de tu madre no era protegerte de tu padre?

—Así es.

—Por favor, ofréceles algún consejo a aquellas personas que han experimentado el incesto, que se preguntan si se trataba de parte de su plan de vida y que dicen: «No puedo creer que yo hubiera planeado esto».

—Honraos a vosotros mismos como nadie os ha honrado antes –aconsejó–. Si eso quiere decir no comprenderlo ahora mismo, aceptadlo. Pero dadles el tiempo y la frecuencia suficiente y dejad entrar un poco de luz más elevada en ese espacio. Eso se logra con el tiempo y con la dedicación a vosotros mismos y a vuestra valía. Cualquiera que sea vuestra verdad, es correcta.

»Y escuchad vuestros sentimientos. Dejad que se expresen, aunque sean temibles y duelan, y aunque a veces penséis que vais a volveros locos. Conforme los liberáis, el proceso se vuelve más fácil. Al final, podéis tener una perspectiva diferente.

—¿Con qué pensamientos te gustaría dejar a las personas, Debbie?

—Comenzad por honrar vuestros sentimientos y dejar un poco de espacio para que ocurra un milagro. Está ahí. Solo es cuestión de buscarlo y dejarlo entrar en vuestra vida.

Después de mi conversación con Debbie, sus Guías ofrecieron el siguiente mensaje:

Sanarse a sí mismo cambia la frecuencia vibratoria de vuestra línea generacional: vuestro Yo pasado, presente y futuro. El perdón también cambia la vibración, lo cual afecta a todas las partes implicadas. Al sanaros, ayudáis a elevar a todo el planeta, porque estáis aportando amor, paz y perdón en lugar de emociones con una vibración inferior. Dejad de luchar contra vosotros mismos; rendíos y ceded. La sanación se producirá de una manera natural si le permitís hacerlo. Aquellos de vosotros que estáis en la Tierra encarnados en cuerpos humanos debéis ser los canales de sanación para otras personas. Mantened la quietud y escuchad. Sois fuertes y creativos más allá de vuestra comprensión.

La sesión de Debbie con Pamela y Jeshua

Los sentimientos de certeza de Debbie con respecto a su plan prenatal, así como las muchas confirmaciones que había recibido del Espíritu, me resultaban muy significativos. No hay mejor indicador de un plan prenatal que la propia resonancia de la persona. No obstante, no asimilaba aún la idea de que un alma (cualquier alma) pudiera planear el incesto. Esperaba que Pamela y Jeshua nos ayudaran, a mí y a todas las personas que leen este libro, a comprender mejor la planificación prenatal de este difícil desafío vital. También esperaba que ofrecieran palabras de sanación a aquellos que han experimentado el incesto.

Antes de la sesión, le pedí específicamente a Pamela que abordara el origen kármico del incesto y también por qué Debbie no lo había recordado durante tanto tiempo.

—Debbie, primero te daré mis impresiones de tu campo áurico y lo que siento acerca del desafío del incesto en tu vida —dijo Pamela—.

Veo un cálido color azul cobalto en tu aura, alrededor de los hombros y la cabeza. A través de este color, intuyo que albergas una profunda sabiduría interior y que en esta encarnación has logrado un avance en tu evolución. Puedo sentir que, en la vida cotidiana, buscas siempre sintonizar con tu guía interior, con la misión de tu alma. Te has entregado a una sabiduría más alta. Te has conectado con tu propio Yo mayor, con tu alma. Esto irradia una sensación de paz y equilibrio.

»Lo que nos ayuda a sanar por completo es mantenernos sintonizados con las emociones negativas que alojamos dentro de nosotros y *permitirles expresarse plenamente*.

»Con esto quiero decir que debes sentirlas plenamente en tu cuerpo y preguntarles qué mensaje tienen para ti. Siento que a veces deseas tanto que la paz y la armonía se extiendan por tu vida que descuidas ligeramente las emociones negativas. Hay una niña pequeña escondida dentro de estas emociones, que todavía siente un poco de ira y de tristeza respecto al pasado no solo por los abusos, sino también porque nadie te tomó seriamente como la sabia y hermosa niña que eras. Intuyo que, en tu infancia, tenías un don que ofrecer al mundo y sentías que este don no había sido verdaderamente reconocido y apreciado por tu entorno. Al mismo tiempo, en un nivel profundo, has sanado y perdonado realmente a las personas que te rodean. Has ido más allá de sentirte víctima; solo puedo ver vestigios de tu dolor emocional.

Aquí, Pamela repetía un punto importante que Debbie había mencionado en su conversación conmigo: que las emociones necesitan expresarse. En la madurez, Debbie se dio cuenta de que su hábito de reprimir el dolor, aunque era comprensible, había sido la causa directa de muchas de sus dificultades. Fue únicamente cuando expresó esas emociones, cuando maldijo airadamente a sus padres y aulló como un animal herido, cuando la sanación se produjo. Evidentemente, incluso la sanación más profunda era posible.

—Es importante abordar esto [los vestigios de la ira y de la tristeza] —continuó Pamela—. Tu energía se volverá más firme y enraizada. Al permanecer en sintonía con la niña herida de tu interior y al permitirle expresar el dolor que sigue cargando, crearás un espacio de comprensión incluso más amplio de lo que es ahora.

El Espíritu creó una imagen en la mente de Pamela, una metáfora para la sanación de Debbie.

—Veo un árbol que ya es fuerte, pero si obtiene más agua y sol, las raíces se volverán más profundas, y el árbol se pondrá verde y crecerá abundantemente. El árbol simboliza tu energía, Debbie. Como lo veo ahora, irradia fuerza y perseverancia, un profundo conocimiento interior y la sensación de que «lo has logrado». Sin embargo, ahora el árbol no tiene ninguna hoja y el suelo en el que se encuentra está algo seco y en la sombra. Se beneficiaría si le das más agua y lo colocas en un sitio más abierto, donde pueda recibir más luz del sol.

»El agua simboliza las emociones –explicó Pamela–. Puedes permitirte *fluir con tus emociones* un poco más. Confía en que te llevarán a un punto de equilibrio si las dejas fluir libremente a través de ti, sin juicio y sin apego.

Esta era una nueva percepción crucial. Cuando juzgamos una emoción como algo negativo, creamos un apego energético hacia ella. Este apego puede reforzarla y, si es lo suficientemente fuerte, fijarla en nuestra experiencia. Por lo tanto, generamos más de la misma emoción que deseamos eliminar.

—El sitio abierto y el sol –continuó Pamela–, significan que debes permitirte más espacio, salir de las sombras y reconocer tu fuerza y tu resplandor. Debes darte cuenta de tu propio valor y tomarte en serio, lo cual no tiene nada que ver con el ego. Puedes permitirte sentir más profundamente tu propia grandeza, tu alineación con tu alma y con el Espíritu. Al honrar tus logros y al tomarte en serio, tu energía espiritual estará más enraizada, más anclada a la Tierra y, por lo tanto, afectará a otras personas aún más profundamente.

»Ahora, analizaré las raíces kármicas del incesto. Hubo una vida anterior en la que conociste a tu padre. Tú eras la *madame* de un burdel. Cuando eras una muchacha, te viste obligada a trabajar como prostituta. Tu padre en esa vida (que no es tu padre en tu vida actual; más tarde hablaremos de él) era un hombre amargado. Él y su esposa vivían en la pobreza y tenían varios hijos. Tú pareces hispana; esto podría haber ocurrido en América Latina. Él tenía ambiciones pero no pudo cumplirlas debido a su baja condición social. Estaba furioso por eso y se desquitaba con tu madre, que era una mujer apacible pero débil e incapaz de hacerle frente. Cuando eras niña, deseabas que hubiera más armonía en la familia.

»Cuando tenías unos dieciséis años, un hombre abusó sexualmente de ti en la calle. Tú eras virgen y no sabías lo que ocurría. Cuando terminó, te lanzó unas monedas, que llevaste a tu casa.

»Te veo volver a casa, asustada y conmocionada, con tierra en la cara y en los brazos, echando esas monedas en la mesa, y veo también el entusiasmo con que tu padre las recibió. Tu madre también estaba feliz. No les dijiste cómo habías conseguido el dinero. Observaste cómo el hecho de llevar dinero produjo felicidad en tu familia. Así fue como empezaste a trabajar como prostituta. Tus padres te preguntaban cómo habías conseguido esas monedas, y tú inventabas algo para no avergonzarlos. Finalmente dejaron de preguntar. No querían saber, porque valoraban mucho el dinero.

»A medida que ibas creciendo, tu autoestima se vio afectada. Trabajar en la calle como prostituta era muy duro. Cuando tenías aproximadamente veintiún años, buscaste la protección de un burdel. La vida era difícil e injusta, pero tenías la compañía de otras chicas.

»No podías soportar ver las injusticias que se cometían con esas chicas. Siempre que veías que las trataban injustamente e incluso con violencia, una profunda ira e indignación surgían de lo más profundo de tu estómago y no dudabas en defenderlas y ayudarlas lo mejor que podías. Te inclinabas menos a defenderte a ti misma que a los demás. Debido a tu fuerte temperamento, con los años llegaste a dirigir el burdel. Para entonces, habías desarrollado una profunda desconfianza hacia los hombres y una feroz protección hacia las que llamabas «tus niñas».

»Tenías unos cuarenta años cuando tu padre actual entró en escena. Era un hombre que visitaba el burdel asiduamente y que tenía una aventura amorosa con una chica en especial. Se enamoró de esa chica y quería casarse con ella. Era decente, muy sensible, pero también se sentía frustrado porque no era tan varonil como se esperaba en esa sociedad. Precisamente había acudido al burdel para demostrar que era un hombre. Era inseguro y no quería dañar o despreciar a las prostitutas.

»La chica también lo amaba. Era muy tímida, con una baja autoestima. Tú creías que ese hombre solamente la usaría y no mantendría sus promesas. Sus sentimientos eran honorables y la chica quería irse con él, pero tú te negaste a dejarla ir. Le hablaste con vehemencia y la convenciste de que se quedara en el burdel. Ella estuvo de acuerdo; era impresionable e incapaz de tomar decisiones por sí misma. Intuyo que habría sido feliz con ese hombre.

»Él, tu padre actual, estaba muy disgustado por tu interferencia, y su decepción e indignación crecieron cuando descubrió que habías puesto a la chica en su contra. Nunca te perdonó. Además, le prohibiste la entrada al burdel. La chica se sintió cada vez más harta de su situación y triste después de eso, y entró en un estado de apatía. Al verla, a veces tenías la sensación de haber cometido un error, pero te mantuviste firme. Tu corazón se había cerrado hacia los hombres y sentías que tu misión era proteger a las mujeres tratadas injustamente. Tu padre actual murió en esa vida sintiendo un gran odio hacia ti. Eso puso en marcha una rueda kármica.

»En esta vida actual, tu padre quería vengarse de ti y lo hizo a través del abuso sexual. Una vieja parte de él quería ajustar cuentas contigo. Esa parte de él no podía ver a la niña inocente y vulnerable que eras como su hija; solo veía a la mujer fuerte de aquella encarnación anterior que le había robado al amor de su vida.

»La tragedia es que la venganza nunca funciona. Únicamente hace que el karma, es decir, los traumas sin resolver, se vuelvan más densos y más difíciles de liberar. Sin embargo, siento que has ido más allá del trauma emocional y ya no estás atada a esa rueda kármica concreta.

»La razón por la que no recordaste el incesto durante tanto tiempo es que la contradicción entre tu imagen de él como un padre cariñoso y su verdadera y brutal conducta era tan grande que no podías asimilarla, por lo que reprimiste instintivamente tus recuerdos.

»Con tu abuelo, también percibo una relación kármica, pero de una vida diferente. Tú fuiste su hija alguna vez. Él era un hombre tradicional, muy adinerado. Lo veo vistiendo un traje blanco y de piel morena (¿indio?). Tú eras una niña imaginativa que deseaba explorar el mundo, muy independiente y rebelde. Tu madre mostraba una actitud obediente hacia tu padre, pero a sus espaldas hacía lo que le placía y se burlaba de él. A ti, sin embargo, no te gustaba ser tan reservada y sometida en tu forma de ser, por lo que te oponías a él abiertamente.

El Don de tu **Alma**

Tuvisteis muchas discusiones. A él le irritaba tu actitud independiente y orgullosa como mujer. Tú lograste encontrar tu propio camino en la vida, independiente de su apoyo. Cuando creciste, tenías la sensación de haber triunfado sobre él.

»Debido a tu rebeldía, tu madre se volvió mucho más asertiva y se divorció de él. Cuando envejeció y enfermó, estaba solo y esperaba que lo cuidaras, como era costumbre en esa sociedad. Lo hiciste de mala gana, pero irradiabas claramente un aire de desprecio hacia el conservadurismo machista que él representaba. Aun en ese estado de debilidad y vejez, no pudiste encontrarlo en tu corazón para perdonarlo y tratarlo con generosidad. Eso puso en marcha un movimiento kármico.

»Ambos estabais abiertos a hacer las paces, al menos para respetarse en un sentido básico. Él se sentía solo y, desesperado en su lecho de muerte, anhelaba tu presencia para consolarlo. Tú, sin embargo, guardaste las distancias. Esto le hizo sentir que lo tratabas con crueldad, lo que le provocó un deseo de dañarte y humillarte. Siento que este es el fondo kármico del incesto que tuvo lugar en esta vida.

»En ambos casos, los hombres involucrados se sentían profundamente humillados *como hombres* y contraatacaron humillándote como mujer.

»En la parte más profunda de ti, en el nivel de tu alma, deseabas hacer las paces con ambos en esta vida. Tu alma permitió conscientemente que el incesto se produjera, aun si causó un profundo trauma emocional. Tu alma quería seguir adelante y afrontar ese asunto del odio y la desconfianza hacia los hombres. Deseaba ir más allá de esas emociones y crear una nueva apertura hacia los hombres en el nivel del corazón. En tu chakra del corazón, percibo restos del escudo energético con el que lo protegiste en vidas anteriores del dolor y del miedo. También en este caso, permitir que salgan a la superficie las viejas emociones como la ira, el sentimiento de traición o la tristeza te ayudará a quitarte la armadura y a dejar que tu corazón brille libre y abierto una vez más.

»Ahora, le cederé la palabra a Jeshua.

JESHUA HABLA DEL INCESTO

—Debbie —dijo Jeshua—, mereces todos los honores por tu fuerza y perseverancia, tu fe y optimismo, tu corazón lleno de amor. Vemos la luz de tu alma brillar sobre la Tierra y nos regocijamos con ello.

»Deseo hablar sobre cómo sanar completamente tus heridas emocionales. En todos los casos, sanar nuestras propias heridas emocionales es la clave para generar amor y ligereza en nuestra propia vida y en la de los demás. Todavía hay en tu interior algo de ira sin resolver que debes abordar. La ira es una emoción que sueles filtrar y que solo permites manifestarse de forma selectiva en tu conciencia. Deja que toda su fuerza entre en tu cuerpo. No temas, porque eres lo suficientemente fuerte para contenerla conscientemente y no ser arrastrada por ella. Contener la ira conscientemente te permitirá vincularte de nuevo y de una forma plena con tu energía masculina, para que puedas hacerte valer a ti misma y estar muy atenta a tus límites.

»El tema de los límites es importante. Cuando experimentas el incesto, tu sentido de los límites se vuelve confuso. Un niño siempre quiere complacer los deseos de su padre, y cuando este viola sus límites en un nivel sexual, pierde el sentido más básico de la seguridad. Con este acto, su padre le está diciendo básicamente que es bueno renunciar a todos sus límites y, de hecho, renunciar completamente a sí mismo. Él lo cree porque quiere creer a su padre; es su ancla y su red de seguridad en la vida. El abuso sexual es un acto de violencia muy agresivo, y aún más si la víctima es un niño, ya que este considera que el comportamiento de su padre es correcto y digno de confianza. Hasta cierta edad, el niño absorbe el estilo de vida y las declaraciones de su padre sin ningún sentido crítico.

»El incesto siempre genera profundos problemas de confianza. Puede volverte desconfiada más adelante hacia tus compañeros sexuales. Sin embargo, también puede volverte *demasiado confiada*, al pensar que es normal descuidar las señales de tu cuerpo que te indican que tus límites están siendo violados. Aquellos que experimentan el incesto tienen que aprender nuevamente el lenguaje de sus propias emociones y señales corporales. Tienen que depositar su confianza en ellas, pues son unas fieles indicadoras de sus preferencias —lo que

El Don de tu Alma

les gusta y lo que no les gusta— en sus relaciones con otras personas y, particularmente, en la intimidad.

»Te pido que prestes atención diariamente a las señales de tu cuerpo y a las emociones que se hallan justo en el umbral entre la parte consciente de tu mente y el subconsciente. Puedes hacerlo sintonizando frecuentemente con tu cuerpo y observando si está relajado, si te sientes enraizada y centrada, si notas tus necesidades en el momento presente. Conforme lo hagas, tu percepción de ti misma aumentará y se extenderá por debajo del umbral de lo que normalmente registras dentro de tu conciencia. Encontrarás nuevas áreas de ti misma que quieren que las escuches y las expreses. Hay una parte furiosa en ti que busca expresión, pero conforme surja, conforme vaya más allá del umbral y la recibas abiertamente, la ira se transformará en poder creativo. Con este poder, podrás manifestarte aún más claramente en el mundo exterior, llegar a más personas e inspirarlas con tu generosidad, tu claridad y tu compasión.

—Jeshua –pregunté–, ¿por qué Debbie planeó antes de nacer experimentar el incesto?

—Deseaba reunirse con los dos hombres que lo cometieron, su padre y su abuelo, porque quería resolver viejos asuntos con ellos de vidas anteriores, en las que ella los ridiculizó, específicamente su en masculinidad. El alma de Debbie sabía que estos hombres albergaban viejos rencores hacia ella y les permitió expresar ese odio. El plan de su alma fue poder sobrellevar el abuso y, finalmente, *perdonarlos*. Tenía la esperanza de que podría hacerlo si utilizaba toda su fuerza espiritual. Ser capaz de sanarse a sí misma y de perdonar a los dos hombres le permitiría superar su difícil relación con la energía masculina y lograr un equilibrio interior entre la energía masculina y la femenina.

Le pedí a Jeshua que nos hablara más sobre por qué Debbie había planeado la experiencia del incesto con *dos* personas.

—Quería sanar el karma familiar que estuvo presente en su familia biológica durante varias generaciones –explicó Jeshua–. Este karma se relacionaba con una energía femenina reprimida y una energía masculina retorcida y frustrada que ejecutaron una dolorosa danza en varios miembros de la familia. Al experimentar y superar el incesto, les ha ofrecido a todos ellos la posibilidad de liberarse de una vieja cadena de acciones y reacciones. Energéticamente, les ha proporcionado un camino a la sanación que ella misma ha labrado mediante su propia lucha y liberación interior.

Ahora comprendía las intenciones de Debbie en el nivel del alma; sin embargo, era difícil aceptar que otras almas estuviesen de acuerdo con un plan que le causaría tal sufrimiento.

—¿Por qué el padre y el abuelo de Debbie aceptaron participar en esta experiencia? –le pregunté a Jeshua.

—Ninguno de los dos podía liberarse de su indignación y de su resentimiento. Se sintieron despreciados y humillados por Debbie en las vidas anteriormente mencionadas y sus almas les permitieron mostrar este oscuro aspecto de ellos mismos para superarlo, ya que sabían que el alma de Debbie dio su permiso para la experiencia. A pesar de ello, sentían tristeza cuando planeaban la probabilidad de esta experiencia. El plan de sus almas sería confrontado y despertado por la vergüenza y la culpabilidad que surgiría debido a lo que le habían hecho a una niña pequeña y vulnerable.

»Ninguna persona que comete incesto –continuó Jeshua– puede librarse de la sensación de haber violado profundamente el carácter sagrado de una vida joven e inocente. Ninguna emoción de odio o rencor de una encarnación anterior puede superar o eliminar el profundo sentido de vergüenza y culpabilidad que surge debido al incesto. El alma se siente privada de su bondad inherente, de su vivacidad y de su gozo, y experimenta odio hacia sí misma debido a ello. Traicionar una vida tan joven e inocente es una grave conmoción para la propia alma del agresor. Las almas del padre y del abuelo de Debbie sabían que el acto del incesto convertiría su rencor y su odio hacia otra persona (Debbie en las vidas anteriores) en una profunda pena y culpabilidad. Este cambio en la experiencia de víctima a agresor les permitiría excavar más profundamente en su interior y abordar sus propios sentimientos de carencia de valor sin criticar a nadie que no fuera ellos mismos. Esto abriría el camino a su despertar espiritual si así lo decidían.

Estas palabras de Jeshua parecían particularmente importantes. Me había preguntado desde hacía mucho tiempo cómo nosotros, como almas, podíamos ir más allá de aprender a través del paradigma víctima-agresor. Esa era la respuesta: afrontar y analizar nuestros propios sentimientos de carencia de valor en lugar de proyectarlos hacia el mundo desde el punto de vista de la víctima o del agresor.

Aún quedaba pendiente de dilucidar un aspecto del plan prenatal de Debbie: resultaba claro que su puesta en marcha habría requerido de la cooperación de su madre.

—Jeshua, ¿la madre de Debbie sabía antes de nacer que el incesto se produciría? ¿Aceptó permitir que ocurriera? ¿Por qué?

—Sí, así fue —confirmó—. Ella sabía de antemano que sufriría mucho por este asunto. Tenía un sentimiento de lealtad hacia su marido y su padre y, al mismo tiempo, debía defender a su hija, que necesitaba su protección. Decidió encarar este dilema en esta vida. Tenía que aprender a confiar en sus propios instintos, en su propio sentido de lo que está bien y lo que está mal, y eso le resultaba muy difícil. Por consiguiente, se enfrentó a intensas emociones de impotencia, miedo y vergüenza. Su alma deseaba que hiciera frente a la situación. A través de estas emociones, tendría que combatir sus miedos más profundos, lo cual le daría la oportunidad de reencontrar su propio poder y valor.

»El alma de la madre sabía que el alma de Debbie había dado su permiso para experimentar el incesto, y sintió un profundo respeto y gratitud hacia Debbie por permitir que ella [la madre] y los demás miembros de la familia desempeñaran las funciones que les correspondieron. Todas las almas involucradas reconocieron la grandeza y el valor de Debbie durante la etapa de planificación. Sabían que tenía la posibilidad de lograr una gran sanación y ser una maestra para ellas.

—¿Debbie planificó no recordar el incesto durante años?

—Sí. La sincronización era importante y fue cuidadosamente planeada por su alma. Los recuerdos surgirían en un momento en el que pudiera afrontarlos de una forma que lograra sanarse. Quería hacer frente a la experiencia del incesto siendo adulta para tener mayores oportunidades de superar las emociones traumáticas equilibrada y pacíficamente. Fue una sabia decisión de su alma y una bendición para la personalidad.

—Si tenemos recuerdos que surgen después de que ha pasado un tiempo —pregunté—, ¿cómo podemos saber si son precisos?

—Resulta muy útil encontrar alguna manera de verificarlos objetivamente, lo cual, a menudo, requiere que un miembro de la familia esté dispuesto a hablar de ellos. Si no es posible descubrir pruebas objetivas de este modo, es imposible estar totalmente seguro, y esto suele ser algo que preocupa a quien experimentó el incesto. Es importante, en todo caso, tomarse los recuerdos con mucha seriedad. Están ahí por una razón y es muy probable que fueran causados por sucesos que realmente ocurrieron.

—En nuestra cultura –señalé–, la gente duda a veces de la precisión de los recuerdos de otra persona si estos regresan años después del suceso en cuestión. Más específicamente, si quien experimentó el incesto busca asesoramiento, hay quien se pregunta si el terapeuta simplemente creó el recuerdo sugiriendo la posibilidad del incesto.

—Es posible generar recuerdos mediante un proceso de sugestión hipnótica –contestó Jeshua–, pero en la mayoría de los casos, el recuerdo es verdadero y el incesto tuvo lugar realmente. La represión temporal de la memoria es un mecanismo de defensa natural de la psique humana.

»Cuando los recuerdos se crean artificialmente, la persona los experimenta como reales. A menudo se refieren a hechos que sucedieron pero que no pertenecen a la vida de esa persona, sino a la de otra. Los individuos sensibles podrían tomar los recuerdos de otros y asumirlos como propios, así como pueden hacerlo con el estado de ánimo y los sentimientos. Sin embargo, existe una forma de distinguir los recuerdos propios de los ajenos. Los de otras personas realmente no encajan en tu propia vida, lo que quiere decir que puedes sentir en un nivel íntimo que esos recuerdos no te pertenecen. Las personas equilibradas y enraizadas pueden distinguir con relativa facilidad los recuerdos falsos de los auténticos. No obstante, esto les resulta más difícil a aquellas que carecen de un equilibrio psicológico, que se hallan muy abiertas a las influencias exteriores o que son muy inseguras y temerosas.

»Por tanto, si realmente existen dudas por parte del terapeuta sobre la veracidad del recuerdo, debe empezar por buscar cualquier prueba objetiva que determine si es falso o no, o por estudiar cuidadosamente el método elegido en la terapia y en qué medida el paciente es capaz de distinguir entre su propia experiencia y las experiencias de otras personas. Sin embargo, es necesario comenzar tomando muy seriamente lo que el paciente está experimentando y considerar que el recuerdo es real, a menos que se demuestre lo contrario. En todo caso, si los recuerdos que surgen presentan una gran carga emocional, esto significa que tienen un profundo significado para el paciente, por lo que deben ser tratados con cuidado y respeto.

—Jeshua –pregunté–, ¿por qué otras razones planean las almas el incesto?

—El alma no es perfecta y omnisciente –contestó–. Se halla en un proceso de aprendizaje y crecimiento. Puede haber partes de ella que necesiten la experiencia terrenal para iluminarse. Puede haber una oscuridad en el alma que atraiga vidas como delincuente o agresor. La razón por la cual la parte iluminada del alma, la parte perspicaz y sabia, permite que esto ocurra es que sabe que está aprendiendo a través de la experiencia, que logrará superar la dualidad solo tras haberla experimentado hasta el extremo. Es consciente de que tiene que bailar con la oscuridad para volverse total y verdaderamente sabia. Al convertirse en la oscuridad en ocasiones, percibirá el significado de la luz y el amor. Esto la llevará al Hogar. Nadie más, ni siquiera el Espíritu, puede llevar al alma al Hogar. Únicamente ella misma puede hacerlo, por su propia y libre decisión.

»A esto se debe, en términos generales, que la oscuridad tenga un lugar justificable en el universo y que se permita que ocurran atrocidades como el incesto. Las almas que planean cometer el incesto han tenido experiencias dolorosas en vidas anteriores con respecto a su identidad sexual. Es probable que ellas mismas hayan sido víctimas de algún tipo de violencia sexual. A menudo, los hombres que cometen incesto tienen una relación profundamente problemática con la energía femenina, lo cual puede verse en su relación con las mujeres adultas y con sus propios sentimientos y emociones. A menudo, piensan subconscientemente que las mujeres son todopoderosas y se sienten indefensos ante ellas; de ahí la necesidad de usar el poder contra una niña pequeña y la incapacidad de ver su inocencia y vulnerabilidad. Para llevar a cabo el acto del incesto, deben bloquear su energía femenina de empatía y compasión, y ello hace que sean incapaces de mantener una relación emocional sana con mujeres adultas.

—¿Qué podemos hacer como sociedad para ayudar a las personas que cometen el incesto?

—El hecho de que una sociedad esté dispuesta a ayudarlas –respondió Jeshua– es una señal de madurez. Al querer ofrecerles ayuda, incluso si sus actos son denunciados inequívocamente, la sociedad muestra que reconoce su humanidad y la posibilidad de sanación, a pesar de que se haya extraviado hasta ahora.

»Para comenzar el proceso de sanación, las personas involucradas [los perpetradores] tienen que estar dispuestas a abrirse y a compartir sus emociones. Necesitarán sentirse seguras para expresar libremente sus emociones, y por lo tanto la persona que los ayude deberá dejar a un lado los juicios. Quizás desaprueben su comportamiento, pero deben estar abiertas a su *humanidad*, al hecho de que, en el fondo, son seres humanos como tú, con las mismas emociones.

»Cuando expresen sus emociones, quizás no puedan afrontar su responsabilidad al principio y atribuyan el incesto a factores externos como su educación u otra «causa» exterior. La sanación solo puede producirse, sin embargo, cuando comienzan a asumir su responsabilidad. Aunque no es posible obligarlos a hacerlo, uno puede prestar atención a sus historias y no juzgar ninguna de sus excusas, sino únicamente escuchar y esperar. La ausencia de juicio puede ayudarles a entrar en un espacio diferente, un espacio de compasión que, finalmente, les permitirá aceptar su responsabilidad.

»Si lo hacen, afrontarán su carga de vergüenza y de culpabilidad. Ahora, su energía femenina de empatía y compasión se abrirá y empezarán a imaginar lo que la víctima ha tenido que sufrir. Se sentirán profundamente asqueados de sí mismos. Este es un punto delicado, porque si el asco y el odio a sí mismos se vuelven demasiado abrumadores, se cerrarán otra vez. Si tu deseo es ayudar a estas personas, deberás llevarlas más allá de ese odio, para descubrir con ellas por qué fueron llevadas a cometer ese acto de violencia contra un niño.

»Ahora, puedes analizar su pasado con ellos y revelar las causas de su conducta sin que dejen de asumir la responsabilidad por sus actos. Poco a poco, pueden empezar a comprenderse más profundamente: Tal vez pase mucho tiempo antes de que sean capaces de perdonarse, pero en algún momento podrán tener un poco de compasión por sí mismos. Quizás deseen ponerse en contacto con quien experimentó el incesto, y si esa persona está dispuesta a comunicarse, esto suele marcar una gran diferencia. Si tienen la posibilidad de expresar su más profundo remordimiento a la otra persona y ella lo acepta, se acelerará tremendamente su sanación.

—Jeshua, la herida que produce el incesto es tan profunda que la gente podría preguntarse cómo puede sanar totalmente —dije.

—Sí, es muy difícil que las personas que han experimentado el incesto vuelvan a tener un sentido básico de bienestar y placer —reconoció Jeshua—. No es tanto que anhelen una sanación completa, sino que desean restituir su seguridad y su vivacidad. Desde ese punto pueden crecer y sanar con una mayor satisfacción, de una forma más suave. Para restituir este sentido básico de bienestar, tienen que enfrentarse al profundo sentido de carencia de valor que el incesto siempre deja. Cuando tus límites han sido violados de un modo tan terrible, en un área tan preciada como la sexualidad, no puedes recuperar tu sentido de la seguridad y del bienestar a menos que logres un verdadero avance espiritual. Debes darte cuenta en algún momento de que *no* eres el espíritu quebrantado del niño, que *no* eres el cuerpo violado o la confianza traicionada, sino un alma imponente y pura que ha experimentado todo eso y es capaz de abrazar al niño y llevarlo a su Hogar sin peligro. Para llegar a comprender esto, debes abrirte a las emociones más profundas del miedo, la desesperación y la indignación que provoca el incesto. Tan pronto como lo hagas, verás la luz de tu alma brillar al final del camino. Afrontar tu oscuridad evocará la luz de tu interior y te hará consciente de tu verdadera naturaleza, que es la libertad, el valor y el amor.

—Jeshua, ¿qué más convendría saber para sanar?

—Es importante mostrar una gran compasión por aquellos que han experimentado el incesto, pero no sentir *lástima* por ellos. Tenerles lástima les da la señal de que no pueden sanarse a sí mismos, que están más allá de toda ayuda o esperanza. Esa es la señal equivocada. Es necesario alentarlos a comunicarse abiertamente sobre sus emociones, a liberarse de la vergüenza y de la culpabilidad que sienten, e incluso de la lealtad que todavía tienen hacia sus padres o su familia. Hay muchas esperanzas para aquellos que han experimentado el incesto si nos acercamos a ellos considerándolos unos seres humanos capaces que poseen el poder de sanarse.

Debbie me había dicho que solo tenía una pregunta para Jeshua.

—¿Cómo puedo dar un mejor servicio al planeta? –preguntó.

—Das un servicio al planeta al ser tú misma –respondió–. Eres tú misma cuando sientes alegría al expresarte. Cualquier expresión que escojas, si sientes que es placentera y satisfactoria, inspirará también a otras personas. Compáralo con una flor. ¿Cuál es su misión? Florecer. No es algo que tenga que hacer; es algo que hace porque florecer forma parte de su naturaleza. La flor cumple su misión al ser ella misma. Al hacerlo, enriquece al planeta y conmueve los corazones de los seres humanos que disfrutan de su belleza. Tu misión es florecer como una flor, cuidarte a ti misma, sanar tus partes heridas, confiar en tus visiones y sueños y aceptar la vida sin reservas.

»Para dar servicio al planeta, no pienses en él, sino concéntrate en ti misma. El Espíritu siempre se comunica contigo a través de tus sentimientos. Cuando te sientes tranquila y satisfecha, silenciosa e inspirada a la vez, puedes estar segura de que te encuentras en sintonía con el espíritu de la Unidad que mantiene unido al mundo. Cuando te sientes contenta de una forma enraizada y pacífica, estás sirviendo a esa Unidad, que *es* el Espíritu, y sirviéndote a ti misma a la vez. No hay ninguna diferencia en ese nivel.

»Ponte primero a ti misma, y todo lo demás vendrá por añadidura. Tienes la capacidad de empoderar a otros. Piensa en las cualidades que irradiaste en las vidas anteriores que hemos investigado. Fuiste una apasionada luchadora por la justicia, una persona que defendió a las mujeres reprimidas. Aunque estas cualidades no estaban totalmente equilibradas, en su centro había una energía hermosa y radiante que sigue siendo tuya. Ahora que has llegado hasta aquí, abrazando e integrando todas tus vidas anteriores y tus antiguas heridas internas, estás invitada a recuperar tu verdadera fuerza y a servir como ejemplo para otras personas. Sin embargo, en esta ocasión, tu poder estará equilibrado por tu aceptación de la energía masculina, por tu disposición a hacer las paces y a perdonar, y por tu verdadero conocimiento de la Unidad de toda la vida. Esta vez, tu poder surge de una alquimia interna, una transformación del plomo del dolor y el trauma en el oro de la energía de Todo lo que Es.

LA SESIÓN DE DEBBIE CON STACI

Pamela y Jeshua proporcionaron una explicación conmovedora y detallada de la decisión prenatal de Debbie de experimentar el incesto. Para obtener aún más información, Debbie y yo recurrimos a Staci y su Espíritu Guía.

—Debbie –dijo Staci–, tratas de encontrar el equilibrio emocional dentro de ti misma en esta vida. Como la mayoría de las almas que eligen esto, tú también has escogido relaciones que te hacen volver a ti misma. Tú creaste una vida, especialmente con tus padres, con algunas relaciones preocupantes para que fueras redirigida hacia ti misma porque no podías encontrar con tus padres ese equilibrio, ese lugar de amor absoluto e incondicional.

»Hay muchas formas en las que tu experiencia con tu padre ha fomentado tu crecimiento. Mi Espíritu Guía me dice que tu gran amor por él te llevó a desempeñar esta función en su vida. Esto solo puede significar que, en el nivel del alma, te ves a ti misma como una persona muy fuerte.

»Ahora veo tu sesión de planificación prenatal. Permaneces sentada con las piernas cruzadas por encima del suelo, sin tocarlo. Estás en tu cuerpo de luz; veo blancura, suavidad y luz. Enfrente de ti, se encuentra la tabla de planificación prenatal que estás creando para esta vida. En el lado opuesto de la habitación, un Espíritu Guía. Mi punto de vista es el mismo que el del Espíritu Guía. Permíteme escuchar.

DEBBIE: Encarnaré con una personalidad que me lleve a romper y reparar ciertas estructuras creadas por el hábito durante [otras] encarnaciones. Si retomo en esta vida la misma ruta conductual asumida en el pasado, las puertas se cerrarán ante mí. En la estructura de personalidad que he creado en las últimas seis vidas, he desarrollado una plataforma más fuerte y me siento lo suficientemente fuerte para superar las muchas adversidades que he planeado para esta vida.

EL ESPÍRITU GUÍA: ¿Estás segura?

DEBBIE: Sí. La reestructuración y la reconstrucción que he planeado en ciertos períodos de mi vida me guiarán con mayor seguridad en un camino más firme hacia la compasión para que pueda alcanzar una mejor comprensión de mi propia naturaleza.

Me preocupan los demás, por lo que deseo terminar este viaje de aprendizaje para bendecirlos a todos y no verlos de forma degradante, como inferiores a mí misma, sino percibir el hilo de amor que nos une a todos en el corazón y las muchas debilidades de la personalidad humana como estructuras que nos guían en nuestro camino y nos dirigen hacia el crecimiento, la prosperidad y la armonía espiritual en nuestro interior.

—Parte de la estructura que elegiste para esta vida –continuó Staci– consiste en darte períodos de tiempo a solas, más de lo que la mayoría de las personas suele darse, de manera que puedas ir a tu interior y averiguar lo que necesitas: «¿Cuál es mi verdad? ¿Qué es lo que verdaderamente me satisface y me sostiene?». Mi Espíritu Guía me dice que una reflexión profunda es algo que has estado refinando durante varias vidas. Eras mucho más impulsiva en vidas anteriores. En las últimas encarnaciones has querido fortalecer la capacidad de pensar profundamente en lugar de reaccionar.

»El Espíritu me dice que hay más cosas que quiere que sepas. Hay personas que encienden la televisión o la radio, o tienen conductas autodestructivas, para evitar estar solas. Si persisten en hacer esto y no utilizan sus momentos de soledad para hacer ese trabajo [en sí mismas], llegará el momento en que se limitará, por uno u otro motivo, su capacidad de distraerse con actividades como ir al cine, a cenar o de compras. Eso no es más que una oportunidad de enfrentarse cara a cara con sí mismas. Si aun así evitan hacer el trabajo, el siguiente paso será manifestar alguna clase de enfermedad. Generalmente, esa enfermedad las sacará de la circulación durante unos días o meses, e incluso durante toda la vida.

»En el ojo de mi mente —describió Staci— veo muchas vidas en las que te encontrabas en una posición de liderazgo. En ellas, usaste tu poder de forma imprudente, y en ocasiones, para unos fines equivocados. Mi Espíritu Guía dice que lo hiciste «para obtener una ganancia personal». En ese período entre vidas, cuando examinaste las distintas encarnaciones, te mostraste cada vez menos satisfecha con lo que habías hecho. Entablaste conversaciones con tu Espíritu Guía principal y llegaste a comprender que cuanto menos manipulabas a los demás, más los tratabas con auténtico respeto, lo cual es una expresión del amor incondicional que nos une a todos. En esta vida actual, deseabas experimentarte a ti misma como líder. Deseabas inspirar a otras personas.

»En una capa más profunda, por debajo de lo que te he dicho, se percibe un deseo en el nivel del alma de experimentar el servicio compasivo a otros. Elegiste a tu familia para que te diera una experiencia en la que pudieras comprender, en algún momento, su patología desde un punto de vista compasivo en lugar de hacerlo desde la ira, la culpabilidad y la condición de víctima, con el propósito de que fueras capaz de dar un servicio compasivo a los demás, lo cual te permitiría llegar a un lugar de equilibrio emocional en tu interior. Todo está interconectado e interrelacionado.

»Por último, tú deseabas trabajar en cooperación con otras personas. El primer escenario para hacerlo era tu familia. Sin embargo, también querías tener un efecto en toda la humanidad haciendo algo que ayudara a otras personas a mejorar su vida. Decidiste volver en un momento de la evolución humana en el que las energías eran más apropiadas para ello. Regresaste con un grupo más grande cuyo deseo era tener un efecto dominó: uno afecta al siguiente, este al siguiente... Esto provocaría un cambio, un cambio de curso en el sendero evolutivo de la especie humana en este planeta.

»Estoy viendo de nuevo un momento de tu sesión de planificación prenatal. Tu madre y a tu padre visten la capa de la personalidad que muestra la forma que tendrán en esta vida. Tu madre permanece de pie, detrás de ti, con los brazos doblados, los codos hacia atrás y las palmas de las manos hacia fuera y dirigidas hacia ti, como si estuviera dándote un empujón. Su propósito en esta vida fue *presionarte* para dar un gran paso evolutivo.

»Cambio mi enfoque ahora a tu padre. Lo que me parece notable es la estructura genética, mentalmente enferma, que construyó para sí mismo. Tengo la sensación de que sufría problemas relacionados con un trastorno obsesivo-compulsivo o con un trastorno bipolar. Mi Espíritu Guía me dice que era más pronunciado en etapas anteriores. Veo y siento empáticamente que se preparó para una vida de problemas emocionales, mentales y físicos.

»Déjame contarte una visión que tuve antes. Vi a tu padre sentado frente a ti en tu sesión de planificación prenatal. Tu tabla de planificación estaba en el centro. Tenía el brazo izquierdo extendido hacia ti y lo que sería su mano se fundía energéticamente con tu cuerpo de luz. Escuché,

DEBBIE: No afectarás a mi corazón, mi verdadero ser. No me dañarás permanentemente. Soy lo suficientemente fuerte para resistir la experiencia de que me manipules y utilices. Aprenderé de ello. No frustrará mi destino. No cambiará quien soy o lo que vengo a hacer. Será otra oportunidad, justo como es otra expresión de mi amor incondicional y mi apoyo hacia ti. Pero después de esto, si decides repetir la experiencia, será sin mí. Mi tiempo contigo y este viaje habrán terminado. Daré el siguiente paso y tú continuarás este viaje con otra persona.

—Él mueve la cabeza afirmativamente.

PADRE: Sí, comprendo. Lo sé.

—Siento que ya está lleno de culpabilidad, una culpabilidad que no creo que haya sido capaz de expresar en esta vida; sin embargo, se me dice que cuando deje esta experiencia, llegará a un lugar de mayor comprensión. Comprenderá sus motivaciones para estas acciones de una forma en que no lo ha hecho antes.

—Staci, ¿cuál *es* su motivación? –pregunté.

—Está aprendiendo a construir una personalidad más compasiva en el nivel del alma, pero no ha evolucionado tanto como Debbie, por lo que aún está aprendiendo de la expresión negativa. Aunque logra eludir su responsabilidad por esto [el incesto] en esta encarnación, como lo ha hecho en otras, aprenderá aún más de ello después de que su vida haya terminado. Debbie lo comprendía en el nivel del alma y, por esta razón, se ofreció voluntaria.

»Déjame ver qué más puede mostrarme el Espíritu. Percibo un enlace energético entre sus almas [la de Debbie y la de su padre]. Esto es algo que veo con mucha frecuencia. Hablamos del cordón de plata que une a nuestro espíritu con nuestro cuerpo físico. Estos cordones de unión son así. Veo uno que se extiende desde tu plexo solar, Debbie, hacia el de tu padre y el de tu madre. También veo otro entre tu tercer ojo y especialmente el de tu padre, y el de tu madre en segundo lugar. Ambos tomaron la decisión juntos.

PADRE: Planeé tener un hijo aquí [señala su propia tabla de planificación prenatal] como un vehículo a través del cual pueda experimentar un desafío a mi autoestima, un desafío que me hará volverme más contemplativo y pensar profundamente de un modo muy silencioso e interiorizado sobre lo que he hecho. Este es el punto de mi matrimonio con tu madre en el cual he planeado retirarme, estar ahí pero no ser una energía activa en la relación.

—Veo muchos más detalles llenando repentinamente tu tabla de planificación prenatal. Gran parte de tu vida empieza a tomar forma.

DEBBIE: Esta experiencia contigo como mi padre me ayudará a ser una guía amable para otras personas, lograr una naturaleza más compasiva y adquirir una comprensión más completa de mis propias sensibilidades y de las compulsiones de otros. Tengo la certeza casi absoluta de que me ayudará a completar este viaje de autodominio, que me permitirá escapar de la red que formamos hace mucho tiempo para conectar nuestras vidas y senderos de forma física, con el propósito de que en mi próxima estancia pueda superar esto y seguir adelante hacia un nivel más elevado de creación y Ser.

—Estoy viendo lo que tienes en mente para tu próximo paso —le dijo Staci a Debbie—. Será dentro de un par de siglos. Regresas en un tiempo en que el planeta ha cambiado un poco. Percibo que vives en la parte norte del continente americano. Es un ambiente muy natural, con mucha paz, armonía y tiempo para estar a solas. Veo que eres escritora, y escribes algo que ayuda a la humanidad en su búsqueda. Hablas ante grupos muy numerosos. Una vez más, te encuentras en una postura de liderazgo, pero estás muy por encima de los asuntos personales de tu vida actual. Estás aquí con otro objetivo, en otra parte de tu viaje.

Diálogo con Staci y su Espíritu Guía

—Staci —dije—, los recuerdos de Debbie estuvieron reprimidos durante años. ¿Podría tu Espíritu Guía hablarles a las personas que se enfrentan a recuerdos reprimidos, ya sea de incesto o quizás de otra experiencia de vida?

—No temáis a estos recuerdos —respondió de forma lenta y mesurada. Al notar el cambio en su manera de hablar, supe inmediatamente que la conciencia de Staci se había hecho a un lado y que su Guía hablaba directamente a través de ella—. Dichos recuerdos vuelven en un momento en el que vuestro cuerpo físico puede afrontar las emociones que conllevan. El hecho de sacarlos de los rincones de vuestra mente hará que vuestra carga sea más ligera, liberará años de energía contenida y os propulsará hacia vuestros objetivos kármicos. Debéis saber que vuestro viaje en esta vida en concreto comprende un gran desarrollo personal a través de una de las experiencias más difíciles. Debéis saber también que vosotros lo escogisteis. Al planear vuestra vida, sentisteis que no había ninguna manera mejor de dar este paso de crecimiento. En ocasiones, se producen acuerdos con otras personas con las que habéis interactuado. También estáis sirviendo a un gran propósito en sus vidas. Cuando vuestro enfoque cambia y os abrazáis a vosotros mismos y a todo el mundo con amor incondicional, disolvéis los bloqueos energéticos que os han impedido desarrollar todo vuestro potencial, como si fueran pesados ladrillos que os impiden avanzar. Una vez que estos se disipan, empezáis un viaje de gran crecimiento, al final del cual se encuentra la sabiduría. Muchas personas eligen esta experiencia para que las dirija hacia el sendero del servicio a los demás. Es a través de las experiencias más extremas como la especie humana experimenta su grandeza. Esto es cierto para todos vosotros.

—Me gustaría decir algo —añadí— que creo que pensarán muchas personas que lean estas palabras, y es: «Tiene que haber una manera mejor».

—Cuando planeas tus vidas desde el nivel del alma, con frecuencia olvidas cómo es luchar contra este tipo de problemas emocionales —dijo el Guía—. Es como el embarazo y el nacimiento: una vez que ha pasado olvidas el dolor y recuerdas solo el bien que experimentaste en otras vidas en las que tuviste emociones y experiencias extremas.

—¿Eso significa que no estamos tomando decisiones desinformadas?

—Cuando has vivido cientos de vidas en varias dimensiones, ves las cosas desde una perspectiva diferente. Cuando tienes una forma física en un vehículo más denso que tu cuerpo de luz, particularmente en la Tierra, has olvidado lo que es real, cuál es tu verdadero Hogar y lo que realmente eres. Esto forma parte de nuestro viaje a la Tierra.

—He aquí lo que me molesta —insistí. No quería importunar al Guía de Staci, pero era imposible no seguir esta línea de preguntas teniendo en cuenta la intensidad del sufrimiento de Debbie—: según entiendo, la planificación la realiza el alma en gran medida, y la vida es vivida por la personalidad. En ocasiones, esta sufre tremendamente, pero el alma que planeó la vida no experimenta ningún sufrimiento. Esto parece injusto desde el punto de vista humano.

—No es que el alma no lo experimente —explicó el Guía—. El vínculo entre ella y la personalidad está siempre presente hasta el momento en que el cuerpo queda atrás y el concepto de personalidad se disipa suavemente durante un período de tiempo, determinado por cada alma individual. Los aspectos más duros de la personalidad se ablandan; esta se disipa y, al final, se une en el cuerpo del alma. Definitivamente, el alma percibe la lucha de la personalidad. La siente como un pulso de energía a través del cordón de plata. El sentimiento resuena en ella, pero con un conocimiento –desde una perspectiva más alta– que la personalidad no suele tener. El alma comprende las razones de la experiencia, e indudablemente siente compasión.

—Es posible aprender y crecer sin sufrir –señalé–. ¿Por qué no estamos en ese punto?

—¡Muchos de vosotros lo estáis! –exclamó–. Muchos de vosotros lleváis una vida que, en términos humanos, es coser y cantar. Con frecuencia, se trata de una recompensa al Yo por otras vidas que pueden considerarse más difíciles o más estimulantes. A menudo, son una recompensa al Yo por un trabajo bien hecho. Cuando te sumerges en una piscina, obtienes una experiencia diferente del flotar sobre el agua.

—Pero muchas personas pueden preguntarse: «¿Cuándo llegaré a flotar?».

—Cuando tú lo decidas. Esa es realmente la respuesta. Cuando tú lo decidas. Es posible tomar esta decisión durante la propia vida, pero muchas personalidades no pueden ir más allá porque conservan el lastre de la culpabilidad, la vergüenza y la ira. Incluso para aquellas que sienten que han perdonado, el perdón es un proceso, y muchas veces tardarán diez, veinte, treinta o cuarenta años en lograrlo completamente. Solo aquellos que han tenido esta experiencia comprenderán realmente esta afirmación.

—Las personas que han experimentado el incesto –dije– o muchos otros tipos de desafíos vitales deben afrontar emociones negativas, como acabas de mencionar. ¿Cómo les aconsejarías sanar estas emociones?

—Tú conoces la respuesta, y la respuesta es Amor. Estas situaciones, estas experiencias, con frecuencia impondrán un desafío tremendo, un desafío que el alma desea para aprender a amarse de todas las formas posibles. Como hemos dicho en algunos de nuestros trabajos juntos, también es un desafío escogido por el alma para alcanzar una verdadera experiencia de profunda compasión. En ocasiones, esto permite que el alma realice un cambio en el término de una vida, o simplemente permite que entre en el sendero que deseaba recorrer.

»En el caso de Debbie, ella usó el dolor y los conocimientos *no solo* para su propia sanación, sino también para despertar compasión a fin de ponerse a la altura de su verdadera vocación. En muchas vidas, Debbie ha demostrado que se inclina a ayudar a otros y que lo disfruta, aunque en muchas de sus vidas también ha sido un gran líder que usa y manipula a los demás. Hay dos facetas de este aspecto que intenta equilibrar, primero dentro de sí misma y después en su trato con las demás personas. En esta elección del incesto, ha despertado una naturaleza compasiva dentro de ella que es tan fuerte que no puede extinguirse. Simplemente eligió la ruta más directa y más rápida hacia ese objetivo. El alma está dispuesta a vivir este tipo de experiencias extremas para llegar a él.

Le pedí al Guía de Staci que hablara un poco más de por qué algunas almas planean la experiencia del incesto.

—Existen esas almas que, en su deseo de alcanzar la independencia emocional, crearán una experiencia de manera que el concepto de personalidad se sentirá motivado a alejarse de su vínculo de dependencia de los demás —contestó—. Algunas requieren varias vidas para emprender este proceso y descubrir que son incapaces de dar ese paso hacia la independencia y la integridad emocional. Cuando eso ocurre, eligen una experiencia de vida similar a la de Debbie para llevar a su personalidad a una mayor contemplación, a un mayor aislamiento, de manera que la personalidad pueda dar ese salto de un nivel de comprensión como pensamiento y conducta al siguiente. Este proceso genera más autoconciencia.

—¿Qué les dirías a aquellos que han cometido actos incestuosos y tratan de perdonarse a sí mismos?

—Has dicho la palabra correcta: perdón. Perdónate a ti mismo. Trata de comprenderte y perdonarte a ti mismo. Intenta ser amable contigo mismo y comprender el propósito de esta conducta en tu vida y en las vidas de las personas de las que has abusado. Y mientras lo haces, regresa siempre al perdón. Si te mantienes en un lugar de culpabilidad y vergüenza, lo cual puedes hacer todo el tiempo que lo desees, no podrás percibir la verdad que se oculta tras todo lo que sacará a tu alma del calabozo que tú mismo has construido a tu alrededor.

—¿Hay algo más —pregunté— que el Espíritu quisiera decirle a alguien que ha experimentado el incesto?

—Ante todo, aprende a amarte a ti mismo de forma incondicional —sugirió el Guía—. Aprende a amarte a ti mismo de un modo en que tus padres o agresores no podían amarte. Permite que ese amor incondicional a ti mismo te conduzca a un punto de vista compasivo hacia la persona que abusó de ti. Comprende que es una elección que tú hiciste para impulsarte hacia un enorme crecimiento, un crecimiento que, en el nivel del alma, sentías que no podrías alcanzar de ninguna otra forma. Elige levantarte por encima de la ira y la culpabilidad. Elige ver desde una perspectiva más elevada.

La sesión de Debbie con Barbara y Aaron

Dado que resulta intrínsecamente tan difícil aceptar que una experiencia como el incesto pudiera ser planeada antes del nacimiento, Debbie y yo buscamos una tercera fuente de sabiduría y recurrimos a Aaron, un ser iluminado. Comencé la sesión con la pregunta fundamental:

—Aaron, ¿Debbie planeó experimentar el incesto con su padre y su abuelo antes de nacer? y, si es así, ¿por qué?

—Recuerda, antes que nada, que eres un alma —le dijo afectuosamente Aaron a Debbie—. No eres un ser humano que tiene un alma, sino un alma que actualmente está encarnada en un cuerpo humano. El alma busca experimentar para aprender y para crecer. Para ti, en esta vida, Debbie, la intención predominante fue profundizar en la compasión.

»En existencias anteriores, has mostrado una tendencia a culpar otros y a ti misma. Cuando algo resulta incómodo y se presenta la ira, lo habitual es desear dejarla a un lado. Una forma de hacerlo es encontrar algo a lo cual culpar, alguna razón para atacar. Salgamos un momento de la esfera del incesto e imaginemos una situación simple, como conducir un automóvil. Quizás estés saliendo de una plaza de aparcamiento cuando alguien retrocede y te golpea, y la llama de la ira se enciende. El impulso es encontrar algo hacia lo cual dirigir esta ira, en lugar de simplemente sentarse y abrir espacio[1] para ella. Ira,

---

1. Para ver más detalles sobre el significado del concepto de «abrir espacio», consulta el capítulo 12, donde Aaron hace una descripción de él (N. del T.)

frustración, tristeza: uno desea librarse de estas difíciles emociones, por lo que adquiere el hábito de criticar a otros.

»Este ha sido un patrón habitual en muchas vidas. La intención en esta era ir más allá de ese patrón, aprender simplemente a abrir espacio para el dolor, el miedo, la ira que experimentas, liberarte del hábito de culpar y abrir tu corazón a una mayor compasión.

Aquí recordé las propias palabras de Debbie en la sesión de planificación prenatal que Staci había escuchado: «Encarnaré con una personalidad que me lleve a romper y reparar ciertas estructuras creadas por el hábito durante [otras] encarnaciones». Evidentemente, uno de los hábitos que deseaba corregir era el de la culpabilidad.

Aaron le preguntó a Debbie en qué año había nacido, y le explicó que necesitaba esta información para ahondar más en su Registro Akáshico.

—Quiero aclarar —continuó Aaron—, Debbie, que tú (la niña como personalidad) no provocaste el incesto. Estabas indefensa. Lo que ocurrió no fue tu culpa. Es importante que no me malinterpretes asumiendo la responsabilidad. Tu padre fue el responsable. Estaba expresando su karma.

»La cuestión es: ¿a dónde vas a partir de aquí? Esto se relaciona con la compasión: ver que tu padre es el producto de su karma, como tú lo fuiste del tuyo, como todos los seres lo son producto del suyo y, sin embargo, saber que uno puede cambiar este karma. Es posible liberar y equilibrar un karma insano y entrar en un lugar mucho más cálido y lleno de amor.

—Aaron —pregunté—, ¿era muy probable que Debbie experimentara el incesto?

—En muchas situaciones de nacimiento, el incesto es posible; en otras, muy improbable —explicó Aaron—. En esta situación de vida, era mucho más probable debido a las tendencias de su padre. También debe tenerse en cuenta su historia. No revisaré sus Registros Akáshicos para obtener información sobre él, ya que sería una violación de su privacidad, pero sospecho que sentía temor y carencia de valor en vidas anteriores. Por ello, expresó su dominación y poder sobre otras personas en las encarnaciones anteriores y en la actual. Debbie, ¿tu padre todavía vive?

—Sí —respondió ella.

—¿Hablas con él?

—Lo vi dos o tres veces el año pasado. Y le envié varias tarjetas; por lo demás, me comunico con él a través de mi hermana.

—Pienso que el trabajo que tienes que hacer con tu padre, Debbie, es más en tu propio corazón que mediante la expresión verbal. No necesitas que se disculpe. Quiero que abras tu propio corazón con compasión hacia su dolor y que mires dentro de tu Yo actual [tu personalidad] y te preguntes: «¿Hay formas en las que no reconozco mi propia divinidad?». Esa es la sanación.

»Resulta útil observar esas situaciones en las que otras personas te provocan dolor mediante un abuso real y activo o simplemente ignorándote, y tú te preguntas a ti misma: «¿Cómo puedo decir que no a esto con amor?». Si alguien te dice algo que percibes como cruel, respóndele: «Me doy cuenta de que estás enfadado, pero no puedes hablarme de ese modo». Mira la ira y el miedo que surgen en ti. Cuando aprendes a hacer esto en situaciones simples, trae a tu mente otras que hayas pasado con tu padre. Dialoga con él en tu corazón. Sé que ya has hecho eso hasta cierto punto, pero lo hiciste con miedo, por lo que no pudo escucharte. —Deduje que esta era una información que Aaron había obtenido del Registro Akáshico de Debbie—. Te pido que lo hagas con la expectativa de que te van a escuchar, porque eres un ser divino. Tienes ese poder.

—Aaron —pregunté—, ¿por qué otras razones las almas planean la potencialidad del incesto antes de nacer?

—Una de ellas podría ser que hubieran abusado físicamente de otras personas en vidas anteriores, y que no eligieron el incesto como castigo, sino para aprender de primera mano cómo se siente esa experiencia. Asimismo, existen situaciones, aunque infrecuentes, en las que un alma muy vieja que posee un fuerte vínculo con un alma más joven y violenta aceptará ser el receptor de esa violencia para ayudarle a ser más responsable, a ver los terribles resultados de sus acciones.

Le pregunté a Aaron si podía decir algo más acerca del plan prenatal de Debbie con su padre.

—Tu intención en esa reunión prenatal —le dijo— era tratar de ayudar a tu padre, algo que no has podido hacer realmente. Esto no es una falta, Debbie. Para que una persona enseñe a otra, esta última debe estar dispuesta a aprender. Él no estaba listo. Sin embargo, todavía hay maneras en las que puedes ayudar a tu padre en esta vida, pero el lugar de inicio más importante es aquel del que he hablado: profundizar en tu propia compasión.

—Aaron —insistí—, a las personas que han experimentado el incesto y tratan de sanar, perdonar, liberarse de la ira y sentir una mayor autoestima, ¿qué puedes decirles?

—Lo que has experimentado ha sido extremo y quizás no te sientas preparado para perdonar. El perdón es solo un paso de un proceso mucho mayor. Empieza simplemente por comprender que cada ser humano expresa su propio condicionamiento. Pregúntate: «Si yo hubiera crecido en esas condiciones culturales y psicológicas, ¿acaso no podría haber dañado también a otras personas?». Permítete *sentir* el duelo, el dolor, de estas personas. Abrázalas compasivamente en tu corazón.

»Luego, mírate a ti mismo en esos momentos, cuando estás irritado o impaciente y le dices palabras duras a otra persona. Ciertamente, es una acción mucho menos perjudicial que el incesto, y aun así las palabras hirientes pueden causar mucho dolor. ¿Puedes abrazarte a ti mismo de forma compasiva? Sin culparte, observa que tu propio condicionamiento produce una reacción impaciente. ¿Eres capaz de limitarte simplemente a abrir espacio para todo ese dolor? Abre tu corazón conforme te sanas a ti mismo. De este modo, el corazón se abre cada vez más a esa situación [el incesto] y tu preparación para perdonar aumenta, no conceptualmente, sino porque has estado practicando.

»Cuando surge la ira, la parte de ti que la conoce no está iracunda. Si cuando surge la ira dices: «Oh no, no me enfadaré», esto generará más ira. Pero si aparece y tú admites: «Me han pasado ciertas cosas que han provocado esta ira» y simplemente abres espacio para ella, la has sustituido por amor. Así es como sanas.

—¿Y las personas que han cometido los actos incestuosos? —pregunté.

—Yo diría lo siguiente: realmente sois seres de luz. Sin embargo, sois vosotros y solo vosotros quienes os mantenéis en la oscuridad.

Comenzad a mirar las mareas interiores de miedo, de codicia, de ira contra vosotros mismos y encontrad ese lugar interno que es fuerte y que no necesita reaccionar frente a tales impulsos. Me gustaría sugeriros que practiquéis de una forma muy simple. Tomad un trago de agua. Percibid su frescura en la boca y la sensación de tragarla. Luego, tomad otro trago grande y mantenedlo en la boca. Sentid la textura del agua. Podríais tener un fuerte y desagradable impulso de tragar. Observad la tensión que se produce. Tal vez tengáis la sensación de no poder respirar. El hecho de que sintáis un impulso no quiere decir que tengáis que actuar de acuerdo con ese impulso. Practicad hasta aprender lo que quiero decir cuando os pido: «Abrid espacio para ello».

»Cuando existe un fuerte impulso negativo, aprended a abrir espacio para él. Durante el tiempo que dediquéis a practicar esto, reflexionad sobre vosotros mismos. ¿Hay un compromiso de cambiar, de aprender a vivir vuestra vida con más generosidad? Cuando aprendáis a abrir espacio para el agua en la boca y para el impulso de tragar, observad cómo funciona esto en situaciones cotidianas de vuestra vida. Cuando algo no sale como queréis, ¿sentís el impulso de atacar? Cuando hay algo que deseáis, ¿lo tomáis y os salís con la vuestra a la fuerza? Podéis aprender a controlar estos impulsos. Conforme lo hacéis, comenzaréis a conoceros a vosotros mismos, no como personas que hacen daño, sino como personas perfectamente capaces de hacer el bien. De este modo, comenzaréis a sanar.

»Cuando estéis listos —lo cual podría no ocurrir en esta vida—, tratad de encontrar maneras de compensar a aquellos a quienes habéis dañado. Quizás deseéis comenzar con pequeños detalles. Si les hablasteis con descortesía a alguien, simplemente decid: «Lo siento. Estaba tenso. No debí haber dicho eso». Después, reflexionad sobre las maneras en las que habéis infligido un daño más profundo a los demás a través del ciclo del abuso. No puedo deciros cuál es la clase de disculpa más apropiada. Debe ir más profundamente que las simples palabras, y es posible que las palabras tampoco resulten apropiadas. Tal vez la persona de la que habéis abusado ya no esté viva, pero eso no quiere decir que no las podáis sanar. Recordad que este es un proceso. Toda vuestra encarnación es un proceso de sanación y de búsqueda de vuestra integridad. *No existe ningún punto en el que os encontréis demasiado inmersos en la negatividad como para revertir las cosas.* Por favor, confiad en eso. Sois realmente hermanos y hermanas de luz.

»Las personas maltratadoras generalmente han sufrido abusos. Otro paso en su sanación de estos impulsos y actos consiste en encontrar la compasión para aquellos que han abusado de vosotros.

»Solo quiero recordarte, Debbie —concluyó Aaron—, que no eres responsable, en este nivel físico humano, del abuso que sufriste. Ningún niño es responsable de las acciones que un adulto le obliga a hacer. Ninguno ha provocado esas acciones de forma deliberada. El niño hace su mayor esfuerzo para sobrevivir. El adulto es el único responsable. Esto se encuentra en el nivel de la personalidad; sin embargo, tú también eres un alma y además forma parte del viaje del alma. Ahora, comienza a preguntarte más plenamente: «¿Dónde se halla la sanación más plena? ¿De qué maneras puede el corazón abrirse y florecer más plenamente?».

»Mis bendiciones y mi amor para todos vosotros.

~

La historia de Debbie es la de una mujer que abrió su corazón al amor: amor para sí misma y, por extensión, amor a su vida. Al hacerlo, ella renació, y su vida quedó imbuida de un nuevo significado y un nuevo propósito. ¿Qué quiere decir abrir tu corazón a ti mismo? Quiere decir, como Jeshua nos explicó: «Abrirse a las emociones más profundas del miedo, la desesperación y la indignación». Para Debbie, implicaba abrirse también a la vergüenza y al odio a sí misma. Al no estar segura de su fuerza y asustada de lo que podría encontrar, durante años se ocultó a sí misma distintos aspectos de su vida, enterrándolos en los oscuros recovecos de su mente.

El famoso psicólogo Carl Jung dijo: «El oro está en la oscuridad». Se refería a que nuestro mayor poder y nuestra sanación más profunda se encuentran en las partes reprimidas y menos amadas de nosotros mismos. Cuando los llevamos a la luz de la conciencia deliberada y los aceptamos con amor, estos aspectos del Yo *se convierten* en poder, luz, belleza y gracia. Como dijo Jeshua acerca de la ira: «Conforme surge... y es recibida abiertamente por ti, la ira se transformará en poder creativo». Y lo mismo ocurre con todas nuestras partes escondidas y rechazadas: aquello que más odiamos y que no podemos afrontar son los mismos rasgos que, en última instancia, nos ennoblecen y elevan, recreándonos en seres de una majestad aún más grande. Esta es la «reestructuración y reconstrucción» de la que Debbie habló antes de nacer, una reconfiguración completa hacia «un nivel más elevado de creación y Ser».

El poder de la oscuridad para generar luz es tan grande que Debbie, su padre y su abuelo diseñaron sus vidas para usarlo. Así como ella, antes de nacer, planeó enfrentarse a emociones como el miedo y la ira, también su padre y su abuelo esperaban hacer frente a profundos sentimientos de carencia de valor, vergüenza y culpabilidad como resultado de sus acciones. Estas tres almas comparten el mismo propósito subyacente: lograr que el dolor de la oscuridad los lleve hacia su interior —donde descubrirán partes de sí mismos que aún no han sido sanadas—, amar esas partes para integrarlas y, al hacerlo, conseguir una brillante transformación.

He dicho que esta vida actual es la única en la que tantas almas encarnadas tienen un plan prenatal para sanar la oscuridad, la discordancia de todas sus otras vidas. Tal es la alquimia interior total que, como almas, deseamos en esta época en la Tierra. El proceso es similar a aquel mediante el cual una bombilla produce luz: los electrones fluyen de un área con carga negativa hacia otra con carga positiva. Lo positivo y lo negativo desempeñan funciones importantes en un proceso silencioso e invisible que, finalmente, tiene como resultado la luz.

Cuando nuestras almas están encarnadas, la vida misma es un proceso alquímico en el que se emplean los aspectos positivos y negativos para generar luz. Si permanecemos abiertos a nuestra negatividad interior, facilitamos nuestra sanación. Es por esto por lo que Jeshua habló de recibir la ira. De hecho, la valiente decisión de recibir la ira o de explorar cualquier aspecto de nuestra oscuridad interior provoca, literalmente, un vórtice energético que atrae a la luz. De este modo, el universo siempre apoya una decisión valiente.

La receptividad es la clave que expande nuestros corazones y que los abre el uno al otro. Esta es la apertura al amor que Debbie ha experimentado en esta vida. Es la sanación que creó para sí misma y la sanación que su padre y su abuelo deseaban para ellos mismos antes de nacer. Aquellos que juzgan su oscuridad interior, tengan por seguro que esta lleva consigo la sanación que han buscado en las encarnaciones que han vivido, a través del tiempo y del espacio, en un cuerpo y en otro. Al igual que Debbie, su padre y su abuelo, cada uno de nosotros ha dado forma a la discordancia, al «no amor», de todos nuestros pensamientos, palabras y hechos anteriores para sanarlos en esta vida actual.

¿El juicio de nuestras emociones dolorosas evita la sanación? El juicio a cualquier cosa, incluyendo las emociones como el miedo y la ira, es una forma de apego, y resulta difícil liberarnos de aquello a lo que estamos apegados. Asimismo, el juicio produce separación: nos sentimos lejos de aquello que hemos juzgado, nos separamos de nosotros mismos. La oscuridad interior sana cuando es abrazada con amor, pero no podemos aceptar aquello de lo que nos hemos separado. Tal es la paradoja del juicio: nos ata a aquello de lo que deberíamos liberarnos, pero nos aleja de aquello que solo podemos sanar mediante el abrazo más íntimo del amor.

Sin embargo, la sanación *vendrá*, en esta vida o en la próxima, porque el juicio de las emociones interiores siempre atrae hacia nosotros a otras personas que poseen esas mismas emociones. Es una ley universal. Igual que un imán, el juicio trae hacia nosotros más de aquello que juzgamos. Muchos se preguntan por qué el mismo tipo de persona (un tipo al que juzgan y al que preferirían evitar) aparece repetidamente en su vida. La respuesta es que esas personas han juzgado negativamente algunas de sus propias emociones y las han desterrado a un nivel por debajo de la conciencia deliberada. Allí, como si fueran imanes, atraen a otros que tienen esas mismas emociones.

La receptividad a las emociones dolorosas requiere conciencia, porque solo podemos ser receptivos a aquello de lo que somos conscientes. Por esta razón, antes de nacer, Debbie planeó encontrar factores que desencadenaran su conciencia a lo largo de su camino de sanación. En los rostros de sus pacientes, vislumbraba su propio reflejo le proyectaban la oscuridad interior que ella necesitaba y que su alma deseaba para sanar. Durante gran parte de su vida, Debbie no estuvo preparada para mirar los espejos colocados ante ella, por lo que evitaba verlos. Antes de nacer, sabemos que, cuando estamos encarnados, podemos ejercer nuestro libre albedrío de este modo, y así trazamos rutas múltiples en nuestros planes de vida, que nos llevan siempre al mismo destino. Cuando nos encontramos en nuestro Hogar no físico, valoramos el destino (la sanación, el aprendizaje, la evolución) más que el camino tomado. Cuando encarnamos, podemos lamentarnos por la dificultad del camino, pero nuestras almas tienen una perspectiva más alta y nos guían con amor a nuestro destino sin juzgar los desvíos que pudiéramos haber seguido. En última instancia, todos los senderos conducen a la sanación.

Como dijo Jeshua, antes de nacer, el alma de Debbie esperaba encontrar su camino hacia la compasión y el perdón. En verdad, su compasión hacia su padre y su abuelo —resultado de la que desarrolló hacia sí misma, haca su propia oscuridad interior y hacia sus emociones dolorosas— le permite que los perdone. Cuando fue consciente de esas emociones, decidió abrirse a ellas. En el momento en que las recibió sin juicio y con un corazón abierto y afectuoso, pudo expresarlas, aullando como un animal herido. Dado que la expresión *es* sanación, Debbie fue capaz de liberarse de gran parte del dolor interior que había soportado durante toda su vida. Cuando estuvo libre, pudo mirar el dolor que su padre y su abuelo alojaban en su interior y conocer la compasión hacia ellos.

Si tú has experimentado el incesto, tu mente puede decirte que quien cometió el acto no merece compasión ni perdón, o que esa compasión y perdón simplemente son imposibles. Tales pensamientos son naturales, comprensibles y no deben juzgarse. La compasión y el perdón no son lógicos y pueden ser difíciles de alcanzar mediante el pensamiento, incluso si uno cree en la planificación prenatal. Los *sentimientos* de compasión y perdón hacia una persona maltratadora se alcanzan *a través del corazón* de una forma que está más allá del conocimiento intelectual, aunque ser consciente de la planificación prenatal puede ser la tierra fértil en la que se arraigue este conocimiento. Algo que es quizás más importante es que una genuina compasión y perdón hacia un abusador podría coexistir con pensamientos que hablan de su imposibilidad, de una forma muy semejante en que la armonía en la mayor parte del cuerpo podría coexistir con la enfermedad en una de sus zonas.

Al desarrollar sentimientos de compasión y perdón hacia un abusador, uno debe evitar discutir con pensamientos que lo condenen. Discutir con nuestros propios pensamientos equivale a fortalecerlos. Cuando, por el contrario, los aceptamos sin ninguna resistencia y les permitimos que permanezcan, su carga emocional se difumina gradualmente. Al mismo tiempo, es posible cultivar sentimientos de compasión y perdón mediante meditaciones de sanación que, literalmente, envían energías sanadoras hacia el pasado, sanando así a este y, a su vez, sanando también el presente y el futuro. El elemento esencial de tales meditaciones es que acceden al corazón y lo abren. La apertura del corazón humano es un proceso físico y emocional muy real que produce un tipo de sanación profunda que la mente lógica no puede comprender ni crear. Las experiencias que planeamos antes de nacer no tienen la intención de endurecer nuestros corazones, sino de abrirlos de este modo para que el amor fluya libremente a través de ellos.

En última instancia, solo las más fuertes y afectuosas de las almas planean sufrir incesto. Debido al gran amor que sentía por su padre y su abuelo, Debbie les dio la oportunidad que necesitaban para sanar. Con tremenda fortaleza, aceptó descender a las profundidades de la rabia y la desesperación, sanarse y luego ofrecer la sanación a su familia y al mundo. Todas las personas que participaron en la planificación de Debbie reconocieron su grandeza y su valor. Esa misma grandeza y valor residen en los corazones de todas las personas que han conocido el incesto. Debbie encontró esa luz dentro de sí misma para que estas personas puedan ver esa luz en su propio interior.

Capítulo 9

La adopción

Todos los años, cientos de miles de niños son adoptados en todo el mundo. Durante mi estudio de la planificación prenatal, he averiguado que los niños que nacen y se quedan con sus familias escogen a sus padres y estos los escogen a ellos. ¿Los hijos adoptados y los padres adoptivos toman decisiones similares? Si es así, ¿por qué un alma planearía ser adoptada antes de nacer? ¿Por qué los padres planearían en el nivel del alma adoptar a un niño?

¿Y las ramificaciones emocionales de la adopción? Con frecuencia, estos niños crecen cuestionando su autoestima, sintiendo quizás que no fueron lo suficientemente buenos para que sus padres biológicos los mantuvieran con ellos. La ira hacia estos podría también acompañar a estas dudas sobre la autoestima. ¿Las almas saben antes de nacer que estos sentimientos podrían presentarse? ¿Quieren experimentarlos realmente? ¿De qué manera los sentimientos de carencia de valor o de ira pueden fomentar la evolución de un alma?

Para descubrir las respuestas, hablé con Carole Billingham. Carole, que tenía cuarenta y tres años en el momento de nuestra conversación, está casada con su segundo marido, Barry, con quien tiene una hija, Ania.

CAROLE

Carole es *coach* personal especializada en empoderar a las mujeres, hija de Pierre y Jan, que tenían alrededor de veinticinco años cuando ella nació.

Jan estudiaba para ser profesora, y Pierre cursaba primero de medicina. Ambos se habían comprometido. Cuando Jan le dijo a Pierre que estaba embarazada, «se alucinó y dijo que no quería, ni remotamente, tener una familia —me dijo Carole—. Mi madre fue a una casa para madres solteras a pasar la última parte de su embarazo y darme a luz».

Carole fue adoptada dos meses después de nacer por Dorothy y Richard, los alentadores y cariñosos padres que la criaron. Siendo niña, experimentó un trastorno de apego, es decir, la dificultad de establecer un lazo afectivo con sus padres adoptivos. Sin embargo, al llegar a la edad adulta, «a simple vista no tenía problemas con mi adopción —dijo Carole—. Me creía todas esas cosas que todo el mundo dice sobre ser el hijo elegido».

Su aparente paz con respecto a su adopción quedó hecha añicos a los veinticinco años, cuando se divorció.

—Es muy común que una mujer, cuando llega a la misma edad que tenía su madre biológica cuando la dio en adopción, sufra algún cambio importante en su vida —me explicó—. Mi divorcio me reveló heridas que ni siquiera sabía que tenía. El tema de la rabia se presentó por sí solo. Una parte de mí estaba enfadada más allá de toda creencia y no sabía cómo lidiar con ello. Como mujer, me habían enseñado que no es correcto estar enfadada. Y sin duda, tampoco lo era expresar la ira. Por ello, volví la ira hacia mí misma y me castigué.

Carole albergó esa ira en su interior durante nueve años hasta que, a los treinta y cuatro, sufrió un grave accidente automovilístico que la motivó a trabajar con ella misma.

—Mientras me metían en la ambulancia, recé —recordó Carole—. Me pregunté: «¿De qué se trata esto?». Lo primero [que escuché del Espíritu] fue: «Disminuye la velocidad». Lo segundo, que tenía que aprender a recibir. Y lo tercero, que había rezado por tener la oportunidad de sanar mi rabia y que este suceso me daría esa oportunidad.

El accidente le produjo una lesión cerebral que, hasta el día de hoy, hace que Carole sea inusitadamente sensible a los estímulos sensoriales y que tenga problemas para mantener la concentración.

Mientras la escuchaba, pensé en otras personas que habían compartido conmigo las historias de sus accidentes. Un tema común era haber vivido la vida a un ritmo demasiado rápido, generalmente de forma inconsciente. Estas personas habían creado los accidentes para obligarse a disminuir la velocidad y ser más reflexivas. Muchas almas anticipan, antes de nacer, que podrían vivir de una manera inconsciente y, por tanto, incorporan la posibilidad de sufrir un accidente en sus planes prenatales.

Aprender a recibir ha sido otro tema común. A menudo, estas personas estaban muy ocupadas dándoles a los demás, pero no permitían que los demás les dieran a ellas. El flujo del amor es circular, y dar amor constituye solamente la mitad del círculo. La otra mitad consiste en recibirlo. Cuando nos negamos a aceptar el amor de los demás, bloqueamos la circulación del amor en el mundo de una manera tan eficaz como si nunca se lo diéramos a nuestros semejantes.

—En el momento del accidente, no me di cuenta de que tenía una lesión cerebral —dijo Carole—. Uno de los efectos secundarios es que te retrotrae hacia un trauma anterior que necesita ser sanado. Me trajo a la mente recuerdos de mi nacimiento, recuerdos de mi padre biológico queriendo que mi madre abortase, recuerdos de la confusión, la vergüenza y la culpabilidad y la gran cantidad de adrenalina durante el embarazo de mi madre biológica. Recordé su cerrazón hacia mí y el hecho de que no me hablara. Después, me dijo que en el séptimo mes de gestación, todo se volvió tan doloroso para ella que le resultaba imposible hablarme. Creo que eso tuvo un profundo efecto en cómo me sentí durante toda mi vida, excluida y sin pertenecer a ningún lugar.

La lesión cerebral le permitió a Carole recordar incluso varias afirmaciones hechas en la sala de parto cuando nació.

—Recordé que el médico dijo: «Esta mujer no tendrá ningún contacto físico con esta niña, pues la está rechazando». Era cierto: nunca tuve contacto físico con mi madre biológica. También recuerdo haber despertado en lo que me parecía una caja, gritando a todo pulmón: «¿Dónde está mi madre?». Las enfermeras, con mascarillas, me miraban sin responder a mis gritos.

—Carole –le pedí–, cuéntame más sobre por qué tu madre sentía que no podía tenerte.

—En 1963, el aborto era ilegal. Mi padre biológico le dejó claro que no quería tener nada que ver con un bebé. Entonces, ella descubrió que él la engañaba, así que rompió con él. En esos tiempos, una mujer que no estuviera casada no tenía alternativa. Tuvo que dar a su bebé en adopción.

»Mi madre biológica mantuvo en secreto mi nacimiento para todos –añadió Carole–. Hasta el día de hoy, aún se avergüenza. He tenido que trabajar muy duramente para darme cuenta de que aquello no tuvo nada que ver conmigo y reconocer que no fue mi culpa.

Le pedí que hablara del trastorno de apego que experimentó en su niñez.

—Cuando me adoptó mi familia (y debo decir que tengo unos padres estupendos), pensaba: «¡Tú eres mi tercera mamá! Mi primera mamá se deshizo de mí. Mi segunda mamá solo me tuvo durante ocho semanas. Olvídalo. ¡No quiero tener nada que ver contigo!».

—¿Esto también ha sido un desafío para ti en tu vida adulta?

—Creo que sí –respondió Carole–. En mi primer matrimonio, me casé con un hombre que exteriormente parecía perfecto, pero que me trataba fatal, como reflejo directo de lo que yo creía merecer. Creía que era desagradable y que carecía de valor, por lo que me casé con un hombre al que se le daba muy bien decírmelo con todas sus letras. Finalmente, me di cuenta de que merecía algo más. Rompí con él, algo que para un hijo adoptivo es muy difícil de hacer. Hemos sufrido una pérdida tan grande que cuando establecemos una relación íntima con alguien y rompemos con esa persona o ella rompe con nosotros, eso nos devuelve a esa pérdida inicial. Es horrendo.

—Carole, ¿crees que planeaste ser adoptada antes de nacer?

—Sí, lo hice.

—¿Qué te hace creer eso?

—Creo que es realmente imposible ser una víctima –contestó–. Pero se trata de algo más grande que eso. Es *saber* que firmé para esto. Yo les digo a mis clientes: «Si miras los atributos de los que estás más orgulloso como adulto, descubrirás que la mayoría de ellos se remontan a las primeras experiencias difíciles que tuviste en tu niñez». Asimismo, recuerdo claramente haber deseado morir cuando estaba en esa caja en el hospital. Recuerdo haber dicho: «Quiero volver», y haber oído una voz que me decía: «No, tienes un trabajo importante que hacer».

Aquí, Carole ratificaba algo que yo escucho a menudo: cuando planeamos ciertos desafíos antes de nacer, también planeamos que esas experiencias nos infundan en nuestro interior las mismas cualidades que necesitaremos para sanar. Además, de una forma que está más allá de la comprensión humana, antes de nacer, nuestras almas nos proporcionan ciertos rasgos innatos que serán vitales para nuestra sanación. La combinación de ambos conjuntos de cualidades hace que la sanación sea posible.

—Carole —pregunté—, ¿por qué piensas que, antes de nacer, deseabas tener la experiencia de la adopción?

—Siento un profundo deseo que es más grande que yo, más grande que mi humanidad, de ayudar a sanar a otras personas.

En su trabajo como *coach* personal y, más en general, a través de su vibración, Carole es una *trabajadora de luz*, es decir, alguien que, antes de nacer, planea llevar luz al mundo, a veces en forma de sanación. Sus palabras expresaban perfectamente esa esencia. En tal acuerdo, el trabajador de luz generalmente decide tener las mismas experiencias o emociones que planea ayudar a sanar en otros. La sanación de cualquier energía se logra más poderosamente desde *dentro* de esa vibración. Esa es la verdadera naturaleza de la transformación.

—Carole, ¿qué cualidades cultivó en ti la adopción que te permitieron hacer tu trabajo?

—La adopción establece las bases del trauma y de los sentimientos de aislamiento y confusión. La lesión cerebral me ayudó a tener contacto con mis habilidades instintivas, los recuerdos. Y también ser madre. Esas tres cosas han tejido un tapiz que me ha ayudado enormemente.

—Me gustaría escuchar la historia de tu reencuentro con tu madre biológica —dije—. ¿Cómo la encontraste? ¿Qué le dijiste?

Cuando Carole tenía veintiocho años, y con la aprobación de sus padres adoptivos, contrató a un investigador privado para localizar a su madre biológica, Jan. Durante un tiempo, intercambiaron correspondencia. Finalmente, acordaron reunirse en un restaurante.

—La gran pregunta que me quemaba por dentro era: «¿Por qué? ¿Qué hice que fuera tan malo para que te deshicieras de mí?». Ahí estaba la mujer que me había lastimado más que cualquier otra persona en el mundo, y yo me abrí nuevamente al hecho de volver a ser rechazada.

»Cuando bajé del taxi, vi a Jan allí. Recuerdo haber pensado: «¡Vaya!, es ella». Nos abrazamos, pero ninguna lloró. Estoy segura de que se sentía tan traumatizada como yo.

»El almuerzo se prolongó varias horas. Hay un par de cosas que recuerdo claramente. Una fue que ambas habíamos leído los mismos libros sobre espiritualidad. La otra, que le pregunté por mi padre biológico, y que ella se había mostrado muy reticente a decir algo. Finalmente, dijo: «Estoy tratando de protegerte». En ese instante pensé: «¡Santo Dios! Es una mujer a la que ni siquiera conozco, en cuyo interior viví durante nueve meses y que realmente se preocupa por mí. Está tratando de protegerme». Ese es uno de los recuerdos más fuertes que tengo.

—Carole, ¿qué te gustaría decirles a los hijos adoptivos que quizás traten de comprender el significado espiritual de la adopción?

—No estás solo. Este sentimiento de que no encajas y de que no eres digno de recibir amor es un sentimiento universal que todos tenemos, aunque siempre cada uno con su historia. Una de las cosas más sanas que puedes hacer es hablar con las personas que pueden validar esos sentimientos. Los hijos adoptivos necesitan sentirse validados. Es lógico enfadarse, y no tiene que ser contra alguien en particular, contra la sociedad o contra nuestras madres biológicas. Es simplemente ira. Ámate a ti mismo lo suficiente para saber que lo que sientes es normal.

»Actualmente existen muchos grupos de apoyo para aquellos que han vivido este proceso. Reúnen a los hijos y padres adoptivos y a los padres biológicos, ¡y resulta muy sanador para todos! Estar en una habitación donde puedes ser validado por sentirte confundido, enfadado y perdido... La adopción no fue culpa tuya. Tus sentimientos tampoco lo son. Si puedes tener una salida para desahogarte, ese es el primer paso de la sanación.

LA SESIÓN DE CAROLE CON STACI

Carole había hablado conmovedoramente de los desafíos a los que se había enfrentado al ser una hija adoptiva. Para descubrir si, antes de nacer, había deseado tener esta experiencia y por qué, trabajamos con Staci. Sabía que ella y su Guía proporcionarían información y sabiduría a todas aquellas personas que han sido adoptadas, que han adoptado o que han dado en adopción a un hijo, en especial a las que se preguntan por qué escogieron a esos padres o hijos en particular.

—Carole —comenzó diciendo Staci—, veo una vida anterior tuya en los primeros días de Estados Unidos. Viviste en la frontera, en el margen oriental de Oklahoma. Eras una mujer de la pradera. Tenías seis hijos en esa vida, cinco de los cuales habían sobrevivido. El otro solo vivió unas cuantas semanas y luego contrajo una fiebre y murió. No te diste cuenta de que ese era el tiempo que el bebé deseaba vivir. Había sido tu madre en una vida anterior y es tu madre biológica en esta.

»Ambas habíais tenido esta interacción en varias de vuestras vidas, en las que habíais estado juntas solo un corto espacio de tiempo. Escucho y percibo que es un don que cada una le da a la otra, el don de llevar el cuerpo fetal, el don de dar la vida.

»Entiendo de inmediato que esto es algo que tú planificaste y que te ha ayudado en tu búsqueda de la independencia emocional, porque siempre has sentido cierta separación con tu familia adoptiva.

—Sí —confirmó Carole.

—Se trata de una sensación de ser parte de ellos, pero no de ser *de* ellos —continuó Staci—. Es algo sutil pero fundamental. Así que has tenido que aprender a estar ahí por ti misma, ser tu propio apoyo. Eso también tiene el propósito de hacerte ir hacia tu interior. De hecho, es parte de tu crecimiento espiritual y de tu karma de evolución en esta vida, porque has enriquecido la relación contigo misma y con tu ser interior. —En sesiones anteriores, el Espíritu Guía de Staci había definido al «ser interior» como la interfaz inteligente entre la personalidad y el alma—. Las lecciones kármicas más importantes en las que estás trabajando en esta vida son crear tu propio sentido de tu valor y tu autoestima. Has realizado un profundo trabajo al preparar el escenario.

»Hubo dos cosas que tu madre biológica tuvo que aprender a sufrir mediante el dolor, el duelo e incluso el remordimiento de darte en adopción. Una fue no ser tan impulsiva, no permitir que sus deseos sexuales la controlaran hasta el punto en que lo hicieron cuando te concibió. Esa fue también una lección para tu padre biológico. La otra fue enseñarle más sobre ser responsable ante la familia. De hecho, te dio en adopción por un sentido de responsabilidad ante ti, pero siempre se arrepintió. Siento que nunca se perdonó.

El Espíritu llevó a Staci directamente a la sesión de planificación prenatal de Carole.

—Lo que veo ahora es una conversación en el nivel del alma entre tú y tu marido, Barry —dijo Staci—. Os veo a ambos sentados justo por encima del suelo, en frente de un gran cuadrado sobre el cual se encuentra el diagrama de tu vida. Parecen cuadrados negros y blancos, y cada uno representa algo en tu vida.

»Ambos mostráis cuerpos humanos, pero son translúcidos. No tienen la misma densidad que cuando nos internamos en la Tierra. El alma viste la capa de la personalidad que asumirá en la próxima vida.

CAROLE: No sé cómo sobreviviré. Todo lo que veo son problemas y confusión.

BARRY: Esperaré hasta que estés lista para mí. Te ayudaré.

—Parece muy paciente, amable y apacible. Extiende las manos y te toca ambos brazos, como para hacer que te concentres en él en lugar de hacerlo en lo que sucede en tu interior. Escucho que habéis compartido otras vidas anteriores, en una de las cuales fuisteis hermanos. Tenéis una relación muy estrecha entre vosotros.

»Quiero hablar de tu hija un momento. El acuerdo con ella se hizo en el nivel del alma mientras tú dormías. Ocurrió durante varias noches. Debo decirte que «ella aprenderá de tu sincera experiencia». Uno de los dones que puedes ofrecerle es respaldar su autoestima. Tú das más amor del que tu madre biológica fue capaz de darte.

Me sorprendió la descripción que hizo Staci de la conversación entre Carole y Barry. En general, el sentimiento entre las almas en la sesión de planificación prenatal es de gozosa colaboración, incluso cuando se analizan grandes desafíos.

—Staci –pregunté–, ¿por qué Carole se pregunta cómo sobrevivirá? Parecería que se siente reticente con respecto al plan que ella misma preparó para su vida.

—No estaba reticente. Luchaba por encontrar su camino por el laberinto emocionalmente desafiante de su vida. Se vio a sí misma en la edad que tendría cuando conoció a Barry y vio que los problemas que albergaba en su interior no se resolverían completamente. Por ello, estaba envuelta en las emociones de ese momento de su vida.

Le pregunté a Staci si podía escuchar la conversación prenatal entre Carole y Jan, su madre biológica. Inmediatamente, la visión interior de Staci la llevó a esa parte de la sesión de planificación.

—Conforme se acerca esta alma que será tu madre biológica, te veo sentándote, Carole. Percibo una carga emocional entre ambas. La escucho decir: «Aquí vamos de nuevo». En este momento, tú estás muy emocionada, pero ella parece serena. Veo imágenes de algunas de sus vidas pasadas, donde ha dado a luz a bebés que no han vivido mucho tiempo. Veo a cinco bebés diferentes, siguiéndola en burbujas de pensamientos. Ella extiende la mano y la coloca sobre ti para combinar su energía con la tuya a fin de que puedas escucharla intuitivamente.

JAN: Tú sabes que te amo y que siempre te he amado, pero lo que debe ser, será. Quiero servirte y ayudarte a ser mejor, pero también debo servirme a mí misma. Sabré cuándo estarás lista para venir a mí, pero sabes que no podré conservarte. Sabes que querré continuar siendo libre. ¿Esta es tu decisión?

CAROLE: Sí.

—Eras consciente de que esto provocaría una perturbación emocional, pero también sabías que era algo que tenías que hacer.

CAROLE: Comprendo nuestra relación especial, aunque quizás no siempre la entienda mientras habite mi cuerpo físico terrenal. Pero la comprendo ahora y te agradezco el don de la vida que me darás. Tomaré de ti todo lo que necesito para vivir y nos reuniremos otra vez cuando llegue el momento.

Sé que nunca tendré tu amor como debe ser el amor de una madre. Sé que tienes tus propios desafíos que te impiden amarme completamente e incluirme en tu vida. Soy consciente de ello, aunque quizás no lo sea cuando llegue el momento. Te doy el don de mi vida, de tenerme, aunque no de conservarme. Me parece muy claro ahora, pero sé que a veces me sentiré desesperada en mi anhelo por ti. Esta es solamente una parte de lo que necesito para enriquecerme a mí misma.

JAN: Sé lo difícil que es dejar a un bebé. Te he visto llorar por mí dos veces.

—Entonces, hubo dos veces, Carole, en las que diste a luz a esta mujer y la perdiste debido a una enfermedad.

JAN: La profundidad de ese dolor no conoce límites, no tiene fondo. Yo lo sé. La profundidad de mi dolor por entregarte será una espada de doble filo para mí. Estará conmigo durante toda mi vida y, sin embargo, dado que soy consciente de ello ahora, una parte de mí siempre sabrá que hice lo correcto. ¿Me perdonarás?

—Te veo extender las manos hacia ella y mirarla a los ojos.

CAROLE: Sí. Puedo perdonarte ahora y te perdonaré después. Sé que esto le dará equilibrio a nuestras vidas, equilibrará una energía duradera que nos ha conectado durante siglos. Esta será la última vez que nos separemos. En nuestras próximas vidas estaremos juntas para siempre, pero no ahora.

JAN: Existen algunos aspectos de la personalidad en los que trabajaré durante mi vida, que no serán propicios para tu crecimiento y para tu naturaleza sensible. Esta es parte de la razón por la que debo hacerme a un lado y permitir que estés con otra familia.

Este es un don de amor para ti, traerte al mundo y entregarte para que aquellos que no pueden concebirte puedan tenerte, amarte, alimentar tu crecimiento y promover tu independencia. Este es mi obsequio para ti. Te amo.

—Hay lágrimas. Veo mucho amor, pero también tristeza, porque ambas sabéis lo que va a ocurrir. Os abrazáis durante bastante tiempo. En ese momento, la veo desaparecer. Por tanto, es probable que esto haya ocurrido mientras ella estaba viva [encarnada], en su sueño, porque de otra forma, hubiera podido quedarse y presenciar el resto de la planificación.

»Quiero describir la habitación un poco más. Normalmente está bien iluminada, aunque no sé cuál es la fuente de esa luz y hay muchas almas en ella. Esta habitación, sin embargo, es un poco más oscura y no alberga muchas almas, quizás media docena. Algunas de ellas vienen y van en el momento adecuado cuando se les requiere para la planificación, pero principalmente estás tú, un par de Espíritus Guías y algunas almas muy cercanas. El haz de luz es más pequeño. No es necesario que la habitación esté completamente iluminada, solo el área que ocupáis.

—Staci –dije–, por favor, pregúntale a tu Guía si puede llevarte a alguna conversación de Carole, quizás con su madre biológica, quizás con un Espíritu Guía o con otra alma, en la que explique por qué quiere ser adoptada.

Staci hizo una pausa mientras permitía que las impresiones llegaran a su mente.

—Te veo con un Espíritu Guía –le dijo a Carole–. Es casi el inicio de esta sesión de planificación, cuando hablas de los temas kármicos en los que deseas centrarte en esta vida. Es la etapa en la que eliges a tus padres por las experiencias de aprendizaje que pueden proporcionarte. Tu Espíritu Guía te sugiere a tus padres biológicos. Tú no habías pensado en ellos antes. Tu madre biológica parece ser una fuente de dolor para ti incluso en el nivel del alma, y precisamente ese es el motivo por el cual el Guía la sacó a colación. Veo un Espíritu Guía masculino, una fuerza activa y enérgica.

»El hombre que es tu padre biológico es alguien con el que no has compartido una vida desde la época romana. Pertenecía a la clase gobernante y se tenía a sí mismo en un alto concepto. Tenía dinero, viajaba en una cuadriga y llevaba mucho oro consigo.

—Sigue siendo así –bromeó Carole. Staci y yo reímos.

—Esa ostentación y autobombo no te resultaban atractivos, pero tu Guía los sacó a relucir –continuó Staci–. Había ciertas cualidades (fortaleza, enfoque y propósito) que tú querías heredar. No necesitabas el resto, así que la adopción era una forma de librarte de las que no te servían. Te gustaba esa idea.

»Le dijiste a tu Guía que no querías que te afectaran los problemas de ego que tu madre y tu padre biológico afrontarían en esta vida. Así que fue una buena elección ser de ellos pero no estar con ellos. Le dijiste también que sentías que si tuvieras que quedarte en la vida de tu madre, y no dada en adopción, ella te dejaría de lado a favor de otro hijo que llegaría después. Tampoco querías experimentar eso. Por tanto, esta parecía una manera de complacer a todo el mundo y lograr tu objetivo.

—Staci –pregunté–, ¿cómo logran las almas que los padres adoptivos encuentren a los hijos a quienes van a adoptar?

—Escucho que hubo un intermediario planeado, alguna persona u organización que medió entre ambas partes –contestó Staci–. Ignoro cuáles fueron las circunstancias después de que fuiste dada en adopción.

—Estuve en un programa de acogida durante ocho semanas –dijo Carole.

—Entonces, el organismo de adopción es el intermediario. Eso fue lo que guió la elección de la madre. Tuvo confianza cuando escuchó o vio el nombre del organismo.

Carole le preguntó a Staci si podía obtener más información sobre su padre adoptivo.

—Os veo a ambos conversando sobre esto en el nivel del alma —le dijo Staci—. Ha sido tu hermano en una vida anterior. En esta, se ofreció a ser tu padre adoptivo. Te había conocido antes, no solo entre vidas, sino durante algunas encarnaciones, y te ha amado. Lo escucho decir: «Estaré encantado de tenerte en mi vida».

»Permíteme enfocarme ahora en lo que ocurrió en la sesión de planificación prenatal con tu madre adoptiva [Dorothy]. Tenía aproximadamente catorce años —justo cuando sus órganos reproductores han entrado en su fase de pubertad— cuando tuviste esta conversación con ella en el nivel del alma. Ella siente subconscientemente que algo va mal. La veo señalándose el útero, diciendo: «Sé que no está bien». Dice que tiene problemas en el útero y que uno de sus ovarios no está formándose correctamente, lo que provoca un desequilibrio cuyo resultado es la esterilidad. Pero también habla sobre la necesidad de tener un hijo. Y usa la palabra «necesidad».

—Mmm hmm, esa es mi mamá —observó Carole.

—Pido que se me muestre por qué te quiere. En este momento, ya sabe que tu madre te dará en adopción. Vosotras dos habéis estado juntas en una vida anterior. Ella lo disfrutó mucho y quiere estar contigo otra vez en esta vida.

DOROTHY: Me harás un gran favor y un gran servicio al venir a mí.

CAROLE: En ocasiones [durante esta planificación] me he sentido muy sola. El solo hecho de saber que no estaré con mi madre biológica durante mi infancia me hace sentir sola. Sí, me gustaría mucho. Me gustaría estar con una amiga.

—Su emoción te da energía, la cual, a su vez, le da energía a ella. Es estupendo ver esto. Os veo abrazándoos. Dices que cuando ella te acoja te gustaría recordar la sensación de este abrazo. Existe un reconocimiento que sentirás físicamente. Te calmará siendo un bebé; sentirás que todo está bien cuando te encuentres en sus brazos.

DOROTHY: Tenerte como mi hija desde bebé me satisfará más que cualquier otra cosa

—Esto te emociona, Carole, tener la oportunidad de influir en la vida de alguien de una forma tan profunda y positiva. Rebosas de alegría y estas totalmente de acuerdo con ello.

DOROTHY: Quiero ayudarte a encontrar tu voz para que puedas expresarte a ti misma. Deseo alimentar esto.
No siempre me siento estupendamente conmigo misma. Me disculpo por cualquier cosa que pueda decir o hacer y que pueda lastimarte. Esa nunca será mi intención, pero sé que tengo esta debilidad. Quiero que sepas que deseo fortalecerte y apoyarte tanto como me sea posible. Como mínimo, te cuidaré, te amaré y te sostendré toda la vida como si te hubiera llevado en mi vientre.

—En mi mente, la veo pensar en alimentarte con biberón, y cómo ese será su primer gesto de cuidado hacia ti. Intuyo lo satisfecha que se sentirá al tenerte en su vida. Tú te has mantenido en silencio durante todo el tiempo, porque estás de acuerdo con todo. Te encanta cómo te sientes.

CAROLE: Estoy agradecida por tu deseo de amarme y apoyarme, y por tu generosidad.

—Ambas os abrazáis y os sonreís la una a la otra. Después, ella vuelve a dormir [regresa a su cuerpo físico que duerme en la Tierra].
—Mi madre adoptiva me ama mucho –nos dijo Carole–. El acuerdo de que yo la haría sentirse plena... así ha sido nuestra relación.
—Staci, ¿hay alguna parte de la sesión de planificación donde Carole planee sufrir un trastorno de apego? –pregunté–. Ella cree que podría haber sido consecuencia de sus primeras experiencias.
—Se me indica que habla al respecto con su Espíritu Guía.

CAROLE: ¿Alguna vez podré confiar en alguien en esta vida?
ESPÍRITU GUÍA: Tendrás la tendencia a vivir dentro de ti misma y a no ser consciente de lo que dicen quienes te rodean, especialmente tu madre y tu padre. Esto es parte de

tu proceso de crecimiento. Uno debe experimentar la carencia de algo para encontrarlo en su interior. Tú confías en tu Ser [Yo] ahora mismo y en las elecciones que haces para la vida que vendrá. Es la misma confianza que aprenderás a emplear con respecto a aquellos que te confortarán y te cuidarán.

CAROLE: Sé que tendré dificultades para confiar en que aquellos a quienes seré dada en adopción me amarán y me apoyarán. Siempre temeré recibir demasiado poco amor y apoyo.

ESPÍRITU GUÍA: No, no siempre estarás asustada. Solo sentirás que lo estás.

Incluso al encontrar a tu madre biológica, la cuestión de la confianza se quedará sin resolver. El problema de la confianza se relaciona realmente con la auto-confianza: confiar en que estás en el lugar correcto y en el momento adecuado para cuidarte siempre a ti misma en cualquier situación. A la larga, esto te dará una gran fortaleza. Aunque en ocasiones podrías sentir que no estás preparada para la tarea, aprenderás a ceder. El problema de la confianza te hará mantenerte apartada de los demás. Aunque es algo que sabrás en las primeras etapas de tu vida, se trata de un patrón que un día aprenderás a descartar.

—Cuando el Espíritu Guía te dice esto, Carole, tú lo comprendes en un sentido no verbal y emocional. Ves el sendero de la evolución que sigue un alma a través de este proceso y lo aceptas como uno de tus desafíos.

—Puedo decir aquí, en este momento de mi vida, que he sanado gracias a que he tenido varias oportunidades estupendas –dijo Carole–. El nacimiento de mi hija me trajo un conocimiento totalmente nuevo de lo que sufrió mi madre biológica. También tuve una lesión en la cabeza hace nueve años. Sabía que debía aprender a confiar en mi Guía interior. Puedo decir sin temor a equivocarme que confío al cien por cien en mí misma.

»Staci —continuó—, cuando hablaste de mi acuerdo con Jan y dijiste que me habría dejado a un lado por otro hijo, eso realmente hizo eco en mí. Tuvo otras dos hijas justo después de mí, y la más joven de ellas fue madre de trillizos. He observado una notable diferencia en nuestra relación desde el nacimiento de sus nietos.

—Si hubieras permanecido en esa familia, te habrías sentido así desde que eras una niña pequeña —respondió Staci.

—Sí —dijo Carole—. Otra cosa, sobre lo que compartiste en mi conversación prenatal con Jan, cuando ella preguntó: «¿Me perdonarás?». Yo lloré, porque ese es un tema en el que aún estoy trabajando. Puedo perdonarla en un nivel intelectual, pero sin duda mi alma quiere que sea capaz de perdonarla real y completamente.

LA SESIÓN DE CAROLE CON PAMELA Y JESHUA

El último comentario de Carole en su sesión con Staci fue un franco reconocimiento de su necesidad de una mayor sanación con respecto al perdón. Como señaló inteligentemente Carole, el perdón puede comenzar en el nivel de la mente, pero el perdón verdadero se debe *sentir* en el corazón. Esto se aplica en general a toda sanación profunda. Podemos sanar algo de nuestra culpabilidad al comprender que no somos responsables de las acciones de otra persona, algo de nuestra vergüenza siendo conscientes de que hicimos todo lo posible, algunos sentimientos de carencia de valor gracias al conocimiento de que somos la Divinidad encarnada. Sin embargo, se produce una sanación aún más profunda cuando *sentimos* nuestra inocencia, nuestra belleza y nuestra valía infinita.

Para aprender más sobre cómo podríamos sanar de una forma tan profunda, Carole y yo solicitamos la sabiduría de Pamela y Jeshua. Aunque Pamela suele iniciar las sesiones dando su propia impresión, en esta ocasión Jeshua comenzó proporcionando su visión sobre la adopción.

—Estimados amigos —dijo—, soy yo, Jeshua, contactando con vosotros en este momento. Percibo vuestras energías y os pido que me sintáis presente en vuestros corazones, no como un maestro externo, sino como una profunda presencia en vosotros, una presencia con la que sois Uno. Soy el maestro del corazón. Os hablo desde vuestro lado emocional.

»Espero poder deciros algo acerca de la adopción y responder a las preguntas que tengáis al respecto. Me encanta que me hagáis preguntas acerca de esto porque me ayuda a aclarar y dilucidar la realidad humana sobre la Tierra y, de ese modo, crear un espacio para más amor y comprensión de vosotros mismos. Trabajáis en este proceso al pedirme consejos. Debéis saber que vosotros también contribuís al proceso de sanación que se ha puesto en marcha. No hacéis esto solo para vosotros mismos, sino para toda la humanidad, para cambiar algunas de las opiniones generales sobre la adopción y liberar las mentes y los espíritus de aquellos que han sido atormentados por el dolor, la culpabilidad y el miedo.

»Quiero decir antes que nada que no hay ninguna culpabilidad en un padre que se separa de su hijo. Parece existir una relación de agresor y víctima en esta interacción. El padre siente una profunda culpabilidad, especialmente la madre, que se siente casi físicamente destrozada. Incluso cuando rechaza a su hijo en un nivel consciente, alberga un hondo pesar y un sentido de culpabilidad en su interior. La mayoría de las madres sienten esto conscientemente, incluso cuando sus situaciones de vida son tales que es mejor para ellas y para sus hijos que estos se den en adopción.

»Regresemos hasta antes de que el niño haya nacido en la realidad física. Antes de eso, vive en el útero materno. En este ámbito, está estrechamente unido con su madre, de una forma tan profunda que apenas conoce sus límites. Las energías de la madre son absorbidas profundamente por el bebé conforme este se familiariza con la realidad terrenal de esa vida y tienen un gran impacto en su mente y en sus emociones, incluso cuando se encuentra dentro del útero. Dado que el niño está profundamente unido con la madre, adoptará sus sentimientos como propios. Pensará que se siente triste o deprimido como su madre cuando en realidad está feliz y contento. Aún no existe una diferencia entre ambos.

»Cuando el niño nace, este vínculo, que es en muchos sentidos un vínculo psíquico, un vínculo desde el corazón, todavía prevalece. De esta forma, aunque el cordón umbilical haya sido cortado, psíquicamente aún existe una forma de unión. Todavía son casi un solo organismo. Siempre que un niño es separado permanentemente de su madre al nacer, sufre agitación y caos. Esto le produce un enorme trauma, pero lo que siente, lo que experimenta realmente lo forman, en su mayoría, las emociones de la madre, su tremenda culpabilidad, su dolor, su profundo sentido de tener que cuidar al bebé y de fracasar en ello. Podríamos decir que la culpabilidad es la emoción más fuerte de una madre que tiene que separarse de un bebé, quien, en este estado tan abierto y vulnerable, asume esa culpabilidad como propia. Piensa que es culpable y siente un miedo y un abandono tremendos. La carga impuesta a este niño es inmensa. No puede experimentarse aún como víctima, así que se experimenta como responsable.

»Debido a la apertura que un niño tiene cuando entra en la esfera terrestre, las primeras marcas de su vida son muy influyentes. Siempre que se produce una separación entre la madre y su hijo, especialmente en los primeros tres meses, tendrá un inmenso impacto en el desarrollo del niño. Incluso si este crece en circunstancias felices y es criado por unos padres afectuosos, aún tiene esa sensación de abandono, de confusión, de culpabilidad, de tener que esforzarse mucho para ser digno de obtener amor y reconocimiento. Esto es una energía muy dolorosa, una herida en su espíritu.

»Un niño también puede ser separado de sus padres en una etapa posterior. En este caso, incluso si había problemas en la familia, ha existido un vínculo con su madre en sus primeras etapas, por lo que las circunstancias son diferentes. En todo caso, la separación provoca una profunda herida en la conciencia del niño. Cuando un niño es adoptado en una etapa posterior, el dolor que esto les provoca a él y a sus padres es esencialmente el mismo.

»Si el niño es mayor cuando ocurre, el daño es más consciente, lo que puede parecer peor desde la perspectiva humana. A simple vista, es menos cruel cuando lo separan de sus padres justo al nacer, pero esto no es cierto. Cuando el niño no puede experimentar conscientemente lo que sucede, esto se mantiene vivo en su subconsciente. Se desarrollará en una edad posterior, haciendo que piense que no es lo bastante bueno, que tiene que lograr más, y sintiéndose profundamente inseguro. El hecho de que un niño sea muy pequeño cuando lo separan de los padres no evita el trauma que se produce.

»Los padres adoptivos sintonizan con sus emociones y le ayudan tanto como les es posible a comprender que no es responsable de lo que ocurrió. Los niños son especialmente sensibles a la culpabilidad. Cuando sienten que el padre carece de amor, felicidad o placer, piensan que ellos son la causa. Por esta razón, es muy importante explicarle, cuando es capaz de comprender, que no es culpable de algo que hicieron sus padres biológicos. Liberarlo de la culpabilidad es probablemente el don más importante que uno puede darle en la vida.

»Asimismo, cuando un niño está a cargo de unos padres adoptivos, es importante revelarle desde una edad temprana que es adoptado, pedirle que se haga oír, que exprese sus emociones y que haga preguntas sobre la situación. Lo haga o no, no es justo de ninguna manera que ignore que es adoptado, porque tarde o temprano las emociones subyacentes surgirán en ciertos rasgos de su carácter o en conductas asumidas por él.

LOS PADRES BIOLÓGICOS

—Jeshua —pregunté—, ¿cómo afecta a los padres biológicos el hecho de dar en adopción a un niño?

—Deja profundos vestigios en sus corazones y en sus mentes —respondió Jeshua—. Renunciar al propio hijo produce una de las cicatrices más dolorosas en el alma humana, porque cuando tienes un hijo, se te confía su alma. El alma, aunque es inmensa, ha decidido encarnar en un cuerpo vulnerable y pequeño. Necesita tu cuidado y amor incondicional como padre o madre para crecer en este mundo, para sentirse seguro y bienvenido.

»Todos los padres saben que se les asigna una tarea sagrada cuando el cielo les manda un hijo, independientemente de que crean o no en Dios. Incluso si tiene muchos problemas, incluso si no está preparado para recibir a un niño e incluso si, conscientemente, no quiere tener un hijo, existe un profundo sentido de responsabilidad dentro del espíritu de todo padre. Infringir esa sagrada responsabilidad produce un profundo, profundísimo sufrimiento en el alma de todo padre biológico.

»Te pido, Carole, que sientas durante un momento cómo es recibir un hijo del cielo, su inocencia pura, y no ser capaz de abrir un espacio para él en tu vida, tener que decirle que no, verte en la obligación de separarte de él. Esto produce una profunda herida en su alma, así como en la de los padres biológicos. No te pido que los perdones; te pido que veas desde la distancia la forma en que esto afectaría a un alma cuando siente que le ha fallado a su hijo en un nivel tan profundo. Dar en adopción a un niño infunde una profunda sensación de culpabilidad y de fracaso en los padres. Deberán hacer acopio de toda su fuerza y su sabiduría interior para perdonarse. Nadie puede hacerlo por ellos, ni siquiera el niño que nació de su seno.

»Esta es una tarea difícil. Podríamos decir que es más difícil para unos padres perdonarse a sí mismos que el hecho de que su hijo los perdone, porque los padres consideran que ellos fueron quienes cometieron la falta. Tienen que aprender a verse como niños inocentes, a abrazar a su propio niño interior, que a menudo está lleno de miedo e inseguridad y sufre al juzgarse a sí mismo. Deben aceptar a su propio niño interior, que representa sus emociones más profundas. Cuando lo hacen, el proceso podría proporcionarles una paz a sus corazones que no habrían logrado si no hubieran asumido la carga de la culpabilidad.

Aquí, Jeshua dirigía nuestra atención a una de las principales razones para planear cualquier desafío vital: la conversión de la oscuridad, el dolor o la negatividad en luz. Es posible que la oscuridad tenga su origen en una vida anterior; por ejemplo, la culpabilidad no fue sanada en vidas anteriores y se trasladó energéticamente a la actual para lograr la sanación, aunque también es posible que se haya originado en la vida actual. Independientemente de su origen o de su naturaleza, la sanación de ese dolor infunde luz en el alma, magnificando su brillantez. Cuando la negatividad se transforma mediante el amor a uno mismo, el resplandor del alma se intensifica y asciende a nuevas alturas.

—Hay un significado en todo lo que ocurre en la Tierra —continuó Jeshua—. No existen las coincidencias. Un niño no entra fortuitamente en el seno de una madre. A menudo, entra en escena cuando es necesario aclarar una situación. Por ejemplo, una mujer podría arrastrar ciertos problemas psicológicos desde hace mucho tiempo, o una pareja podría atravesar por determinados problemas y hallarse estancada. En ambos casos la situación no parece tener ninguna solución.

»Si un niño entra en sus vidas, sus emociones se vuelven más intensas, por lo que los problemas pueden solucionarse o, por el contrario, empeorar. Si ocurre esto último, es más probable que se logre una solución, ya que la crisis pone en marcha una nueva dinámica. El alma del niño, y hablo aquí de los niños que son dados en adopción, sabe que llevará ciertas energías a un clímax que permitirá que los padres tomen decisiones más conscientes.

Mientras asimilaba las palabras de Jeshua, recordé que, en ocasiones, los padres planean, antes de nacer, perder a un niño nonato en un aborto espontáneo para obligarse a sí mismos a enfrentarse a las partes no sanadas de ellos mismos y de su relación. De forma semejante, los padres y el niño podrían acordar, antes de encarnar, que este regresará al Espíritu a una edad temprana, y el dolor de su muerte tendrá el objetivo de impulsar a aquellos hacia una nueva conciencia y un nuevo estilo de vida. (En ambos ejemplos, las almas de estos niños generalmente están muy evolucionadas y trabajan dando un servicio amoroso a sus padres.) Dar a un niño en adopción, aunque la decisión será tomada conscientemente por la personalidad encarnada, equivale a perderlo de una manera igualmente dolorosa. Ese dolor puede ser el catalizador para lograr una sanación profunda y un cambio de gran magnitud.

—A menudo –dijo Jeshua–, la llegada de un niño puede hacer que los padres se vuelvan más afectuosos, o traer conflictos a la superficie, conflictos de los que solo eran parcialmente conscientes antes de que el niño entrara en sus vidas. El niño tiende a hacer que sus padres puedan ver claramente ciertos problemas. A menudo, cuando nace su hijo, la conciencia de la madre de quién es y qué quiere en la vida se vuelve mucho más clara. Quizás se separe de su pareja porque descubre que la relación no satisface realmente sus necesidades. Si esto sucede, ese era el verdadero propósito del niño, no separar a sus padres, sino empoderar a la mujer. Aunque podría parecer trágico separarse cuando un niño aún es muy pequeño, en un nivel interior tal vez sea positivo para todas las partes, porque podría acelerar su progreso espiritual. Por lo tanto, la presencia de un niño, aunque es hermoso e inocente, no produce necesariamente paz y felicidad. Puede confrontar a sus padres con ciertos aspectos profundos de su interior, y esto puede trastocar las vidas de los padres. Esto forma parte de la intención del niño al incorporarse a sus vidas.

PLANIFICACIÓN PRENATAL Y ADOPCIÓN

—Hemos hablado de los niños en una edad muy temprana y antes, cuando estaban dentro del seno de la madre. Ahora, iré más atrás y hablaré de la planificación prenatal y de la forma en que las almas eligen sus planes de vida, especialmente con respecto a la adopción.

»Cuando un niño es adoptado, en casi todos los casos lo sabe de antemano. Se trata de una experiencia que el alma desea tener por varias razones. Una de ellas es que algunas almas han infligido dolor a otras, un dolor que desean equilibrar en esta vida. El alma tiene un profundo anhelo de equilibrio y quiere experimentar ambas caras de la moneda. Sin embargo, no es necesario que lo haga por medio del castigo, ni tampoco se le obliga. Siempre que un alma ha lastimado a otras, lleva un profundo sentido de culpabilidad en su interior. Por esa razón, desea revivir la experiencia y superarla. Al hacerlo, habrá equilibrado el karma.

»Hay otras razones para encarnar como un niño que será adoptado. A veces, el alma que encarna en el niño es muy consciente y tiene el profundo anhelo de reunirse con determinadas almas a las que ya conoce y que, en su forma física, no pueden tener hijos. Este es el motivo por el cual el alma debe entrar en esta vida a través del canal de los padres biológicos. Las almas más conscientes están dispuestas a asumirlo porque saben que los padres biológicos aprenderán de este proceso. Cuanto más consciente es un alma, más capacidad tiene de no asumir la culpabilidad y el dolor de sus padres biológicos, aunque esto quizás conlleve que el niño tenga la sensación de no encajar en su familia biológica. Esto hará que el proceso de la adopción le resulte más fácil, ya que se sentirá bien con sus padres adoptivos. Este niño sufrirá, pero la sanación será más fácil porque habrá un vínculo más evidente entre él y su familia adoptiva. Cada miembro será muy consciente de las necesidades y deseos de los otros.

»He mencionado dos posibles razones por las cuales un alma puede tener la experiencia de ser adoptada. En el primer caso, lleva cargas que la hacen menos consciente de su propia divinidad. Sin embargo, es muy valiente al escoger un proceso tan difícil. Cuando el alma es más consciente, el camino le resulta más fácil. En cierto sentido, estoy describiendo dos extremos de un espectro. En medio puede haber, por ejemplo, almas conscientes de sus profundos problemas respecto a su autoestima. Siempre que un niño es separado de sus padres a una edad temprana, plantea problemas de autoestima. Es posible que un alma que se halle en medio del espectro desee solucionar esos problemas, que carga de vidas anteriores y, por tanto, puede asumir las emociones provocadas por la adopción. Este niño puede saber subconscientemente que está ahí para volverse más libre e independiente de los juicios exteriores. Este punto medio del espectro es donde se encuentran la mayoría de los hijos adoptivos. Tienen que afrontar fuertes luchas internas para desarrollar un sentido de la autoestima y la independencia. Pero si lo hacen, experimentarán una tremenda sanación en el nivel del alma.

Una vez más recordé la importante función que tienen los sentimientos o creencias de carencia de valor en la planificación prenatal. Una y otra vez, las almas que en encarnaciones anteriores cuestionaron su valía inherente planifican experiencias de vida que pondrán el problema en primer plano, donde no podrá ser ignorado. La forma específica en que el problema se presenta varía considerablemente entre un alma y otra, pero en el fondo de estos distintos desafíos siempre hay un sentido de carencia de valor que el alma desea sanar.

—Los padres adoptivos también pueden experimentar una gran sanación –nos dijo Jeshua–. El tema de vida de muchos de ellos es liberarse de las expectativas. Su deseo era tener un hijo, y tuvieron que liberarse de esa expectativa. Es una cuestión de soltar el control, de abrirse a aquello que la vida ofrece en otras formas. A menudo, el niño provocará sorpresas en sus vidas. Los padres adoptivos deben liberarse de ciertas imágenes que tienen acerca del niño feliz o del niño que siempre desearon. Se enfrentan al desafío de estar realmente abiertos a su alma. Este es el obsequio que el niño les da. Incluso cuando este presenta problemas psicológicos, estos problemas son en realidad un don, porque los ayudan a abrazar incondicionalmente al niño.

LA SANACIÓN DE LOS HIJOS ADOPTIVOS

—Ahora, abordaré la pregunta de cómo los niños adoptivos deben afrontar las emociones provocadas por la adopción —continuó Jeshua—. Casi todos experimentarán ira contra sus padres biológicos. Querrán saber por qué los dieron en adopción y cómo justificaron esa decisión. Es importante aceptar la ira. Siempre que trates de ayudar a estos niños, ofréceles aceptación, de manera que les permitas sentir plenamente su ira. Se les debe alentar a que lloren, griten o escriban cartas furiosas a sus padres, no para enviarlas, sino como un medio de autoexpresión. Antes de que puedan lograr la paz y el perdón, deben darle a la ira sus derechos, su verdad. Deben sentirla en el cuerpo para poder liberarla verdaderamente. En esta etapa, se trata de expresar al niño interior, que es la sede de las emociones.

»Puede ser útil realizar algún trabajo corporal, por ejemplo, sentir la energía de la ira como un flujo interior al pisar fuertemente contra el suelo o al golpear una almohada. Es importante no temer a la ira y confiar en la sabiduría del cuerpo. Las emociones hablan a través de él y se muestran en una tensión interna que debe liberarse. La ira es sincera y no tiene ningún sentido pasarla por alto o reprimirla, porque de ese modo crecerá, buscará otras maneras de expresarse mucho más destructivas. Por ello, si sientes una ira pura en tu interior debido a tu pasado, esta es una buena noticia. Dale la bienvenida. Es mucho mejor sentirla que hacer que se exprese mediante una conducta destructiva como las adicciones o los pensamientos obsesivos, que no son más que formas pervertidas de expresión. El primer paso de la sanación terapéutica consiste en abordar la ira en forma pura como la energía en movimiento que es. No temas al poder de tu ira.

»Si permites que hable a través de tu cuerpo, en algún momento se liberará y encontrarás un profundo dolor detrás de ella, una sensación de querer llorar a lágrima viva por la traición y el abandono que sentiste desde las primeras etapas de tu vida. Cuando entres en el estado de duelo, llora, deja que las lágrimas se liberen y no las contengas.

»Descubrirás repentinamente que también lloras por tus padres biológicos, que sientes su dolor, su tremenda culpabilidad y su sufrimiento. Entonces llegarás a la unión entre tú y ellos, esa unión que estuvo una vez ahí y que te hizo absorber sus sentimientos. Llorarás primero por ti y por el niño que sufrió el abandono, que permanece profundamente enterrado dentro de ti, pero semiconsciente. Y después, cuando participes de este dolor, descubrirás que lloras también por tus padres y lo que han perdido.

»En un nivel consciente, te pusiste furioso contra tus padres, pero cuando atravieses este proceso, descubrirás que no estás enfadado con ellos. Descubrirás que sientes por ellos. La compasión puede calar tan profundamente que quizás incluso te sientas responsable de su dolor, culpable en cierto sentido. Así es como te sentías cuando eras niño: «Los metí en problemas». Ese es el sentimiento básico del niño. Por ello, el siguiente paso es investigar esta área en la que lloras por tus padres: lloras en lugar de ellos porque absorbiste sus emociones.

»Cuando haces esto, empiezas a abordar esa culpabilidad que podría estar profundamente enterrada dentro de ti: «No soy lo suficientemente bueno. Debieron de tener una buena razón para dejarme ir. Fracasé». Todos estos pensamientos profundamente escondidos están ahí y tienen que ser afrontados. Y cuando los afrontes con conciencia, se irán. Los liberarás. Siempre que hayas atravesado el proceso de experimentar su dolor, tu dolor y la culpabilidad que has absorbido, habrás entrado en un espacio de conciencia completamente nuevo. Habrás sanado en gran medida. La mayor parte de la sanación se produce al haber liberado la ira y experimentado el dolor y el juicio a ti mismo bajo la luz de la compasión y la comprensión

»Cuando te ves a ti mismo como ese niño pequeño a la edad que tenías cuando te adoptaron, verás que su mente dice: «Debo haber hecho algo malo para merecer esto. No soy digno de su amor». Cuando ves esto con claridad desde tu mente consciente, puedes extender la mano hacia ese niño interior y decirle: «Por supuesto que no es tu culpa. Tú no eres culpable en absoluto. Escogiste esta experiencia de hacer frente a tus propios sentimientos de carencia de valor. La escogiste como alma para ayudar a tus padres biológicos a afrontar sus propios problemas. Eres un ser hermoso, pleno y digno de amor en ti mismo». Y cuando puedes ver esto, cuando puedes extenderle la mano al niño que alguna vez fuiste, extiendes la mano a través del tiempo, de vuelta a tu pasado, y sanas a ese niño. A través de tu propia conciencia, puedes ser el padre que tanto anhelabas. Puedes imaginarte tomando al niño que fuiste y borrar toda la culpabilidad y el juicio, abrazándolo con la energía materna, una energía universal y cósmica de aceptación y seguridad completas. Cuando llegas a este profundo nivel de autosanación, estás haciendo el trabajo que planeaste hacer como alma cuando iniciaste esta vida. Estás sanando la parte más lastimada de ti mismo, y por lo tanto, difundes luz en este mundo, para ti mismo y para los demás.

»Si eres un hijo adoptivo, descubrirás que, incluso si llegas a este nivel, lo cual requiere mucho trabajo interior, la sanación requerirá mucho tiempo. El juicio a ti mismo y la idea de que careces de valor están arraigados profundamente en ti y necesitan que repitas este proceso para borrar definitivamente la negatividad de tu alma. Debes recordarte a ti mismo una y otra vez que tu luz, tu núcleo divino, permanece intacto y pleno durante toda la experiencia. Así, verás que siempre que restituyes [en tus propias percepciones] la belleza de este núcleo interior, irradiarás esta calidad divina a los demás. Difundirás una energía tan hermosa y pura que marcarás una diferencia en el mundo que no podrías haber logrado si no hubieras pasado por este profundo proceso de sanar tus heridas, proceso que posee un gran significado espiritual.

LA SANACIÓN DE LOS PADRES BIOLÓGICOS

—Ahora hablaré –continuó– sobre cómo los padres que han dado a un hijo en adopción pueden aceptar sus sentimientos. En muchos sentidos, tiene lugar en ellos un proceso contrario. Comienzan con los sentimientos de culpabilidad, y esta puede ser una carga sofocante para ellos. Si no puedes superar la culpabilidad, es imposible sanarte a ti mismo. A menudo, estos padres sienten que deben mantener viva su culpabilidad para castigarse a ellos mismos. No obstante, la verdadera sanación se produce al ir más allá de ella y vincularse con las emociones que estaban presentes cuando tomaron la decisión de dar a su hijo en adopción: la desesperación y también la ira que probablemente sintieron contra las personas que los rodeaban y contra su situación en la vida. Este es un instinto humano: poner la carga sobre los demás cuando la experiencia es demasiado fuerte. Los seres humanos se proyectan hacia fuera y acusan al mundo que los rodea. Se sienten furiosos con la vida.

»Ahora, esta ira se debe expresar plenamente y sin juicios. Cuando se experimenta completamente, de la forma que he descrito, sale a la luz una capa de dolor: dolor por no haber podido tomar a nuestro hijo en nuestros brazos, dolor por no haber podido verlo crecer. Este dolor y este duelo vendrán al primer plano, y cuando se experimenten en su plenitud, la sanación se producirá, los padres abrazarán espiritualmente a su propio niño interior y dirán: «Hice el mayor esfuerzo que pude. No hay ningún problema si no logro hacerlo todo bien siempre».

»Entonces, los padres podrían sentir que existe un significado espiritual en la experiencia. Tras haber atravesado estas etapas, podrán aceptar su propia vulnerabilidad y perdonarse a sí mismos, al tiempo que asumen la plena responsabilidad por las decisiones que tomaron.

La lectura de Pamela para Carole

Jeshua había hablado de forma afectuosa y conmovedora acerca de los desafíos inherentes al hecho de ser adoptado, de dar a un hijo en adopción y de adoptar a un niño. Ahora que podríamos basarnos en su sabiduría, estábamos preparados para analizar la experiencia de Carole de un modo más personal. Pamela empezó dándonos sus impresiones.

—Carole, cuando miro tu campo áurico, es decir, la energía que rodea tu cuerpo, siento una genuina generosidad en ti, una hermosa apertura hacia los demás. Pareces estar agradecida por lo positivo que te aportan los demás. Al mismo tiempo, pareces ser modesta con respecto a ti misma; no valoras plenamente tus propios dones y tu propio poder. Veo una energía de color violeta oscuro dentro de tu cabeza, que se traslada al resto de tu cuerpo. Este campo oscuro provoca un juicio crítico contra ti misma, algo totalmente opuesto a la suave y apacible generosidad que expresas hacia los demás. También veo en el interior de tu chakra del corazón (un centro de energía dentro del pecho) una suave energía rosada y tibia que has estado desarrollando en el transcurso de tu vida.

Pamela describió una vida anterior en la que Carole estaba con sus padres biológicos, Pierre y Jan. En ella, Jan era su hija y Pierre, su padre. Tras enviudar, Pierre vivió con Carole, su marido y Jan durante muchos años. En su soledad, exigía mucha atención por parte de Carole. También era muy intransigente con ella. Al final, Carole y su marido le pidieron que se fuera de su casa. Muchos años después, cuando estaba tendido en su lecho de muerte, le dijo a Carole que los años que había vivido con ella habían sido los años «más hermosos de mi vida». Dijo además: «Tú tenías una clase de amor y pureza que me hacían envidiarte y, por lo tanto, mi comportamiento no era justo».

Pamela explicó que al confiarse a sí misma a Pierre como un bebé vulnerable en su vida actual, Carole había colaborado enormemente en el crecimiento de su alma. Para mi sorpresa, Pamela transmitió un mensaje directamente del alma de Pierre a Carole:

—Tú me has hecho confrontarme con mi más profunda oscuridad, y lo has hecho de una forma muy suave y afectuosa, al entrar en mi vida como una pequeña y vulnerable niña. Has sido un precioso ángel para mí.

En esa misma vida anterior, la relación de Carole con Jan [su hija] solía ser tensa, pues Carole desaprobaba frecuentemente la conducta de Jan. Cuando esta se fue a vivir con un hombre al que Carole se oponía, esta se negó a ayudarla económicamente, lo que provocó grandes privaciones para Jan, que murió antes que su madre en esa vida sin haber sanado su relación.

—Al nacer a través de ella [en tu vida actual] –le dijo Pamela a Carole–, deseabas decirle: «te valoro. No te desprecio. Y te amo realmente».

De este modo, Carole ayudó a sanar el alma de Jan y también sanó su relación de la vida anterior.

La conciencia de Pamela se hizo a un lado y Jeshua regresó para hablar con nosotros.

—Carole –dijo Jeshua–, por favor, acéptame como tu hermano. Estoy junto a ti, nunca por encima de ti, sino muy cerca de tu corazón. Eres hermosa tal como eres, pero tu corazón se ha cerrado hasta cierto punto a tu belleza, a tu integridad, a tu generosidad. Te has negado el aprecio por ti misma.

»Cuando naciste en esta vida, tenías un plan determinado, objetivos que deseabas lograr: liberarte del juicio hacia ti misma, no colocar a ninguna figura de autoridad por encima de ti; confiar completamente en tu propio corazón y ver la belleza en toda expresión, incluso si no cumple con estándares externos, estándares que no te pertenecen. Querías sentir la belleza de la vida misma desarrollándose a través de ti.

»En una vida anterior, la previa a esta, eras una joven enfermera que trabajaba en un estado de guerra. Tenías un gran sentido del deber y de la responsabilidad hacia los enfermos y lo dabas todo para ayudarles, casi a costa de ti misma. También tenías una tendencia a obedecer a tus superiores, creyendo que sabían más que tú.

»En particular, había un doctor con ciertas opiniones sobre cómo tratar a los pacientes. Tú no tenías sus conocimientos médicos, pero el contacto diario con los enfermos te proporcionaba conocimientos prácticos sobre sus dolencias y el dolor emocional que sufrían. Por ello, en algún momento, estuviste en desacuerdo con este doctor pero temías hacer valer tus derechos e ir en contra de su autoridad. Esto te puso en una situación difícil. Por una parte, conocías las intuiciones de tu corazón. Cuando mirabas a los ojos de los pacientes, sabías muy bien lo que tenías que hacer. Pero la voz severa del médico te ordenaba seguir métodos que no obedecían los deseos de tu corazón.

»El doctor te instó a ser «más profesional», como él decía, a distanciarte más de los pacientes, pero tú te sentías llamada a sentarte con ellos, a permanecer a su lado cuando estaban a punto de morir. Eras como un ángel, muy compasiva y amable. Esta energía todavía está contigo, pero en aquella vida te causó problemas. Al final, el doctor amenazó con trasladarte o despedirte, por lo que obedeciste sus deseos, reprimiendo tu lado femenino y tierno. Fue un conflicto enorme desde el punto de vista psicológico. Cuando moriste en esa vida, te diste cuenta de que trabajaste como enfermera desde el corazón y de que eso era algo bueno. Te arrepentiste de no haber desobedecido a ese doctor y de no haber escogido tu propio camino.

»En general, hay una energía masculina aferrada a ti, hablándote con una voz autoritaria que se ha convertido en una voz interior para ti. Te dice que trates de conseguir logros, que seas ambiciosa, que hagas todo lo que puedas. No es negativo ser ambiciosa si la ambición fluye de la verdadera inspiración de tu corazón, si te sientes contenta e inspirada para seguir esa ambición. Sin embargo, en tu propia historia, la voz interior ha reprimido tu alegría y tu inspiración; siempre te dice que no eres lo suficientemente buena, que tienes que obedecer.

»Cuando iniciaste esta vida, tú, como alma, deseabas desarrollar la cualidad de dar desde el corazón, de ser desde el corazón. Te sentías profundamente insegura sobre si serías valorada si lo hacías. Deseabas mostrarle al mundo las cualidades de tu alma, pero sabías que tendrías que resolver tu inseguridad al respecto. La lesión cerebral que sufriste fue parte de tu planificación prenatal. Era algo que tenía muchas probabilidades de ocurrir para ayudarte a ser más consciente de ti misma y aceptar incondicionalmente tu compasión y generosidad.

»Si te disgustas por tus limitaciones [derivadas de la lesión cerebral], por favor, recuerda que eres, en esencia, un ángel que trae su luz a la Tierra, que tiene una gran necesidad de ella. Extiendes tu luz a través de tu generosidad, tu comprensión, tu compasión. Mírate a ti misma como la enfermera que alguna vez fuiste, sentada al lado de las personas que sufrían, haciendo que se sintiesen apreciadas y amadas en sus momentos finales. Es en estas cualidades donde radica tu verdadero poder. Si te sientes enfadada o frustrada porque tu cerebro no funciona como lo deseas, recuerda que hay un propósito detrás de esto. Las limitaciones allanan el camino, por así decirlo, para concentrarte en otras cualidades, aquellas que pertenecen al corazón.

»Debes saber que existe un significado más profundo. Lo verás por ti misma. Verás todo lo hermoso que ha ocurrido debido a la lesión y las limitaciones que has experimentado. Verás que han abierto otra dimensión en tu vida. Una vez que abandones esta vida, sabrás que ha sido una bendición.

»Ahora, hablaré de tu adopción —continuó Jeshua—. Te preguntas si era parte de tu plan de vida y cuál es su propósito. El propósito más alto de tu adopción ha sido desarrollar una autoestima que no dependiera de nada externo a ti. Cuando una persona nace en la Tierra como un niño, sus padres son las primeras autoridades que conoce, las primeras personas a quienes se aferra incondicionalmente y de las que depende por completo. Cuando se produce una separación entre los padres y el niño, este se siente rechazado e incluso culpable. Es importante que encuentres ese sitio en tu interior donde aún sientes que les has fallado a tus padres.

»Esa era exactamente la experiencia que buscabas como alma: que aparentemente te rechazasen y dejasen a un lado. Deseabas superar esa experiencia en esta vida, sentirte realmente valorada y apreciada por lo que eres y basar esta evaluación en ti y no en alguien fuera de ti, ver tu propia belleza y poder, incluso si tu entorno no lo reflejaba hacia ti. Esto es una repetición de lo que ocurrió entre la enfermera y el médico cuando te viste rechazada por una autoridad, y fue magnificado al inicio de esta vida, cuando tus padres te dieron en adopción.

»Tus padres quedaron destrozados internamente. No es que te rechazasen conscientemente, pero esa es la forma en que un niño lo experimenta, incluso si no es consciente de ello. Dentro de ti hay una profunda inseguridad por el hecho de ser adoptada, una sensación de estar completamente sola y abandonada. Tú escogiste esta experiencia para aprender que nunca estás realmente sola. Siempre hay poderes de sanación que te rodean y que te sostendrán cuando caigas.

»Aún estás recuperándote de las experiencias de tu infancia temprana. Lo has hecho muy bien. Has logrado un hermoso avance en tu camino interior en esta vida. Has dado amor y has recibido el amor de los demás, y qué mejor manera de mostrar que has sobrevivido a tus heridas más profundas. Enorgullécete de esto. Este es tu objetivo en esta vida: desarrollar el amor a ti misma, la verdadera autoestima, no depender de nada externo a ti. Esa es tu misión verdadera.

»Quiero sugerirte que no muestres la actitud de «tengo que sacarle el mayor provecho». Al hacerlo, subestimadas tu propio poder verdadero. En lugar de ello, espera el comienzo de un nuevo capítulo de tu vida. Debes saber que, debido a las cualidades de tu corazón, y no tanto a las cualidades de la mente, llegarás a otras personas en una forma que marcará una diferencia.

»Te recuerdo la vida anterior en la que eras una enfermera que atendía a personas enfermas o con alguna discapacidad. Nunca cruzó por tu mente que fueran algo menos que seres plenos. Por el contrario, siempre que las mirabas a los ojos, podías ver su belleza e inocencia, sus almas que brillaban en medio de la limitación física pero no espiritual. Esta capacidad de sentir el resplandor del alma es tu don, tu poder. Ahora, puedes extender este don a ti misma y sentir profundamente tu divinidad.

»Tu marido, Barry, y tu hija, Ania: una de las razones por las que estáis juntos es experimentar el sentimiento de tener una familia llena de amor y cariño. Tú y Barry necesitáis esto, experimentar la seguridad y el amor, la intimidad de formar una familia juntos. Ambos albergáis el temor de no ser lo suficientemente buenos, de fracasar, de no conseguir los suficientes logros. Ania os ayuda a ambos con este miedo. Ella tiene un sentido de la espontaneidad, de hacer lo que su corazón le dicte, lo cual es liberador para vosotros dos. Podéis recibir inspiración de su vitalidad y amor a la vida.

»Tú y Barry sabíais que os reuniríais en esta vida. De hecho, os conocéis desde vidas anteriores. En una de ellas, Barry era tu hijo. En vista de tu situación actual con respecto a la adopción, esto tiene un significado más profundo. Antes de iniciar esta vida, planeasteis ayudaros el uno al otro con vuestras inseguridades, además de daros inspiración. En ambos, el tema de la confianza en sí mismo es importante, y vuestra relación prosperará más cuando os aceptéis verdaderamente a vosotros mismos y disfrutéis los dones que tenéis para compartir con el mundo. A Barry le será muy útil si tú puedes apreciarte realmente a ti misma; esto lo inspirará a hacerlo él también. Recibe su amor y eso os ayudará a ambos.

»Ania ha entrado en tu vida para animarte a confiar en ti misma y ser espontánea. No reflexiones demasiado sobre ti misma ni pienses en aquello que necesita cambiar o que te produce dolor; solo siente la felicidad y acepta la vida. Estas son las cualidades que ella quiere recordarte. Deseaba ser tu hija en esta vida debido a la generosidad innata que irradiaba de tu alma.

»Ella ha sido muy poderosa en vidas anteriores y se está enfrentando al tema de cómo equilibrar su propio poder. Necesita la seguridad emocional que tú le proporcionas. El hecho de experimentar esa seguridad, esa firmeza y serenidad, le permitirá a Ania expresar su poder y vitalidad de una forma equilibrada. Al contrario que tú y Barry, que a veces teméis a las autoridades externas y a los juicios del mundo exterior, ella es una persona que se enfrenta a las figuras de poder y que hace las cosas a su manera. Esto crea un equilibrio entre vosotros y ella. Estáis trabajando, en cierto sentido, en temas opuestos.

»Tú puedes ayudar a Ania a alcanzar sus objetivos de vida al darle amor de manera constante e incondicional, pero manteniéndote firme con respecto a lo que te gusta y lo que no te gusta, lo que necesitas y lo que no necesitas. El hecho de tener claros tus sentimientos le ayuda a relacionarse contigo. Si le hablas desde el corazón, ella puede relacionarse con tus sentimientos. Si le hablas desde la mente, tiene la tendencia a no escuchar. Ella quiere escuchar tus sentimientos más íntimos. Ambas deseáis estar aquí en paz y dar servicio la una a la otra.

HABLAR DE LA ADOPCIÓN CON JESHUA

Ahora era el momento de hacer preguntas.

—Jeshua –quise saber–, ¿qué función desempeña la adopción para promover la conciencia de la humanidad?

—Ser adoptado plantea profundos interrogantes sobre la propia identidad –respondió–. Las preguntas que suele hacer una persona adoptada son: «¿quién soy?», «¿Cómo afecta mi linaje a mi carácter?», «¿En qué medida mi identidad está determinada por mi configuración biológica?», «¿En qué medida está determinada por otros factores, por mi entorno social, por mis padres adoptivos?», «¿Existe también un estrato de identidad que es independiente de todos estos factores?». Este estrato es tu alma, el eterno Tú.

»Por consiguiente, tarde o temprano, el hecho de ser adoptado te incita a ver más allá de los factores humanos que determinan tu identidad y a encontrar tu divinidad interior. La separación de tu familia biológica puede abrir una conciencia espiritual en la conciencia de tu alma y ayudar a crear un entendimiento entre los seres humanos muy necesario en esta época, especialmente cuando se adoptan niños de otros países, cuando tienen una apariencia distinta o cuando provienen de otra raza o cultura. De ese modo, la adopción puede hacer surgir una conciencia de unidad, un reconocimiento universal de la humanidad del otro.

»La adopción favorece el crecimiento espiritual, aunque a menudo de una forma muy dolorosa. En realidad, el sufrimiento no es necesario para generar un crecimiento espiritual. Existen otras formas de saber quiénes sois, pero os habéis acostumbrado a sufrir. No obstante, ahora estamos al borde de un cambio colectivo y habrá distintas formas de aprendizaje para la humanidad.

—Jeshua, ¿qué porcentaje de adopciones se planean antes del nacimiento? ¿Qué porcentaje de almas planifica al menos una vida en la que serán adoptadas?

—Aproximadamente el ochenta por ciento de las adopciones se planean antes de encarnar, pero es difícil hablar de porcentajes y números porque existe un número infinito de almas que viven un número infinito de vidas, no solo en la Tierra sino también en otros planetas y sistemas.

»Aunque las almas tienen planes de vida, nada está completamente determinado de antemano. Todo es cuestión siempre de probabilidades y potencialidades, algunas de ellas muy altas, por lo que podría decirse que todo ha sido predeterminado. Sin embargo, hay un margen para la libertad, porque la personalidad dispone de libre albedrío y siempre puede escoger un camino diferente. Cuando eso ocurre, cuando escoges un camino menos probable, entrará en acción un nuevo plan de vida. Por esta razón, siempre hay alternativas a mano.

»Las almas se encuentran en distintas etapas de evolución. En un momento dado, el noventa por ciento elegirá experimentar la adopción, pero la manera en que esto se ajustará a sus planes de vida depende de su grado de evolución en el nivel del alma y de cuánta unión exista entre esta y la identidad en el nivel terrestre. Cuanta más unión exista, más abiertos estáis a vuestras almas y más posibilidades hay de que la adopción produzca un despertar de vuestra divinidad. Sin embargo, si un alma no está tan evolucionada, la adopción puede ocasionar un difícil ciclo kármico de vidas, repitiendo el tema de sentirse abandonado y perdido.

Le pregunté a Jeshua de qué manera las almas deciden si desean que las adopten como bebés o más tarde, como niños.

—Cuando planeas tu vida –contestó–, recibes el apoyo de tus Guías, que te ayudan a atravesar por las distintas situaciones que pueden presentarse. Tú, como el alma lista para encarnar, con frecuencia eres menos consciente que los Guías que te rodean. Sí lo eres de ciertas lecciones de vida que quieres experimentar. Te sientes atraído hacia esas lecciones y hacia las emociones que las acompañan. Los

Guías te mostrarán distintas posibilidades. Sentirás intuitivamente la situación y el plan de vida que se adapta mejor a tus necesidades. En ocasiones, te puedes evadir de un plan de vida que te parece demasiado desafiante, pero tus Guías te explicarán su significado. Tienes libre albedrío, pero la mayoría de las almas deben confiar en sus Guías y a veces tienen que ser ligeramente presionadas a fin de asumir los desafíos que necesitan para cumplir sus misiones.

»Cuando eres un alma cuyo plan de vida consiste en que te den en adopción, con mucha frecuencia el hecho de que eso ocurra siendo un bebé o más tarde no constituye un factor determinante. Existen otros muchos factores, como la clase de familia a la que te habrás de incorporar o las relaciones kármicas previas con tus padres adoptivos. Generalmente, la decisión que tomes será guiada por un sentido instintivo. Es como si cada una de las posibilidades tuviera un diferente resplandor o color y tú escogieras intuitivamente aquel que te resultara más atractivo.

»Por ejemplo, podrás percibir algunas de las emociones que sentirás como niño y compararlas con otras posibilidades, con lo que sentirías con otras familias que podrían adoptarte en circunstancias diferentes. Tomarás tu decisión basándote en estas emociones diferentes. En un momento dado, tendrás una abrumadora sensación de que «esta es la elección correcta».

»Esta situación que tus Guías te mostraron, la que finalmente será tu elección, irradiará una energía de felicidad, pero, al mismo tiempo, también una energía desafiante. Te sentirás temeroso pero también emocionado. Si la mezcla de felicidad, emoción y tensión es la adecuada, hará que el alma sea consciente de que esto es lo que le atrae. Percibirás profundamente la importancia del plan de vida. Las almas eligen de acuerdo con su intuición, con sus sentimientos.

—Jeshua, ¿cómo saben los hijos y los padres adoptivos que podrán encontrarse?

—Esto es algo que la mente analítica es incapaz de comprender. Si un plan de vida se pone en marcha, se desencadenarán ciertos sucesos que harán que sea muy probable que conozcas a los padres adoptivos con los que estás destinado a vivir. Normalmente empleáis la palabra «sincronicidad» para esta clase de sucesos, de los que con frecuencia sois conscientes. Experimentáis una claridad mental, un sentido de la importancia, de que las cosas tienen que ser así. Se trata de vuestro Yo Superior que influye en ciertas posibilidades de vuestra vida.

»En general, los padres adoptivos se sentirán atraídos por un niño en especial. Este niño podría tener ciertos rasgos de carácter o determinada imagen que satisfaga sus deseos. Puede haber algo específico en él que los conmueva y que les haga adentrarse en sus corazones, un factor emocional que no pueden explicar. Lo que ocurre, sin embargo, es que ya conocen a este niño en el nivel del alma y quieren unirse a él. A menudo, sentirán que les pertenece incluso si acaban de conocerse. Esto muestra que hay un plan de vida, una decisión tomada antes de encarnar.

»En el caso de los padres adoptivos de Carole, deseaban reunirse con ella otra vez en esta vida; la conocían de vidas anteriores. Deseaban, en el nivel del alma, no solo tener un hijo, sino reunirse específicamente con Carole. Tenían lazos de amistad que provenían del pasado; en particular, la madre adoptiva había sido una buena amiga suya en otra vida en la que tenían la misma edad. Eran muy leales la una con la otra. Desde el nivel del alma, quería proporcionarle amor y seguridad en esta vida. Sin embargo, desde una perspectiva más alta, la relación es de naturaleza mutua. También quería aprender de Carole, de aquello por lo que pasó emocionalmente, de su sabiduría y generosidad. Al cuidar de ella siendo niña y ayudarla a crecer, su padre y su madre adoptivos se han enriquecido. El hecho de encontrarse de este modo fue organizado antes de nacer. Los tres se aman en el nivel del alma y querían ayudarse a crecer mutuamente, dándose amor y comprensión.

~

Nosotros, que somos Uno, nunca podemos separarnos, pero sí crear la ilusión de la separación en la esfera física. En nuestro Hogar no físico, donde no existe tal ilusión, sabemos que somos células del corazón de una Esencia Divina, unida por el Amor en un solo pulso cósmico. En la Tierra, limitados por las aparentes restricciones de un cuerpo humano, nos percibimos como distintos de los demás.

Únicamente los seres más poderosos pueden crear tal ilusión. Únicamente los más valientes se desafían a sí mismos para vivir en ella.

Ser adoptado es repetir e intensificar la decisión original de separarse del Uno. El hijo y la madre son naturalmente uno mismo, y la familia recrea, aunque débilmente, nuestra percepción-conocimiento de la unión, que es nuestro estado natural de conciencia. La experiencia de la separación de nuestro Hogar y de nuestra madre o de nuestra familia puede iluminar el alma, pero no es para los débiles de corazón. La decisión prenatal de Carole de experimentar ambos es el acto audaz del guerrero espiritual.

Uno de los propósitos más elevados de la adopción de Carole era que pudiera desarrollar una autoestima independiente de cualquier factor externo a ella. Su propósito prenatal de derivar la estima de un sentido del Yo, de *saber* que es un alma imponente, vasta e ilimitada, es tan solo una expresión de un tipo común y más amplio de plan prenatal: el deseo de ser autorreferente. Durante milenios y en centenares de reencarnaciones, nosotros, como almas, buscamos descubrir y luego vivir vidas basándonos en nuestra propia sabiduría interna, en los deseos de nuestro propio corazón, en nuestra propia fuerza, en nuestros propios conocimientos, anhelos y pasiones. En la unidad de nuestro Hogar conservamos nuestra individualidad, pero cuando aislamos esa individualidad en el plano físico, sus contornos se vuelven más pronunciados, y sus facetas más profundas y sorprendentes. El diamante engarzado en un largo collar podría ser brillante, pero su luz está inmersa en la de las otras joyas. Cuando se retira del collar y se deja solo, su resplandor único brilla más intensamente.

Este es el valor, el poder de los sentimientos de separación y abandono generados por la adopción. En palabras de Jeshua, Carole buscaba no poner a ninguna autoridad por encima de sí misma, confiar totalmente en su propio corazón y dejar de lado los estándares externos de la belleza, decidiendo verla en todas las expresiones. Cuando vuelva a su Hogar eterno, el dolor del abandono no será más que un leve recuerdo, y ella conocerá por experiencia su propio brillo. Y con ese conocimiento en su corazón, no dudará en prestarle atención a la llamada de su sabiduría interior o en seguir sus corazonadas en futuras vidas. Como almas, nuestros deseos más profundos son servir y amar. Servimos más sabiamente y amamos más desinteresadamente cuando somos conscientes de nuestra propia fortaleza y sabiduría y de cómo podemos aprovecharlas.

Cuando, antes de nacer, planeamos experimentar grandes desafíos como ser adoptados o dar a un hijo en adopción, también planeamos los medios por los que podríamos sanar gracias a esas experiencias. La intención del alma no es perderse en el trauma, sino superarlo. La base de una gran parte de la sanación es la *expresión*. Es por esta razón por lo que Jeshua habló de expresar al niño interior, quizás golpeando una almohada o el suelo con los pies para desahogar la ira, por ejemplo. El niño interior es más que la simple metáfora del dolor interiorizado; es un ser verdadero que simplemente existe en una dimensión más allá de la percepción de nuestros cinco sentidos. Al abrazarlo y amarlo, enviamos la energía del amor hacia el pasado, ganando así el pasado y, a su vez, el presente y el futuro. Lo que llamamos imaginación es real, y lo que imaginamos realmente ocurre, aunque lo hace en un plano de existencia distinto. Amar al niño interior es un acto de tender la mano literalmente hacia el pasado y cambiarlo.

La imaginación deriva su poder de sanación de la intención, y esta puede sanar el presente de una manera tan potente como sana el pasado. Las emociones experimentadas por Carole y sus padres biológicos (la ira, la culpabilidad, el dolor, el resentimiento) están presentes energéticamente en el cuerpo físico y en el aura, como nubes oscuras en un cielo despejado. La intención de sanar es esa suave brisa que se lleva a las nubes, y las oraciones por la sanación, que siempre son respondidas, hacen que la brisa sea más fuerte. Conforme estas densas emociones se despejan, entra más luz literalmente en el aura humana. Cuando Carole le dice a Jan en la sesión de planificación prenatal: «Te perdonaré», esa expresión de la intención genera una energía de sanación que Carole lleva en su cuerpo para expresarla más adelante. Aquellos de vosotros que fuisteis adoptados y sentís que carecéis de los recursos internos para sanar esa experiencia, tened la seguridad de que establecísteis una intención similar en vuestra planificación prenatal y, así, colocasteis una energía de sanación similar dentro de vuestro cuerpo, activada ahora por vuestra conciencia deliberada de ella. Vuestra intención de sanar, constituida primero antes de nacer y recordada ahora, mientras leéis estas palabras, pone en marcha la sanación que buscáis.

En última instancia, la historia de Carole ilustra cómo nada es lo que parece en el plano físico. El niño a quien se da en adopción podría parecer una víctima de un mundo áspero y poco acogedor, pero realmente es un alma poderosa que eligió y aceptó valientemente la experiencia. Los padres biológicos tal vez parezcan egoístas o irresponsables, pero en realidad están comprometidos en un profundo acto de servicio: darle una vida física a un alma que trata de reunirse con sus futuros padres adoptivos y que no puede llegar a ellos de ninguna otra forma. Este acto de servicio requiere una tremenda fortaleza y desprendimiento, como lo demostró Jan cuando habló de la culpabilidad que sabía que cargaría durante toda su vida. Los padres adoptivos también pueden parecer víctimas de un universo indiferente, el cual se negó fríamente a satisfacer su anhelo de dar a luz a un niño. Sin embargo, ellos planearon sus vidas y el universo les concedió amorosamente su deseo del único modo posible.

Cada alma tiene su participación en este baile detalladamente coreografiado, un baile expresado en forma de vidas plenas de belleza y gracia.

Capítulo 10

La pobreza

Cuando somos espíritus, creamos al instante con el pensamiento. Si deseamos una casa hermosa, la manifestamos simplemente al visualizarla. Cualquier ropa y accesorios que podemos desear (una alfombra de felpa, una cama blanda, una pintura que nos conmueva el alma) se manifiesta físicamente sin esfuerzo. Podemos colocar nuestra casa junto a un tranquilo y silencioso arroyo o en una playa frente al océano, en un imponente bosque o en un claro sereno y florido. Nuestra capacidad de crear no tiene límites. Esta abundancia es nuestro derecho de nacimiento como seres divinos.

Entonces, ¿por qué tantas personas luchan en el plano físico con los problemas económicos? Indudablemente, gran parte de las dificultades las establecen nuestras creencias y nuestros pensamientos relacionados con la carencia, así como nuestra dificultad para recordar que somos verdaderamente unos poderosos creadores. Sin embargo, ¿cómo explicamos a los millones de personas que nacen entre privaciones? Dado que nosotros, como almas, elegimos el momento, el lugar y las circunstancias de nuestro nacimiento ¿por qué alguien encarnaría deliberadamente en la pobreza?

Rolando López creció en Nicaragua en un ambiente de grandes privaciones. Actualmente es un viudo de sesenta y tres años sin hijos que vive en el sur de Carolina con muchas más comodidades que en su niñez y en su juventud. ¿Por qué planeó sufrir tal miseria durante sus años de formación? Rolando pudo haber decidido nacer en una familia nicaragüense adinerada o de clase media. También pudo haber encarnado en un país más rico o en un planeta en el que sus habitantes nunca sufran carencias. ¿Cómo esperaba evolucionar Rolando mediante su decisión?

ROLANDO

—Mi nombre completo es Edgar Rolando López Gutiérrez —me dijo. Hablaba suavemente e irradiaba amabilidad—. Nací en una granja cafetalera de Nicaragua, América Central, en la ciudad norteña de Jinotega. He trabajado como científico durante la mayor parte de mi vida. Obtuve un doctorado en la Universidad de Massachusetts en 1997. Mi doctorado es en Entomología y me especializo en el control biológico de plagas de insectos. Este tema me apasionó desde que era niño y vivía en una granja con mi padre, que era agricultor.

»Un día, mi padre me llevó a visitar a un amigo que tenía un pequeño terreno con frijoles frente a su choza. Eso era lo único que tenía para su familia: frijoles. Cuando mi padre le preguntó cómo iba la cosecha, respondió: «No muy bien. Tengo una plaga de moscas blancas y no dispongo de dinero para conseguir un insecticida. Eso significa que voy a perder los frijoles, que son el alimento para mi familia». En ese momento, empezó a llorar.

Y mientras contaba la historia, Rolando también comenzó a llorar.

—Nunca olvidaré eso —dijo Rolando, ahogando sus lágrimas—. En ese mismo momento, pensé que debía de haber una forma de ayudar a la gente pobre. En ese entonces tenía siete años.

Le pedí a Rolando que me hablase más acerca de su vida.

—Mi madre y mi padre tenían once hijos. Yo fui el octavo. Nací en esa hermosa granja. La lección que aprendí de mi padre en una etapa muy temprana de mi vida era que puedes conseguir lo que quieras si te esfuerzas para lograrlo. Esa expresión, «tú puedes conseguir lo que quieras», me ha acompañado durante toda mi vida.

»Tenía ocho años cuando mi familia perdió la granja. Un año, durante la época de cosecha del café hizo mal tiempo. Hubo una semana de lluvia, lluvia continua, por lo que el café maduró demasiado rápido. En dos o tres días, todo el café estaba maduro. No teníamos suficientes manos para cosecharlo. Por ello, el café caía al suelo y se echaba a perder. —Para pagar los préstamos que había obtenido, el padre de Rolando se vio obligado a subastar la granja—. Nos quedamos en la miseria —dijo Rolando tristemente—. Por eso, mi madre tuvo la idea de hacer patatas fritas. —Él la pronunciaba *friítas*—. Era un negocio familiar muy pequeño en el que mis hermanas y mis padres pelaban y freían patatas a mano durante todo el día y hacían los pequeños paquetes que mi hermano y yo vendíamos en los partidos de béisbol y de baloncesto del pueblo. También las vendíamos a la entrada del cine local por la noche. Esa fue nuestra salvación. Las patatas fritas tuvieron un gran éxito.

»Al principio me sentía humillado y no quería ir, pero nunca lo demostré porque era necesario para la familia.

—Rolando, ¿durante cuántos años vendiste patatas fritas?

—Desde los ocho hasta los diez años [de edad].

—¿Cómo podías venderlas e ir al colegio al mismo tiempo?

—Salíamos corriendo de la escuela para ir a casa y recoger las patatas fritas —explicó Rolando—. Recuerdo que mi padre me dijo, cuando yo era muy pequeño, que debía trabajar muy duro para obtener lo que quisiera. Quería ser el primero de mi clase, pero no tenía mucho tiempo para estudiar. Volvía a casa, cenábamos, y todos estaban tan cansados que se iban a dormir de inmediato. Tenía que quedarme estudiando a solas. Recuerdo muchos días en los que mi madre se despertaba, se acercaba a mí y me decía: «Tienes que dormir». Y yo le contestaba: «No he terminado los deberes». Me aferré al comentario de mi padre de que uno tenía que esforzarse para obtener lo que quisiera. Logré el reconocimiento como el primero de la clase al mismo tiempo que vendía patatas fritas.

Le pedí a Rolando que describiera el proceso de vender las patatas fritas. ¿Qué les decía a las personas? ¿Qué le decían ellas a él?

—No tenía que decir mucho, excepto: «¡Papas! ¡Papas!», es decir, patatas. La gente sabía lo que obtendría por un peso, que eran unos quince centavos de dólar. Algunos se mostraban contentos y otros a veces me insultaban porque querían que les diera las patatas fritas a cuenta. Pero yo les decía que no, porque mi madre me advirtió que nunca hiciera eso.

»Una vez, recuerdo haber perdido el dinero. Me sentía muy mal por tener que volver a casa con la bolsa y las manos vacías. —Rolando empezó a llorar otra vez. Su voz denotaba sufrimiento—. Puse la bolsa del dinero en algún sitio y empecé a jugar, y probablemente algún niño me lo robó. Cuando me di cuenta, era demasiado tarde. Me sentía realmente mal. Mi madre me vio volver llorando. Me dijo: «Tienes que ser cuidadoso y responsable, porque si no lo eres, toda la familia se verá afectada». Esas experiencias aún me acompañan.

Cuando era niño, tenía un par de zapatos, dos camisas y dos pares de pantalones para vestir. Colgaban la ropa mojada en el patio, así que Rolando vestía un conjunto mientras el otro se secaba.

—Rolando, ¿cómo era tu casa? —pregunté.

—Tres habitaciones: la de mi padre y mi madre, una para todas mis hermanas y una para mí y mi hermano. Tenía un jardín grande. Mi padre plantó árboles frutales: naranjos, limoneros, granados, mangos. Vendíamos las frutas. La casa se estaba viniendo abajo. Estaba hecha de barro mezclado con hierba. Teníamos una letrina y un baño fuera. El baño se estaba cayendo a pedazos porque la madera estaba pudriéndose por la humedad. Era un baño abierto [sin techo] y el agua caía desde un tubo. Si era un día lluvioso, teníamos suerte porque no teníamos que pelear para ser los primeros en bañarnos.

—Rolando, ¿qué hacíais por Navidad? ¿Podíais haceros obsequios?

—El primer año después de perder la granja, mis padres no tenían nada que darnos —explicó—. Una de mis hermanas menores fue a la tienda, habló con el encargado y le pidió unas manzanas. No había manzanas en toda Nicaragua, pero por Navidad, la tienda más rica las importaba. Las consiguió y las puso bajo la almohada para mí y mi hermano. Cuando vine a Estados Unidos y probé una buena manzana, me di cuenta de que aquellas estaban secas. Pero en ese momento, no pensé en ello. ¡Era grandioso tener una manzana! Era Navidad y disfrutamos las fiestas como cualquier otro niño.

—¿Qué hacías para recibir atención médica?

—No recuerdo haber ido nunca al médico —dijo Rolando—. Mi madre simplemente hablaba con el farmacéutico: «Tengo este niño con diarrea. ¿Qué me recomienda?». En mi país, incluso ahora no se necesita una receta para comprar el medicamento que desees, si lo tienen.

Rolando me habló sobre su educación, el viaje que lo trajo a Estados Unidos y su matrimonio con Linda, el amor de su vida y una naturalista igual que él. Ambos compartían su pasión por el suelo, los bosques y la Tierra, y trabajaban para sanar el planeta. Linda murió debido a un cáncer de ovario, pero antes había recibido una herencia familiar. Esta seguridad económica le permite a Rolando dar servicio al mundo a través de otra forma de sanación, el Toque Cuántico, algo que estudió hace muchos años.

—He estado aprendiendo y concentrándome más en cómo puedo ayudar a las personas que sufren dolor y que tienen problemas —dijo. Percibí su gran compasión, una compasión nacida de su propio sufrimiento—. Eso no me permite acumular dinero, pero no necesito ese dinero. Puedo vivir con poco.

»En estos años en los que he estado solo —continuó—, he pensado que el objetivo de mi existencia en este plano es ayudar a los demás, no ser más rico. Por ejemplo, sería maravilloso tener una pista de patinaje sobre hielo para que los niños disfrutaran un deporte que no existe aquí. Las personas que pudiesen pagar lo harían y las que no pudiesen (los niños pobres, los afroamericanos, los mexicanos, los inmigrantes que están pasando apuros, los niños que desearían practicar un deporte que sus padres no pueden permitirse) también podrían entrar.

»Cuando era pequeño, una de las cosas que quería hacer pero que nunca hice porque mi familia no pertenecía a ese nivel social, era jugar al tenis. Crecer en esas condiciones me hizo darme cuenta de lo importantes que son los deportes para los niños. Quiero que los niños, especialmente los más pobres, disfruten de una pista de patinaje sobre hielo, ya que solo pueden ver esas pistas por televisión. Sueñan con poder patinar, pero no tienen la oportunidad de hacerlo. Si dispusiera del dinero suficiente, lo usaría para construir una.

—Rolando —dije—, entiendo que, antes de nacer, se nos muestra a los distintos padres que podemos escoger. Quizás te mostraron a tus padres de Nicaragua y a otros posibles padres de otras partes del mundo. ¿Por qué piensas que los escogiste a ellos?

—Porque ambos me insistieron en que lo importante no es lo que obtienes en la vida, sino lo que compartes en la vida –respondió–. Una y otra vez, siempre que una persona lo necesitaba, ellos estaban ahí para ayudarla. No importaba lo pobres que fueran. No importaba cuánto sufrimiento había. Mis padres sufrían con ellos.

—Tu corazón es muy abierto, Rolando.

—Exactamente.

—Me pregunto si la pobreza te ha ayudado a abrir tu corazón así.

—Así es –dijo–. Gracias a ella tuve la oportunidad de hacer algo por alguien, poner una sonrisa en sus rostros y compartir todo lo que pudiera para hacer más felices a las personas, pasara lo que pasase.

—Cuando recuerdas la experiencia de la pobreza, ¿cómo te sientes al respecto?

—No me siento triste. Solo tengo sentimientos muy, muy fuertes cuando leo o escucho algo acerca del sufrimiento de la gente pobre. Mi experiencia me hizo comprender cuánto sufre la gente pobre. Me siento agradecido porque eso realmente me impidió estar atado al dinero.

CORBIE CANALIZA EL ALMA DE ROLANDO

Me estremeció la forma tan conmovedora en la que Rolando habló acerca de la pobreza. Sus emociones eran muy fuertes y todavía estaban a flor de piel, aunque se había sentido cómodo al compartirlas. Me quedaba claro que la pobreza había dejado una marca indeleble en su alma. La *sentía* visceralmente. En lugar de permitir que sus experiencias de la infancia lo convirtieran en un hombre enfadado o amargado, habían abierto su corazón y aumentado su compasión y su empatía.

Dado que las limitaciones de la pobreza presentan una diferencia abismal con la calidad ilimitada del alma, estaba ansioso de hablar con el Yo Superior de Rolando acerca de sus experiencias en esta vida. ¿Cómo se había expandido el alma de Rolando como consecuencia de las privaciones que había soportado? ¿Su intención prenatal había sido aumentar su compasión y su empatía? ¿Cuáles habían sido las otras intenciones de su alma? ¿Y qué les diría el alma de Rolando a las muchas personas que se enfrentan a la pobreza o a problemas económicos para ayudarlas a ver su significado espiritual más profundo? ¿Qué clase de perspectiva de sanación brindaría su alma?

Después de la sesión, Corbie me dijo:

—El alma de Rolando es la de un guerrero. Es fuerte. Si tuviera que ponerle un rostro, tendría la mandíbula prominente, la nariz aguileña, arrugas a los lados de los ojos, y estaría mirando fijamente a la distancia para ver lo que se aproxima.

»Madre/Padre Dios —oró Corbie al iniciar la sesión—, rodéanos con tu luz blanca incondicional de amor, protección, sabiduría, compasión, servicio y verdad. Permite que solo la verdad se diga, permite que solo la verdad se escuche. Permíteme ser un canal libre para traer la información que hoy buscan Rolando y Rob, y que mi cabeza, mis manos y mi corazón estén siempre a tu servicio. Te lo pedimos en el nombre de Cristo. En el nombre de Cristo lo recibimos. Amén.

Hicimos una pausa mientras la conciencia de Corbie se hacía a un lado y otro ser tomaba su lugar.

—Buscas al alma de Rolando López. He venido.

De repente, el timbre de voz de Corbie fue más profundo y retumbante. Yo sentía una energía de fortaleza y autoridad.

—Gracias por reunirte con nosotros. ¿Tú planeaste que Rolando experimentara la pobreza mientras crecía y, si es así, por qué? —pregunté, comenzando con la pregunta principal. Mientras hablaba, imaginaba al joven Rolando vendiendo patatas fritas enfrente de un cine en un pequeño pueblo de Nicaragua.

—Existe un gran arco de aprendizaje —contestó el alma de Rolando— del cual la pobreza es solo una pequeña parte. —Había una solemnidad en su tono que me indicaba que las respuestas que estábamos a punto de recibir se habían considerado cuidadosamente—. Durante muchas, muchas vidas he buscado analizar la pobreza. Para comprender la profundidad y la amplitud de algo, uno debe tener un lienzo opuesto sobre el cual pintar. Mi familia del alma es muy valiente. Han venido conmigo a menudo en este viaje por la jungla del deseo y la necesidad humana, y les estoy muy agradecido por ello. Sí, todo fue planeado. Fue acordado. Cuanto más se aprenda acerca de cómo una persona encarnada [en un cuerpo] genera la carencia y la eficiencia y usa la codicia, más se ayudará a equilibrar a muchas, muchas almas cuando la información regrese [al grupo de almas].

»Cuando un alma ha aprendido su plan de estudios, puede llevar ese aprendizaje a su grupo de almas, para quienes será muy útil. Quizás yo no conozca nunca a nadie que haya pasado muchas vidas en Francia, en China o en el planeta Neptuno, pero lo que esta persona aprende lo comparte libremente conmigo y puede hacer que la experimentación y el aprendizaje que yo elija resulten más eficientes y profundos.

Comprendía y apreciaba la necesidad del alma de aprender a través de opuestos, pero esta declaración gencral no explicaba por qué Rolando y su familia tenían que sufrir en tal magnitud. Decidí ser más preciso en mi interrogatorio.

—Respetuosamente, la pobreza que Rolando experimentó siendo niño le provocó un gran dolor a él y a su familia. Esto puede parecernos cruel a los seres humanos porque sufrimos, pero nuestras almas no lo hacen.

Confiaba en que el alma de Rolando sabría que mi propósito era comprender, no juzgar o criticar su plan de vida.

—Vosotros os separáis [del alma] —fue la respuesta—. Un niño puede decir: «No me gustó esa inyección que me pusiste. Me hiciste sufrir. Eres cruel». El niño no comprende nada acerca de los virus, las vacunas o el sistema inmunitario. Son palabras que pertenecen a un idioma que el niño descartaría, considerándolo una serie de tonterías. Puede suceder lo mismo con la pobreza, pero el alma realmente avanzada no sufre en una vida de penurias. Las dificultades por las que Rolando y su familia atravesaron formaban parte del aprendizaje. Hicieron que el aprendizaje fuese menos objetivo y, por tanto, más subjetivo. Uno puede leer acerca del calentamiento global y decir: «Es terrible. Debemos hacer algo». Pero si estás junto a un lago vacío y ves que la gente muere de sed, que las plantas no crecen y que los animales escasean, lo entenderás perfectamente.

—¿Qué esperabas que Rolando aprendería de la experiencia de la pobreza?

—Que su compasión creciera. También que comprendiese, intuyese y asimilase hasta lo más profundo de sus células la idea de que siempre hay suficiente. Un pez en el océano nunca se pregunta si tendrá bastantes algas para comer. Un águila no mira desde la cima de la montaña, cuenta cuántos conejos hay y los divide por el número de las demás aves. Cuanto más grande es el contraste, mayor es el impacto y más crece el fuego del cambio.

—Cuando creaste a Rolando –pregunté–, ¿le diste determinados rasgos o cualidades especiales que lo equiparían para la experiencia de la pobreza?

—Un buen cerebro –fue la respuesta–. Su memoria es nítida. Puede recordar sonidos, palabras y sensaciones, y usarlos como parte del combustible para su fuego. Emocionalmente, tiene la capacidad de sentir de un modo más profundo que la mayoría de la gente. Lo más importante que se le dio fue una doble dotación de compasión: la compasión que un hombre tendría normalmente y también tanta compasión como la de una madre por su prole. Hay una grandeza, una magnificencia que yo incorporo en aquellas reencarnaciones en las que espero dar un salto hacia delante.

—Pero dijiste que esperabas que la experiencia de la pobreza hiciera crecer su compasión.

—Un niño prodigio también necesita practicar y estudiar. Si nunca se pone frente a un piano, es posible que jamás pueda saber que es capaz de tocar. Rolando tiene la capacidad de sentir su compasión, de hacerse dueño de ella, de expandirla y de darse cuenta de que es una de sus mejores herramientas.

—Una vez que haya terminado la encarnación de Rolando, ¿cómo te sirve a ti, como alma, esta compasión mejorada?

—La compasión es como una fuente. Cuanto más profundamente corra la compasión de una vida a otra, más cerca se encuentra de la superficie y más dispuesta está la personalidad a utilizarla para sí misma.

Comprendí que el alma quería decir que Rolando había cultivado una profunda compasión en otras encarnaciones, y que estaba disponible para que él la aprovechara en su vida actual. Al igual que Rolando, cada uno de nosotros ha cultivado ciertas habilidades y cualidades en otras vidas, y estas siempre están disponibles para que podamos aprovecharlas.

—Con frecuencia, los seres humanos tienen compasión por quienes los rodean, pero se tratan a sí mismos peor que tratarían a un perro —continuó diciendo el alma de Rolando—. Asimismo, la compasión está unida muy a menudo con la culpabilidad. Si puede prevalecer donde reside la culpabilidad, eso constituiría un gran paso adelante.

—Desde tu punto de vista como alma —pregunté—, ¿por qué la gente no se trata con compasión a sí misma?

—Las personas están demasiado centradas en el exterior. Se comparan con todo: las modas, las opiniones de los demás... No se miran en el espejo. Si lo hicieran, si pudieran llegar a su interior y tocar el alma que se esconde dentro de la coraza, aunque fuera brevemente, estarían llenas de tal compasión, de tal gratitud y de tal sobrecogimiento que *se valorarían* más a sí mismas. Serían conscientes del profundo don que albergan. Cuando el vínculo con el Espíritu es turbio, el agua pura del Amor Incondicional, que tanto deseas ayudar a difundir por todo el mundo, está bloqueado. Por lo tanto, en esta época en la que hay demasiado a lo que prestar atención (el dinero, las pertenencias, el miedo...), uno se bloquea. La pobreza fue una forma de asegurarse de que esto no fuera así en los primeros años de vida de Rolando. Un niño de hoy que lo tiene todo, no siente la necesidad de mirar en su interior y vincularse con la compasión, o de ver a su compañero de clase y decirle: «Yo soy tú». En civilizaciones más antiguas y en épocas aparentemente menos avanzadas, la compasión estuvo más cerca de la superficie.

—Pero si las almas desean que sus personalidades encarnadas miren en su interior y sientan y conozcan su valía, y si hay tantas distracciones en la era actual que dificultan todo esto, ¿por qué no escoger otro lugar u otro momento?

—Lo que podemos aprender en estos tiempos tan difíciles es diferente de lo que podemos aprender, por ejemplo, en el siglo XVIII, antes de lo que llamáis Revolución Industrial. Sin embargo, algunas cosas son universales y atemporales: la compasión, el alimento, la paz, la propia valía y el vínculo con Dios. La era actual es solo una clase avanzada.

—Hablemos –sugerí– sobre las circunstancias específicas de la encarnación de Rolando y de su pobreza. ¿Por qué escogiste a esos padres y esta era en concreto?

—La época en que nació, a mediados del siglo XX, estuvo caracterizada por sus grandes cambios –explicó el alma de Rolando–. El antes y después de la creación de la bomba atómica, por ejemplo, lo que le hizo a la vibración en la cual vivís, aún hoy no se comprende plenamente. La familia ha estado conmigo muchas veces. Parte de lo que se considera difícil en la Tierra es la separación.

Aquí, el Yo Superior de Rolando se refería a una de las principales ilusiones de la vida en el plano físico: el hecho de que *parecemos* estar separados unos de otros y de Dios o la Fuente, aunque en verdad todos somos Uno.

—Cuando no estáis separados de nada –continuó–, no os preocupáis por no tener suficiente. Sabéis que estáis vinculados con todos y que podéis tener todo lo que necesitáis. Por lo tanto, hallarse en un lugar en el que la pobreza tenía un gran relieve y con una familia que la sentía profundamente sirvió a un gran propósito. La pobreza tenía que ser aguda y penetrar profundamente en él para que pudiera convertirla en el trabajo de su corazón en esta vida.

—Si deseabas que Rolando desarrollara una mayor compasión mediante la experiencia de la pobreza, ¿por qué escoger ese plan de vida a diferencia de, por ejemplo, una riqueza relativa en Estados Unidos, interrumpida por períodos de pérdidas o grandes reveses financieros?

—Porque eso ya se ha hecho. Recuerda, no hay una única encarnación. Si miras la cantidad de vidas en las que he tratado de comprender la pobreza, la suficiencia, el egoísmo, el desprendimiento y el deseo –y la ausencia de este–, han existido épocas de enorme riqueza. Así como estas son útiles, lo mismo ocurre con las de pobreza. Pasar necesidades no es un castigo. Es una herramienta. Se decidió que al experimentar este hecho en profundidad, se generaría una riqueza emocional y espiritual. También llevaría al mundo hacia un alivio más pronunciado. Se pensó que esto era digno de ser explorado.

—Como seguramente sabes –dije–, hubo un período de tres años particularmente difíciles en su infancia, en el que la familia se ganaba la vida preparando patatas fritas que Rolando vendía en la calle después de la escuela. Volvía a casa muy tarde y tenía que quedarse despierto hasta altas horas de la madrugada para estudiar. Estaba exhausto y agotado. ¿Esta experiencia fue planeada y, si es así, por qué?

—Lo fue –declaró el alma–. Fue una forma de, como vosotros decís, «ir más allá de vuestros propios límites» a una edad muy temprana. Rolando tenía varias opciones. Pudo no haber hecho los deberes y vivir para siempre en la pobreza, o pudo haber vendido las patatas y robado el dinero, pero no lo hizo. Esa fue una forma de que pudiera desarrollar esos músculos espirituales de resistencia y fe mientras perseguía sin descanso lo que quería, y lo que quería era una educación y una forma de salir de su situación. Gran parte de la fortaleza y del conocimiento de Rolando de que siempre hay una solución surgió durante ese período de tres años. Lo hizo muy bien.

La referencia a la fe era importante. Con frecuencia, somos incapaces de comprender por qué existe el sufrimiento. Sus causas son poco claras, y sus orígenes, oscuros. En estas circunstancias tan difíciles, cuando no podemos entender el *porqué*, el propósito del alma es, generalmente, que la personalidad aprenda a tener fe. Aumentar nuestra fe de que todo está bien, de que vivimos en un Universo lleno de amor y benévolo, es uno de nuestros principales objetivos al venir al plano físico.

—Rolando se halla en una mejor situación económica actualmente en Estados Unidos. Si se puede aprender tanto de la experiencia de la pobreza, ¿por qué no continuar con ella durante toda una vida?

—Una vez que has cursado cuatro años en la universidad, ¿por qué no te quedas en ella? –respondió el alma–. Porque para entonces has adquirido suficientes conocimientos para salir y usarlos en el mundo. En Estados Unidos, Rolando tiene la suficiente estabilidad para tomar lo que ha aprendido y la compasión que ha nacido en su interior y ayudar a los demás. Sin duda, resulta más fácil aliviar la pobreza en un país que la sufre en menor medida que en un país donde abunda. Si estás en el desierto, no puedes acudir a otros y decirles: «Tengo que construir un pozo. Préstame un poco de tu agua para que no tenga sed mientras lo hago». Lo que haces es planificarlo todo y llevar suficiente agua contigo para no morir de sed mientras cavas en el desierto el pozo que salvará a otros.

—Ahora que Rolando se encuentra en esa posición y ha desarrollado tanta compasión, ¿qué te gustaría que hiciera?

—Lo primero que esperaría de él es que usara esa compasión para sí mismo y considerara su niñez sumida en la pobreza como una brillante lección, que ha aprendido muy bien. Y después, que encontrara aquello que lo conmueve más profundamente. Si es un niño hambriento, que lo alimente. Si es una madre que se ha quedado sola por causa de la guerra, que la ayude. Si se trata de dirigir uno de esos bancos que conceden microcréditos a aquellas personas que, como él, son resistentes y desean salir de la pobreza, sería una tarea bien hecha. La gente que siempre ha sido rica y que nunca ha tenido hambre podría distraerse. Por cada persona con una mirada aguda para ayudar a aquellos que sufren, hay otra que lo hace porque está de moda y cuando surge algo más interesante, abandona el placer de la experiencia de ayudar a cambiar. Puedes hacer donaciones a un banco de alimentos o darle un tazón de sopa caliente, una taza de café y un bollo a un hombre de ojos legañosos que ha estado en el frío de la calle durante dos semanas. Tú le alimentas con sopa, él te alimenta con gratitud. Ambos sois alimentados. Ambos sois nutridos.

—Incluso en un país relativamente rico como Estados Unidos, hay muchas personas sumidas en la pobreza —señalé—. Ayer escuché algunas estadísticas en las noticias: cincuenta millones de estadounidenses viven en lo que se conoce como «inseguridad alimentaria», treinta y siete millones reciben vales para alimentos y diecisiete millones viven en la pobreza extrema. Si a algunas de esas personas les llega este libro y leen tus palabras, podrían decir: «Entiendo que esta experiencia beneficia a mi alma, pero estoy sufriendo y necesito ayuda práctica y real».

—Nadie está condenado a la pobreza —contestó el alma de Rolando—. Nadie está obligado a vivir en ella para siempre. Espera el próximo amanecer. Date cuenta de que no eres pobre en cuanto a tu valía, tu corazón o tu mente. Si tienes una mente clara y un corazón fuerte, siempre habrá formas de aliviar tu pobreza. Pero al mismo tiempo, el juicio a ti mismo, la ira contra tu situación y el resentimiento hacia aquellos que tienen más, te mantienen donde estás. Esa es una parte del problema. Las personas ven la pobreza como una aflicción. Las frases «no es justo» y «¿qué he hecho para merecer esto?» resuenan con frecuencia. No es cuestión de merecer. Es cuestión de valentía y de lo que tú has escogido. Muchas veces, la gente dedica incontables horas a explicarse creativamente por qué las cosas no pueden cambiar. Emplea ese tiempo para descubrir cómo dar un paso adelante. Podrías tardar muchos años, como le ocurrió a Rolando, o únicamente semanas, pero puedes moverte de la posición en la que estás. Sin embargo, *debes creer que hay más para ti. Debes creer que hay suficiente en el mundo.* No puedes decir: «Si yo tengo esto y él no, al menos yo tengo lo mío». Eso es pensar que únicamente hay suficiente para ir sobreviviendo, anular tu compasión hacia los demás y, a menudo, hacia ti mismo. Si crees que debes luchar para conseguir lo que necesitas, cierras las puertas de la compasión en tu propio corazón. La ira y la lucha no te fortalecen. Persigue lo que deseas con amor y esperanza.

—Hablemos —le pedí— acerca de una experiencia que es más común que la pobreza: la experiencia de limitarse a sobrevivir. Millones de personas viven al día y sienten que la vida no es más que un trabajo interminable.

—Eres lo que piensas. Si posees justo lo suficiente para tener un techo sobre tu cabeza y comida sencilla en tu mesa, siéntete agradecido por lo que se te ha dado. Incluso si trabajas percibiendo un salario mínimo, siéntete agradecido por el dinero que recibes, agradecido porque hay un lugar para ti, sin importar si es pequeño o simple. Cuando crees que *eres* lo que tienes, las cosas se vuelven difíciles. En la India existen los *sadhus* [ascetas] que no poseen más que un tazón, y para ellos es suficiente. ¿Son pobres? Ellos piensan que no. En otras épocas en las que había justo lo necesario para sobrevivir, la gratitud era más probable porque no estabas rodeado por una sociedad que decía que debes tener una vida fácil y lograr todo lo que deseas. No hay carencias si uno va directo al corazón, aprecia todo lo que es y dice en todo momento: «Estoy haciendo mi mayor esfuerzo, y cuando no lo haga, cambiaré».

—Hemos mencionado algunas de las razones por las que querías que Rolando experimentara la pobreza. ¿Por qué otras razones las almas planean la pobreza o los problemas económicos?

—Para Rolando era principalmente la compasión. Para otros, la inventiva. Con las dificultades económicas, estas personas expanden sus mentes y sus facultades creativas. Hay quienes no desean verse distraídos por las responsabilidades que conlleva vivir en la abundancia material. Pueden desear un enfoque tan concreto en la vida que el dinero no tiene ninguna importancia para ellos. Asimismo, es una buena forma de eliminar el miedo. Cuando experimentas algo que temes, aprendes lo que puedes hacer en esas circunstancias y, a menudo, el miedo se resuelve.

—Quienes habitan la Tierra en este momento viven en un período de grandes cambios –señalé–. Se ha dicho que cuando la vibración del planeta aumente, las viejas estructuras de la economía, basadas en la codicia, se desplomarán y harán sitio para una nueva Tierra.

—Así es.

—Las personas que escuchen o lean esto pueden sentirse asustadas.

—Tales personas han puesto su valía en el exterior, en aquello que no pueden controlar –dijo el alma–. El miedo se presenta cuando miras el futuro y, dado que no puedes pronosticarlo con precisión, sientes que no tendrás el control. Sin embargo, nunca careces de control. Tú eliges siempre lo que piensas y cómo respondes a las situaciones. El fracaso del sistema financiero podría ser lo que se requiere realmente para llevar de nuevo a la gente hacia una conciencia de lo que es valioso, donde en lugar de existir una continua competencia, exista la cooperación. Por esta razón, debes considerar todo lo que venga como una oportunidad de llegar al núcleo de tu vida. Date cuenta de que cuanto más desarrolles tu miedo, más violenta te parecerá la caída de las estructuras. Cuando un niño teme algo porque no sabe qué es, un adulto que comprende el cambio puede mantenerse en pie, proteger al niño y decirle: «No te preocupes.. Todavía estamos aquí». Hay quien, mientras ve cómo su casa se quema hasta los cimientos con todas sus posesiones dentro, llora y se lamenta: «No es justo. Dios me odia», y quien dice: «Tengo a mi familia. Esas son solo cosas materiales». Todo es cuestión de percepción. La manera en que percibes tu vida y tu capacidad de desenvolverte en el mundo y marcar una diferencia en él informará tu existencia, independientemente de si eres rico o pobre, si estás sano o enfermo, o si eres sabio o no lo eres.

—¿Seguirá habiendo pobreza en la nueva Tierra?

—Sí, si la gente así lo elige. Sin embargo, si las personas contactan con el pozo de compasión de sus corazones, todos tendrán suficiente. No obstante, se requerirá un gran cambio en la mente de todos para comprender el concepto de *suficiente*.

—¿Cuál es el concepto del alma de *suficiente*?

—Paz. El concepto de *suficiente* cambia en relación con la cuantificación. Si uno está en paz, uno tiene suficiente. Para algunas personas, tres horas de sueño son suficientes. Otras necesitan nueve. No se trata de cantidades, sino de lo que le proporciona el tiempo de sueño suficiente para desempeñarse adecuadamente y estar en paz.

—¿Qué más te gustaría decir acerca de la pobreza?

—Por favor, comprended que la pobreza no es una condena. Es una percepción que tienen tanto ricos como pobres. Teméis que si todos tenéis lo mismo, nadie se sentirá inspirado a hacer nada. «Si no obtengo más con mi trabajo, ¿por qué debería tomarme la molestia?», os preguntáis. Os tomáis la molestia porque os produce una sensación de logro y creatividad. La pobreza es solo una herramienta. Cuando toda la especie humana se dé cuenta de que poco es suficiente, dejará de ser necesaria.

—No tengo más preguntas. Gracias por hablar conmigo hoy —concluí.

—Me complace ayudar —dijo el alma de Rolando.

LA SESIÓN DE ROLANDO CON PAMELA Y JESHUA

La canalización de Corbie me ayudó a ver la perspectiva del alma sobre la pobreza y cómo infunde una más profunda compasión en el corazón humano. Evidentemente, el alma de Rolando había buscado, durante muchas vidas, crecer y expresar su compasión por la Tierra.

Sin embargo, también había percibido en Rolando una necesidad de sanación. Algunas de sus lágrimas habían fluido debido a la empatía que sentía cuando hablaba de los pobres, pero percibí que otras eran provocadas por un dolor interno sin resolver. Esperaba que Pamela y Jeshua brindaran una mayor comprensión de por qué las almas planean la experiencia de la pobreza y cómo podrían sanar del sufrimiento que esta causa.

—Veo una vida anterior –nos dijo Pamela– en la cual tú, Rolando, eras un hombre que vivía en Grecia. Eras rico y querías defender a los pobres. En esa vida, creciste en circunstancias de pobreza, en una familia con seis hijos. Tenías un corazón cálido y afectuoso, y era muy importante para ti que hubiera armonía en la familia. Preferías tener el estómago vacío y estar en paz que tenerlo lleno debido al conflicto y la competencia. Cuando eras niño, siempre querías que todos compartieran lo poco que tenían y enseñabas esto a tus hermanos y hermanas menores. Tu gran ideal era compartir de forma equitativa y honesta, pues sentías, aun cuando eras un niño pequeño, que eso reforzaría a tu familia y a la comunidad, y que eso haría mucho más fácil superar los problemas de la pobreza.

»Cuando eras joven, superaste la indigencia y obtuviste una buena posición en la sociedad. Tenías un gran talento y eras inteligente, pero lo más importante era que nunca te sentías menos respetable que los demás simplemente porque tenías antecedentes de pobreza. Estabas convencido de la integridad de tus ideales. Esto te ayudó a superar no solo la escasez física, sino también la conciencia de la pobreza que se había convertido en una parte importante de las mentes de las personas con las que creciste. La conciencia de pobreza significa que, subconscientemente, crees que vales menos como ser humano porque eres pobre. Te sientes impotente y víctima. La conciencia de pobreza puede agotar el sentido básico de la dignidad.

»Dado que no tenías esas creencias negativas sobre ti mismo, superaste la pobreza trabajando como comerciante. Cuando envejeciste, pediste a las autoridades que cambiaran ciertas leyes para crear una distribución más favorable y justa de los bienes. Se negaron; despreciaban a la gente más desfavorecida y las consideraban ciudadanos de segunda clase. Esto te molestó profundamente e hizo surgir un sentimiento de ira en tu interior que penetró hasta lo más profundo de tu ser. Por tanto, decidiste actuar por ti mismo para ayudar a los necesitados con tus propios medios; sin embargo, seguías frustrado porque te resultaba imposible ayudar a todo el mundo y también porque te topabas una y otra vez con su conciencia de pobreza. Algunas personas se volvieron dependientes de ti, te pedían cada vez más y se indignaban cuando, en ocasiones, tenías que negarte. Esto te derrotó realmente.

Supiste entonces que ayudar a los demás a salir de la pobreza no consiste solo en darles algo físico, sino también en ayudarles a adquirir un profundo sentido de la autoestima y del empoderamiento.

»Esta conciencia despertaba dentro de ti en aquella vida, pero te sentías dividido en tu interior por todo el sufrimiento que percibías, por la falta de disposición de las autoridades para ayudar y por tu incapacidad de solucionar los problemas de todos. Cuando moriste en esa vida, albergabas una herida emocional en tu interior. Te sentías profundamente identificado con los pobres, a quienes considerabas tus hermanos. Sin embargo, dado que, hasta cierto punto, al haber logrado salir de aquel ámbito, te habías convertido en un intruso, también te sentías solo y pensabas a menudo que habías fracasado en la misión de tu alma de lograr la justicia para los más desfavorecidos. Esto te resultaba muy doloroso.

»En tu vida actual —continuó Pamela—, aún quieres cumplir esta misión, pero ahora tu alma es más consciente y sabia. Ahora sabe que la mejor manera de cumplir esta misión es *enseñando con el ejemplo*. Para ayudar a las personas a superar la pobreza, tienen que creer, ante todo, que pueden hacerlo. Deben tener fe y confiar en sí mismas. Tú eres una persona que muestra fe y confianza, porque te has liberado de la escasez, no solo físicamente, sino también psicológica y espiritualmente. Al hacerlo, eres un *ejemplo viviente* de cómo es posible trascender la pobreza y la conciencia de pobreza. Siendo quien eres, a través de tu vibración, estás creando un rastro energético que otras personas pueden seguir. Irradias la energía de la solución a los demás. Esta energía es algo que has añadido a la conciencia colectiva y está al alcance de todos.[1]

»En un nivel humano, quizás pienses que no haces lo suficiente por los pobres y que tienes que ayudarlos de una forma más concreta y palpable. Sin embargo, estás enseñando con tu ejemplo, e incluso si no hablases con nadie sobre el problema de la pobreza, irradiarías la energía de la solución.

---

1. Para más información sobre el rastro energético y la energía de la solución, consulta «Letting go of your birth family» (Liberarte de tu familia biológica) y «Three pitfalls on the way to becoming a healer» (Tres obstáculos en el camino para convertirse en sanador), ambas, canalizaciones de Jeshua publicadas en www.jeshua.net.

»Aparte de la vida que acabo de mencionar, hubo otra en la que fuiste un gobernante y formabas parte de los poderes opresores de la sociedad. Te criaron estrictamente, con mucho énfasis en la energía masculina y una supresión de las cualidades femeninas de los sentimientos y la empatía. Percibo aquí una asociación con el Imperio Romano en la época antes de Cristo. Cuando eras niño, tuviste que renunciar a lado sensible y afectuoso para concentrarte en las cualidades masculinas del liderazgo, la competición y la ambición. Cuando llegaste a la mayoría de edad, te convertiste en el sucesor de un poderoso gobernante y sentías que debías emularlo para que te aceptasen.

»Temías no cumplir las expectativas y, por ello, hiciste cosas que iban contra tu sentido de la justicia. Eras injusto con las personas que apenas tenían derechos y que no podían defenderse. Tu injusticia nacía del miedo: no te atrevías a violar las normas por temor a ser eliminado. Siempre temías las conspiraciones contra ti. Moriste angustiado, con un profundo sentido de la culpabilidad y de la catástrofe, sintiendo que habías perdido tu integridad. Después de esta vida, sentiste el anhelo de enderezar lo que habías hecho. Querías ayudar a los pobres y salvar tu alma.

HABLAR CON JESHUA

Con la información y los datos que Pamela había proporcionado, yo tenía ahora una mejor comprensión del propósito del plan de vida de Rolando. Me sorprendió la precisión con la que había descrito lo que yo percibía como la naturaleza esencial del carácter de Rolando. El hombre (en realidad, el alma) que ella había descrito era exactamente la persona con la que yo había hablado. Ahora, era el momento en que Jeshua nos permitiría saber más acerca de Rolando y de la experiencia de la pobreza.

—Jeshua –pregunté–, ¿Rolando planeó experimentar la pobreza y, si es así, por qué?

—Sí –me confirmó Jeshua–. Ha estado explorando el tema de la pobreza y de la riqueza durante varias vidas. Su alma quiere comprender la esencia espiritual que se halla detrás de la pobreza y la forma en que puede enseñar a las personas a liberarse de ella.

—¿Tenía Rolando alguna creencia, por ejemplo, de no ser digno de la riqueza o de que esta es negativa, que le hubiera llevado a experimentar la pobreza? —Mi pregunta se basaba en mi comprensión de que nuestras creencias influyen en nuestras decisiones prenatales.

—Rolando no tenía esas creencias negativas sobre sí mismo en relación con la riqueza —respondió Jeshua—. Con respecto al tema de la pobreza, vino como un maestro. Su alma también tiene una segunda razón positiva para elegir la indigencia. Quería experimentar el poderoso sentido de vinculación y amor que a veces surge en las situaciones extremas de pobreza. El vínculo con sus hermanas, el amor que recibió de ellas, fue una motivación positiva para elegir la pobreza en esta vida. Él también dio amor a otras personas en vidas anteriores, y ahora se le ha devuelto.

—¿Por qué decidió Rolando nacer en Nicaragua?

—Quería ser parte de esa familia biológica concreta. Tenía un fuerte vínculo con varios de sus miembros en el nivel del alma.

Evidentemente, los padres de Rolando, y quizás algunos de sus hermanos, habían decidido nacer allí, y él había querido estar a su lado. Esta es una razón común para elegir nacer en una ubicación especial y en un punto concreto de la línea del tiempo. Las personas a quienes amamos profundamente ya han escogido este lugar y este momento, y nosotros simplemente deseamos reunirnos con ellas.

—¿Rolando planeó antes de nacer salir de Nicaragua y viajar a Estados Unidos, y si es así, por qué quería experimentar la pobreza de su país de origen y la relativa riqueza de su país de adopción?

—Sí. Quería experimentar ambos porque su espíritu era bastante aventurero. Asimismo, el espíritu de Estados Unidos, el sentido de la libertad y de «destacar por tus propios medios» hace eco en el desarrollo interno de Rolando. Y allí, con sus antecedentes concretos, les irradia una energía a otras personas que las sana y las ayuda.

—¿Por qué decidió experimentar la pobreza en este momento de la historia humana? —le pregunté a Jeshua.

—En primer lugar, quería reunirse con su familia biológica. En segundo lugar, quería tener la oportunidad de viajar de Nicaragua a Estados Unidos para experimentar la libertad y la movilidad en esa acción. Esto habría sido más difícil de lograr en épocas anteriores. Ahora se permite más libertad y autoexpresión individual que en el pasado. En tercer lugar, deseaba nacer en esta época de transformación espiritual. Quería ser parte de ella y ayudar y apoyar a otros.

—¿Por qué la experiencia de la pobreza es importante para el alma de Rolando?

—Quería liberarse del apego a la riqueza o a la pobreza, es decir, era su deseo no basar su propia identidad en cualquiera de las dos —explicó Jeshua—. Al liberarse de esto, fue capaz de vincularse con las almas de las personas, independientemente de su condición social. Esta capacidad de mirar más allá de las apariencias, esta conciencia del núcleo divino de todo ser viviente, es parte de la Conciencia Crística, que Rolando quiere adoptar en esta vida. La Conciencia Crística se puede alcanzar de distintas formas. Esta es una de ellas.

Le pedí a Jeshua que mencionara otras razones por las que un alma podría planear experimentar la pobreza antes de nacer.

—Muchas almas eligen la vida en la Tierra porque es una experiencia muy valiosa, incluso si se vive en circunstancias de pobreza. Por esta razón, muchas almas eligen vivir en una situación de extrema necesidad, no porque la deseen, sino porque valoran mucho la vida en la Tierra. Esto es difícil de entender para los seres humanos. Vosotros veis las vidas de las personas que viven en la pobreza y os preguntáis: «¿Cómo puede esto ser significativo?». No obstante, toda vida es sagrada y preciada y esconde una promesa para el alma, una promesa que, a menudo, está oculta a la mirada de un intruso.

Entendí que al usar la palabra «intruso», Jeshua se refería a alguien que no vivía esa experiencia.

—La vida en la Tierra es tan preciosa —continuó— porque ofrece una experiencia intensísima de todas las emociones que los seres humanos son capaces de sentir. Incluso una vida breve en la pobreza le ofrece al alma una gama de experiencias y un nivel de comprensión que sería difícil de obtener en muchos siglos al otro lado del velo.

»También existen razones especiales por las que un alma desea experimentar la pobreza en la Tierra. En primer lugar, podría querer desarrollar ciertas cualidades que esa situación le invita a desarrollar, como el valor, la perseverancia o la capacidad de apreciar las cosas simples de la vida. A las mujeres, la pobreza puede inspirarlas a

El Don de tu Álma

empoderarse y volverse más independientes. Si una mujer tiene éxito, se convierte en un ejemplo para otras, no solo mostrándoles el camino para salir de la pobreza sino también irradiando una autoimagen más positiva para las mujeres.

»En segundo lugar, el alma podría desear ayudar a los demás y, por esta razón, viene como un maestro para la humanidad. A menudo, estas almas nacen en la pobreza para experimentar el desafío desde dentro. Esto las convertirá en maestras poderosas para otras personas.

Aquí, Jeshua describía el plano prenatal de un trabajador de luz, alguien que se coloca dentro de una vibración concreta para transformarla.

—En tercer lugar, el alma podría tener razones kármicas para nacer en la pobreza. Por ejemplo, podría haber desarrollado una conciencia de pobreza en una vida anterior, pensando que está condenada a experimentar la opresión y la privación, o creyendo que no merece la riqueza y la abundancia. Por otro lado, hay almas que han explotado a otras en vidas anteriores y las han despojado de sus riquezas. Estas almas podrían sentir la necesidad de experimentar la otra cara de la moneda, de sentirse explotadas y humilladas para comprender la maravilla y el valor de toda vida humana.

La elección de Jeshua de las palabras «sentir la necesidad» hizo eco en mi comprensión del karma. No recibimos un castigo por nuestra mala conducta previa, ni tampoco se nos juzga. En lugar de ello, nosotros mismos solemos decidir experimentar lo que creamos para otros. En el nivel del alma, vemos esto como un paso en la espiral evolutiva.

VARIACIONES SOBRE UN TEMA

—Jeshua –pregunté–, ¿por qué algunas almas deciden experimentar la pobreza en los llamados países subdesarrollados, mientras que otras optan por experimentarla en países ricos?

—Las personas que experimentan la pobreza en los países ricos con frecuencia tienen que afrontar el estigma social que se crea para ellas. Esto es un tema mucho más importante para estas almas que para las que la experimentan en un ambiente que es pobre en términos generales. De esa manera tienen la oportunidad de aprender a afrontar el dolor y el rechazo que sufren por ser parias sociales.

Desean desarrollar un sentido interior de la dignidad, independientemente del ambiente. Desean aprender que su verdadero Yo, que es quien realmente son como almas, es independiente de la condición social. Si tienen éxito, este desafío les ayudará a encontrar la verdadera autoestima y, a menudo, también su talento innato, la pasión y el gozo de su alma, algo que desean hacer incluso aunque no estén respaldadas por la abundancia material o por la ayuda de la sociedad. Este descubrimiento las pone en comunicación con su alma. Desde allí, se desarrollará una ruta de vida que les proporcionará una profunda satisfacción y una gran riqueza.

Le pregunté a Jeshua por qué algunas almas deciden experimentar la pobreza no desde su nacimiento, sino como resultado de un revés económico.

—Suelen planear este desafío porque quieren hacer frente a la dependencia con respecto al dinero y a la condición social. Si has sido rico y poderoso, y luego experimentas la pérdida de todo ello, puedes desesperarte o entrar profundamente en ti y hallar un sentido de la autoestima que no tiene nada que ver con el dinero, el poder o la condición social.

Mientras asimilaba las palabras de Jeshua, me sorprendió otra vez la manera en la que nosotros, como almas, aprendemos mediante opuestos. Las personas que experimentan la pobreza en un país rico pueden cultivar (y, de hecho, son *motivadas* a desarrollarla) la verdadera autoestima cuando quienes les rodean no las valoran en absoluto. De forma semejante, las almas que experimentan importantes reveses económicos pueden descubrir su verdadero poder y su valía cuando pierden el estatus y la influencia exteriores. Ambas experiencias, vistas generalmente como privaciones terribles desde la perspectiva de la personalidad, son oportunidades extraordinarias para el autodescubrimiento cuando se ven desde el punto de vista del alma. Verdaderamente, pocas cosas de nuestro mundo son como parecen.

—Jeshua, ¿todas o la mayoría de las almas que encarnan en la Tierra desean experimentar la pobreza o un revés económico?

—Yo no diría que la experiencia de la pobreza sea algo que la mayoría de las almas busquen para propósitos de aprendizaje y crecimiento. Gran parte de las almas que viven ahora en la pobreza no deseaban esa experiencia; en lugar de ello, querían esa vida por otras razones y aceptaron la pobreza como un modo de lograr sus objetivos. Es posible, por ejemplo, que el alma desee reunirse con ciertos amigos, parientes o enemigos de una vida anterior y que estas personas se encuentren en el área empobrecida en la que el alma ha decidido encarnar.

»La pobreza es una idea relativa –añadió Jeshua, haciendo eco de la perspectiva expresada por el alma de Rolando a través de Corbie–. Si vives en el mundo occidental, te consideran pobre si no puedes permitirte tener un televisor o un teléfono. En otros países, estos objetos no son más que una extravagancia. Tu propia conciencia es la que determina si experimentas la abundancia o la carencia en tu vida. Experimentar la abundancia es sentirse realmente realizado y agradecido por lo que la vida te ofrece. Es un estado de ánimo interior y no un nivel objetivo de riqueza física.

LA POBREZA Y LA EXPERIENCIA DE LA ENCARNACIÓN

—Jeshua, ¿existen almas que nunca hayan encarnado físicamente y, si es así, cómo aprenden las lecciones proporcionadas por la pobreza o por cualquier otro desafío al que nos enfrentemos aquí?

—Tan pronto como existe una conciencia individualizada –lo que un alma es–, existe la experiencia de «yo» en comparación con el otro, en comparación con el mundo. Esta experiencia de separación es realmente el distintivo de la encarnación. Encarnar significa que tú, como un alma ilimitada, asumes una forma concreta y, a partir de ahí, empiezas a experimentar la vida y la realidad. Esta forma podría ser más o menos material, más o menos densa y física, dependiendo de la dimensión en la que vivas, pero hay una forma que te limita y le proporciona un enfoque a tu percepción. De eso se trata la encarnación.

»Cuando tienes una forma, es decir, cuando estás encarnado, experimentarás la carencia en algún momento. La conciencia individual percibirá un gran deseo de integridad, un deseo de totalidad que la motivará para crecer, buscar y experimentar. Este es el origen de la idea de la pobreza, que empieza cuando uno experimenta la carencia. Podría tratarse de carencia de bienes materiales, pero también puede ser una carencia de amor, una falta de seguridad o de bienestar emocional.

»Me gustaría definir la pobreza, de una forma amplia –aclaró–, como «la experiencia de la carencia». Las personas que la sufren casi nunca experimentan únicamente una falta de medios físicos. También se sienten no reconocidas, subestimadas, abandonadas e ignoradas. La herida que inflige la pobreza es mucho más profunda que una carencia física. Es una herida del alma.

»Para responder a tu pregunta, la pobreza, en el sentido amplio de experimentar la carencia, está presente en todo el universo, aunque en general, las experiencias en la Tierra son más intensas que en otras esferas menos físicas y menos densas. Las almas que viven en esas esferas aprenden más gradualmente. Algunas no se sienten inclinadas a tener la experiencia en la Tierra. Las otras que encarnan en vuestro planeta son las más apasionadas, audaces y aventureras.

»Sin embargo, en un sentido más profundo, todas las almas están vinculadas con las demás y comparten sus experiencias. Existe una mente universal a la que todas las almas están unidas. Todo lo que tú experimentas en la Tierra está disponible para las que no encarnan en ella. No lo experimentarán de la misma manera que tú, pero podrán extraer la esencia de tu experiencia y comprenderla. De la misma forma, tú puedes aprovechar la experiencia de los seres menos físicos, por ejemplo, los seres angelicales, y lograr una sensación de apoyo y de amor por parte de ellos. Con frecuencia, tienen una conciencia más profunda del vínculo que une a toda la vida y pueden proporcionarte un sentido de la paz y de la armonía. Por lo tanto, aunque todas las almas transitan por sus propios senderos individuales, juntas forman un tapiz de energías interactuantes que las apoyan unas a otras y las ayudan a crecer como un todo.

LA VIDA DE JESHUA EN LA TIERRA

—En tu vida como Jeshua, ¿cómo te sentías con respecto a la pobreza que viste o experimentaste? ¿Cuál fue tu reacción ante ella? ¿Podrías compartir con nosotros alguna historia de cómo reaccionaste ante la pobreza de alguien?

—La pobreza me horrorizaba –dijo Jeshua–. Veía cómo el sistema político no solo distribuía injustamente los recursos disponibles, sino que también humillaba y despreciaba a ciertos grupos. Sentía una gran indignación en mi interior por estas circunstancias. Tuve que aprender a no dejarme arrastrar por la ira, sino a mantenerme centrado y en calma.

»Mi enseñanza estaba destinada a hacer que las personas fueran conscientes de su luz interior, que siempre está ahí, independientemente de si son pobres o ricas, están enfermas o sanas o son hombres o mujeres. Mi objetivo era guiarlas a esa esfera interior de libertad y abundancia que no puede verse afectada por las circunstancias externas. Descubrí que si le hablaba a la gente pobre, podía llegar muy fácilmente a sus corazones, porque tenían poco que perder y estaban bastante abiertos a mi mensaje. Los ricos y adinerados se sentían más identificados con su condición social y con su poder mundano y, por lo tanto, estaban menos inclinados a abrirse a la esfera interior. Había excepciones, por supuesto.

»Mi propósito principal al hablar a los pobres era recordarles su valía interior, su igualdad inherente con respecto a los demás, porque a menudo los trataban con desdén y crueldad. Esto tiene un gran impacto en la mente humana.

»Una vez asistí a una boda —continuó— en la que una joven mujer de familia sencilla se casó con un hombre adinerado, algo muy poco común en aquellos días. Ella se sentía avergonzada por toda esa riqueza y pensaba en silencio cuánto se beneficiaría su familia si pudiese disponer de al menos una pequeña parte del dinero que se había pagado por los festejos de la boda. Se sentía rota por dentro y le costaba disfrutar el evento. Mientras tanto, todos chismorreaban sobre ella, diciendo que se había casado con aquel hombre por su dinero y que había abandonado a su familia. La consideraban una mujer perversa y manipuladora, y ella se sentía acongojada por ello.

»Durante la celebración de la boda, compartió su carga conmigo. Yo la comprendí muy bien y le dije que era más rica que la mayoría de los presentes porque tenía un corazón amable y puro y nunca quiso casarse por dinero. Le imploré que mantuviera su autoestima y su orgullo y que no permitiera que se apagase su luz interior. Le expliqué que, al mantenerse pura y sencilla de corazón, se convertiría en maestra para los ricos y para los pobres, ya que les mostraría un camino del corazón que va más allá de la riqueza y la pobreza.

»De hecho, se convirtió en esa maestra, no tanto enseñando oralmente, sino difundiendo una vibración de pureza. Su marido estaba tan abierto a su energía que superó su propia educación y compartió su riqueza con las personas que vivían en la pobreza.

»Lo que hice fue hacerla consciente de su propia luz, que es independiente de la educación o del origen social. Eso es lo que traté de hacer con todas las personas a quienes conocí. La conciencia de la chispa divina de luz que eres te liberará de todas las etiquetas que la sociedad te imponga. Uno de mis objetivos en la Tierra era derrumbar las jerarquías sociales y lograr una creciente conciencia de la incomparable valía de todo ser humano. Era un demócrata en ese sentido, aunque la política no era mi enfoque principal. Mi objetivo era abrir el corazón humano a la idea espiritual en la que se basa la democracia: que cada ser individual es un alma divina, que todos nosotros estamos vinculados directamente con la Fuente o el Espíritu y que podemos comprender y perdonarnos unos a otros si nos vinculamos desde la unidad que nos hermana: el corazón humano.

POBREZA Y RESPONSABILIDAD ESPIRITUAL

—Jeshua, ¿los ricos están moral o espiritualmente obligados a compartir su riqueza con los pobres? ¿Somos los guardianes de nuestros hermanos?

—No me gusta hablar de obligaciones morales o espirituales, porque la idea misma de obligación indica que no hay espontaneidad o una inclinación natural detrás de la acción. Me interesa lo que nos vincula interiormente. En el sentido más profundo, todas las almas están conectadas a través de una gigantesca red de vida. Al final, la separación es una ilusión. Conforme crezcas espiritualmente, conforme tu corazón se abra y exista libertad en tu mente, comprenderás a los demás seres humanos de manera más fácil y natural. Los verás con compasión y evitarás juzgarlos. Tratarás de ayudarlos tanto como te sea posible, no por obligación sino porque sientes un vínculo interior con ellos. Es como un lazo familiar. Sientes que son parte de tu familia y, por lo tanto, deseas tenderles la mano.

»Yo diría, sin embargo, que ante todo eres tu propio guardián. Cada alma recorre su propio camino y alberga en su interior todos los medios disponibles para desarrollarse y convertirse en lo que es realmente. Ayudar a los demás significa principalmente irradiar la paz y la compasión que te acompañan de una forma natural cuando te has sanado, cuando has encontrado tu camino interior y lo recorres con alegría. Paradójicamente, si quieres ser el guardián de tu hermano, ve dentro de ti, encuentra el campo universal de unidad del que formas parte y siente el placer de rendirte a él. Si lo haces, tejerás hilos de luz en la red de la vida, y de ese modo ayudarás de manera espontánea y natural a los demás simplemente siendo quien eres.

»Lo más valioso que uno puede darles a aquellos que luchan contra la pobreza —añadió Jeshua— es la idea de que son poderosos creadores, capaces de cambiar sus vidas por sí solos. Hazlos conscientes de su verdadero poder, del poder que reside en su interior, pues eso producirá milagros y atraerá hacia ellos los cambios y las oportunidades que enriquecerán sus vidas.

—Jeshua —dije—, en Estados Unidos hay personas que opinan que el gobierno hace demasiado por la gente. Algunos aseguran que eso es socialismo y que crea un «estado-niñera».

—Espiritualmente, ambas perspectivas, el socialismo y el capitalismo, tienen su valía —respondió Jeshua—. El punto de vista liberal, que hace hincapié en la libertad individual, en realidad se remonta a la energía de los pioneros que pisaron por primera vez la parte norte del continente americano. Eran personas robustas, independientes y fuertes, que se oponían a la autoridad. El impulso de liberarse de la autoridad externa es valioso y marca el inicio de la total asunción de la responsabilidad total de uno mismo; sin embargo, también puede provocar cierta dureza y falta de compasión hacia los demás. El movimiento socialista, por otro lado, se remonta a la idea de que todo individuo tiene derechos. Esto también es valioso, porque reconoce el valor inherente de todos los seres humanos. Sin embargo, puede generar reglas sofocantes que impidan la creatividad y la libertad individual.

»Ambas tradiciones presentan una verdadera percepción espiritual en su origen. La pregunta no es tanto cuál de ellas es correcta; la verdadera pregunta es cómo la humanidad puede elevar su conciencia de tal manera que la libertad individual y el respeto y cuidado a los demás se vean como elementos complementarios y no opuestos. Una persona que realmente ha aceptado la libertad y la responsabilidad querrá colaborar en la sociedad no por imposición, sino porque esa libertad y responsabilidad le dan significado a su vida. En una sociedad basada en los valores del corazón, las personas compartirán libremente sus dones y talentos innatos y recibirán lo que necesitan a través de los talentos y los dones de los demás. Habrá más libertad pero también mayor capacidad de compartir y establecer vínculos. Será menos necesario un gobierno que controle o regule la conducta de las personas porque estas actuarán más ética y civilizadamente.

NUESTRO FUTURO

—En cien, trescientos o quinientos años, ¿cómo será la Tierra con respecto a la distribución de los recursos y cómo habrán cambiado las actitudes hacia la riqueza y la pobreza? –pregunté.

—Esto depende de las decisiones que tome la humanidad –dijo Jeshua–. Existe algo denominado conciencia colectiva humana, que tiene cierta vibración. La energía de esta vibración atrae un futuro especial. En este momento, existe mucha confusión entre vosotros. Sufrís una crisis financiera y ecológica que afecta a todo el planeta y que llama a la humanidad a actuar como una sola, a cooperar de forma global y a reconocer lo que es verdaderamente importante en la vida. El objetivo real de esta crisis es volver a los fundamentos de la vida en la Tierra, reconocer el valor de la vida, sea humana, animal o vegetal. El planeta en el que vivís está en peligro por la manera en que habéis interactuado con él.

»Actualmente existe una creciente conciencia de que la situación tiene que cambiar. En los países más ricos, muchas personas tienen un anhelo consciente o subconsciente de volver a las bases, de vivir la vida de una forma más simple pero también más satisfactoria, sin depender tanto de la riqueza material o de la condición social como de unos vínculos sinceros con los demás y de llevar la vida que realmente desean.

»¿Cómo se desarrollará todo? No hay nada seguro porque depende de las decisiones individuales de miles de millones de personas. Lo que es cierto es que todos pueden aportar algo y cambiar la conciencia global al ser conscientes por sí mismos de su esencia divina y de su interrelación con todos los seres vivientes. De ese modo se pueden sentar las bases de una nueva forma de vivir y de ser. Actualmente existe una gran necesidad de individuos que posean esa conciencia y que sirvan de ejemplo a los demás. Si te sientes impulsado a escapar de las exigencias de la sociedad, de sintonizar con tus anhelos y visiones más íntimas, te pido a ti, que lees esto, que tengas fe en tus propios poderes. Eres un ser divino y puedes marcar una diferencia en la Tierra. Cree en ti mismo y encontrarás tu camino único, colaborando a tu manera en la transformación de la conciencia.

Le pregunté a Jeshua si se llegaría a dominar la Ley de la Atracción en tal medida que, finalmente, la pobreza dejara de existir.

—Eso es posible —me aseguró—. Actualmente existe mucho miedo. El miedo bloquea la fe en los propios poderes creativos. Te dice que las cosas no resultarán, que no puedes hacer nada. Para escapar de él, las personas deben mirar hacia su interior. El único remedio para el miedo es conectarte con la parte de ti que no depende del exterior: tu núcleo divino, tu alma. Esta sabe que puede crear la realidad a partir de sus visiones y deseos más profundos. Es totalmente consciente de la Ley de la Atracción.

»¿Cómo puedes conectarte con tu alma? Escucha tus sentimientos y tus emociones, ya que te dicen qué es lo que realmente deseas. Quizás los pensamientos aseguren que algo no es posible, pero solo son pensamientos. El flujo de tus sentimientos, tu verdadera pasión, es mucho más fuerte que eso. Si verdaderamente te permites sentir lo que sientes y usas el pensamiento para respaldar este flujo, en lugar de bloquearlo, sabrás que eres un ser poderoso, capaz de atraer circunstancias exteriores que reflejen tus necesidades interiores.

»Cuando estás vinculado con tu propia divinidad, con tu alma, dejas de atraer a la pobreza, en el sentido de experimentar la carencia. Experimentarás la abundancia. No importa si esto significa que tienes muchas posesiones materiales o solo lo suficiente para sobrevivir sin demasiados apuros. La experiencia es lo que cuenta. Algunas personas no necesitan una gran abundancia material. De hecho, la mayoría de las que viven la vida desde sus almas ya no se preocupan tanto por la riqueza física. No son pobres. Se rodean de un entorno viviente que satisface sus necesidades físicas y emocionales, así como su sentido de la belleza, y no están enfocadas en el dinero o en los asuntos materiales porque la expresión de la pasión de sus almas les da mucha más satisfacción que la que cualquier elemento material podría brindarles.

LA SANACIÓN

—¿Qué más te gustaría decirles a aquellas personas que experimentan la pobreza o sufren apuros económicos y se preguntan: «¿Por qué? ¿Qué significa todo esto?»?

—No pierdas las esperanzas —aconsejó Jeshua—. Incluso si la situación parece sombría y sin esperanza, debes saber que el cambio siempre es posible. Siempre hay esperanza. Encuentra dos cosas en tu vida por las que estés agradecido. Puede ser algo material que poseas, la presencia de un ser querido o el cuerpo en el que vives. Siéntete agradecido por ello y te colocarás en un flujo de receptividad, en un flujo de abundancia. Al mirar lo que tienes, reemplazarás el sentido de carencia con un sentido de abundancia, y tu energía cambiará.

»Cambiar tu energía, tus sentimientos, es lo más importante que puedes hacer. No puedes tratar de solucionar la situación en la que te encuentras solo a través de tu mente. Es necesario que te abandones, que aceptes lo que estás viviendo en ese momento. Cuando te encuentras en un estado de aceptación, puedes sentir que las emociones del dolor y la tristeza salen a la superficie. Deja que se expresen. Abrázalas. Cuando hayas reconocido estas emociones, habrá quietud en tu corazón, una sensación de paz en medio de los problemas. Te habrás vinculado con tu alma. De este vínculo es de donde surgen los milagros. Quizás desconozcas el significado de la pobreza que experimentas y no cuentes con soluciones prácticas ahora mismo, pero te habrás empoderado de la forma más profunda posible y el cambio, antes o después, se producirá.

—¿Qué ocurre si tenemos creencias sobre la riqueza que nos llevaron, antes de nacer, a planear la experiencia de la pobreza? ¿Cómo podemos sanar esas creencias? ¿Qué ocurre si son subconscientes?

—Un alma puede decidir experimentar la pobreza por distintas razones —me recordó Jeshua—. Hay razones positivas: puede permitir, por ejemplo, que el alma se libere sin distracciones del apego al poder y a la riqueza que mostró en otras vidas. Si esto es así, la experiencia resulta bastante positiva: «Elijo la pobreza porque quiero volver a los fundamentos de la vida y descubrir qué es lo que importa realmente». En tales casos, la personalidad puede sentirse insatisfecha con las malas condiciones de vida, pero el alma es consciente de que existe una razón más profunda.

»Si un alma escoge la pobreza porque refleja una creencia interior en la carencia de valor, su plan es siempre sanar esta creencia. Con mucha frecuencia, en la vida de esa alma se presentarán oportunidades que le brindarán un camino para salir de la pobreza. Por ejemplo, la personalidad se enfrentará frecuentemente al desafío de tener fe en sí misma y de hallar su fortaleza interior. Si lo hace, descubrirá hermosas oportunidades para superar la pobreza y desarrollar una vida significativa, oportunidades que se presentarán milagrosamente cuando el alma haya desarrollado una verdadera autoestima.

»Las creencias sobre no merecer la abundancia son casi siempre subconscientes —señaló—. Por ello, son tan difíciles de abandonar. El hecho de dar una sensación de carencia de valor a los demás forma parte de la cultura humana. A los niños se les enseña a portarse bien, a reprimir sus emociones, a confiar en sus mentes más que en sus sentimientos. Existen tradiciones religiosas y morales en tu sociedad que te dificultan creer en tu propia inocencia como ser humano, confiar en el flujo de tus sentimientos naturales y en la bondad del universo en el que vives. Para sanar estas creencias de carencia de valor, debes darte cuenta de que el Espíritu o Dios te aman incondicionalmente. Eres inocente y hermoso, y tu objetivo es vivir una vida gozosa y abundante. Quizás te resulte difícil creer en esto, pero estoy aquí para dar fe de tu inocencia y de tu belleza. Esa es la razón por la que te hablo de este modo. No estoy aquí para juzgarte o decirte qué hacer. Estoy aquí para amarte, y te pido que aceptes este amor.

—Jeshua, ¿de qué otras formas las personas pueden sanar las creencias, conscientes o inconscientes, que las llevaron a generarse algún tipo de sufrimiento a sí mismas, ya sea antes de nacer o no?

—En primer lugar —me respondió—, deben reconocerlas como tales. En muchas ocasiones, las que provocan sufrimiento se dan por sentadas. Como he dicho, creer que se carece de valor es algo muy generalizado en el ser humano. A algunas de ellas incluso se las considera estándares morales o dogmas religiosos. Para sanar la negatividad que has absorbido de ellas, debes ser consciente de que son *creencias* y de que no están grabadas en piedra. Este suele ser el paso más importante, porque cuando reconoces que son simples creencias, habrás abierto un nuevo espacio de conciencia y la posibilidad del cambio.

»Para que este cambio realmente tenga un efecto, no solo debes liberarte de las falsas creencias mentales, sino también emocionales. Esto podría requerir más tiempo. Para ello, debes liberarte de esos hábitos emocionales que te han acompañado durante tanto tiempo. Puedes lograrlo si tienes paciencia contigo mismo y si estás dispuesto a afrontar sinceramente tus emociones una y otra vez, como si trataras con niños que necesitan una nueva formación. Se los debe instruir nuevamente con un sentido de confianza y compasión que tú, como su padre, tienes que proporcionarles desde el nivel de tu alma.

»La sanación emocional *es* posible, y conforme cada vez más individuos estén comprometidos con ello, más fácilmente la cultura cambiará y las personas crecerán hasta tener una forma más respetuosa de tratarse a sí mismas y a los demás.

∼

La persona que somos, es decir, nuestra vibración, es mucho más importante que cualquier cosa que nuestros cuerpos hagan, y Rolando es el ejemplo viviente de un maestro que, de esta forma, influye poderosamente en el mundo. Aunque habla de la pobreza y, por lo tanto, enseña a través de las palabras, su contribución más profunda es la brecha energética que ha abierto, una brecha de compasión. Como almas, antes de nacer deseamos cultivar una mayor compasión, así como expresarnos y reconocernos a nosotros mismos como compasión en el plano físico. Esta doble intención constituye la piedra de toque de muchos planes prenatales y es la motivación que nos impulsará hacia una amplia variedad de desafíos vitales, entre ellos la pobreza.

Las primeras semillas de la extraordinaria compasión de Rolando fueron sembradas en su infancia temprana, cuando vio a un hombre mayor llorando por la pérdida de su cosecha de frijoles, con cuya venta habría alimentado a su familia. Apenas un año después, vio, impotente, cómo su propia familia perdía la cosecha de café y, con ella, su granja. Esa aparente tragedia fue seguida por tres años vendiendo patatas fritas caseras en la calle y permaneciendo despierto hasta la madrugada para hacer sus deberes escolares. Todo esto ocurrió en los primeros diez años de vida de Rolando.

Las experiencias emocionalmente poderosas, en particular cuando se producen en los años más sensibles e impresionables de nuestra vida, o cuando no pueden ser evitadas por nuestras decisiones voluntarias, son unos indicadores del propósito del alma en los que se puede confiar. El alma de Rolando sabía que el niño que gritaba «¡papas! ¡papas!» frente al cine del pueblo evolucionaría hasta convertirse en el hombre cariñoso y de gran corazón que ahora busca llevar juegos y risas a las vidas de los niños del vecindario. Su alma sabía también que el niño que nunca vio a un médico se convertiría en el adulto que ofrece un toque de sanación a aquellos que sufren. La pobreza fue la comadrona que ayudó a dar a luz a los intensos deseos de Rolando de aliviar la carencia y el sufrimiento y promover la felicidad. En la esfera no física de la que venimos, la carencia y el sufrimiento son inexistentes, y el gozo siempre está presente. Ese era el plan de Rolando: sumergirse en una realidad que es precisamente lo contrario de lo que sabe que es verdadero, y luego ponerse en camino a través de esa ilusión para recrear la belleza del Hogar en la Tierra. Su profunda compasión es lo que lo impulsa a hacerlo ahora, una compasión tan fuerte, tan perdurable que solo pudo haber sido forjada en los fuegos de su propio dolor infantil.

Cuando nosotros, como almas, planeamos desafíos vitales como la pobreza o la privación, también planeamos los medios por los que podríamos usarlos para satisfacer nuestras intenciones prenatales. Antes de nacer, Rolando deseaba ser un maestro que empoderara a otras personas para que supieran que pueden transformar sus vidas. Por lo tanto, tenía que saber que podía transformarse a sí mismo y eligió sabiamente a un padre que le enseñó: «Tú puedes hacer lo que quieras». Nuestras creencias son todopoderosas, y el universo responde con circunstancias y sucesos que las confirman. De esta manera, Rolando enseña que no solo es posible transformar la pobreza, sino también que esto se logra específicamente a través del poder de las creencias. La experiencia de dominar el nivel físico mediante una creencia infunde en el alma un conocimiento más profundo de su propio poder, que puede surgir, y a menudo lo hace, de circunstancias en las que uno se siente impotente. En verdad, la pobreza y los sentimientos de impotencia que esta provocó fueron los medios por los que Rolando se dio cuenta de que podía hacer cualquier cosa. Si hubiera elegido circunstancias más desahogadas, posiblemente la conciencia de su poder no habría sido tan grande.

Las creencias desempeñan una importante función en la creación de riqueza o pobreza no solo mientras estamos encarnados, sino también *antes* de encarnar. A diferencia de Rolando, muchas personas que, antes de nacer, planean experimentar una vida de privaciones lo hacen porque creen que no merecen tener abundancia o que son incapaces de crearla. Estas falsas creencias, que son discordantes para el alma, se aprenden en otras vidas y se traen a la actual con el propósito de sanarlas. En el proceso de planificación prenatal, las personas que albergan tales creencias son atraídas energéticamente, de acuerdo con la Ley de la Atracción, hacia unos padres y otras circunstancias de vida que reflejen esas falsas creencias. Se crea entonces un plan clásico de aprendizaje mediante opuestos cuando uno escoge tener unos padres sin recursos, una falta de comodidades básicas o dificultades económicas. Se seleccionarán experiencias que hablarán de la propia carencia de valor e impotencia, con la esperanza de que tales mentiras sean completamente eliminadas. Y en efecto, se trata de mentiras, pues cada alma tiene una valía infinita inherente y un poder ilimitado. Si tú has sufrido o sufres todavía la pobreza, el deseo de tu alma para ti no es que rechaces las difíciles circunstancias que ves fuera de ti mismo, sino aquellas falsas creencias que podrían estar *dentro* de ti. El acto de buscar el poder o la valía en cualquier cosa que sea externa al Yo genera el mismo sentido de impotencia y carencia de valor que uno trata de sanar. Tu alma te hará saber esto antes o después, si no en esta vida, en otra.

La resistencia envía energía a aquello de lo que esperamos liberarnos y, por lo tanto, lo refuerza. Por esta razón, resistirse a la pobreza o a las dificultades económicas equivale a incrementarlas. La conciencia humana ha evolucionado hasta tal grado que muchas personas se dan cuenta de esta verdad. Lo que aún falta por comprender es que la resistencia a *cualquier* aspecto de la vida bloquea la circulación de *todas* las formas de bondad en nuestra experiencia. Energéticamente, decir que no a las privaciones y penurias equivale a colocar un enorme letrero con la palabra ¡No! en la puerta principal de nuestra casa. El universo no reconoce que ese ¡No! está dirigido específicamente a la pobreza; en lugar de ello, piensa que se refiere a todas las bendiciones que desea proporcionarnos. De esa manera, no solo se bloquea la abundancia material, sino también el amor, la felicidad, la paz, la salud e incluso la sabiduría y la claridad espiritual. Por ello, nuestras almas nos piden que respondamos a la carencia apreciando incluso los placeres más mínimos en nuestras vidas, como Rolando saboreó una manzana en Navidad, o mejor aún, con gratitud, como Jeshua sugirió. Vibratoriamente, el aprecio y la gratitud son un enorme letrero de ¡Sí! en la puerta de nuestra casa que autoriza a nuestros ángeles y Guías a colmarnos de amor y bendiciones de todo tipo.

Llegamos, entonces, a la pregunta de cuál es la mejor forma de responder a las personas que se enfrentan la pobreza material. Esta pregunta se le planteó al gran vidente estadounidense Edgar Cayce a finales de su carrera, después de haber hecho lecturas para miles de personas. En una sesión privada, dos hermanas adineradas de Nueva York le dijeron que deseaban desesperadamente ayudar a su hermano: «Vive bajo un puente —le dijeron—. Bebe demasiado. Ha despilfarrado su parte de la fortuna de la familia. Durante años, hemos hecho todo lo que se nos ha ocurrido para ayudarlo a cambiar su vida, pero todo ello ha sido en vano. ¿Qué podemos hacer? Nuestro hermano está más allá de toda esperanza».

Cayce entró en trance y accedió a los Registros Akáshicos. Les informó a las dos mujeres que su hermano era el alma más evolucionada sobre la que había obtenido información. «Debido a su gran amor por ustedes —les explicó—, su hermano acordó, antes de que nacieran, desempeñar esta función para que ustedes pudieran desarrollar una mayor compasión». Asombradas, las hermanas volvieron a casa con un nuevo y profundo respeto, admiración y gratitud hacia su hermano, esa valiente alma que con tanto amor y valentía desempeñaba su difícil función como un servicio a ellas.

La pobreza es una gran maestra que hace florecer una profunda compasión en los corazones de las personas, como Rolando, que la experimentan de primera mano y de aquellas que la atestiguan.

Si alguna vez caminas por la calle y encuentras a un hombre sin hogar sentado en un cartón, considera la posibilidad de que forme parte de *tu* plan prenatal. Bien pudo haber aceptado estar ahí en ese momento para que pudieras decidir dejar a un lado tus juicios, recordar la infinita valía de este hombre y, al hacerlo, recordar la tuya propia. Esa persona aparentemente impotente podría ser un alma muy evolucionada, un hermano espiritual que se presenta ante ti para darte un servicio, de manera que puedas sentirte y reconocerte a ti mismo como compasión, la compasión que viniste a ser.

Capítulo 11

El suicidio

Perder a un ser querido es siempre doloroso, pero cuando esa pérdida es provocada por el suicidio, el dolor quema hasta el núcleo del propio ser, de una forma excepcionalmente aguda. Nada vuelve a ser igual. A menudo, uno se ve atormentado por la culpabilidad y puede incluso sentir ira hacia aquel que dio fin a su propia vida. (No usaré la expresión «quitarse la vida» porque se puede interpretar como un acto negativo. Ni yo ni el Espíritu pretendemos hacer ningún juicio.) El dolor es profundo, absoluto y aparentemente infinito. El corazón se ve atormentado por incontables preguntas sin respuesta.

Como verás en la siguiente historia, nosotros, como almas, no planeamos el suicidio como algo seguro; en lugar de ello, planeamos distintos desafíos vitales, bien conscientes de la posibilidad de que podamos responder a estas experiencias dando fin a nuestras propias vidas. Las almas que planean estar con nosotros saben que el suicidio es una alternativa en su plano prenatal y aceptan este riesgo voluntariamente para reunirse con nosotros en una reencarnación.

En todo el mundo, más de un millón de personas mueren por suicidio todos los años, y se calcula que aproximadamente de diez a veinte millones hacen un intento fallido. Para ofrecer comprensión y sanación a las muchas personas cuyas vidas han sido tocadas por el suicidio consumado o fallido, hablé con Carolyn Zahnow. Con cincuenta y dos años de edad cuando hablamos, había perdido a Cameron, su único hijo, quien dio fin a su vida cuando tenía dieciocho años. A raíz de ello, Carolyn fundó un grupo de apoyo para la prevención del suicidio y escribió *Save the Teens: Preventing suicide, depression and addictions* (Salvar a los adolescentes: evitar el suicidio, la depresión y las adicciones).

¿Qué le había sucedido a Cameron que lo llevó a realizar tal acto? ¿Qué les ocurre a otras personas que escogen la misma ruta? ¿Cómo ve el suicidio el Espíritu? Como sociedad, ¿qué podemos hacer para dar más amor y sanación a los suicidas? ¿Y cómo pueden sanar sus profundas heridas aquellos que han perdido a un ser querido debido al suicidio?

CAROLYN Y CAMERON

—Se le veía feliz en todas sus fotos.

Así es como aparece Cameron en las muchas fotos que su madre le tomó en su infancia y en su juventud. Desde su muerte, ocurrida hace cuatro años, Carolyn ha mantenido una fotografía especial en el salón de su casa. Tomada en una playa de Carolina del Norte, el estado en el que Cameron nació y pasó gran parte de su infancia, lo muestra con apenas dos años de edad, vistiendo «esta pequeña camisa con motivos tropicales y pantalones cortos, con esa brillante sonrisa. Me recuerda los buenos tiempos», dice Carolyn tristemente.

Ella y su marido, Jim, se separaron tres meses después del nacimiento de su hijo. Carolyn, que en ese entonces tenía treinta años, crió ella a Cameron hasta que este cumplió seis años y entró en el colegio; fue entonces cuando fue a vivir con su padre.

—Volví a la universidad para poder ganar dinero y criarlo sin tener que depender de otra persona —dijo—. ¿Cómo pude renunciar a mi hijo durante tantos años?

Carolyn recuerda que, cuando era niño, Cameron mostraba un profundo amor por los animales, y tuvo tortugas y pollos. Como un proyecto para cuarto de primaria, crio a un cordero, al que cariñosamente llamaba *Lambie*. Cuando *Lambie* creció y tuvieron que venderlo en una subasta, Cameron le preguntó al comprador:

—No vas a matarla, ¿verdad?

—No, no la mataremos –respondió amablemente el hombre.

—Está bien –dijo Cameron, tranquilo porque *Lambie* recibiría los cuidados adecuados.

Carolyn se casó con su marido actual, Dan, cuando cumplió cuarenta años. Se mudaron de Carolina del Norte a Flower Mound, Texas, a donde Cameron fue a vivir con ellos cuando tenía once años.

—Se resistió a vivir en Texas durante alrededor de un año –me dijo Carolyn–. Pero se sintió más tranquilo una vez que logró hacer amigos. Tenía una naturaleza muy extrovertida y era muy fácil llevarse bien con él.

Carolyn recuerda gratamente cuando llevaba a su hijo al colegio en séptimo y octavo. A menudo, tenían que detenerse en un semáforo cercano a un pastizal donde pacían vacas con largos cuernos.

—Recuerdo que les cantábamos a las vacas una cancioncilla absurda, algo como: «Mu, mu, mu» con la melodía de *Jingle Bells*. Dejaba a Cameron en la escuela con una sonrisa en el rostro.

En la adolescencia, Cameron continuó mostrando su amor por los animales y participaba activamente en un grupo de rescate animal. Se interesó en el dibujo y la fotografía y mostró un verdadero talento en ambos. Y, además, era popular entre las chicas.

—Todas pensaban que era todo un conquistador. Era muy amable, muy generoso.

Cuando tenía quince años, Cameron le pidió a su primera novia que le regalara dos conejitos por Navidad.

También era conocido y amado por sus extravagancias.

—Estudió latín durante dos años –dijo Carolyn–. Es necesario ser muy inteligente para estudiar ese idioma. Confiaba en su maestra de latín, por lo que se volvieron íntimos. ¿Conoces el viejo refrán que dice: «Llévale una manzana a tu maestro»? Bien, dado que Cameron era diferente, le llevó una piña fresca. –Carolyn reía ahora–. Ella me contó que se la había comido. Cuando él murió, me dijo: «Sabe, aún recuerdo eso: ¡aquí viene Cameron con una piña!».

La vida de Cameron cambió para siempre cuando estudiaba primero de secundaria. Su padre murió de cáncer y Cameron estuvo a su lado cuando ocurrió.

—Cuando volvió a casa después del funeral, surgió la depresión. Seguía viendo a sus amigos, pero no hablaba de ello con nadie. Simplemente callaba. Ese año estaba estudiando fotografía. Una de sus tareas consistía en tomar fotografías de huevos en distintos lugares. Cuando terminó, me preguntó: «Mamá, ¿puedo romper los huevos?». Le permití que lo hiciera en el costado de un edificio. Sufría tanto que deseaba romper cualquier cosa, supongo que para tratar de desahogarse.

Para ayudar a Cameron a abrirse y hablar de su dolor, Carolyn le contó muchas historias de su padre.

—¡Dios sabe que lo intenté! Él no decía nada. Echaba mucho de menos a su padre, pero todo se lo guardaba.

En los meses que siguieron a la muerte de su padre, las notas de Cameron cayeron en picado y empezó a fumar y a consumir alcohol y drogas. Carolyn lo llevó a un programa de rehabilitación para pacientes externos en el que se alentaba a los participantes a dibujar para expresar sus sentimientos.

—Nos dijeron: «Miren los dibujos de sus hijos. Si son en blanco y negro, esa es una señal de depresión, porque no hay ningún color en su vida». Bueno, pues Cameron solo dibujaba en blanco y negro.

—Carolyn, ¿qué era lo que dibujaba? –pregunté.

—Tiras cómicas crueles, como un conejito fumando un cigarrillo. En el programa de rehabilitación, supe que su droga preferida eran las metanfetaminas. Su último año, cuando consumía grandes cantidades de metanfetaminas, dibujaba un monstruo con una horrible boca. Ni siquiera tenía ojos. Era una boca morbosa con baba chorreando de los colmillos. La dibujaba una y otra vez. Creo que significaba que sentía que la droga lo estaba consumiendo.

La lucha de Cameron con las notas escolares y las drogas continuó durante toda su estancia en el instituto, pero una combinación de rehabilitación, antidepresivos y ayuda psiquiátrica hizo posible que terminara sus estudios.

—*Logró* graduarse –dijo Carolyn orgullosamente–. Fue un gran momento de mi vida. Incluso se graduó con honores gracias a su labor artística. Tenía mucho talento. Se graduó el 28 mayo. Al día siguiente, cumplió dieciocho años. Fuimos a uno de nuestros restaurantes favoritos para su cumpleaños. Él estaba muy triste. No comió. Hay fotografías de todos nosotros, se nos ve felices, excepto a Cameron. Era su decimoctavo cumpleaños y se había graduado. ¿Por qué no era feliz?

Pocos días después, Cameron comenzó a trabajar durante el verano en una tienda de fotografía. Emocionada y con la esperanza de que el trabajo pudiera levantarle el ánimo, Carolyn le compró ropa nueva.

—Me dijo: «Gracias, mami» y me dio un breve abrazo, casi de soslayo. Fue la última vez que lo abracé.

Cameron trabajó solo un día en la tienda de fotografías. La mañana siguiente, muy temprano, a una hora en la que su hijo debía haber estado en casa y durmiendo en su cama, Carolyn se hallaba en la cocina.

—Repentinamente, apareció en la puerta trasera. La puerta era de cristal, por lo que podía ver el exterior. Tenía puesta una camisa negra. Aún estaba oscuro fuera. Cuando lo vi, me asusté. ¡Parecía un fantasma! Era como ver algo antes de que ocurriera. «Tienes que ir a trabajar hoy, ¿no?», le pregunté, preocupada. Él me contestó: «Sí, todavía tengo tiempo. Voy a acostarme».

»Parecía estar bien. Solo un poco mojado, porque había estado lloviendo. Esto fue el 11 agosto. Hacía mucho calor; vivíamos en Texas. Pensé: «Volveré a la cama para dormir un par de horas más». Aún era muy temprano, y el ventilador del techo hacía que el clima fuera muy agradable.

»El teléfono de Cameron empezó a sonar a las siete. Sonaba y sonaba. La primera vez, no hice caso. La segunda, me levanté y fui arriba. Vi que habían extendido las escaleras del ático. «¿Por qué están extendidas las escaleras? —pensé—. Es extraño». Entonces avancé un poco más y vi los pies de Cameron. «¡Oh, no!», pensé. Miré hacia arriba y vi que se había ahorcado. Subí por las escaleras del ático y tiré de él hacia arriba, pensando que tal vez acababa de hacerlo y que aún podía salvarlo. No podía dejar de gritar: «¡Oh, por favor, Cameron, no! ¡Haré lo que tú quieras! ¡Por favor, no me dejes!».

»Tirar de él fue inútil, así que fui por un par de tijeras y corté la soga. Era de henequén; durante años, no soporté mirar esa clase de soga. La corté y cayó al suelo. Llamé a emergencias y le hice el boca a boca como me indicó la operadora. Durante mucho tiempo, seguí percibiendo el sabor de Cameron. Y también podía olerlo, porque se había orinado encima.

»Entonces, llegaron los servicios médicos. Le pusieron una inyección en el corazón para hacerlo reaccionar. Mientras intentaban reanimarlo, les dije: «Se ha ido».

Más tarde, en el hospital, le preguntaron si quería ver a Cameron por última vez.

—Me acerqué a él y le acaricié el pelo. Le dije: «No solo eras mi hijo; eras mi amigo. Te quiero».

Carolyn empezó a llorar. Nos quedamos en silencio unos momentos.

—Hay otra cosa que recuerdo de ese día. No tenía los ojos totalmente cerrados. Estaban lo suficientemente abiertos para que yo pudiera ver sus ojos marrones. Los miré durante mucho tiempo. Dios, cómo recuerdo esos ojos.

Le pregunté a Carolyn cómo fueron para ella los días y semanas posteriores.

—Los primeros días, me abrazaba tan fuerte que me hacía cardenales en los brazos —respondió—. Y cuando me lavaba el pelo, me lo restregaba tan fuerte que me dolía. Solo quería sentir algo, porque estaba conmocionada.

»No podía ir a dormir sin revivir todo aquello. ¡Cuántas ideas me pasaban por la cabeza! ¿Qué habría sucedido si me hubiera llevado a Cameron un año antes de que se volviera adicto a las metanfetaminas? ¿Si nos hubiéramos mudado a la playa de Carolina del Norte? ¿Si no hubiera permitido que viviera con su padre? ¿Qué habría sucedido si hubiera hecho esto? ¿Qué habría sucedido si hubiera hecho aquello?

Durante el siguiente año, Carolyn tuvo dos trabajos en un intento de mantenerse tan ocupada como fuera posible. Al mismo tiempo, planeó volver con Dan a Carolina del Norte. Finalmente, llegó el momento de limpiar la habitación de Cameron para poder vender la casa.

—Hice lo que tenía que hacer —recordó—. No me quedé allí mucho tiempo. Los zapatos de Cameron estaban en el suelo donde él los había dejado. Su cama permanecía igual. Nada había cambiado. Entonces vi unas hojas de papel dobladas a un lado de su ordenador. Era como un poema suicida.

—¿Qué decía?

—Que no había pensado en el suicidio como una escapatoria hasta hacía poco tiempo. Que tenía un lazo corredizo listo en el maletero de su automóvil. Era muy listo, pero escribió «lazo corredizo» (*noose* en inglés) como el río de Carolina del Norte, N-e-u-s-e. Él sabía cómo deletrear correctamente esa palabra. Pienso que esa fue su forma de decir que volvía a casa.

—Carolyn —le sugerí—, hablemos de tu proceso de sanación. ¿Cómo fue?

—Estuve conmocionada durante todo el primer año. Lloraba mucho, pero el llanto disminuyó con el tiempo. El segundo año, empecé a salir de la neblina. Poco a poco aprendí cómo lidiar con los aniversarios, los Días de la Madre, otros días festivos. Todos han cambiado totalmente.

»Hablo como la madre de un hijo único. Las personas que tienen muchos hijos y pierden a uno de ellos dicen que deben continuar con su vida porque deben cuidar de los demás. Pero yo no. Tenía a mi marido, a mí misma y un perro. Ya era difícil cuidar de mí misma. Quería evitar que el médico me diera antidepresivos. Pensaba: «Estoy en un período de duelo. Si no lo siento ahora, tendré que sentirlo después».

»A menudo, si has perdido a un ser querido de esa manera, piensas también en suicidarte, y lo mismo me ocurrió a mí —continuó—. Recuerdo claramente un día mientras conducía al trabajo, unos meses después de la muerte de Cameron. Pensé que algunas personas se salían del camino y se estrellaban contra un árbol. Tuve que frenar ese impulso. Me dolía mucho. Mucho. Pensaba: «¿Para qué voy a vivir?». Finalmente lo vi: cosas sencillas, como los narcisos en marzo. Y ayudar a otros. Actualmente, dirijo un grupo de apoyo para la prevención del suicidio. Cuando Cameron terminó con su vida, también terminó con la Carolyn que alguna vez vivió dentro de mí. Soy una nueva Carolyn ahora, decidida a salvar a los adolescentes y a otras personas de la depresión.

—¿Cómo es para ti la vida diaria ahora?

—Mucho mejor, pero sí, pienso en mi hijo todos los días. Pienso en lo que estaría haciendo si estuviera vivo. No me considero una buena madre. Perdí a mi hijo. No pude mantenerlo vivo. Sin embargo, estoy mejorando. Estoy mejorando.

»No lo olvido en los cumpleaños. Le encantaban las fresas, así que siempre preparo una tarta de fresas. Este año no tenía ganas de hornear nada, por lo que me bebí un daiquiri de fresa en su memoria. Si estuviera vivo, habría bebido uno conmigo, porque tendría la edad suficiente.

»Uno nunca vuelve a ser como era —añadió—. Es diferente. Totalmente diferente.

—Carolyn, ¿hay algo más que quisieras decir?

—Cameron escribió un diario aquella última semana. No sé por qué. Tal vez pensaba que sería su última semana de vida. En la cubierta, anotó: «Hermosos desastres». Esas dos palabras dicen mucho. Él era hermoso y lo que ocurrió fue un desastre. Esas dos palabras lo definen perfectamente.

»Todos echamos de menos su sonrisa melodiosa, sus bromas, la manera en que escuchaba... Pero su amistad es lo que más echo en falta. Su amistad.

»Que Dios te acompañe, Cameron. Que Dios te acompañe.

LA SESIÓN DE CAROLYN CON PAMELA Y JESHUA

En mi conversación con Carolyn, sentí su gran amor por su hijo y el tremendo dolor que sufre. Antes de la sesión, Pamela me dijo que sabía que podía contactar con Cameron. Esta sería la primera vez desde su muerte en que Carolyn podría hablar con él conscientemente. Yo sabía que ella anhelaba hablar con él, saber si estaba bien y hacerle por fin las preguntas cuya respuesta ignoraba. Esperaba que las conversaciones con Cameron y Jeshua le proporcionaran una sanación renovada y más profunda, no solo a ella, sino a todas las personas que han perdido a un ser querido debido al suicidio.

—¿Por qué acabaste con tu vida? —le preguntó Carolyn a Cameron de inmediato. Se lo había preguntado durante cuatro años. A solas, en silencio, se había hecho esa pregunta todos los días en incontables ocasiones. No lo hacía ahora como una acusación, sino buscando comprenderlo de una forma auténtica y sincera.

—Antes que nada —respondió Cameron—, estoy profundamente apenado por el dolor y el pesar que os causé a ti y a aquellos a quienes amo. Nunca fue mi intención lastimaros. En el momento de mi suicidio, no encontraba ninguna salida. Estaba desesperado. Quería un arreglo rápido. Deseaba acabar con la depresión de una vez por todas. Antes de ese momento, el suicidio había cruzado por mi mente, pero todavía era un acto de desesperación. Deseo ofreceros mis sinceras disculpas por el dolor que os causé.

En un principio, me sorprendió la dicción y madurez de Cameron; parecía más un adulto que un adolescente. Entonces, recordé que ya no se encontraba detrás del velo del olvido a través del que pasamos cuando encarnamos. Estábamos hablando con el verdadero Cameron, completamente consciente y aliviado del peso de la depresión.

—Te amo y me importas profundamente –le dijo Cameron a Carolyn–. Mi acción fue mi decisión y tú no tuviste absolutamente ninguna culpa por ella. Siempre hay esperanza, ¿sabes? Eso es lo que he aprendido al otro lado del velo. Hay esperanza para todos. Puedes salir del sitio más oscuro si aceptas ayuda y estás dispuesto a tender la mano a otros. Yo lo sé porque me han ayudado mucho aquí.

»Cuando vine aquí, me sentía perplejo y confundido. No contaba con que hubiera una vida después de la muerte. Sin embargo, había Guías presentes, haciéndome señas para que me acercara. Tuve mucha suerte al verlos. Les tendí la mano y me contaron lo que había ocurrido. «Ahora estás en el otro lado», me dijeron, y me quedé impactado por el dolor. De hecho, me mostraron mi cadáver para convencerme de que realmente estaba muerto. No era consciente de esto, pues me encontraba en un estado de pánico cuando acabé con mi vida.

»Después de cruzar al otro lado, me llevaron a un lugar de aprendizaje y recuperación. La primera etapa fue muy difícil. Quería volver a la Tierra, contigo, con mi familia y mis amigos. No podía aceptar que fuera algo tan definitivo. Estaba lleno de dolor y perplejidad, y me resultaba difícil encontrar la paz interior. Con frecuencia, regresé con vosotros; os hablé, os hice saber que estaba cerca. Algunos escuchasteis, pero otros no. Con algunos hablé mientras dormían.

»Me puse en contacto contigo. Tuvimos algunas conversaciones profundas mientras tú dormías. Estabas llena de tristeza y dudas. Mis Guías tuvieron que apoyarme durante esas conversaciones, porque sentía demasiado dolor y tristeza. Solo quería volver a tu lado e intentarlo de nuevo. Tuvo que pasar mucho tiempo antes de que aceptara lo que había hecho, que había dejado mi vida atrás y que tenía que volver a empezar. En mis conversaciones contigo, traté de decirte que apreciaba realmente quién eras como mi madre y que no me habías fallado. Nadie me falló. Quiero que este mensaje ayude a otras personas que luchan con los pensamientos suicidas, y les agradezco sinceramente a Rob y al canalizador que me hayan brindado esta oportunidad.

Las palabras de Cameron me conmovieron. Me entristeció el hecho de que hubiera sufrido no solo mientras estuvo en la Tierra, sino también durante su transición de regreso al Espíritu. No obstante, me animó el hecho de que sus Guías habían estado ahí para darle la bienvenida y que hubiera sido capaz de verlos a pesar de su inicial y abrumadora confusión.

—¿Regresarás como otra persona durante mi vida actual? —preguntó Carolyn—. ¿Te conoceré? —Pude percibir su profundo anhelo.

—Aún no es el momento de planear una nueva vida —dijo Cameron—. Todavía estoy en la zona de recuperación, pero me enorgullece decir que he progresado mucho desde que crucé al otro lado. ¡Incluso estoy ayudando a otros, mamá! Esto me da una gran satisfacción. Estoy ayudando a adolescentes que han cruzado debido al suicidio. Los ayudo a comprender su situación y a superar su dolor. Incluso si uno termina con su propia vida, existe un proceso de duelo que se debe seguir en este lado, al igual que para aquellos que se quedan en el plano terrestre. Uno debe desapegarse de sus seres queridos y hacer frente a la culpabilidad que le surge cuando ve la tristeza que su acción ha provocado. Esto es muy difícil. Me alegra mucho haber avanzado hasta poder ayudar con esto a otras almas.

»Sin embargo, aún no estoy planificando mi próxima encarnación. Todavía no siento el impulso de hacerlo. Ahora mismo, mi vida tiene un gran significado para mí. Mientras siga teniéndolo, sabré que este es mi lugar. Ellos me informarán de cuándo podría tener que volver a la Tierra.

Jeshua, presente todo el tiempo, abordó ahora la pregunta de Carolyn.

—Aún no hay ningún plan para que Cameron encarne. En gran parte depende de su desarrollo. En cierto punto, distintas ramas de posibilidades se unirán y crearán la oportunidad de una nueva vida. Es mejor no especular sobre eso ahora. Sin embargo, quédate tranquila, porque tú [Carolyn] y Cameron estáis profundamente vinculados el uno con el otro. Volveréis a uniros, ya sea en la Tierra o en la vida entre encarnaciones. También estáis vinculados *ahora*, aunque para ti, como ser humano, es difícil creer en esto realmente porque no puedes sentir, ver o tocar a tu hijo. Él está ahí. Frecuentemente permanecía a tu alrededor después de morir, pero el vínculo es mucho más claro ahora debido a que tiene una mayor conciencia. Ha evolucionado. ¡Puedes estar orgullosa de él! Ha aceptado lo que ha hecho. Ha asumido su responsabilidad por ello.

—¿Te arrepientes de haber terminado con tu vida? –le preguntó Carolyn a Cameron.

—Sí, mucho –respondió–. Después de venir aquí, pude ver las probabilidades de la vida que dejé atrás, las situaciones que habrían sido posibles si hubiera decidido vivir. Esto fue muy difícil de ver. Sin embargo, los Guías que te acompañan hasta aquí son muy hábiles a la hora de señalar que no es tan grave cometer errores, que es inútil culparte a ti mismo y que habrá nuevas oportunidades disponibles, incluso si acabas con tu propia vida. Dios es siempre misericordioso. Le agradezco su ayuda. Poco a poco estoy superando el arrepentimiento y la culpabilidad.

»Traté de contactar contigo para decirte que te amo, que lo sentía mucho, que fue un error y que quería volver a ti. Me sentía frustrado por no poder hablarte de la forma normal, y también muy confundido en ese momento. Sin embargo, también quería informarte de que aún estaba vivo.

—¿Seguirás visitándome, por lo menos en mis sueños?

—Sí, lo haré –afirmó Cameron–. Ahora lo hago mucho más conscientemente, con la ayuda mis Guías. Ahora sé cuándo es el mejor momento par hablar contigo. Estoy más tranquilo. Tú aún te hallas en proceso de aceptar mi muerte y eso es lo que estamos trabajando en nuestras reuniones durante el sueño. *Deseo, más que cualquier otra cosa, ayudarte a sanar de este trauma.* Estamos avanzando mucho. Tú también tienes Guías que te acompañan en nuestras reuniones. Son muy amables y afectuosos.

»Tienes que llegar a un lugar de plena aceptación de mi muerte, mamá. Sé que esto es muy difícil, pero es la única manera de seguir adelante realmente con tu vida y sacarle el mayor provecho. No hay nada que desee más para ti que alcances un estado de paz con respecto a mi muerte. Deseo que te des cuenta de que tomé esta decisión por mí mismo, aun a pesar de estar desesperado y solo en ese momento. Soy totalmente responsable de mi acción y *quiero que sea así*. No me gustaría que se me considerase una víctima. Es normal que me eches de menos, pero es el momento de dejar atrás los «¿qué hubiera pasado si...?» y los «pudimos haber hecho las cosas de forma distinta». Ahora nos encontramos más allá de ese punto. Deseo cooperar contigo en un nuevo nivel. Podemos marcar una diferencia en el mundo ayudando a muchos adolescentes que están sufriendo y quizás impidiendo que acaben con sus vidas.

—¿Estás de acuerdo en que comparta tu historia, tu poesía, tus dibujos, para ilustrar la profundidad de tu depresión? –preguntó Carolyn. Le motivaba intensamente saber que la muerte de Cameron no había sido en vano.

—Sí, puedes hacerlo. Me gustaría compartirlo todo con el mundo para que todos comprendan lo que me ocurrió. Puedo ser un ejemplo para otros. A veces es difícil que los adultos entiendan lo que pasa por la mente de los jóvenes, que son mucho más sensibles a las alteraciones repentinas del estado de ánimo, a los miedos y a las inseguridades debido a los cambios por los que atraviesan en la pubertad. Se están convirtiendo en un hombre o una mujer y la transición de niño a adulto con una identidad sexual puede ser difícil. Existen muchas dudas que acompañan a esta transición.

»Es importante que los adolescentes hablen de sus inseguridades y de sus miedos –continuó–. Difícilmente lo hacen porque están muy ocupados construyendo su identidad para el mundo exterior. Les afecta más con la impresión que causan en los demás que lo que hay en su interior. Tratan de aliviar sus miedos e inseguridades creando una personalidad que los demás consideren atractiva, y para ello tratan de imitar los modelos que ha creado la sociedad. Sin embargo, generalmente estos modelos no se corresponden con las aspiraciones del alma y, por lo tanto, surge una diferencia entre lo que una persona siente realmente en su interior y lo que muestra al exterior. Esta diferencia puede causar problemas a los adolescentes que son demasiado sensibles. Es difícil no ser fiel a tu propia naturaleza durante mucho tiempo. Es ahí donde surgen los problemas psicológicos como el miedo o la depresión.

—Cameron –preguntó Carolyn–, ¿qué puedo decirles a los adolescentes para ayudarles a salir de la depresión?

—Antes que nada, es importante reconocer las señales de la depresión. Es normal que los adolescentes desafíen a sus padres, que no estén de acuerdo y que peleen con ellos. Sin embargo, si se produce una gran falta de comunicación, si ves que tu hijo está inusitadamente retraído y se ha cerrado a ti, es importante averiguar lo que le ocurre. Quizás puedas hablar discretamente con sus amigos o maestros. Si deja de comunicarse contigo, no se debe solo a que esté «pensando en sus propios asuntos». Si no se comunica emocionalmente con otras personas, eso indica la presencia de algún problema. Quizás no seas la persona a la que le cuenta todos sus secretos, pero siempre debe haber alguien con quien sí lo haga. Esto es importante.

»También es fundamental que los adolescentes sepan que pueden hablar de sus sentimientos de inseguridad o de miedo. Es importante que reciban el mensaje de que *son ellos* quienes realmente importan, no lo que logren en el mundo. Tienen que hablar abiertamente sobre sus emociones más profundas. Eso los liberará. Las personas que los ayudan deben estar preparadas para la profundidad de sus emociones, para no hacer ningún juicio e invitarlos a expresar incluso sus pensamientos más oscuros. Nada da más miedo que un pensamiento o emoción que se mantiene dentro de ti durante mucho tiempo. Si sale a la superficie, la solución está cerca.

»Es muy positivo invitar a los adolescentes a que hablen entre ellos bajo la supervisión de un terapeuta experimentado y compasivo –concluyó Cameron–. Se pueden crear círculos de comunicación abierta y genuina en los que los grupos de adolescentes compartan sus pensamientos y sentimientos sobre ciertos aspectos de su vida. Es importante que establezcan vínculos unos con otros.

JESHUA HABLA

—El suicidio no es negativo de por sí –dijo Jeshua–. Espiritualmente, es solo una posibilidad, una elección que uno puede hacer entre muchas otras. No es necesariamente la peor elección que uno pueda tomar. Déjame explicarlo.

»En ocasiones, una persona puede aferrarse tanto a un estado de ánimo, a un estado mental, que es muy difícil que salga de él sin tomar medidas drásticas. El cambio es la esencia de la vida. Si te quedas atorado en un estado de ánimo durante mucho tiempo, dicho estado se vuelve insoportable y la vida misma te obligará a hacer algo, aun si ello implica acabar con tu vida.

»Cameron, por ejemplo, se quedó estancado en una profunda depresión y probó varias formas de salir. Se esforzó al máximo para hacer frente a emociones muy difíciles. Tenía un temperamento indómito, combinado con un lado muy sensible y bondadoso. Era difícil equilibrar ambos aspectos. Había partes furiosas en su interior, que no se atrevía a mirar. La energía se estancó allí y al final le resultó imposible mantenerse en contacto con el flujo natural de sus sentimientos. Perdió el contacto consigo mismo. Se sentía muerto en vida. Este es un estado muy doloroso. Se suicidó como un acto de desesperación, pero en última instancia, también como un acto de esperanza: una esperanza de cambio, *cualquier* cambio.

»Ahora bien –continuó Jeshua–, ¿habría sanado si no hubiera terminado con su vida? No se sabe con certeza. Justo después de suicidarse, recuperó sus sentimientos. Se despertó entre la conmoción y el horror de darse cuenta de que se había separado de aquellos a los que amaba. Mientras estaba físicamente vivo, no podía sentir su amor por ellos. Cuando murió, fue consciente de la magnitud de su amor y, desde el punto de vista del alma, experimentó un gran avance. El suicidio forzó un cambio en Cameron que, en su caso, fue positivo. Se trató de un punto de inflexión para su alma.

»No funciona así para todo el mundo. Las personas responden de forma distinta después de haber terminado con sus vidas. No quiero decir de ninguna manera que el suicidio es algo que yo recomiendo. Por supuesto que no. Solo deseo que comprendas que, desde la perspectiva espiritual, no existe ningún acto que sea completamente erróneo o pecaminoso. El acto más profundo de traición a uno mismo puede llevar a alguien a un estado de claridad interior que le ayude para siempre. El lado más oscuro puede convertirse en el punto de partida de un nuevo camino hacia la luz. Verás, la evolución espiritual no sigue un camino lineal. Utiliza la polaridad de la luz y la oscuridad para provocar una dinámica de cambio.

»Al decir esto, deseo eliminar el juicio tradicional sobre el suicidio según el cual es el mayor pecado que se puede cometer. Dios o el Espíritu no opinan igual. Dios tiene la mayor compasión por las personas que terminan con sus vidas en un acto de desesperación. Siempre hay ayuda disponible para ellas en el otro lado. Nunca se las abandona.

»Carolyn, con respecto a tu pregunta sobre los adolescentes y la depresión, deseo añadir a lo que ha dicho Cameron que tu enfoque principal no debe ser impedir que se suiciden. El objetivo primordial de tu trabajo debe ser invitarlos a compartir sus cargas, abrir sus corazones y hablarte de sus miedos más profundos. Incluso si un adolescente termina después con su propia vida, si has logrado contactar con su corazón, habrá adquirido esa experiencia para siempre. Tu ayuda tiene un alcance más allá de la muerte. Cuando estás abierta a todas las posibilidades, eres más capaz de escucharlos verdaderamente y contactar con ellos de forma compasiva. Por supuesto, esto disminuirá el riesgo de suicidio. Sin embargo, no debes medir tu éxito según este criterio.

Al asimilar las palabras de Jeshua, mis sentimientos sobre el suicidio cambiaron. Nunca lo había considerado un pecado, pero me resultó muy útil escuchar a Jeshua decir que puede ser, en realidad, el principio de un movimiento hacia el crecimiento y la luz. Cada uno de nosotros es un ser sagrado que vive para siempre, y cualquier momento, incluso ese que consideramos más oscuro, puede servir como el catalizador que propulsa a nuestra alma a nuevas y mayores alturas en la espiral de la evolución.

—Cameron –preguntó Carolyn–, ¿hay algo que quieres que le diga a Dan? ¿O a tus amigos de Texas?

—Que los quiero a todos –dijo Cameron–. Siento haber hecho lo que hice, no haber visto ninguna otra salida en ese momento. Les agradezco su compañía y todavía los visito de vez en cuando. No tienen ni idea de lo fuertes que son los lazos entre las almas una vez que se han vinculado desde el corazón.

Carolyn le preguntó si visitaba a su padre a menudo y cómo se encontraba.

—Solo lo visito de vez en cuando. Está muy ocupado preparándose para otra encarnación en la Tierra. Se halla en proceso de elaborar un plan de vida con la ayuda de sus Guías. Quiere que te diga que está con nosotros y que se quedará con nosotros, incluso después de que vuelva a la Tierra para esa nueva vida. Parte de él se queda aquí, en la vida después de la muerte, y siempre está disponible para cuando lo necesitemos.

»Cuando me reúno con él, se muestra como lo recuerdo. Ha aprendido mucho aquí. Ahora está en paz con su partida temprana de la vida. Todavía te visita a menudo. Mi contacto con él después de morir no ha sido muy amplio. He estado en contacto principalmente con Guías muy especializados en el suicidio. Quiero que sepas que está bien y que te estará esperando cuando cruces al otro lado. Te adora, te admira por el trabajo que has hecho contigo misma y quiere que te cuides.

Tras haber hecho sus preguntas más urgentes a Cameron, Carolyn centró su atención en Jeshua.

—Jeshua, ¿cómo puedo ayudar mejor a las personas deprimidas? –preguntó.

—Ayúdalas a comprenderse mejor —aconsejó Jeshua—. Tienen que saber qué es lo que les ocurre. No puedes decírselo entregándoles un libro o una lista de características y herramientas. Han de encontrarse a sí mismas al tener la oportunidad de contar su historia a alguien con una compasión total, que las escuche sin juzgarlas. Cuando pueden abrirse y contar su historia, tú puedes ayudarlas a hallar su significado y mostrarles que no están locas, sino que son personas muy sensibles y bondadosas. Puedes ayudarlas a reflejar un punto de cordura en su mundo de confusión. Con la palabra «cordura» me refiero a la energía de la confianza y la compasión, el estímulo y la inspiración. Hazlas conscientes de su fortaleza, de las cualidades que ya han mostrado, de sus logros. A menudo, tienen muy baja autoestima y deben adquirir conciencia de su belleza y de su increíble fortaleza.

»La forma en la que ayudas a las personas deprimidas evolucionará con el tiempo —añadió—. Siempre que te preguntes: «¿Tengo que hacer esto?», pregúntate más bien: «¿Tengo ganas de hacer esto? ¿Esto me da una sensación de satisfacción e inspiración?». El Espíritu se comunica contigo a través de tus sentimientos positivos.

Las preguntas de Carolyn habían abordado gran parte de lo que yo había tratado de comprender, particularmente con respecto a Cameron, pero todavía tenía varias preguntas sobre el suicidio en general.

—Jeshua, ¿un alma puede planear el suicidio antes de nacer y, si es así, por qué aceptaría alguien estar cerca de un alma que planea suicidarse? —le pregunté.

—El suicidio nunca se planea antes de nacer —respondió—, aunque puede haber una probabilidad, a veces alta, de que suceda debido a los problemas que el alma que va a encarnar encontrará en el camino. El plan de vida de un alma tiene algunos puntos fijos, pero también una gama de posibilidades que dependen de las decisiones que tome [cuando esté encarnada].

»Algunas almas deciden estar cerca de alguien que tiene posibilidades de sufrir graves desequilibrios psicológicos. Lo hacen para adquirir una mayor comprensión de la psique humana, para volverse más empáticas o para aprender a mantener la distancia cuando sea necesario, para establecer límites a su alrededor y no verse arrolladas por el dolor de la otra persona.

—Jeshua, ¿qué ocurre cuando alguien pone fin a su vida? Cameron ha compartido su experiencia con nosotros, pero ¿qué otros tipos de experiencias son posibles?

—Depende del estado de ánimo en el que llegue. Siempre hay ayuda disponible. Hay Guías presentes para explicarle la situación y ayudarlo a cruzar hacia un lugar de recuperación. Sin embargo, algunas almas no escuchan ni ven a los Guías; están demasiado concentradas en sí mismas y en sus preocupaciones. Pueden vagar durante algún tiempo hasta que encuentran su camino hacia la luz. Los lugares de recuperación las ayudan a afrontar lo que hicieron, a examinar las razones del suicidio y a encontrar formas de abordar el daño y las emociones subyacentes.

—¿Cuánto tardan en reencarnar?

—Eso depende completamente de la persona. Algunas encarnan rápidamente; otras se toman un tiempo para reflexionar.

—¿Deben continuar con las mismas lecciones?

—Sí. Estudiarán las mismas lecciones en circunstancias diferentes.

—¿Qué más experimentó Cameron después de su suicidio?

—Buscó ayuda muy pronto después de morir. Observó el rostro amigable de un Guía masculino que estaba cerca y le preguntó: «¿Qué me ocurre?». Se encontraba en un estado de conmoción y sorpresa. Dado que mostraba una gran apertura, el Guía pudo establecer contacto con él y decirle que todo iba bien y que estaba en el otro lado. Le ofreció ayudarlo y Cameron aceptó. Siguió al Guía y este lo llevó a un lugar donde podría descansar y comprender gradualmente lo que había sucedido.

—¿Dónde está Cameron ahora y qué está haciendo? —pregunté.

—Vive en una casa de las esferas astrales —nos informó Jeshua—. Es una casa blanca y en las paredes cuelgan pinturas que él mismo hizo. Son muy vivas, como un lienzo de energías en movimiento, muy coloridas y un tanto abstractas. Aún trata de comprender los problemas que lo deprimieron durante su vida. Trabaja consigo mismo pintando y hablando con sus Guías. También ayuda a otras almas que acaban de cruzar debido al suicidio. Cameron está evolucionando. Después de un tiempo, dejará esta esfera e irá a un lugar más ligero. Desde allí, viajará a otros lugares del mundo astral para aprender y comprender más acerca de la vida humana.

—Jeshua, una vez que Cameron puso fin a su vida, ¿qué clase de ajustes hizo el alma de Carolyn en su plan prenatal? Dado que él ya no estaba a su lado para desempeñar la función que aceptó tener en su vida, ¿su alma hizo arreglos para atraer a otras personas o crear otras experiencias de aprendizaje que le enseñaran las mismas lecciones que Cameron le habría enseñado? Si es así, ¿cuáles fueron?

—Sí, el alma de Carolyn hizo distintos ajustes cuando Cameron murió. Entró en un proceso de crecimiento psicológicamente muy intenso. Sus emociones activaron o atrajeron distintas líneas de vida [cronogramas]. Como he dicho, un plan de vida es una red de probabilidades, y podríamos decir que, debido al suicidio de Cameron, ciertas ramas de la red empezaron repentinamente a brillar y activarse. Mientras que al inicio eran solo débiles posibilidades, se volvieron mucho más reales en ese momento.

»No es que Cameron vaya a ser reemplazado por otra persona que le enseñe las mismas lecciones a ella, aunque conocerá a gente con problemas similares a los de su hijo. En lugar de ello, es más probable que sus lecciones tengan una mayor intensidad. Por una parte, su tarea se ha vuelto más pesada. Por otra, tiene una mayor promesa de crecimiento interior. Carolyn quería aprender lecciones en esta vida sobre mantenerse leal a sí misma, no dar demasiado de sí misma al cuidar a otras personas y no estar demasiado orientada a actuar, sino relajarse y dejar que la vida se haga cargo de todo. Habría aprendido estas lecciones igualmente si Cameron no se hubiera ido, pero las está aprendiendo ahora de un modo más rápido e intenso. Debido a su crecimiento interior y a su valor, ahora atraerá situaciones y oportunidades que la satisfarán profundamente. El camino puede parecer más empinado, pero la llevará a apreciar hermosos panoramas que no podría haber visitado de otra manera. Existe un flujo benévolo en la vida que provoca las circunstancias que nos ayudan a crecer.

»Los planes de vida pueden ser examinados varias veces a lo largo de una encarnación –añadió Jeshua–. Se realizan nuevos planes, pero lo cierto es que ya existían como realidades alternativas posibles. Sé que esto es desconcertante desde el punto de vista humano. La mente de Dios es infinita y no hay ningún límite para las posibilidades, incluso en una vida.

»Asimismo, existen las realidades alternativas [dimensiones paralelas]. En estas realidades alternativas, diferentes «tús» desempeñan distintos aspectos de la vida. Esto es difícil de entender para un ser humano, y realmente no es necesario comprenderlo. Lo más importante que se debe recordar es que siempre hay posibilidad para la elección: ninguna línea de vida es fija e inmutable. Siempre puedes elegir una serie de acciones positivas en cualquier circunstancia. Si pierdes a alguien debido al suicidio, tu plan de vida cambiará para adaptarse a las decisiones que tomes posteriormente. La vida siempre te ofrecerá posibilidades de sanación y tú atraerás la realidad alternativa que te proporcione la mejor coyuntura para hacerlo.

Le pregunté a Jeshua de qué manera las personas que han perdido a un ser querido debido al suicidio pueden sanar la culpabilidad que suelen sentir.

—La culpabilidad es una reacción humana muy comprensible —respondió—. Al principio, puede ser muy absorbente. Piensas una y otra vez cómo podrías haber marcado una diferencia, o te enfureces porque otras personas no hicieron nada para marcar una diferencia. Esto está bien. Es así como la mente humana responde a tal situación. No te resistas a estos pensamientos. No luches contra ellos. Su control sobre ti disminuirá cuando te abras a otras perspectivas sobre lo que ocurrió. A menudo te dirán cosas que te ignorabas sobre tus seres queridos. Comprenderás poco a poco que tenían sus propias vidas, que son almas en sí mismas y que dirigen su propio curso, incluso si haces el máximo esfuerzo para ayudarles a cambiar o a recuperarse.

»Gradualmente, te das cuenta de que hiciste todo lo que estuvo en tu mano y que no podías haberlo evitado. Hay un punto en el proceso de toma de decisiones de las personas que consideran el suicidio en el que todo depende de ellas. Es su total y absoluta decisión. Respeta esto. La culpabilidad expresa una sobreestimación del propio poder. Tú no tenías el poder de evitar el suicidio. Nadie lo tiene. Aceptar y respetar la propia naturaleza humana puede ayudar a liberarse de la culpabilidad.

La mención de Jeshua de la imposibilidad de evitar el suicidio de otra persona me hizo pensar en una poderosa historia publicada en el libro de Irene Kendig *Conversations with Jerry and Other People I Thought Were Dead* (Conversaciones con Jerry y otras personas que creí que habían muerto). La autora presenta un diálogo que tuvo a través de un médium con su amigo Bill, que había terminado con su vida. Ella le habla a Bill sobre sus dos amigos Dan y Denise, que eran hermanos. Dan se suicidó una tarde, cuando había planeado cenar con Denise, pero esta había cancelado la cita. Tras la muerte de Dan, Denise se sentía culpable por ello, ya que creía que pudo haber salvado la vida de su hermano. Bill le dijo a Irene:

Aun cuando hubiera cenado con él, Dan habría tenido que estar dispuesto a crear una oportunidad para que ella pudiera marcar una diferencia. Si hubiera estado dispuesto a crear una oportunidad, alguien, en este caso, Denise, habría intervenido. O si no, alguien más lo habría hecho. Algo tan simple como una sonrisa o una palabra amable de alguna persona habrían marcado la diferencia. Todo está organizado. Si Dan hubiera necesitado la ayuda de alguien como una orientación hacia una nueva dirección, ese alguien habría estado ahí. Siempre hay una respuesta para nuestras necesidades. Si hubiera estado abierto a ese cambio.... el universo habría respondido a esa apertura.

Compartí esta historia con Jeshua.

—Esta historia parece indicar que si un suicidio puede evitarse, *realmente se evitará*. ¿Eso es así? Si lo es, esta conciencia obraría maravillas para aliviar a las personas que se sienten culpables por no haber podido prevenirlo.

—Si hay una apertura –contestó Jeshua–, el universo reflejará esta actitud positiva y responderá, por ejemplo, a través de acciones amables y beneficiosas de otras personas. Al abrirse, el suicida potencial se alinea con su alma y elige la luz y la positividad. Este es un acto de libre albedrío; tales actos no son predeterminados. Durante toda tu vida, te enfrentas repetidamente a la decisión de abrirte o cerrarte, y lo que elijas en circunstancias específicas no es algo predeterminado o que se planea por adelantado. Aunque algunas situaciones son fijas y están planeadas con anticipación, no se puede decir lo mismo de tu forma de reaccionar ante ellas. De otro modo, la encarnación no tendría sentido como un proceso de aprendizaje.

—¿Estás diciendo que todo suicidio que pudo haber sido evitado realmente lo fue?

—Todos los suicidios evitables *por fuerzas externas* lo fueron, efectivamente –afirmó Jeshua.

Esta afirmación me hizo reflexionar. Ese era uno de los datos más importantes y poderosos que había encontrado en todos los años en los que había analizado la planificación prenatal. ¡Si esa significativa información fuera más ampliamente conocida! Millones de personas dejarían de sufrir la desgarradora agonía de preguntarse si pudieron haber intervenido para evitar un suicidio.

—Reconocer el hecho de que uno no puede ayudar a una persona, aun cuando se trate de un ser querido, a veces tiene que ver con un sentido de humildad –continuó Jeshua–. Puede ser un sentido de humildad muy liberador, ya que tal vez te libre de la idea de que pudiste haber evitado el suicidio. También puede ayudarte a perdonar a la persona que no pudo abrirse. Al perdonar, reconoces su responsabilidad sin dejar de ser compasivo y comprensivo con ella al mismo tiempo. Eso libera la culpabilidad, porque al perdonar también reconoces que no fuiste responsable.

—Jeshua –quise saber–, ¿cómo podemos sanar la ira que sentimos a menudo hacia el ser querido? ¿Y cómo podemos hacer frente al abrumador sentimiento de echarlo tanto de menos?

—¿Qué significa realmente la sanación? –preguntó Jeshua–. La sanación no quiere decir que uno volverá a la forma que tenía antes de que ocurriera el incidente. La esencia de la sanación es el cambio. Sanar significa aceptar verdaderamente lo que ocurrió, incluso si aún te duele. Con la aceptación vendrá la paz conforme permitas que las emociones del dolor y la ira, así como los pensamientos pasajeros de culpabilidad estén ahí sin aferrarte a ellos.

»Es posible sanar después de haber perdido a alguien por un suicidio. También en este caso, no experimentarás la vida como antes. Una vez que has pasado por el proceso de duelo y que la culpabilidad ha empezado a debilitarse en ti, te volverás más atento, silencioso y reflexivo, y también serás capaz de saborear realmente los momentos de placer y de alegría. Incluso comenzarás a recordar a tu ser querido con una sonrisa en el rostro. Al principio, quizás esa sonrisa estará acompañada de lágrimas, pero llegará un momento en el que estarás agradecido por haberle tenido en tu vida, en el que le desearás lo mejor desde el fondo de tu corazón y en el que te concentrarás otra vez en tu propia vida, haciendo aquello que disfrutas y que te satisface. Será entonces cuando la sanación verdadera se haya producido.

»Además del tremendo dolor y del hecho de añorar al ser querido, la ira es una de las emociones que uno experimenta en el proceso de duelo. Es importante que te permitas sentirla y expresarla. Golpeando una almohada, por ejemplo. Si lo haces, descubrirás que debajo de la ira hay dolor, un dolor profundo. Cuando te pongas en contacto con él, comenzarás a llorar. Esa es una buena señal. Llorar es liberarse. Es un proceso sanador.

»Echar de menos a tu ser querido es una emoción que debes sentir. No te resistas a ella. Llora todo un río de lágrimas. Te purificará. Seguirás añorando su presencia, pero la calidad de este sentimiento cambiará con el tiempo. Dejará de dañarte.

—Jeshua, por favor, diles algo a las personas que consideran la posibilidad de acabar con su vida.

—Es una decisión que uno puede tomar. En una sociedad iluminada, a las personas con planes suicidas se les permitiría hablar con un terapeuta que analizaría esta opción con ellas. Al permitir que el tema salga a la luz y al evitar rechazarlo, el terapeuta podría generar un sentimiento de liberación en esas personas, que podría ayudarlas, paradójicamente, a liberarse de las ideas suicidas y considerar otras opciones.

»Cuando algo está prohibido, mantiene una atracción especial. Si el suicidio es tabú, quienes sufren una depresión serán atraídos hacia él y se sentirán aún más deprimidos. Si a las personas que consideran la idea del suicidio se les pregunta abiertamente cómo y por qué desearían terminar con sus vidas, se les da la oportunidad de liberar la presión que sienten.

»A estas personas les digo que no deben avergonzarse de esta idea. Simplemente buscan una manera de salir de su desesperación. Les digo que nada de lo que puedan hacer las privará del amor de Dios. Siempre hay ayuda disponible para ellas, ya sea en este lado o en el otro. Dios o el Espíritu no condena el suicidio y favorece un enfoque humano y compasivo para cualquiera que considere esta opción. Si se permite que el suicidio sea un camino posible, se verá, paradójicamente, que el número de suicidios disminuye.

LA SESIÓN DE CAROLYN CON BARBARA Y AARON

Al conversar con Carolyn después de la sesión, sentí que hablar por fin con Cameron, había sido profundamente sanador para ella saber que estaba bien y escucharle decir que la quería. También sentí que la aceptación de la responsabilidad del suicidio por parte de Cameron le aportaría, con el tiempo, una sanación adicional al liberarse aún más de la culpabilidad. Jeshua había compartido mucha sabiduría

sanadora con nosotros, incluyendo la opinión sin juicios de que el suicidio no es un pecado sino una decisión. Carolyn y yo estábamos listos
ahora para hablar con Aaron; yo sabía que nos daría una perspectiva
distinta e iluminada.

—Carolyn –comenzó diciendo Aaron–, lo siento mucho. Entiendo lo dolorosa que es esta experiencia. –Se percibía una gran calidez, ternura y compasión en su tono–. La enseñanza más poderosa
aquí, Carolyn, es que nadie se va y nada se pierde. Así que, aunque
no puedes abrazar a tu hijo y hablarle físicamente, sí puedes aprender
a trascender la ilusión de la forma física y saber que nunca está lejos.
¿Cómo podrías perder a alguien? Esta es una importante lección, ya
que ayuda a alejarse un poco más de la ilusión de la separación del Yo.
Invita a trascender la separación y a conocer la unión de Todo lo que Es.

»En ocasiones, la persona abandonó abruptamente en una vida
anterior al ser querido que se suicidó. Esta es la razón por la cual este
podría haberle provocado un dolor tan terrible al poner fin a su vida.
Sin embargo, nunca es un castigo, sino el reconocimiento [en el nivel
del alma] de que «esto es lo que experimentó cuando yo hice esto».
Esto ayuda a las personas a aprender a estar más presentes para los
demás. No se relaciona necesariamente con el suicidio; puede tratarse de una deserción o de un abandono. Todas estas lecciones se están
aprendiendo.

—Aaron –pregunté–, ¿por qué las almas se preocupan por
aprender cómo trascender la ilusión de la forma física mientras están
encarnadas?

—Estás perdido detrás del velo –respondió, hablándonos no
solo a Carolyn y a mí, sino a todas aquellas personas que leerán sus
palabras–. Sin embargo, en cierto nivel, siempre recuerdas que, aunque no lo hagas conscientemente, eres un alma y que estás aquí por
una razón. Esto es especialmente cierto para las almas más antiguas,
que son conscientes del dolor y la pérdida, de que la esencia de esta
vida es el crecimiento y el aprendizaje espiritual, y de que todo lo que
viene está ahí para aumentar la comprensión, la generosidad y el amor
si uno lo permite. Por lo tanto, uno puede estar sumido en la ira y en
sentimientos de abandono o traición, o encontrar compasión por el
ser querido que se ha ido, ya sea mediante el suicidio, el abandono o

una enfermedad mortal. Conforme tu corazón se abra a la compasión y dejes de culparlo o de tomarte su ausencia como una afrenta personal, estarás aprendiendo a liberarte y a ser más compasivo.

—Aaron, ¿qué les ocurre después a aquellas personas que acaban con sus vidas? –pregunté–. ¿Cuánto tardan en reencarnar?

—Lo que les ocurra será diferente según su nivel espiritual, su nivel de conciencia y su apertura al hecho de recibir orientación. En el peor de los casos, hacen esa transición difícilmente conscientes del paso que han dado, llenos del dolor y la ira que los condujo a esa transición. Y reencarnarán muy rápidamente. Esto no es diferente de una persona que muere en un accidente, por un traumatismo repentino o en una guerra, en una escaramuza militar. En estos casos podría ser muy difícil para el alma ser consciente de que ya no está en un cuerpo, por lo que tratará de aferrarse al primer cuerpo disponible que le parezca adecuado.

»En el otro extremo del espectro se encuentra el alma que ha meditado profundamente sobre sus razones para dejar el cuerpo. Ya sea que lo haga a través del suicidio o batallando en la guerra, ha reflexionado sobre la posibilidad muy real de que morirá. Está dispuesta a permanecer abierta a su orientación y a esperar el tiempo que sea necesario antes de pasar de forma consciente a una nueva reencarnación.

»Carolyn, tú querías saber si esto fue así con tu hijo. ¿Qué experimentó después del suicidio? Un período breve de tristeza más que cualquier otra cosa. Miedo, trauma, incredulidad. Pero también, dado que tenía un fuerte sentido espiritual, podía comunicarse con sus Guías y permitió que lo tranquilizaran.

—Aaron –dije–, algunas personas creen que el suicidio es un pecado y que aquellos que ponen fin a sus vidas serán castigados.

—El suicidio es simplemente una forma de transición –respondió Aaron–. La reacción más común después de que uno ha hecho la transición es la tristeza por haber perdido la oportunidad, ganada con tanto esfuerzo, de estar en un cuerpo físico y aprender. Esto es cierto incluso si la encarnación física parecía imposible e insoportable. Desde el punto de vista del otro lado, uno ve oportunidades que no percibió mientras se sentía atrapado.

»Pero no es un pecado; es solo una pérdida. Cameron lo experimentó como una pérdida. Empezó a analizar su situación y a preguntarse por qué había tomado esa decisión. Actualmente, se encuentra en un espacio donde aconseja a otras almas que han hecho una repentina transición ya sea planificada o imprevista, ya sea accidental, por su propia mano o por causas violentas. Es miembro de un grupo de Guías, todavía en la tercera densidad [tercera dimensión], y sabe que, al final, tendrá que encarnar, pero mientras tanto puede usar su experiencia para ayudar a otras personas a superar este trauma inicial de encontrarse fuera de un cuerpo, consolándolas y ayudándolas a ser misericordiosas con ellas mismas. Y esto forma parte de su aprendizaje.

»Una vez dicho esto, déjame volver a la pregunta de lo que les ocurre a las personas cuando acaban con sus vidas —continuó Aaron—. En realidad, es lo mismo que les sucede a todos los que pasan por esta transición conocida como *muerte*. De repente, se experimentan separados del plano físico y de su cuerpo terrenal. Al principio, es posible que no lo acepten; pueden convertirse en lo que llamamos «espíritus terrestres», pero por regla general, reciben ayuda para superar esa fase.

»Sin importar cuál fue el sentimiento de ira, miedo, dolor o confusión que los impulsó, dicho sentimiento aún estará ahí, pero serán capaces de ver la experiencia completa de la vida desde un punto de vista más amplio. Siempre hay un afectuoso apoyo. Si se encuentran atrapados en la ira y la negatividad, experimentarán un lugar de oscuridad. Nadie los está castigando ni condenando a ese lugar de oscuridad; son ellos mismos los que se mantienen allí, y la oscuridad es la de su propio miedo, ira, dolor o confusión, su propia negatividad. Siempre hay Guías afectuosos, pero es posible que no puedan percibirlos. Carolyn, tu hijo tuvo la bendición de poder percibir a estos Guías.

»Al final, todos, sin importar cómo mueran, se abrirán a su orientación. Aquí, hemos visto a seres que eran profundamente negativos y que hicieron un gran daño a otras personas, como alguien que mató a todos los estudiantes que había en un aula y luego se suicidó. Esos seres podrán estar profundamente sumergidos en la negatividad y encontrarse en un lugar de gran desesperación y oscuridad pero, aun así, son amados y respaldados. Podrían tener tanta negatividad que probablemente serían incapaces de tolerar la luz durante mucho tiempo, pero al final, se abrirán a ella.

»Por otro lado, una persona que tiene un corazón más tierno podría sentir que no merece la luz, pero poco a poco también terminará abriéndose a ella. A este viajero se le dará la oportunidad de mirar su vida anterior para hacerlo consciente de las decisiones poco sanas que tomó y por qué lo hizo, para que compruebe qué trataba de aprender y qué fue lo que aprendió o no. Habrá una oportunidad de equilibrar una parte del karma, como lo está haciendo tu hijo ahora, Carolyn, guiando a otros.

Le pregunté a Aaron si alguna vez había terminado con su vida en reencarnaciones anteriores.

RAZONES PARA EL SUICIDIO

—Por supuesto, en tantos miles de vidas anteriores, sí, hubo ocasiones en las que lo hice —contestó—. En una de ellas, estaba perdiendo la función de mi cuerpo y de mi cerebro. Sufría un gran dolor físico y no podía pensar claramente. Tenía el deseo consciente de morir. Así que, en un momento en el que tenía el cerebro un poco más despejado y había sedantes a mi alcance (por favor, no pienses en tu morfina actual; esto ocurrió hace miles de años y, en aquellos días, se utilizaba un tratamiento herbario para controlar el dolor), tomé una gran sobredosis, ya que había decidido conscientemente dejar mi encarnación.

»Inmediatamente, al despertar en el otro lado, fui consciente de lo que había hecho y me alegré por ello, porque mi dolor extremo y mi frecuente confusión les resultaban muy angustiosos a mis seres queridos. Fue mucho más fácil para todos que me hubiera ido en ese punto. El cuerpo [no físico] en el que desperté estaba completo y tenía una mente clara.

»Lo que parece provocar un deterioro a las almas después del suicidio es aferrarse a la negatividad, lo cual puede ocurrir durante toda la transición. Tales almas siempre están rodeadas de la energía del amor hasta que, finalmente, son capaces de ver la luz y dejarse ir hacia ella, sin importar el tiempo que necesiten para ello. Y entonces, reciben más apoyo durante su viaje.

La decisión que Aaron tomó en una de sus vidas anteriores es un ejemplo concreto de lo que Jeshua nos había dicho: que terminar con la propia vida de forma deliberada puede ser una decisión razonable en algunas circunstancias. Aaron se había liberado a sí mismo y a sus seres queridos de un mayor sufrimiento. Después de regresar al entorno no físico, no fue juzgado ni castigado ni por sí mismo ni por otras personas. Al contrario, se sintió agradecido por ser lo suficientemente lúcido para tomar esa decisión.

—Aaron –pregunté–, ¿las personas que terminan con sus vidas tienen las mismas lecciones en otra vida?

—Sí, pero quizás no en la siguiente vida. Si el tema es demasiado difícil, podrían tomar una dirección diferente durante un tiempo antes de regresar a la lección, pero al final deberán retomarla otra vez.

—Tu hijo, Carolyn, ha decidido analizar lo que estaba aprendiendo y lo que no pudo aprender. No puedo decirte si volverá en una encarnación en la que planee enfrentarse de nuevo a esas lecciones concretas o si hará una pausa, pero ahora, en el plano astral, está trabajando en ese asunto.

Para ofrecerles tanta sanación como sea posible a los seres queridos, le hice a Aaron otra pregunta que también le había hecho a Jeshua:

—Aaron, ¿cómo pueden las personas sanar la culpabilidad que sienten después de que un hijo, una madre, un gran amigo hayan puesto fin a su vida?

—Recuerda que se trata de ellos, no de ti. Por supuesto, en ocasiones, esas personas han sido parte de lo que ocurrió; por ejemplo, un hijo que sufrió maltrato y se suicida. En tal caso, uno [el padre] debe analizar profundamente su participación, reconocer su propia responsabilidad, pedir perdón y generar alguna clase de equilibrio por esa responsabilidad.

»Dado que los seres interactúan, siempre hay algún tipo de participación. Sin embargo, en su mayor parte, las personas que acaban con sus vidas son almas que siguen su propio camino, que aprenden sus propias lecciones. Hay poco que el ser amado pueda hacer, independientemente de si quien muere es el padre de un niño o su pareja. Debe saber que «la otra persona tomó esa decisión, no yo».

»En la mayoría de los casos —añadió Aaron—, la práctica se relaciona con la compasión: ver lo profundamente que sufría esta persona, y que, sin importar cuánto lo intentó, no pudo aprender con éxito las lecciones que vino a aprender en esta encarnación.

»A veces vemos lo que se conoce en ocasiones como «homicidio por piedad», por ejemplo una persona que padece cáncer y que ha sido tratada mediante cirugía, quimioterapia o radioterapia, pero a pesar de ello el cáncer se ha extendido por todo el cuerpo y no existe ninguna esperanza para ella, sufre terribles dolores y pide morir. Tú amas a esta persona y su situación te parte el corazón. Quizás no puedas apretar el gatillo, pero podrías dejar cierta clase de pastillas a su alcance. Existe una profunda compasión y el deseo de que el ser amado deje de sufrir, siempre después del reconocimiento de que lo ha intentado todo y que no le queda ningún otro recurso.

»Es diferente cuando se trata de un asunto emocional. En ocasiones, el dolor es tan poderoso que la persona simplemente necesita partir y volver a empezar.

»Me viene a la mente otro tipo de situación —continuó Aaron—. Barbara tiene un amigo cuyo hijo de diecinueve años, aparentemente sano, se suicidó de forma repentina. No parecía el típico suicida. No consumía drogas. No parecía particularmente feliz ni infeliz, pero se las arreglaba con la vida y parecía estar haciendo algo con ella.

»En cierto nivel, este joven sabía que su cuerpo estaba desarrollando tumores malignos que aún no eran visibles y que iba a experimentar un cáncer en el cerebro sin ningún tratamiento posible. No lo sabía conscientemente, pero tras reunirme con este joven después de su muerte, pude saber que, en cierto nivel, comprendió que su cuerpo iba en esa dirección y que simplemente tenía que partir.

»Permíteme darte un ejemplo diferente. Un hombre de sesenta años a quien Barbara y yo conocíamos, que parecía perfectamente sano, con una esposa, hijos y nietos que lo amaban, y con un trabajo que le encantaba, sufrió una apoplejía y murió en unos minutos. No hubo ninguna señal previa de la enfermedad; de hecho, las pruebas médicas mostraban que estaba sano. Sin embargo, la autopsia indicaba principios de cáncer en su cuerpo, tumores que no se sabía que estaban ahí. En cierto nivel, él era consciente de esto y, en lugar de enfrentarse a una larga enfermedad, simplemente decidió partir. No saltó de un edificio ni se dio un tiro; en su caso, sufrió una apoplejía. Sin embargo, por supuesto, participó en ella.

La respuesta de Aaron me dejó claro que la muerte y el suicidio son temas complicados sobre los que aún se ignoran muchas cosas. Pensé en el chico de diecinueve años que había terminado con su vida. Sabía, en el nivel subconsciente, que estaba desarrollando un cáncer incurable en el cerebro y no deseaba tener esa experiencia. No obstante, después de su suicidio, sin duda sus padres se habían culpado a sí mismos. ¿Qué habría sucedido si hubieran sabido entonces por qué había puesto fin a su vida, o si lo hubieran sabido después? ¿Cómo de poderosos hubieran sido la sanación y el perdón que les habría dado este conocimiento? Esperaba que las palabras de Aaron hicieran que aquellos que han perdido a un ser querido debido al suicidio se dieran cuenta de que, nuestro mundo, casi nada es lo que parece y que ocurren muchas cosas bajo la superficie. Este solo conocimiento puede producir una profunda sanación.

—Aaron –pregunté–, ¿cómo puede una persona sanar la ira que a veces siente contra el ser querido que se suicida?

—Mirar profundamente el sufrimiento del ser querido y el propio, ofreciendo generosidad a quien ha partido y a uno mismo. No deseamos ese sufrimiento ni para él ni para nosotros. Cuando uno puede reconocer la ira sin sentirse culpable, comprende que la ira realmente se basa en un sentimiento de abandono. Es muy importante *no* decir: «No debería estar enfadado», sino: «La ira, la tristeza, el dolor, el miedo, la confusión, los sentimientos de abandono, traición y pérdida están presentes». Y después trabajar con una afectuosa generosidad, deseándonos el bien a nosotros mismos: «¡Que sea feliz! ¡Que tenga paz!» y también a nuestro ser querido: «¡Que seas feliz! ¡Que tengas paz!». Muy gradualmente, los sentimientos de ira empiezan a ceder el paso a la compasión auténtica y al profundo amor que uno ha sentido por la otra persona.

»Aquel que es consciente de la ira no presenta un comportamiento iracundo. El aspecto intenso y centrado del Yo es capaz de ver con un corazón abierto. Así, la ira surge. En lugar de tomarla como algo personal y sentir culpabilidad o necesitar actuar de acuerdo con ella, uno simplemente se controla: «Al inhalar, soy consciente de la ira. Al exhalar, le sonrío a la ira». Sonreírle al Yo, abrazarle con piedad y dirigir la propia atención a la persona que ha partido... Se trata de un proceso gradual.

Aquí, Aaron hablaba de las prácticas meditativas y de respiración que nos permiten desidentificarnos de la ira o de otras emociones negativas. Uno llega a comprender que no es la ira, sino que es un sentimiento que pasa a través de uno. Esta amplitud y desidentificación de la emoción produce paz.

Aaron nos habló a continuación de otras dos encarnaciones anteriores en las que acabó con su propia vida.

—Os he hablado acerca de una vida en la que sufrí una terrible enfermedad –dijo Aaron–. Hubo otra en la que formé parte de un grupo de lucha. Un país nos había invadido y su ejército nos superaba en número. Yo conocía la crueldad de esos bárbaros, que torturaban a sus enemigos. Así que, cuando estaba claro que no había ninguna forma de poder seguir peleando, acabé con mi propia vida.

»En esa vida morí odiando al enemigo. –Comprendí que Aaron usaba la palabra «enemigo» para referirse a su punto de vista durante esa encarnación, no a su punto de vista actual. Como ser iluminado, Aaron no ve a nadie como un enemigo. Ahora, sabe por experiencia que todos son sus hermanos–. Ese odio me mantuvo en un lugar oscuro durante una temporada. Cuando hablo de tiempo, recordad que cuando salimos del plano humano, realmente no existe. Hablo en sentido figurado, utilizando vuestros términos. Hubo un período desconocido de oscuridad, dentro de la cual, me volví consciente de la luz. Sentía que no merecía estar en esa luz, así que me mantuve en la oscuridad. Sin embargo, de algún modo, la luz siguió consolándome, aunque la rechacé, hasta que, al final, pude dejarla entrar.

»Ese soldado que fui había visto a su esposa, a sus hijos y a otros seres queridos brutalmente asesinados. Por ello, sentía mucho odio hacia sus enemigos. Finalmente, me di cuenta de que se me estaba ofreciendo la oportunidad de equilibrar el viejo karma y ofrecer el perdón, que al perdonar a quienes me habían hecho tanto daño también perdonaba aspectos pasados [encarnaciones] de mí mismo [mi alma], que había sido brutal y que había dañado a otros.

»Perdonar no quiere decir justificar. Yo no justificaba el comportamiento de mis enemigos, pero me daba cuenta de que su conducta era una consecuencia de su condición y de su condicionamiento. En las mismas circunstancias, yo había hecho lo mismo en vidas anteriores. No es tan fácil condenarse a uno mismo, por lo que mi corazón se abrió gradualmente. Fue un despertar, porque finalmente vi cómo el odio solo genera más odio y que únicamente el amor puede sanar.

»Más adelante, en esa transición –recordó Aaron–, cuando estaba abierto a la luz, mis Guías me llevaron a un lugar muy oscuro donde se habían reunido quienes habían matado a mi pueblo. Sufrían mucho. Se habían aferrado a la oscuridad. Todo les aterrorizaba. Estaban consumidos por el odio y el miedo. Se me dio la oportunidad de ser para ellos lo que otros habían sido para mí: una energía circundante de luz, y de sostener esa luz durante tanto tiempo como fuera necesario hasta que algunos de ellos comenzaran a tolerar y a anhelar la luz. Es así como uno aprende.

»También hay una vida muy antigua, ocurrida hace mucho tiempo, en la que el ser que yo era se vio consumido por la oscuridad de la codicia, la lujuria y el deseo. Le fue arrebatado lo que más quería. Era un terrateniente acaudalado, un hombre de cierto poder. Tenía varias esposas y familias. Hasta que llegó un enemigo y mató a sus hijos, tomó como rehenes a sus esposas e hijas y lo convirtió en esclavo. Desesperado y enfurecido, puso fin a su vida. Yo llamaría a esto un suicidio emocional. Ese ser también vivió en la oscuridad durante bastante tiempo hasta que comprendió finalmente que tenía la opción de vivir en la luz o en la oscuridad, en el odio o en la compasión. Y por lo tanto, creció y sanó.

Aaron había descrito elocuentemente tres vidas anteriores en las que había acabado con su vida y cómo había empezado a sanar en el otro lado. Le pregunté si había habido encarnaciones anteriores en las que hubiera perdido a un ser querido debido al suicidio y, si así era, cómo sanó emocionalmente mientras estaba encarnado.

—Tenía un hijo al que amaba mucho —recordó Aaron; su voz reflejaba el cariño que sentía—. Debido al estado en que se hallaba el mundo cuando creció, no logró la profunda formación que yo tenía y que había deseado para él. No supo cómo equilibrar sus emociones y no tomarlas como algo personal.

»Vio cómo sus seres queridos eran perseguidos y condenados a la muerte por sus creencias religiosas. Perdió las esperanzas porque se sentía traicionado (creía que algunos de esos seres queridos habían tenido la oportunidad de salvarse y no lo hicieron) y porque no tuvo el poder de salvarlos. Perdió las esperanzas debido a la crueldad que lo rodeaba.

»No se mató literalmente con su propia mano, pero actuaba de una forma que sabía que podía llevar a su captura y a su muerte, cuando fácilmente pudo haber permanecido en silencio, en segundo plano, o haber huido. Sin duda, podríamos decir que esta es una clase de suicidio.

»Sufrí porque me di cuenta de que había estado tan ocupado con el estado en que se encontraba el mundo que había descuidado a mi hijo, su educación, su apoyo. Sentía que podía haber evitado su muerte. Estaba enfadado con él, conmigo y con esas personas que habían sido condenadas a muerte antes que él y que parecían no haber ejercido el poder que tenían para salvarse.

»Hubo dos cosas que me ayudaron mucho. Una de ellas fue un amigo muy sabio y amado, que me ayudó a ver... Permitidme decirlo de esta manera: si mi hijo hubiera subido a una furgoneta al borde de un precipicio y yo lo hubiera detenido una y mil veces pero él hubiera insistido en volver a la furgoneta y despeñarse, al final yo tendría que reconocer: «Ese es su camino». Lo único que podría hacer sería, literalmente, encarcelarlo o atarlo. Él estaba decidido a hacer lo que hizo. Ese era su verdadero ser. Mi sabio amigo me ayudó a comprender que ese era su karma: «Lo mejor que puedes hacer por él es simplemente amarlo y dejarlo ir. Tú lo trajiste a esta reencarnación con la esperanza de que pudiera aprender lecciones que aún no estaba preparado para aprender. Quizás las aprenderá en el plano astral después de encarnar. Déjalo ir con amor», me dijo. Eso me ayudó mucho.

»También me ayudó simplemente recordarlo cuando era niño, recordar lo hermoso que era y mantenerlo vivo en mí, no de una forma cruel o falsa, sino para reconocer que «se ha ido. Este ser humano se ha marchado, pero el amor que me dio a mí y a otras personas aún permanece con nosotros. Puedo apreciar ese amor, apreciar al ser humano que era y todo lo bueno que albergaba en su interior». Eso fue una gran ayuda.

Las palabras de Aaron me conmovieron. Aunque en esa vida anterior había perdido a su querido hijo debido al suicidio, había mantenido vivo el amor en su corazón. Desde el ámbito astral, su hijo habría sentido poderosamente ese amor inmortal, justo como Cameron todavía podía sentir el inmenso amor de Carolyn hacia él.

AJUSTES

—Aaron, después de que Cameron acabó con su vida, ¿qué clase de ajustes hizo Carolyn en el nivel del alma con respecto a su plan prenatal?

—Aún está haciéndolos –nos informó Aaron–. En determinado nivel no existe la dualidad. Carolyn y Cameron son parte de la misma Alma Divina, parte de la Unidad y el Amor de lo Divino. Pero en otro sentido, él nunca perteneció a ella. Simplemente vino a la Tierra a través de ella. Fue criado por su madre, pero nunca le perteneció. Gran parte de la lección para Carolyn consiste en amar sin aferrarse, en saber que no puedes aferrarte a nada y que esa no es una razón para amar menos, sino para apreciar más profundamente. Es una lección muy dolorosa. No es posible aferrarse a nada. Todo cambia.

»¿Acaso amas menos la belleza de la rosa porque sabes que mañana se marchitará? ¿Acaso te alejas de ella? Déjame decirlo de otro modo: Cameron no acabó con su vida para enseñarle esta lección a Carolyn. Muchas otras cosas podrían habérsela enseñado. Sin embargo, dado que su hijo acabó con su vida, le dio a Carolyn una oportunidad de profundizar en ella.

—Aaron, como Cameron planeó antes de nacer permanecer con Carolyn durante un tiempo más largo del que en realidad estuvo, ¿el alma de ella atraerá a nuevas personas en su vida para que le enseñen lo que él le habría enseñado de no haberse marchado?

—Rob, siempre hay nuevos maestros a cada momento. Dependerá de si se aprendieron las lecciones. Carolyn no sale de repente a buscar a nuevos maestros porque ya no tiene a su hijo. Simplemente observa que su vida está llena de maestros y que cada uno de ellos llega a su debido tiempo. Es muy importante que permanezca abierta a los nuevos maestros. Uno de los desafíos de la ira y la desesperación es que cierra nuestro campo de energía, nos contrae. Uno blinda el corazón y no está dispuesto a abrirlo a nuevos maestros y a nuevas enseñanzas. Es muy importante que Carolyn observe esa posibilidad y que trabaje muy suave y afectuosamente consigo misma para mantenerse tan abierta como sea posible, y de hecho, ya lo está haciendo.

Hasta ahora, Carolyn había escuchado en silencio la conversación entre Aaron y yo, pero en ese momento hizo su primera pregunta.

—Aaron, ¿Cameron es consciente de mí y de lo que estoy haciendo?

—Sí, tu hijo es perfectamente consciente de ti y de lo que estás haciendo –fue la respuesta–, pero está trabajando mucho para no crear historias personales basadas en ello. Déjame decirte esto muy cuidadosamente, Carolyn. Tú y tu hijo habéis estado juntos en numerosas vidas. Existe un fuerte vínculo entre vosotros. El amor no se disuelve, pero las relaciones personales entre madre e hijo, hermanos, amigos... esa clase de relaciones se disuelven. Ya no es tu hijo de ese modo, sino simplemente un alma que está vinculada a ti mediante esos lazos de amor. Él ve lo que estás haciendo y lo aprecia enormemente.

—¿Cameron volverá a reencarnar en mi vida? –preguntó Carolyn.

—Eso se desconoce en este momento –le respondió Aaron.

Nos quedamos en silencio durante un momento. Habíamos hablado sobre cómo podrían sanar aquellos que han terminado con sus vidas y aquellos que han perdido a algún ser querido debido al suicidio. Pero ¿qué hay de la sanación de los que sienten impulsos suicidas?

—Aaron –dije–, por favor, háblales a aquellas personas que piensan dar fin a sus vidas.

—Les pediría que consideren el enorme don de la encarnación humana, independientemente de lo doloroso que pueda resultar a veces. Que tengan en cuenta que, dentro de un año o de cinco, podrían ver las cosas de forma diferente y que tal vez aprendan algo de enorme valor si están dispuestas a quedarse. Les recordaría que no es un pecado, pero existe una pérdida, la pérdida de la oportunidad de aprender. Han trabajado muy duramente para venir en esta encarnación y preparar el camino para el aprendizaje que buscaban. Les pediría que se pregunten: «¿Hay alguna otra alternativa además de acabar con mi vida?».

»Por último, preguntaría: «¿Tu decisión de acabar con tu vida se deriva del miedo o del amor?». Si proviene del miedo, de la ira, de sentirte traicionado o desesperado, o de sufrir un enorme dolor en el cuerpo y de la necesidad de librarse de él, por favor, que recuerden que cuando pasamos por la transición, cualquier emoción negativa poderosa viene con nosotros. Sin embargo, si deciden dejar el cuerpo por amor, por ejemplo si están desesperadamente enfermos y padecen un dolor insoportable y se dan cuenta del desgaste que sufren quienes los rodean, saben que no pueden vivir mucho más tiempo y pueden decir: «Estoy listo para partir. No necesito sufrir esto, ni que los demás lo sufran», en ese caso pueden dar ese paso con el corazón abierto.

Yo sentía que estábamos llegando al final, así que le pregunté a Aaron si había algo más que quisiera añadir.

—Con un suicidio —respondió— es más probable que surja la ira, la confusión, la culpabilidad. Es difícil perder a un ser querido debido al cáncer o a un accidente automovilístico, y uno siempre se pregunta: «¿Pude haber hecho algo de forma diferente?». Y sin embargo, el acto del suicidio parece tan violento que tiene muchas más probabilidades de provocar la ira. Por esa razón, es tan importante que los que se quedan en el plano físico sean misericordiosos consigo mismos. No es posible detener la ira diciendo: «No más ira». Eso solo provoca más de lo mismo. «No me enfadaré» es una frase que produce mucho enfado.

»¿Cómo podemos reconocer la presencia de la ira con amabilidad y compasión para nosotros mismos y mantenernos en ese punto? La fuerza de la compasión y la misericordia creará un campo de amabilidad y amor. Conforme aprendes a tener compasión por ti mismo, aprendes a tenerla por quien ha partido.

»Es muy importante no temer a las emociones que surgen y no verse envuelto en historias negativas: «¿Qué hice mal? ¿Cómo pude haberlo evitado?». «¿Por qué lo hizo?». En lugar de ello, simplemente asimila la experiencia directa de la pérdida, el dolor, la ira y la confusión, y adóptala misericordiosamente.

—Realmente echo de menos a mi hijo —agregó Carolyn repentinamente—. ¿Hay algo que pueda hacer?

—Lo mejor que puedes hacer, Carolyn, es, literalmente, hablarle. Te aseguro que puede escucharte. Dile que lo añoras. Dile que lo quieres. Cuéntale qué era lo más especial para ti, qué cualidades suyas te provocaban más felicidad. Cuando lo aprecias y lo amas de ese modo, esto le ayuda a apreciarse y amarse a sí mismo y contribuye a su progreso.

»Cuando le hablas a tu hijo de esta manera y lo mantienes en este círculo del amor, también debes seguir reconociendo el sentimiento de pérdida y de tristeza. Carolyn, por favor, ten en cuenta la diferencia entre la tristeza y el sufrimiento. Es muy natural que la tristeza surja cuando se produce una pérdida. Se basa en un corazón abierto, en el amor que sentías y en el hecho de perderlo.

»El sufrimiento se basa más en el miedo: «¿Él está bien? ¿Yo estaré bien? ¿Qué haré sin él?». Existe una energía limitada en el sufrimiento, una tensión. Analiza esa tensión siempre que se produzca. Cuando sientas el sufrimiento, reconócelo como tal y trata de encontrar debajo de él la tristeza. Es normal estar triste. No durará para siempre.

»En este momento, has tenido muchas experiencias. Conforme reflexiones sobre la falta de la compañía de tu hijo, la pérdida literal de sus abrazos y su sonrisa, serás capaz de descubrir aquello de él que aún está contigo, aquello que nunca puede perderse, y podrás disfrutarlo.

»Observa cuándo se presenta el sufrimiento, con la energía contraída, el miedo y el apego, y simplemente di: «Esto es sufrimiento. Esto es miedo». ¿Tu mente crea algún tipo de historia para tratar de librarse de la ira o de algún otro dolor? ¿Comprendes la diferencia que trato de explicarte?

—Comprendo –dijo Carolyn–. Albergo más tristeza que sufrimiento ahora. Sin embargo, aún es difícil. Gracias por tus palabras.

—Carolyn, ten la seguridad de que tu hijo está bien, hace su trabajo y es consciente de ti. Te ama y te mantiene en el círculo del amor. Está haciendo exactamente lo que tiene que hacer para equilibrar su vida y su muerte, para ayudar a otras personas a progresar y para prepararse para los próximos pasos que habrá de dar. Está bien y es feliz. Debes estar segura de ello.

∼

«Todos los suicidios prevenibles *por fuerzas externas* se evitarán». Esta conciencia, esta sola certeza, es el bálsamo de sanación de aquellos que le tendieron la mano a un ser querido desesperado solo para sentir que sus dedos terminaron resbalando. Como Jeshua nos dijo, cuando asumimos la responsabilidad por el suicidio de otra persona, sobrestimamos nuestro poder. Aquellos de vosotros que habéis perdido a alguien a quien amáis debido al suicidio, debéis tener la certeza de que no había nada más que pudierais haber hecho. Al reconocer esto humildemente, podréis perdonaros a vosotros mismos.

Y como dijo claramente Aaron: «Nadie se va y nada se pierde». De hecho, no existe ningún lugar separado de nosotros donde puedan estar aquellos a quienes amamos tanto. Las dimensiones más altas se traslapan y penetran en la nuestra y, aunque nuestros cinco sentidos nos indican lo contrario, somos eternamente Uno con aquellos que nos importan, unidos a través de los lazos indestructibles del corazón. El amor que les dimos está con ellos siempre, así como el amor que recibimos de ellos está siempre dentro de nosotros. Esto es más que un simple sentimentalismo reconfortante; es, de hecho, una verdad espiritual. Como si fuera un óleo indeleble pintado en el lienzo del alma, el amor que damos y recibimos (porque dar *es* recibir) se convierte en parte de nosotros, por toda la eternidad. Es por esta razón por lo que Jeshua le dijo a Carolyn: «Incluso si un adolescente termina con su propia vida después, si has logrado contactar con su corazón, habrá adquirido esa experiencia para siempre. Tu ayuda tiene un alcance más allá de la muerte». El amor se expresa mediante el cuerpo, pero no fallece con él. Cuando se crea y se comparte, nunca puede perderse.

La sociedad no reconoce aún que los pensamientos suicidas tienen un carácter sagrado. La persona que considera poner fin a su vida es un Ser Sagrado que se encuentra en una encrucijada. De esa encrucijada, independientemente de la decisión que tome, un ser morirá y otro habrá de nacer. Si no elige el suicidio, la persona que deseaba morir realmente murió y nace una nueva persona, igualmente sagrada, que reclama la vida física. Si se elige el suicidio, la persona que deseaba morir murió realmente y nació un nuevo ser, también sagrado, que ahora reclama la vida *no física*. Para el alma, se produce un renacimiento divino, y no hay ningún juicio con respecto a la forma que ese renacimiento pudiera adoptar. Sea física o no física, el alma sabe que la nueva vida es sagrada. Si el renacimiento tiene lugar en la esfera no física, el alma no considera el suicidio como algo malo, pecaminoso o una afrenta a Dios. En la total ausencia de juicios y con absoluta compasión y amor incondicional, simplemente dice: «Las lecciones no han terminado. Intentémoslo otra vez».

De hecho, desde el punto de vista del alma, el suicidio puede permitir un nuevo comienzo de la evolución espiritual que se había estancado en la esfera física. Como Jeshua dijo: «En ocasiones, una persona puede aferrarse tanto a un estado de ánimo, a un estado mental, que es muy difícil que salga de él sin tomar medidas drásticas... Dicho estado se vuelve insoportable y la vida misma te obligará a hacer algo, aun si ello implica acabar con tu vida». Asimismo, en palabras de Aaron: «En ocasiones, el dolor es tan poderoso que la persona simplemente necesita partir y volver a empezar». Cuando se retiran de la densidad del plano terrenal, aquellos que han terminado sus vidas suelen estar más abiertos a la orientación y a la sanación. Cameron se abrió a su orientación como no pudo hacerlo mientras estuvo encarnado y, de esa manera, creó una nueva vida en la que está sanando y ayuda a otros a sanar. Aunque el alma no desea el suicidio, también comprende que este no termina con la vida. Dado que la vida *es* eterna y que el crecimiento en la Tierra puede ser muy veloz, nuestras almas están dispuestas a incorporar la posibilidad del suicidio en nuestros planes prenatales. Antes de nacer, esperamos asumir nuestra evolución con placer y emoción, pero cuando no podemos hacerlo en el plano físico, seguramente lo haremos en nuestro Hogar eterno.

¿Cómo seguir amando la vida después de que un ser querido se ha suicidado? Comenzamos decidiendo creer que la sanación puede producirse. Un dogma espiritual fundamental producido por nuestras creencias construye nuestra realidad. Decidir creer que la sanación es imposible equivale a encerrar nuestra conciencia en una oscuridad energética que impide que la luz sanadora pueda entrar. Como afirmaron Jeshua y Aaron, los planes prenatales se modifican cuando se produce el trauma y un universo lleno de amor nos lleva hacia las personas, los sucesos y las circunstancias necesarios para nuestra sanación. Sin embargo, nada puede incorporarse en nuestra experiencia a menos que nuestra vibración lo permita, y las creencias son una de las vibraciones más potentes. «*Es posible* sanar después de haber perdido a alguien por un suicidio», dijo Jeshua. La negativa a aceptar estas palabras cierra la puerta al flujo benévolo del universo, mientras que la apertura ante la *posibilidad* de sanar reúne a las fuerzas de sanación. De esta manera, convocamos a los ángeles, a los Espíritus Guías e incluso al ser querido que terminó con su vida, y les permitimos estar a nuestro lado, donde, literalmente, nos envuelven con su amor. Ese amor nos respalda de una forma que escapa a la comprensión de la mente humana. La vida comienza a proporcionarnos oportunidades de sanación que ratificarán la creencia de que sanar es posible.

La sanación también se produce cuando mantenemos nuestra relación con el ser querido que parece haberse ido. La comunicación es la base de toda relación. Las palabras pensadas, habladas o escritas son una energía que cruza entre dimensiones. Como Aaron le dijo a Carolyn: «Lo mejor que puedes hacer es, literalmente, hablarle. Te aseguro que puede escucharte». Los pensamientos acerca de nuestros seres queridos los atraen hacia nosotros, y ellos sienten nuestro amor de una forma más clara y más evidente que cuando estuvieron encarnados. Nuestro deseo de continuar nuestra relación con ellos hace que puedan comunicarse con nosotros en nuestros sueños, mediante fenómenos como teléfonos que suenan o luces que se encienden, o quizás haciendo que evoquemos el olor familiar de la colonia o el perfume que usaban. Cuando contactan con nosotros a través de estos medios, el duelo sana. Y cuando el duelo sana, podemos sentir cada vez más fácilmente la presencia constante de nuestro ser querido. Sin embargo, quizás lo más sanador es el simple hecho de saber que aún podemos marcar una diferencia en sus vidas. «Cuando lo aprecias y lo amas —le explicó Aaron a Carolyn—, esto le ayuda a apreciarse y a amarse a sí mismo y contribuye a su progreso». Como todo el amor, el que siente Carolyn hacia Cameron es ilimitado y libre, y va más allá de las ilusiones del tiempo y el espacio.

La sanación no solo se produce al mantener la relación con el ser querido que ha muerto, sino también gracias a la relación que tenemos con nuestros propios pensamientos y sentimientos. Podemos quedarnos enredados en las emociones de la culpabilidad y la ira o podemos decidir no resistirnos a ellas y dejarlas expresarse, tocándolas con gentileza, piedad y amor. Como señaló Jeshua, habrá paz «conforme permitas que las emociones estén ahí sin aferrarte a ellas». Un mensaje recurrente en este libro es que aceptación *es* transmutación. Resistirse a los pensamientos o las emociones equivale a reforzarlos: la represión empuja su energía hacia las células del cuerpo donde esperan para expresarse en el futuro. Por contraste, la aceptación disuelve lentamente el dolor. El corazón herido es algo que uno *tiene*, no lo que uno es. Se convierte en un recipiente que contiene el dolor mientras este crea una mayor conciencia.

Asimismo, la represión es una poderosa manera de comunicarse con el universo. Cuando la persona que sufre asegura: «No, no me sentiré de esta manera», el universo escucha solamente el «no», por lo que obstruye el flujo de la comprensión, el amor, la claridad espiritual y la abundancia en todas sus formas. Por contraste, decir «sí» al dolor es el equivalente energético de decirle «sí» al universo, y permite que todas las bendiciones de la vida fluyan libremente hacia nosotros. Con el tiempo, este flujo de amor se llevará la culpabilidad y la ira. Se arraigará una profunda compasión y surgirá una gratitud constante por la belleza y el carácter sagrado de la vida.

Uno podría preguntarse: «¿Qué significa conocer el carácter sagrado de la vida?». Aaron le dijo a Carolyn que significa amar sin aferrarse, saber que no podemos aferrarnos a nadie y que esa no es ninguna razón para amar menos, sino para apreciar más. Cameron aprecia ahora su vida física como no pudo hacerlo antes y trabaja en el otro lado aconsejando a adolescentes que, como él, no vieron la belleza esencial e inherente de sus vidas. Al igual que él, Carolyn también aprecia la vida de una nueva forma y trabaja en este lado haciendo la misma labor que su hijo. Ahora, la madre y el hijo que se perdieron el uno al otro caminan hacia delante tomados de la mano, extrayendo un profundo significado de su dolor. El amor de Carolyn por su hijo fluye hacia y a través de él hasta llegar a los adolescentes a quienes él aconseja, de la misma manera que el amor de Cameron por su madre fluye hacia y a través de ella hasta llegar a los adolescentes a los que ella aconseja. En este círculo de vida, Carolyn y Cameron les enseñan a otras personas a apreciarse a sí mismas de la misma forma en que ellos, como madre e hijo, se aprecian ahora y para siempre.

Capítulo 12

La violación

Un año después de la publicación de esta obra en inglés, di una charla en la Iglesia de la Unidad de Birmingham, en Birmingham, Alabama. Durante mi visita, fui huésped de dos de sus miembros, Beverly y su pareja, Tom. Conocer a Beverly fue como reunirme con un amigo perdido hace mucho tiempo; durante toda mi visita, me impresionó su calidez, su generosidad y su apertura.

Una noche, mientras hablábamos a solas en la cocina de su casa, Beverly me confió que la habían violado hacía muchos años. Dado que mi trabajo se centra en la planificación de los desafíos vitales, no es raro que las personas compartan conmigo experiencias profundamente personales. Lo que sí me pareció raro era uno de los detalles que me relató.

Me dijo que, después de perpetrada la violación, su agresor se quedó dormido junto a ella. Aprovechando la oportunidad para escapar, Beverly salió silenciosamente de la cama y se abrió paso hacia la puerta de dormitorio. Mientras caminaba al lado de la cama en la que el violador estaba acostado, hizo algo que, en ese momento, resultó completamente incomprensible para ella.

—Me incliné y lo besé en la mejilla.

437

Esa declaración me sorprendió, no solo porque Beverly hubiera besado al hombre que la había violado, sino también porque supe de inmediato que ese beso era algo que podía explicarse por una relación prenatal. Intuía que existía ese vínculo entre Beverly y su agresor y que ella podría haber sabido, antes de nacer, que existía la posibilidad de sufrir una violación. La idea me anonadaba, aunque sabía que algunos sucesos sumamente oscuros eran acordados antes de encarnar. Sin embargo, me preguntaba si era posible hallar la sanación dentro de esa perspectiva. Dos años después, cuando llegó el momento de invitar a determinadas personas a compartir sus historias para este libro, me recordé a mí mismo mi propio plan prenatal de decir mi verdad con valentía. Respiré profundamente y, sin saber qué encontraría, le pedí a Beverly que hablara conmigo otra vez.

En las conversaciones que siguieron, descubrí que había recorrido un camino muy arduo pero muy sanador. Traumatizada durante años por la violación, me dijo que había recurrido al alcohol y experimentado dos divorcios; además, durante mucho tiempo, fue incapaz de mantener «una relación sana con [su] sexualidad». Sin embargo, ahora, a los cincuenta años de edad, disfrutaba una relación emocional y físicamente íntima con su pareja y había perdonado totalmente al hombre que la había violado. Un tiempo después de nuestras conversaciones, se convirtió en consejera voluntaria en un centro de ayuda a víctimas de agresiones sexuales.

Me preguntaba qué había hecho Beverly para sanar y llegar al perdón. ¿Su viaje de sanación había concluido? Y si no, ¿qué más podía hacer para sanar sus heridas?

Cuando leas la historia de Beverly, ten en cuenta que no todas las violaciones son planificadas; algunas de ellas son resultado de decisiones voluntarias, tomadas por las personas después de nacer (este es el caso de la mayoría de las experiencias). Entre aquellas que son planeadas, existe una gran variabilidad en la probabilidad de que se produzcan. Si has sufrido una violación, tu intuición es tu mejor guía para determinar si fue parte de tu plan prenatal. Tu intuición (que es tu alma que se comunica contigo) te conducirá a la verdadera perspectiva y, por lo tanto, a la más sanadora para ti.

BEVERLY

Beverly esperaba que el verano de 1978 fuera una época divertida y despreocupada en su vida. Con veinte años de edad y de vacaciones en casa, pensaba que pasaría el caluroso verano de Texas visitando a sus padres y disfrutando la compañía de sus viejos amigos del instituto.

Una noche, ella y dos de esos amigos, Gary y Amy, condujeron hacia Houston para pasar una noche de juerga. En esa época, la música disco estaba de moda. Beverly y sus amigos escogieron un vibrante club nocturno de dos pisos con una pista de baile particularmente grande. «Será grandioso irse de fiesta con Gary y Amy», se dijo Beverly.

En un momento dado, los tres estaban sentados en una de las mesas de *backgammon* de la discoteca. Un hombre que parecía tener casi cincuenta años y que vestía de traje se acercó y se presentó como Steve, el director del club. Les dijo que no los había visto allí antes y entabló una amigable conversación con ellos.

—Me alegro que hayáis venido. Espero que volváis –dijo Steve al final de la charla.

—Más tarde, me levanté para ir a la barra –recordó Beverly–. Steve me vio, se acercó al barman y le dijo: «Yo invito». Le dije: «Gracias, pero no». Así que pagué la bebida. Pensé que era algo inusual. Poco después, Steve se acercó de nuevo a charlar con nosotros. Me levanté, fui a donde estaba el barman y le pregunté: «¿Este tipo habla en serio?». Él me respondió: «¡Oh sí!, es el director». Volví a sentarme, ahora más cómoda.

Beverly descubriría después que el barman mentía para encubrir a Steve.

Conforme avanzaba la noche, Gary y Amy se trasladaron a otra parte del club y Beverly se quedó jugando al *backgammon* con John, un hombre que se había presentado como el amigo de Steve. Este reapareció.

—Gary me ha invitado a su casa –le mintió Steve a Beverly–. Le dije que tú irías conmigo y con John.

—No, quiero irme con ellos.

—Bueno, pues se han marchado.

Sin saber por qué sus amigos se habían ido sin ella, Beverly caminó hacia el aparcamiento para buscar su automóvil, con Steve detrás de ella. Como no pudo encontrar el coche, le dijo a Steve que volvería al club para buscar a Gary y Amy.

—No, no lo harás –le ordenó Steve–. Quédate aquí.

—Me puse muy nerviosa y estaba un poco conmocionada –recordó Beverly–.Me quedé allí de pie, sin moverme. Ahora me pregunto por qué no corrí y grité.

John se acercó en su vehículo. Steve abrió la puerta, empujó a Beverly dentro y se sentó a su derecha, atrapándola en medio del asiento delantero.

—Gary y Amy deben de haberse ido –le dijo a John–. Vámonos.

—No conocía muy bien Houston –me dijo Beverly–, pero sabía que para llegar a la parte de la ciudad donde vivía Gary, había que seguir las señales a Dallas. Bueno, el automóvil empezó a alejarse de Dallas.

Cuando Beverly les dijo que iban en la dirección equivocada, Steve le explicó que iban a recoger algo en su casa.

—Recuerdo haber mirado fijamente el emblema del capó de su Cadillac –dijo ella, con la voz aún más afectada por la emoción–. Ese emblema... Tuve una conmoción o una disociación, porque perdí el hilo del tiempo. Volví en mí cuando, de repente, el automóvil aparcó en una entrada para vehículos.

Como Beverly no hizo ningún esfuerzo para salir del coche, Steve la agarró del brazo y la condujo con fuerza hacia el interior de la casa, a través de la cocina y hacia un dormitorio.

—Mira –le rogó Beverly–, nadie sabe que estoy aquí. Si me dejas ir, llamaré a un taxi. No se lo diré a nadie. No habrá ningún problema. ¡Solo déjame que me marcha, por favor, por favor!

—No.

—Si me haces daño, mi familia se asegurará de que recibas un castigo.

—Eso no me asusta. No volverás a ver a tu familia.

Beverly empezó a sollozar. Steve le dijo que se desvistiera. Y ella se negó.

—Entonces me arrancó la ropa –dijo Beverly, con la voz entrecortada–. Cuando se subió encima de mí, como en el automóvil, perdí... No recordé nada hasta que estuve allí, mirando al techo. Me di cuenta de que él estaba acostado junto a mí. No sabía cuánto tiempo había pasado. Pensé que esa podía ser mi única oportunidad. ¿Cuántas personas había allí? ¿Podría salir? Me escabullí lentamente fuera de la cama, tratando de no mover nada. Me puse los pantalones y la camisa, y llevé los zapatos en la mano. Cuando pasé por su lado de la cama, me incliné y lo besé en la mejilla. Cuando salí de la casa, tuve mucho cuidado de cerrar la puerta silenciosamente.

—Beverly —pregunté—, ¿qué te hizo besarlo?

—No lo sé. ¡Me asustó! Me resultó muy difícil contar esto. ¿Cómo podía alguien aceptarlo? ¿Cómo explicarlo?

Con el corazón latiendo con fuerza, Beverly bajó corriendo por la calle. Temiendo que John o Steve la siguieran, caminó cerca de las casas y lejos de las farolas, que la harían visible. Llamó a la puerta de la primera casa que vio con una luz encendida.

—¡Me han violado! —imploró al sobresaltado hombre que acudió a la puerta, pero no la abrió.

—Tienes que buscar ayuda en otra parte —le dijo.

Beverly corrió a la próxima casa con la luz encendida y la dejaron entrar. Llamó a sus padres y les dijo lo que había ocurrido.

—Sucedió algo extraño —recordó Beverly—. Mi hermana estaba en casa con mis padres cuando todo ocurrió. Esa noche, se despertó muy alterada y llorando, pues había soñado muy vívidamente que la violaban. Mi madre se levantó para confortarla. Poco después de que mi madre volviese a la cama, el teléfono sonó. Era yo, diciéndole que acababan de violarme.

Los padres de Beverly llamaron a la policía, que la llevaron nuevamente a la escena del crimen. Allí, identificó a Steve, que aún dormía, y a John. Ambos fueron arrestados. A ella la trasladaron al hospital, donde le administraron una inyección de penicilina.

—He sido alérgica a la penicilina desde entonces —dijo—. Cuando has tenido un trauma, tu cuerpo reacciona adversamente frente a algo relacionado con él.

»Entonces, fui a la casa de mis padres. Me acurruqué en mi cama, con las manos sobre la cabeza, hecha un ovillo y asustada. Recuerdo que mi madre me preguntó cómo estaba. «Me ha robado la vida —dije—. No queda nada de mí. Beverly ha muerto».

Al día siguiente, los padres de Beverly llamaron a los de Amy para contarles lo que había sucedido.

—Supe después que los padres de Amy me despreciaban por la violación y dijeron que probablemente yo la había provocado. Me sentí terriblemente mal. ¿Cómo podía alguien pensar así? Me sorprendió mucho.

En el juicio, Steve afirmó que Beverly había sido su novia y que había ido a su casa voluntariamente. Para el asombro de Beverly, el vecino que se había negado a ayudarla, un amigo de Steve, corroboró su historia. El abogado defensor le preguntó a Beverly cuánto alcohol había consumido esa noche y por qué había ido al aparcamiento con Steve, insinuando que ambos tenían una relación. Sin embargo, Steve fue condenado y sentenciado a veinte años. Consiguió la libertad condicional transcurridos cinco años, y murió dieciséis años después.

SANACIÓN

Le pregunté a Beverly cómo se sentía después de la violación.

—Me sentía totalmente sucia —exclamó—. No podía imaginarme deseando tener relaciones sexuales nunca, nunca más. Había sido totalmente violada, física y emocionalmente. Me sentía como una mercancía deteriorada. No podía ver la forma de superarlo.

—¿Cómo lo resolviste?

—Tardé varios años. Bebía alcohol para entumecer mis sentimientos. Me convencí de que estaba bien, pero tomaba medicamentos para ocultar el dolor. Tenía alrededor de treinta años cuando acudí por primera vez a un terapeuta. Entre los treinta y cinco y los cuarenta comencé a sanar realmente. Entré en Alcohólicos Anónimos y logré dejar la bebida. Fue entonces cuando finalmente noté algún progreso.

»No era feliz en mi matrimonio —continuó—. Teníamos problemas en nuestra vida sexual. No sabía si alguna vez podría ser una buena pareja para alguien. Sentía pena por mi marido porque no podía participar en una relación como él merecía y necesitaba.

»Cuando finalmente me uní a Alcohólicos Anónimos, empecé a abrirme y a expresarme a mí misma. Me lo había guardado todo.

Creí que si sacaba a la luz la violación y mis emociones, le daría poder al violador y estaría diciendo que aún tenía un efecto en mi vida. No quería hacer eso, pero me estaba destruyendo a mí misma por no expresar el dolor y la ira.

—Beverly, ¿qué hiciste para liberarte del dolor y la ira?

—Empecé a ver a terapeutas. Formé parte de un taller de diez días de duración, llamado «Sanar tu vida», donde escribí mucho. Realizamos algunos ejercicios de respiración y para expresar la ira.[1] Usamos sacos de boxeo. Me inscribí en un curso en el que se usaban rituales para liberarse de los problemas. Tenía una fotografía de él. Le escribí una carta la última noche de nuestra clase. Leí la carta y luego la quemé junto con su fotografía.

Le pregunté a Beverly qué había escrito en la carta.

—Le dije que me había engañado, que me había quitado algo muy preciado y que tenía el control de mi propio cuerpo. –Beverly empezó a llorar–. Tú simplemente... te sientes como una marioneta. Si no puedo decir cuándo alguien va a tocarme o tener una relación íntima conmigo, entonces ¿sobre qué tengo control? También le dije en la carta cómo iba a liberarme. Aunque no quería reconocer que lo que me había sucedido tenía un efecto sobre mí, quería liberarme de ello como si lo tuviera.

»Recuerdo haberle preguntado a alguien: «¿Cómo sabré que he sanado? ¿Cuándo se acabará esto?». Parecía algo imposible.

Un avance muy importante se produjo cuando Beverly contó su historia ante su grupo en una reunión de Alcohólicos Anónimos.

—Fue lo más difícil que había hecho nunca. Grité, temblé, pero lo saqué todo. Cuando lo hice, ¡me asombró lo bien que me sentía! Me di cuenta de que hablar y escribir acerca de ello, simplemente dejarlo ir, había marcado una gran diferencia. Después de eso, si alguna vez tenía ganas de llorar, me permitía hacerlo, sin tener que averiguar con qué se relacionaba el llanto. Fui consciente de que sabría lo que tenía que saber cuando llegase el momento. No necesitaba insistir en obtener respuestas.

---

1. La respiración puede ayudar a acceder a emociones reprimidas. Cuando se ponen bajo la luz de la conciencia, es posible acoger con amor las emociones dolorosas y sanarlas de esa manera.

—Beverly, mencionaste que tuviste problemas en la intimidad –dije–. ¿Cómo pudiste sanar eso?

—Recuerdo haber pensado que no me importaba si nunca volvía a tener relaciones sexuales hasta el fin de mis días –respondió–. No fue sino hasta que me incorpore a Alcohólicos Anónimos y dejé de beber cuando mi cuerpo empezó a manifestar una energía sexual. De hecho, me solía despertar con un orgasmo. Era toda esa sexualidad que había reprimido durante todos esos años. Ya no era mi decisión; mi cuerpo me decía que sí. Con el tantra y un sanador sexual, resolví esos problemas. Me preocupaba tener una relación íntima y mantenerme sobria al mismo tiempo; no sabía cómo iba a resultar. Tenía miedo. Tardé bastante en llegar a un punto en el que ya no se trataba solo de mí, en el que supe que la sexualidad puede ser una unión saludable y espiritual.

»Una de las cosas de las que estoy más orgullosa –añadió– es que ya no odio a ese hombre.

—¿Cómo te sientes con respecto a él?

—Rezo por él. Y ya no huyo de mi historia. Simplemente llevo una vida saludable, comprometida y honesta.

—Beverly, ¿qué te gustaría decirle a alguien que esté sanando de una violación?

—No te rindas –dijo apasionadamente–. Puedes llegar a un lugar mejor, pleno y saludable. Ahora tengo un mayor control de mi vida, mantengo una relación más íntima conmigo misma y me siento mucho más plena que antes de la violación. Escogí este camino en algún nivel y me trajo a donde estoy ahora. Estoy agradecida por sentirme tan vinculada conmigo misma y con el Espíritu.

LAS IMPRESIONES DE PAMELA SOBRE BEVERLY

Después de hablar con Beverly, me quedaba solo una posible señal de un plan prenatal entre ella y el violador: el beso. Sin saber qué pensar de él y luchando intensamente con la idea de que un alma aceptaría participar voluntariamente en una violación, estaba ansioso de plantear preguntas a Pamela y Jeshua. ¿Beverly y Steve se habían conocido realmente antes de encarnar? ¿Alguno de ellos, o ambos, habían sido conscientes de la posibilidad de que se consumase la violación y, si es así, por qué habían creado ese plan?

Antes de la sesión, Beverly le dijo a Pamela que rezaba por el alma de Steve y le preguntó cómo podría sanar cualquier vínculo kármico que aún quedara entre ellos.

—Empezaré conectándome a tu aura, Beverly, y describiré lo que veo y siento –dijo Pamela. De nuevo, recordé que Pamela usaba la palabra «sentir» refiriéndose a su don de clarisensibilidad, es decir, su capacidad de entrar en el campo energético de Beverly y sentir, de primera mano y por experiencia propia, lo que hay en su interior–. Cuando miro la energía que te rodea, siento una apertura en tu corazón que te resulta útil para aprender y comprender la vida y lo que has sufrido. Siento un vínculo dentro de ti, con el Espíritu, con Dios, lo cual quiere decir que estás abierta a una orientación más alta. También veo que has sufrido muchas emociones densas. Tu aura se siente débil, vulnerable. Está abierta de una forma muy positiva para recibir orientación, pero también en el sentido de estar desprotegida, de albergar inseguridad dentro de ti, sin saber si percibes las cosas adecuadamente, si lo está haciendo bien o no.

»Debes sentirte más orgullosa de ti misma, de todo lo que has logrado y por lo que has pasado, pero sin perder la fe en el proceso. Estoy segura de que puedes tener más confianza en ti misma, aunque te resulte muy difícil debido a lo que te ocurrió en el pasado, no solo la violación, sino también otros hechos de tu infancia.

»Cuando percibo la energía de tu infancia, siento claramente que ha habido algún tipo de agresión hacia ti. El propósito de tu alma en esta vida es lidiar con esa agresión, poner límites a tu alrededor y no permitir que se apodere completamente de ti o que entre profundamente en tu alma y en tu cuerpo. Tu propósito en esta vida es dar la cara por ti misma. Tienes que aumentar tu autoestima y no dejarte arrastrar hacia las energías de otras personas, personas que no son las más adecuadas para ti.

»En tus chakras primero y segundo, los centros energéticos en la base de tu espina dorsal y en tu estómago, todavía hay emociones sin resolver, especialmente la ira. Siento que hay una tendencia en tu personalidad a ser muy agradable y dulce para adaptarte a los demás, pero en esos dos centros energéticos inferiores existe ira debido a que se te niegan tus necesidades. Si es posible, sería deseable volver a la experiencia de la violación y entrar en el cuerpo en ese momento. Entiendo que es algo difícil, pero el daño que se te infligió, física y emocionalmente, fue percibido por tu cuerpo y todavía tiene que abordarse en todos los niveles para que puedas liberarte completamente de él.

Aunque Beverly había avanzado mucho en su sanación, la declaración de Pamela no me sorprendió. Cuando no podemos o no queremos expresar las emociones (y, sin duda, Beverly no había sido capaz de expresar su ira cuando se produjo la violación), esa energía es empujada literalmente hacia el interior de las células corporales. Allí se asienta, esperando siempre el momento de su liberación, y mientras tanto puede incluso provocar enfermedades. No importaba que Beverly se hubiera disociado durante la violación; su mente subconsciente y la conciencia elemental de su cuerpo eran bien conocedores de la agresión. En su trabajo de sanación, Beverly liberó parte de su ira, la parte que estaba en su conciencia deliberada, pero aparentemente había más.

Pamela continuó.

—En esta vida debes utilizar la ira conscientemente y sentir su poder de sanación. Si la abordas abiertamente y la aceptas, puede hacerte más consciente de tus verdaderos límites y ayudarte a centrarte y arraigarte más. Si vuelves a la experiencia de la violación e imaginas que no estás fuera de tu cuerpo sino dentro de él, podrás descubrir lo que realmente sentiste en ese momento. Podrás experimentar la humillación, la desesperación, la impotencia y también el odio y la ira contra ese hombre que cruzó violentamente tus límites. Es importante sentir estas emociones. Puede parecer demasiado destructivo volver a la experiencia y revivir toda esa negatividad, pero al hacerlo, la estás expulsando de tu energía, de tu cuerpo, y te sentirás liberada debido a ello.

El proceso descrito por Pamela tiene una profunda capacidad de lograr la sanación. Es importante que el hecho de revivir la violación se realice gradualmente y bajo la supervisión de un asesor capacitado; de lo contrario, existe el riesgo de volver a sufrir el trauma. Un apoyo afectuoso de la familia y los amigos resulta inconmensurablemente útil en el proceso.

—Durante la violación —le dijo Pamela a Beverly— no pudiste afrontar estas emociones. De hecho, las emociones que tuviste eran tan fuertes que llegaron hasta tu hermana. Ella experimentó parte de la angustia que tú no fuiste capaz de sentir. Tus emociones estaban «en el aire», flotando energéticamente a tu alrededor, sin que tú las asumieras. Tu hermana, que estaba vinculada contigo en un nivel emocional, sintonizó con ellas. Te ayudó a arraigarte e integrarlas, no literalmente en tu cuerpo, pero te libró de una parte de esa carga al experimentarla físicamente. No estás en deuda con ella; eso es algo que quería hacer por ti, aunque quizás no conscientemente. Tu reacción en ese momento, es decir, la disociación, fue positiva. Es importante aceptar lo que ocurrió y mirarte a ti misma con compasión.

»Vuelve en tu mente a la experiencia de la violación. Imagina que mientras pasas por este acto, estás ahí, de pie, a tu lado, como un ángel. Puedes verte a ti misma ahora, como el ángel que eres, como una niña gritando o llorando. Pregúntale: «¿Qué sientes?». Al dialogar con tu niña interior —que representa a tus emociones puras y espontáneas— en ese momento puedes ayudarla a aceptar la experiencia y a integrar todas las emociones que fueron parte de ella.

Nuevamente oía hablar de la importancia de la liberación emocional. Liberamos las emociones al expresarlas, y para expresarlas, debemos sentirlas. Para sanar, es necesario sentir.

—Puedo ver —le dijo Pamela a Beverly— que en el nivel emocional, en el nivel de la niña interior, lo que ocurrió en el momento de la agresión es que, en realidad, tú tenías sentimientos muy ambivalentes hacia el violador. Tu parte humana se sentía abrumada por la experiencia y tenía mucho miedo, pero también había otra parte de ti que se sentía vinculada de algún modo con ese hombre. Esto resultaba inexplicable en ese momento. De hecho, se remontaba a una vida anterior en la que conocías al violador. Esto explica el hecho de que le dieras un beso antes de irte.

»Iré ahora a esta energía de la vida anterior que percibo entre vosotros. Siento y veo que, en cierto momento, tú eras la madre de este hombre. Lo separaron de ti a una edad temprana, cuando tenía aproximadamente ocho o nueve años, y estaba terriblemente disgustado debido a esto. Nunca te perdonó.

»Examinaré esta vida anterior desde el comienzo para aclarar por qué ocurrió esto. Te veo como un bebé en ella. Tu madre, que es muy amigable y te adora, te sostiene en sus brazos. Es un poco soñadora. Le gusta fantasear y no estar completamente presente, pero es amable y cariñosa. Tu padre es un hombre religioso con una moralidad muy estricta.

»En algún momento, tu madre muere. Tú todavía eres pequeña, tienes unos cuatro años de edad. La relación con tu padre no es cálida; emocionalmente, experimentas el abandono y te sientes sola. Estás furiosa. Cuando tu madre muere, sientes que te lo han arrebatado todo. Sin embargo, también percibes el dolor de tu padre y te sientes muy triste al respecto. Casi piensas que es culpa tuya. Psicológicamente, tiendes a sentirte culpable del dolor de otras personas, aun si no eres la responsable.

»Tratas de ayudarlo a aliviar su dolor e incluso de desempeñar el papel de tu madre para él. Su reacción es mixta. Por una parte, tu padre es un hombre moralista que no sabe cómo afrontar las emociones. Tu energía es tan cálida, llena de amor y compasiva que no sabe qué hacer con ella. Parece incapaz de recibirla. Por otro lado, se siente atraído hacia ti de una forma que no es pura. Siente una atracción sexual hacia ti. Busca el consuelo en tu presencia, casi como si tú fueras la mujer a quien perdió. Esto te resulta muy confuso. En algún momento, te toca de un modo inapropiado y te pide que te acuestes en la cama con él. Te sujeta y busca consuelo, pero no es solo como padre. Está muy confundido sobre la sexualidad en general. La desprecia pero no puede reprimirla completamente. Es difícil para ti conocer tus límites o enfurecerte con él. Te sientes culpable y piensas: «¿Acaso no debería darle más?». Es demasiado confuso para tu mente.

»Al llegar a la mayoría de edad —continuó Pamela—, tu padre te pide que te cases con un hombre. Tú no lo amas, pero accedes porque no te atreves a contradecir a tu padre. Todavía piensas que es sabio, que tiene un gran conocimiento. Habías dependido completamente de él cuando eras niña, por lo que confiabas en él.

»No te sientes a gusto con el hombre con el que te casaste. Este hombre es amigo de tu padre. Es muy posesivo y celoso. Le temes. Te quedas embarazada y tienes un bebé. Este bebé es el alma de Steve y cuando nace y lo sujetas entre tus brazos, te sientes realmente contenta.

»Es uno de los momentos más hermosos de tu vida. ¡Te sientes asombrada! Es un bebé adorable y sientes que, por primera vez, tienes a alguien para ti misma, alguien a quien amar, alguien con quien las cosas no serán tan difíciles. Esperas con ansia cuidar de él y darle todo tu amor. Sin embargo, nada resulta como lo habías planeado. Tu marido se vuelve muy celoso de su propio hijo por atraer toda tu atención. Observa la felicidad que sientes con vuestro hijo y se enfurece por ello. Incluso se vuelve muy desconfiado y físicamente violento, hasta el punto de golpearte.

»El niño, a quien llamaré Steve, odia a su padre. No puede tener una buena relación con él. Se siente tu protector. También siente que depende de ti, porque tú eres el único rayo de luz en su vida. Quiere estar contigo constantemente. Es posesivo en la forma en que un niño lo es.

»Cuando Steve tiene nueve o quizás diez años, tu marido te obliga a separarte de él: lo envía a un internado para que reciba una educación muy estricta y disciplinaria. Tu marido te dice que esto es lo mejor para el niño, porque «mantienes una relación poco saludable con él. Tenéis demasiada cercanía». Todavía es muy celoso y suspicaz, y está muy enfermo psicológicamente. Sin embargo, tú otra vez te sientes incapaz de dar la cara, porque temes que te golpeará o que dañará a tu hijo. Decides respetar su decisión, pero es una experiencia horrible. No deseas apartarte de tu hijo y él no quiere separarse de ti.

»Tú llevas a Steve a ese internado. No parece muy hospitalario. No le dices claramente que estás a punto de dejarlo, que se separará de ti permanentemente. Temes contárselo, porque él también tiene su temperamento, ese lado posesivo que se enfurece si no satisfaces sus exigencias. Cuando las personas que dirigen el internado os separan, tu corazón se rompe. Tienen que llevarse a Steve por la fuerza. Te grita con gran furia porque estás permitiendo que se lo lleven, porque no pudiste ir en contra de la voluntad de tu marido.

»Tú piensas que lo traicionaste. Te sientes culpable y dividida entre tu lealtad hacia tu marido y tu lealtad hacia tu hijo. En el momento mismo de la separación, Steve se sintió tan traicionado y abandonado que en su interior surgió una profunda ira hacia ti que puso en marcha una energía kármica, una necesidad de vengarse de ti, pero también de acercarse de nuevo a ti.

»Después de dejarlo, Steve albergaba sentimientos encontrados de amor y odio hacia ti. Estas emociones nunca se resolvieron en esa vida. Por tu parte, tú te sentiste culpable el resto de tus días. Albergabas mucho odio hacia ti misma.

Aquí lo teníamos: las emociones sin resolver entre dos almas, particularmente la falta de perdón, crean lazos kármicos que deben ser resueltos, si no en una vida, en otra. Se dice que el perdón es desatar los lazos que atan. Esos lazos no se habían desatado en la vida anterior de Beverly con Steve y, por esa razón, se habían llevado hacia la vida actual en un intento de sanarlos.

—La lección que se puede aprender de esta experiencia –explicó Pamela– es que tienes que dar la cara por ti misma y por tu energía femenina. –Aquí, Pamela no se refería a la violación, una situación en la que Beverly no había podido defenderse, sino a la vida en general–. La violación te ha llevado al centro de tu misión en esta vida: aprender a hacer frente a las emociones que tienes; honrarte y dar la cara por ti misma, siendo afectuosa y muy firme para protegerte y conocer el equilibrio entre dar y recibir.

»En este momento, el paso más importante que puedes dar para sanarte a ti misma aún más es abordar la ira sin resolver que todavía guardas dentro de ti debido a la violación, pero también debido a otros hechos de tu vida en los que tuviste que hacer frente a otras formas de agresión masculina. Vuélvete consciente de la ira. Aunque en ocasiones esto resulta difícil, puede ser útil expresarla, por ejemplo, golpeando fuertemente una almohada con los puños o el suelo con los pies. De ese modo, el cuerpo puede ayudar a despertar la ira.

»La ira puede ser una fuerza de sanación. No es negativa. Solo cuando la reprimimos y nos sentimos carentes de valor debido a ella, nos confundimos y nos deprimimos interiormente. Sin embargo, la ira en su forma original solo dice: «No, no es esto lo que quiero». Esta es una respuesta muy auténtica. Siento que te has acostumbrado a reprimir esta reacción.

»Es muy importante volver al sentimiento original y simplemente dejarlo ser. Si lo haces, será como una inmensa ola en el océano: cuando llega a su punto más alto, fluye hacia la playa y se vuelve silenciosa y tranquila. Las emociones tienen su propia dinámica. Si las dejas libres, producirán paz y liberación. Tienen una tendencia natural a equilibrarse.

»Me dijiste que rezabas por el alma de Steve y por que cualquier vínculo kármico que exista entre vosotros pueda ser sanado en esta vida. Preguntaste si esto había ocurrido y si no, qué era lo que podías hacer para lograr este objetivo.

»Ante todo, debes resolver tu propio karma. En realidad, el karma no se comparte. Cada uno es responsable de sí mismo y puede trabajar su propio karma en una relación mutua, pero tú tienes tu karma y él tiene el suyo. Steve tenía un gran sentido de la culpabilidad e incluso de estar maldito debido a lo que te hizo. Ahora que ha cruzado al otro lado, ha llegado a comprender que tú fuiste responsable de lo que te sucedió, así como él fue responsable de lo que hizo y de lo que le sucedió a él. —Aquí, comprendí que Pamela se refería al nivel del alma, no al de la personalidad—. Este conocimiento lo ha liberado de su oscuro odio a sí mismo. Está recibiendo ayuda en el otro lado. Está aprendiendo y creciendo. Sin embargo, quiero dejar claro que si está aprendiendo o no de su pasado, eso solo le compete a él. Si resuelve su karma o no, no te afectará a ti.

»Lo que te afectará —continuó Pamela— es cómo haces frente a tu propio problema: perdonarte a ti misma por haber atraído este hecho a tu vida. Es muy valiente y te da un gran poder ver que, en cierto nivel, tú eres responsable de aquello que atraes a tu vida. Es un avance espiritual muy importante liberarte de la idea de que únicamente eres una víctima impotente y saber que tienes poder sobre tu vida, no solo de atraer determinadas circunstancias hacia ella, sino también de superarlas y sanarte a ti misma.

»Tú tienes esta conciencia. Es muy importante ahora que te mires a ti misma con compasión y que permitas que la parte de ti que aún está traumatizada por la violación se exprese plenamente. La autoexpresión produce un equilibrio. Al permitirte sentir las emociones reprimidas, le dices a tu niña interior: «Te quiero mucho. Eres tan digna de ser amada que accedo a que te expreses plenamente, porque así puedes llegar a un punto en el que vuelvas a sentir la alegría y el amor que realmente eres». Es posible liberar el gozo de vivir, la creatividad, el amor y la inocencia del niño interior. Es posible revelar su naturaleza original si permites que las emociones negativas se expresen.

»Si oras por el alma del violador, mira profundamente dentro de ti para ver si hay culpabilidad. Una persona violada puede sentirse culpable al pensar que ella también podría haber dañado al violador. Puedes pensar: «Ahora irá al infierno por mi culpa». Esto no es así; no tienes que orar por su alma por esa razón. Sin embargo, si llegas al punto de sentir una profunda compasión por ti misma y de liberar todas las emociones que acompañan a la violación, podrás llegar a una etapa en la que digas: «Lo perdono. Puedo ver cómo esto surgió de su pasado, cómo la persona que era lo condujo a esta acción». Al perdonar al violador de ese modo, te liberas realmente. Es algo hermoso que puedes hacer.

»El perdón se produce de una forma natural cuando te amas y te perdonas completamente y puedes abrazar cada una de esas partes de ti que han sido lastimadas y traumatizadas. En ese punto, el perdón estará ahí, simplemente como algo de lo que te das cuenta: «Lo he perdonado».

»No tienes que rezar por su alma porque te sientas culpable. Hazlo porque puedas sanar en esta vida. Eso liberará al violador, pues cuando su alma sienta que tú estás libre del dolor causado por su acto, se aliviará su sufrimiento. Es ante todo cuando te ayudas y te sanas a ti misma cuando le ayudas también a él a crecer y evolucionar.

»Con respecto al karma de la vida anterior que describí, se ha *equilibrado*. Ambos están empatados, por decirlo de alguna manera. Sin embargo, para *liberar* realmente el karma, es necesario que veas la responsabilidad que tú misma tuviste en este suceso y, después, que resuelvas tus propias emociones dañadas.

Interpreté el uso del término «responsabilidad» por parte de Pamela como una referencia a la energía. En otras palabras, ¿qué clase de energía había estado presente en el interior de Beverly, bajo el nivel de su conciencia deliberada, que había hecho posible que la violación se incorporara en su experiencia?

—Esa es la verdadera esencia de la resolución del karma —añadió Pamela—. Tú lo estás haciendo, Beverly. Si sigues por este camino de autosanación, volviéndote más fuerte y aumentando tu autoestima y la sensación de tu propia valía, no habrá ninguna necesidad de que vuelvas a reunirte con Steve en estas circunstancias tan dolorosas. Dejaréis de atraeros mutuamente.

HABLAR CON JESHUA

La clarisensibilidad (que le permitió sentir las emociones conscientes y subconscientes de Beverly, así como sus emociones de una vida anterior) y la clarividencia (gracias a la cual pudo ver la encarnación anterior de Beverly) de Pamela permitieron obtener una explicación clara del vínculo entre Beverly y Steve. Para ampliar nuestro conocimiento, Beverly y yo le pedimos a Jeshua que abordara la cuestión de por qué un alma planearía, antes de nacer, experimentar un desafío tan doloroso. Ella me permitió plantear la mayoría de las preguntas en nombre de ambos.

—Deseamos decirte que honramos el camino que has elegido –le dijo Jeshua a Beverly–. Has sido valiente y has estado dispuesta a afrontar tu propia oscuridad en puntos cruciales de tu vida. Tu alma está despertando, Beverly, y esa parte de ella que ha experimentado la oscuridad y las dificultades y está aprendiendo cómo superarlas y cómo aceptar a su verdadero Yo te está profundamente agradecida. Te recomendamos que dediques un tiempo todos los días para honrarte y bendecirte haciendo algo amable y servicial para ti misma. Es importante que reconozcas a diario lo lejos que has llegado y lo hermosa y valiosa que eres ahora mismo.

—Jeshua –dije–, por favor, háblanos sobre el vínculo en la vida anterior entre Beverly y el violador.

—Beverly era su madre en una vida anterior –respondió Jeshua, confirmando lo que Pamela había visto–. Le infligió dolor al separarse de él a una edad temprana. Él se sintió profundamente dañado, ofendido y enfurecido. En cierto nivel, ella estaba de acuerdo en que tenía razón, que lo había abandonado y que merecía un castigo por ello. Estas emociones de carencia de valor por parte de ella y de ira por parte de él no fueron resueltas durante aquella vida. En esta encarnación actual volvieron a reunirse, y el hijo apareció como el hombre que violó a Beverly. Él aún deseaba su reconocimiento, su amor, pero solo podía pedírselo de una forma agresiva.

—¿Por qué Beverly besó al violador antes de salir de la habitación?

—Había sentimientos maternales en su alma cuando lo hizo. La dinámica de la vida anterior se desarrolló durante la violación. En cierto nivel, ella se sintió apenada por lo que le hizo en esa vida anterior. El beso fue un gesto de perdón hacia él que provino del alma. En el nivel de la personalidad terrenal, ella todavía tendría que hacer frente a las poderosas emociones de miedo, ira y tristeza que le provocó la violación.

—¿Y las personas que juzgan a Beverly por besarlo?

—Es sabio mirar más allá de las apariencias externas y estar abierto a la posibilidad de que la relación entre la víctima y el agresor sea psicológicamente muy complicada. Además, ella no quería besarlo como una decisión deliberada. Simplemente ocurrió. Se hallaba en un estado de sueño en ese momento y revivía los recuerdos de su alma que le hicieron besarle. El hecho de juzgar un acto como ese es una forma de reducir la complejidad y hacer que la víctima se sienta avergonzada y culpable, mientras que son precisamente las emociones inesperadas y supuestamente prohibidas las que pueden arrojar una nueva luz y permitirnos comprender los sentimientos de la víctima en un nivel más profundo.

—¿Beverly planeó esta experiencia antes de nacer? –pregunté–. Y si fue así, ¿por qué?

—Su alma sabía que era necesario hacer frente al problema de negarse a sí misma, que desempeñó una función muy importante en varias de sus vidas. En una encarnación anterior [la que describió Pamela], Beverly tuvo problemas al confrontar la agresión masculina y proteger sus límites como mujer. Decidió planificar el potencial de la violación en su camino de vida porque quería arreglar este asunto. Al ser violada, se vio obligada a afrontar emociones muy profundas de carencia de valor, impotencia e incapacidad de dar la cara por sí misma. Esto le daría a su alma la oportunidad de superar estas emociones y antiguas creencias negativas sobre sí misma. De igual modo, su alma se sentía personalmente en deuda con el violador porque lo había abandonado cuando fue su hijo en esa misma vida anterior.

—¿Por qué planeó esto el violador?

—Su alma todavía experimentaba la ira, el dolor y la indignación con respecto a Beverly por haberlo abandonado en una vida anterior. La parte más ignorante de su alma siguió el impulso de vengarse, y la parte más elevada permitió que aquella hiciera las cosas a su manera porque sabía que, mediante esa acción, podía darse cuenta finalmente de que uno no puede obtener el amor de otra persona a través de la violencia. El amor se tiene que ofrecer libremente; de lo contrario es solo obediencia y miedo. El alma del violador tenía que aprenderlo, y lo ha hecho en parte, aunque todavía tiene que afrontar mucho miedo y agitación en su interior.

»Los planes de vida se desarrollan a menudo durante varias encarnaciones —continuó Jeshua—. Un alma puede trabajar en determinado asunto durante muchas vidas, logrando cierto progreso en cada una de ellas. Planear un desafío vital que obligue a llevar al primer plano el problema concreto permite que el alma tome nuevas y mejores decisiones.

»Un alma evolucionada y una menos evolucionada pueden planear la violación en sus vidas, reconocerla como algo que coincide con ciertas creencias profundamente enraizadas sobre su propia carencia de valor. Internamente, toda alma quiere enfrentarse a su oscuridad para superarla. Lo semejante atrae a lo semejante. El alma se ve impulsada a llevar a la luz aquello que es oscuro al atraer circunstancias exteriores que reflejen su oscuridad interior.

»En general, las almas más evolucionadas tendrán mayores oportunidades de hacer frente al desafío espiritual inherente a la violación. Para ellas, será más fácil enfrentar sus emociones y superarlas porque existe un vínculo más fuerte con el Espíritu. En la vida terrenal, estas personas pueden parecer increíblemente resistentes y seguras, y son un ejemplo de inspiración para los demás. Las almas menos evolucionadas pueden quedarse estancadas más fácilmente en el trauma y en las emociones densas provocadas por la violación, y requerir más tiempo, incluso otras vidas, para crecer y desarrollarse. Sin embargo, en ambos casos, el alma elige esta experiencia porque solo puede crecer atrayendo en el exterior lo que desea cambiar en su interior.

—No creo en el mal —le dije a Jeshua—. En lugar de ello, creo que algunas personas sufren un dolor enorme y que, en su dolor, hacen cosas a las que llamamos mal.

—Tienes razón. No existe el mal puro o absoluto. El mal surge del dolor *no reconocido*. No es el dolor mismo el que hace surgir el mal; negarlo y reprimirlo es lo que produce un deseo de infligir dolor a otros. Si, por el contrario, se afronta y se acepta conscientemente, y si quien lo sufre se permite sentirlo en todos los niveles, se disipará e incluso hará que la persona sea más afectuosa y sabia. Las emociones inicialmente puras del miedo, el dolor o la ira, al ser juzgadas y reprimidas, se convierten en creencias negativas del estilo: «Soy un cobarde», «Soy incapaz de superar el dolor», «Soy demasiado sensible y no puedo hacerle frente a la vida» o «Debo ser agradable y obediente porque la ira es mala».

»Siempre que las personas reprimen sus emociones iniciales y las convierten en juicios de carencia de valor, se vuelven tensas, deprimidas e incluso violentas. Siempre permanecen en una lucha constante consigo mismas. Cuando esta lucha se vuelve insoportable, pueden dirigir hacia otras personas la ira que originalmente dirigían hacia sí mismas. Es entonces cuando se convierte en mal, como vosotros lo llamáis. Detrás de la ira siempre hay un dolor no afrontado. Abordar este dolor es la clave para afrontar el mal en el nivel más básico.

—Jeshua —pregunté—, ¿cuál era la probabilidad que tenía Beverly antes de nacer de sufrir esta violación?

—Muy alta, digamos un ochenta por ciento. Ese porcentaje, sin embargo, no es absoluto. Era de un ochenta por ciento dado el estado del alma de Beverly al principio de esta vida y la forma en que los seres humanos se desarrollan en general durante sus encarnaciones en la Tierra. En general, no es fácil despertar. A menudo, se necesita una crisis para cambiar interiormente. Hay un gran miedo en la Tierra que penetra en las mentes de los seres humanos y que los hace resistirse al cambio; tienden a aferrarse a las viejas formas de evitar el dolor, incluso si esas mismas formas son dolorosas.

»Beverly tenía un patrón de autonegación en su psique, una tendencia a dar demasiado a los demás, descuidando sus propias necesidades y, en última instancia, el carácter sagrado de su propio Yo. Este patrón doloroso de autonegación hizo que atrajera la violación hacia su vida. En cierto nivel, permitió que se produjera: una creencia negativa sobre su propia carencia de valor permitió que el violador entrara en su realidad física.

»Ahora, lo que ocurre como consecuencia de este supremo acto de violencia es que Beverly se encuentra en una encrucijada: puede perderse en la experiencia del dolor y de la condición de víctima, o decidir hacerle frente y ver este dolor como el resultado de un patrón negativo en su interior que, debido a la violación, destaca ahora claramente, listo para ser abordado y liberado de forma consciente. La agresión sexual que sufrió es un catalizador espiritual que la invita a abordar el asunto de la carencia de valor.

»Ella sabía todo esto en un nivel profundo [en el momento de la violación]. Las almas saben que tales sucesos las llevan a una encrucijada. Saben que han atraído estos sucesos a sus vidas. Y también saben que les ofrecen la posibilidad de realizar un profundo cambio interno. El hecho de decidir no verse a sí mismas como víctimas, sino aceptar el desafío y crecer gracias a él, es la mayor victoria del alma. Siempre que un ser humano elige este camino, su grandeza y su divinidad destacan claramente.

—Jeshua, ¿hubo algo que Beverly pudo haber hecho para evitar la violación? Más en general, si alguien ha planeado una experiencia dolorosa, ¿esa persona puede encontrar, después de nacer, una forma de aprender las lecciones de una manera menos dolorosa?

—Siempre existe una posibilidad de despertar en la vida antes de lo esperado –contestó Jeshua–, cancelando así ciertos sucesos con probabilidades de ocurrir. En teoría, Beverly pudo haber despertado antes, lo que habría hecho que la violación fuera innecesaria. Digo esto para que se comprenda que uno siempre es libre de cambiar su vida. Mis palabras no son un juicio hacia las decisiones de Beverly. Hablando en términos prácticos, dada la manera en que empezó esta encarnación, cargando los recuerdos de vidas anteriores, evitar la violación era una posibilidad muy remota.

»Nosotros no juzgamos si el alma participa o no en un desafío creado por ella misma. Respetamos y celebramos que lo evite a través del autodescubrimiento, pero también que lo afronte mediante el sufrimiento. En ambos casos se requiere un gran valor y un espíritu claro y resuelto.

»El objetivo de ser más consciente es despertar al conocimiento de la propia divinidad y del propio poder creativo y, de esta manera, crecer a través de la satisfacción en lugar de hacerlo mediante el sufrimiento. La naturaleza del alma es el gozo; el dolor no es necesario. Cuando te encuentras estancado en el dualismo, puedes usar el sufrimiento para despertar, pero eso no quiere decir que sea intrínsecamente necesario.

»Si buscas iluminarte al reflexionar sobre tu vida, tu psique y tus relaciones con otros, si afrontas tu propio dolor emocional y te atreves a mirar directamente tus partes oscuras, esto tendrá, sin duda, un impacto en el tipo de circunstancias y sucesos que atraigas a tu vida. De este modo, puedes evitar enfermar, que te despidan o tener un accidente. Tú te aferras conscientemente a tu vida, incluso si no sabes qué hechos estás esquivando con tu intención consciente de crecer. Hay ciertas llamadas de atención planificadas, pero algunas de ellas existen solo como posibilidades. Si ya no las necesitas, desaparecerán de tu línea de vida. Los planes de vida son flexibles. Pueden cambiar de acuerdo con tu crecimiento interior.

—Jeshua —señalé—, algunos pueden sentirse ofendidos, enfadados o incluso consternados por este diálogo, pues podrían creer que denigra a la persona violada o que exime al violador de la responsabilidad de sus acciones.

—Sí, resulta algo forzado decir que las personas son responsables en cierto nivel de los crímenes cometidos contra ellas. Uno debe tener siempre mucho cuidado al afirmar esto. Mi consejo para la víctima es que descubra por sí misma si esta perspectiva le resulta sanadora o no. Nadie debe decirle nunca a una mujer violada que ella misma es responsable en cierto nivel de su agresión, especialmente debido a que las víctimas de una violación son muy proclives a sentirse culpables y avergonzadas. Estas mujeres deben verse libres para expresar de una forma segura toda su ira y su furia contra el agresor. Sin embargo, en algún momento, ellas mismas podrían sentir el impulso de asumir su responsabilidad, inicialmente no tanto por el suceso mismo, sino por la forma en que lo afrontan. Podrán darse cuenta de que el hecho de recuperar su responsabilidad proporciona un gran poder. Si se sienten abiertas a una perspectiva espiritual, incluso podrán adoptar la idea de que la violación fue un suceso que, desde el nivel del alma, atrajeron a sus vidas. Esta perspectiva solo tiene un verdadero valor espiritual cuando les resulta liberadora.

»Desde un punto de vista práctico y legal —añadió Jeshua—, el violador debe ser considerado completamente responsable de sus actos.

El sistema legal ha de defender la verdad espiritual de que todas las mujeres deben ser respetadas en cuanto a su identidad sexual y que la violencia es negativa. El sistema jurídico no debe reflejar las partes oscuras e ignorantes del interior del agresor o de la víctima; en lugar de ello, tiene que ser un faro de luz que refleje ante ellos lo contrario de estos puntos ciegos u oscuros. Al hacer responsable al violador, el sistema jurídico irradia una afirmación positiva sobre cómo las personas deben tratarse unas a otras en una sociedad iluminada.

—Jeshua, si una violación fue planeada antes de nacer, ¿eso quiere decir que el violador no adquiere karma?

—La violación siempre se produce desde una parte del alma del violador que es ciega a la verdad, una parte que tiene miedo y que es ignorante. Este acto generará karma independientemente de si es planificado o no.

—Si una violación no se planifica antes del nacimiento, ¿qué le ocurre al violador en su evaluación de vida después de morir?

—Eso depende de cómo haya evolucionado después de la agresión. ¿Ha asumido su responsabilidad? ¿Se ha abierto a lo que sufrió la persona a quien violó? ¿Se ha enfrentado a sus propias emociones más oscuras?

—¿Estás diciendo que si el violador está realmente arrepentido de lo que hizo, habrá menos karma que deberá equilibrarse en otra vida?

—Sí –confirmó Jeshua–. Asumir la responsabilidad de nuestra propia oscuridad siempre nos conecta más fuertemente con el Espíritu. Cuando se hace, surge la posibilidad de la sanación y el perdón. Aun así, el violador todavía podría atraer una vida en la que será víctima de alguna agresión sexual, ya que su alma podría sentir la necesidad de sufrir las emociones de la persona a quien violó para poder liberarse realmente de sus propios errores.

»Sin embargo, si su alma ha asumido su responsabilidad y ha evolucionado más tras la violación y en la vida después de la muerte, en la siguiente encarnación superará ese trauma más fácilmente que si no hubiera asumido su responsabilidad y no sintiera un verdadero arrepentimiento. Entonces, el karma podrá crear las mismas consecuencias, es decir, desafíos vitales en el nivel físico, pero serán sobrellevadas de un modo más sencillo y desenvuelto.

—Jeshua, la violación es un terrible acto de violencia contra un ser humano. Para muchas personas es difícil creer que un Dios afectuoso pueda permitir que algo así ocurra.

—El Espíritu permite que el alma experimente la vida sin limitaciones. Excluir ciertas experiencias, incluso si son actos oscuros, iría contra la naturaleza del Espíritu, que es creatividad ilimitada. Sin embargo, el Espíritu no está fuera de la creación. Está presente en la persona violada, sufriendo con ella. No es un intruso. Tú *eres* el Espíritu que está atravesando por una experiencia humana.

—¿Por qué el alma de Beverly no planeó aprender de alguna manera menos dolorosa? —pregunté, pensando en lo que Jeshua había dicho anteriormente acerca de que el sufrimiento no es necesario.

—Se sentía incapaz de aprender de una forma diferente y más satisfactoria. A menudo, el alma tiene que ver sus propias creencias negativas reflejadas en sucesos exteriores para darse cuenta finalmente de que son falsas. En ocasiones, al llevar las cosas a los extremos, te das cuenta de que tú eres parte del Espíritu, amado incondicionalmente como tal y, por lo tanto, capaz de crecer a través de la felicidad en lugar de hacerlo a través del sufrimiento.

MÁS ACERCA DE LA SANACIÓN

—El dolor emocional de una violación es muy profundo y duradero —dije—. ¿Cómo puede una persona sanar real y totalmente de esa experiencia?

—Ser violado es una de las heridas más profundas que alguien puede experimentar como ser humano —observó Jeshua—. En la Tierra, esto les ha ocurrido a las mujeres en una escala tan amplia que podríamos hablar de una herida femenina colectiva, que tiene una gran necesidad de ser sanada en esta era. Actualmente, la humanidad está a punto de experimentar un despertar. Está liberándose de un pasado lleno de violencia y de un gran sufrimiento. Dentro de la transformación actual de la conciencia, la sanación de esta herida colectiva es de gran importancia. La energía femenina es necesaria para crear el nuevo despertar, ya que solo al vincularse con los poderes de la intuición, los sentimientos y la empatía, la humanidad encontrará el equilibrio de nuevo.

»¿De qué manera esta herida, el trauma colectivo de haber sido violadas, humilladas y despreciadas, puede ser sanado por las mujeres de hoy? ¿Cómo es posible afrontar la profunda herida emocional de una violación? Lo primero que se necesita para hacer frente a cualquier trauma es revivir, de manera consciente y compasiva, las emociones experimentadas. Una persona no puede liberarse del trauma de una agresión sexual sin enfrentarse a las emociones que este hecho ha provocado en su interior. Casi siempre, estas emociones fueron reprimidas porque eran demasiado abrumadoras para afrontarlas en el momento en que se consumó la violación.

»Muchas mujeres sienten como si salieran de sus cuerpos durante la violación, por lo que solo están parcialmente presentes, además de cerrar los chakras o centros de energía inferiores. La energía de sus genitales y de su abdomen *se congela*, por así decirlo. Esto ocurre casi automáticamente, como un intento de no sentir el dolor. El resultado es que pierden contacto con sus emociones. A menudo, les resulta difícil sentir la ira, el dolor y la tristeza que se halla en su interior.

»En algún momento, muchas mujeres incluso empiezan a acusarse de haber provocado la violación [en el nivel de la personalidad]. Se sienten culpables o avergonzadas. Como resultado de no permitir realmente las emociones originales de miedo, ira y tristeza, sino todo lo contrario, reprimirlas, estas emociones se convierten en juicios negativos contra sí mismas, y esto podría traducirse en depresión, adicción u otro tipo de conducta autodestructiva.

»La clave —dijo Jeshua— es volver a la experiencia y permitir que las emociones puras de miedo, ira y tristeza que estaban ahí durante la violación entren plenamente en tu propia conciencia. Siéntelas sin juzgarlas. Puede ser útil que alguien esté a tu lado para ayudarte durante el proceso, alguien que se sienta cómodo al permitirte expresar libre y abiertamente tus emociones, pero de forma tranquila, sin dañarte a ti misma o a los demás. De este modo, integrarás partes de ti que se han cerrado y que has reprimido debido a la agresión. La ira, el dolor y la tristeza tienen un gran poder de sanación si les permites fluir libremente a través de ti. Te permitirán empoderarte y crearán un nivel de amor a ti misma que no conocías antes.

»Después de que hayas revivido e integrado estas emociones, algo que podría tardar muchos años, es posible que te sientas libre otra vez, libre en tu cuerpo y a gusto con tus emociones. El recuerdo de aquel acto todavía estará ahí, pero rodeado de compasión en lugar de aversión hacia ti misma. Es posible sanar las cicatrices emocionales que provoca la violación, y cuando lo haces, te conviertes en un rayo de luz para otras personas que también la han experimentado.

»Si alguien ha superado el trauma de la violación, habrá construido un sólido sentido de autoestima y dignidad como mujer. Y no solo se sanará a sí misma, sino que también ayudará a otras mujeres a sanar, porque está cambiando la conciencia colectiva mediante su luz interior.

»En este momento, únicamente a través del renacimiento y del empoderamiento de la energía femenina, logrados gracias a la sanación de la herida colectiva, la humanidad podrá avanzar hacia un estilo de vida más afectuoso y respetuoso con ella misma y con el planeta.

—Jeshua —dije—, hablaste del poder de sanación que tiene el hecho de experimentar las emociones reprimidas en el momento de la violación. Si estas emociones son en gran parte o incluso totalmente subconscientes, ¿cómo saber que se debe realizar esa sanación?

—Uno lo sabe porque no se siente completo e íntegro —contestó Jeshua—. Existe una ausencia de satisfacción y creatividad en la personalidad cuando se han reprimido emociones importantes, incluso si ocurrió hace mucho tiempo, la sensación de no estar completamente presente en la propia vida, de no ser capaz de sentir y expresar las emociones de una forma profunda y sincera.

»Asimismo, alguien con emociones reprimidas siempre las teme y, por lo tanto, necesita distraerse continuamente, en ocasiones a través de actividades y relaciones, pero también mediante adicciones u otras conductas autodestructivas. Una persona puede reconocer la necesidad de sanar cuando está siempre intranquila, le resulta difícil relajarse o se destruye a sí misma de una manera aparentemente irracional.

—Jeshua, aunque como sociedad tendemos a centrarnos en las mujeres cuando hablamos de violación, los hombres también la sufren.

—La violación de un hombre implica el mismo dolor y el mismo trauma emocional. La forma de sanar es, en términos generales, la misma. Sin embargo, ellos tienen que afrontar además la incredulidad y el ridículo, porque a menudo no son tomados en serio. Para sanar, animaría a estos hombres a hablar con mujeres que han experimentado la violación. Encontrar el hilo común, el dolor compartido, los ayudará a hallar nuevamente la paz con la energía femenina. Necesitan que esa paz entre plenamente en sus emociones, que son parte de su lado femenino y sensible.

LAS PREGUNTAS DE BEVERLY A JESHUA

—Todo lo que has dicho sobre mis luchas y lo que tengo que trabajar en esta vida (la dificultad para lidiar con la agresión, establecer límites saludables...) son cosas que reconozco claramente –le dijo Beverly a Jeshua–. ¿Cuál es el mejor enfoque que puedo adoptar al hacer frente a estos asuntos?

—Usa tu energía masculina, la parte de ti que es autoconsciente, que está enraizada y centrada –le aconsejó–. Tus problemas con los límites nacen de una falta de confianza en tu propia energía masculina. Te has resistido a ella durante muchas vidas porque la has relacionado con la agresión y la opresión. Te has refugiado en la energía femenina, pero no es posible vivir en equilibrio sin usar ambas. La esencia de la energía masculina es mantener una separación próspera entre «Yo» y «los demás». Practica decir «no» siempre que sientas el impulso. Atrévete a confiar en tus impulsos. Permítete sentirte enfadada si experimentas esta emoción en tu interior. Dale la bienvenida a la ira como una amiga, como un mensajero. Si le ofreces tu amistad a la ira y confías en el mensaje que esa emoción conlleva, te será mucho más fácil establecer límites. La reprimes porque temes su poder; sin embargo, puedes incorporarla a tu poder. Te salvará, no te destruirá. Aceptar las emociones oscuras te convierte en un ser pleno y radiante. El poder que surge de este abrazo deliberado no es negativo, sino realmente la magnificencia de tu Ser natural.

—Algunas de mis relaciones más íntimas han sido con hombres: mi padre, mi hermano y mis sobrinos –observó Beverly–. Así que mis relaciones con los hombres han sido positivas y poderosas, lo mismo que negativas y violentas.

—Has atraído modelos positivos y negativos de energía masculina en tu vida —señaló Jeshua—. Las experiencias positivas son el resultado del deseo de tu alma de hacer las paces con la energía masculina, interior y exterior. En un pasado muy remoto de tu vida, abusaste de tu energía femenina al ejercer tu poder sobre los hombres. En estas vidas, tú eras el agresor en lugar de la víctima. En algún momento, sin embargo, ya no deseaste hacerlo. Renunciaste a tu poder y caíste en el extremo contrario: te volviste débil y sufriste abusos durante varias vidas. Como alma, tratabas de hallar el equilibrio entre la energía femenina dominante y manipuladora y una femineidad sumisa y demasiado blanda. La solución consiste en adoptar una energía masculina equilibrada. Esto también equilibrará la energía femenina. El hecho de que hayas atraído relaciones negativas y positivas con los hombres muestra que has resuelto el viejo karma y recibido los frutos de ello, pero que todavía tienes que solventar algunos asuntos pendientes.

DIMENSIONES PARALELAS

Ahora que nuestro diálogo sobre la sanación estaba completo, le pregunté a Jeshua sobre un importante tema: las dimensiones paralelas.

—Jeshua, ¿la decisión en la vida anterior de Beverly de enviar a su hijo al internado creó una dimensión paralela en la que lo mantuvo en casa?

—Sí. En esa línea de vida alternativa, ella se separó de su marido. Fue una vida paralela llena de retos, pero muy liberadora.

—¿Puedes explicar en general qué son las dimensiones paralelas, cómo y por qué se crean y cómo dan servicio al alma?

—Supongamos que la personalidad llamada Beverly es como un árbol —respondió Jeshua—. El tronco, enraizado en el alma, representa los rasgos de carácter básicos de la personalidad, los parámetros con los que tiene que trabajar. Las ramas son los diferentes caminos de vida para la personalidad. La división en distintas ramas, es decir, en caminos de vida diferentes, se produce cuando la personalidad se encuentra en una encrucijada, en un momento de decisión importante. Cuando no logra decidirse sobre qué camino escoger, el alma le permite seguir ambas alternativas, experimentar cómo son los distintos caminos y aprender de ellos.

»Esta división de la energía del alma no tiene lugar cuando tomas decisiones poco importantes en la vida diaria; se relaciona con las elecciones que afectan profundamente a toda tu existencia. La realidad paralela tiene lugar en una dimensión diferente, tan real y física como esta. No obstante, todas estas realidades paralelas son parte de la misma personalidad, están unidas al mismo tronco.

—¿Hay una dimensión en la que Beverly no fue violada?

—Sí, hay una rama del árbol que representa una línea de tiempo en la que no sufrió la violación. En el momento de su nacimiento, era solo una ramita, por así decirlo. No tenía tanto poder de vida, pero estaba ahí. Ahora, aunque ese camino no fue elegido por la Beverly que conocéis, la otra Beverly puede activar la energía de esa ramita al sanar sus emociones relacionadas con la violación. Cuando llega al punto en el que reconoce que no necesariamente requiere la experiencia de la violación para crecer, cambia el flujo de energía a través del árbol. Ella dará energía a la otra Beverly, la que no eligió la violación, y recibirá energía de ella. En cierto sentido, incluso *se convertirá* en ella y, por lo tanto, esa pequeña ramita terminará siendo una robusta rama.

»De esta manera, es posible interactuar con realidades paralelas mediante el trabajo y el crecimiento interior. Cuando Beverly sane del trauma de la violación de esta vida, influirá positivamente en todas las demás líneas de tiempo, y el camino de vida que eligió (el que incluía la violación) se convertirá más en una ramita que contiene menos energía de vida. Finalmente desaparecerá, lo cual no quiere decir que el suceso físico no existirá, sino que su peso energético disminuirá porque Beverly habrá eliminado el trauma que lo rodea. En este proceso, ella misma se fusionará más profundamente con su alma, es decir, con las raíces del árbol.

—Jeshua –pregunté–, ¿cuántas «Beverlys» existen? ¿Y de qué manera influyen en nosotros nuestros otros Yoes de las dimensiones paralelas?

—En este momento, existen aproximadamente cuatro personalidades paralelas que son relevantes para Beverly aquí y ahora. El número no es fijo. Volviendo a nuestra metáfora del árbol, las realidades paralelas están unidas unas con otras a través del tronco. Todas ellas interactúan constantemente. Mediante esta interacción, surgen nuevas realidades y otras se desvanecen en un proceso continuo de crecimiento y aprendizaje.

»Esto es difícil de imaginar desde tu punto de vista, porque tienes un concepto del tiempo en el que el pasado, el presente y el futuro siguen una línea recta. Las realidades paralelas solo pueden comprenderse si uno adopta un concepto diferente del tiempo, en el que las realidades pasadas, presentes y futuras existen simultáneamente en un gran ahora, como una vibrante red de energías, siempre fluyendo e interactuando. La personalidad tiene el poder de dotar de energía de vida a cierto hilo de la red y de retirar dicha energía de otros hilos. Esta es su libertad.

»¿Uno crea líneas de vida paralelas de la nada cuando llega a una encrucijada importante, o la línea de vida ya está allí, esperando que la activen? En cierto sentido, ambas afirmaciones son verdaderas. El árbol, con sus muchas ramas, es decir, con las líneas de vida diferentes, ya está ahí. Sin embargo, las que se habrán de activar realmente, las que serán dotadas de energía de vida, dependen del libre albedrío de la personalidad.

»Tus otros Yoes de las dimensiones paralelas interactúan contigo en muchos sentidos —explicó Jeshua—. Uno de ellos es a través de los sueños, incluso cuando soñamos despiertos. Es posible conectarse con un Yo paralelo sin saberlo conscientemente, experimentar algunos de sus dilemas e incluso ayudarle a resolverlos o recibir inspiración de sus talentos y logros. Otro modo de interactuar se produce mediante la muerte de una personalidad paralela, que puede dar un sentido de liberación o de duelo, o un aumento de la energía de vida. También, el crecimiento de una personalidad paralela a un nivel más alto de conciencia puede ayudarte a sanar y a crecer, o bien puede ocurrir a la inversa: tú ayudas a un Yo paralelo a través de tus esfuerzos para hacer frente a tu oscuridad interior y aumentar el amor a ti mismo. Por último, es posible conectar conscientemente con un Yo paralelo, enviarle tu apoyo o recibir consejos y apoyo de él, a través de la hipnosis o con técnicas de relajación.

LA SESIÓN DE BEVERLY CON BARBARA Y AARON

Pamela y Jeshua explicaron con gran detalle el vínculo prenatal de Beverly con su violador, por qué la agresión sexual había formado parte de su plan de vida y cómo podía continuar sanando sus heridas emocionales. Para saber más sobre el plan de Beverly y la sanación del trauma, ella y yo hablamos con Aaron.

—Buenos días. Os envío mi amor y mis bendiciones. Estoy aquí a vuestro servicio —nos saludó Aaron afectuosamente. Yo me sentía contento por estar en su presencia otra vez. Empecé pidiéndole que abordara las intenciones de Beverly antes de encarnar. Hicimos una pausa mientras él accedía al Registro Akáshico de Beverly.

—Parte de esta situación es la intención prenatal de aprender cómo sentir compasión por una persona abusiva —nos informó Aaron—. ¿Eres capaz, si no de perdonar, al menos de sentir compasión por el violador? ¿Es posible comprender que el violador también es una víctima de las circunstancias?

»Beverly, tú de ninguna manera provocaste la violación, pero en cierto sentido la cocreaste simplemente al situarte en un momento y lugar en los que podía ocurrir. Este fue el desarrollo del karma. Habrá quien se pregunte: «¿Por qué estaba en ese sitio en vez de en aquel, en ese momento en lugar de otro? ¿Por qué yo?». Siempre hay algún tipo de acuerdo al estar ahí.

»El violador trataba de resolver su propio karma desagradable. En cierto nivel, se acordó que tú experimentarías este trauma, que te proporcionaría el catalizador necesario para desarrollar compasión y también para empezar a comprender que el agresor, así como muchas otras personas que cometen actos terribles, también es un producto de su entorno, de su cultura y de su karma. Es responsable, pero aun así, debemos sentir compasión por él, en lugar de odiarlo.

»Al haber sido violada —continuó Aaron—, es fácil caer en el papel de víctima y actuar de un modo sutil y subconsciente que continúa provocando distintas clases de comportamiento abusivo. En otras palabras, esta es una experiencia que modifica la vida y la personalidad.

»La pregunta más importante para la persona que ha sido víctima de una violación es: «¿A dónde iré a partir de aquí?», no solo con respecto a la sanación o al sentido de la violación, sino también en cuanto al crecimiento de la compasión y la seguridad de que uno vive su propia vida de tal manera que puede decir «no» de forma compasiva al abuso contra uno mismo y contra los demás.

—Puedo empezar a trabajar con víctimas de violación en un programa voluntario —dijo Beverly—. Ese podría ser un modo de ayudar a otras personas como no lo hice en vidas anteriores.

—Beverly, eso es correcto y me alegro de que lo veas. El karma siempre tiene dos partes: la resolución y el equilibrio. La primera se produce con la comprensión, con la compasión, con el perdón. Sin embargo, el karma también debe equilibrarse. Ese trabajo voluntario es una forma de equilibrarlo ayudando a otros. Será un acto muy sanador para ti.

»Debo añadir, Beverly, que mientras hablábamos y revisaba los Registros Akáshicos, me di cuenta de que eres un alma antigua. Existe una diferencia. Las razones que tiene un alma antigua para experimentar serán muy distintas de las de un alma nueva. Un alma más joven puede verse estimulada por la violencia, de forma muy semejante a como las personas ven películas violentas o se detienen a observar un accidente al lado del camino. Si es testigo de un accidente de tráfico, el alma antigua suele continuar conduciendo y orar por las personas que resultaron heridas en él. Esto es simplemente una cuestión de madurez. Para un alma antigua, un elemento muy importante de las intenciones prenatales es dar fin a una parte del karma del pasado, dar servicio a otros, aprender a amar, a tener una compasión más profunda y a liberarse del juicio hacia otras personas y hacia sí misma. La experiencia de la violación contribuye a lograr la purificación del karma.

»Dado que tú eres un alma antigua, una parte fundamental de tu aprendizaje no solo es la compasión, sino llevar esa compasión a tu vida diaria de la forma en que lo planeaste antes de nacer. La pregunta para el alma antigua es siempre: «¿Qué es lo que bloquea la acción más afectuosa del mundo y cómo puedo liberar ese bloqueo?».

—Aaron —dije—, hablemos acerca de la sanación. Por favor, diles unas palabras a aquellas personas que están en proceso de sanar de una violación.

—Yo les recordaría lo siguiente a estas hermanas y hermanos: no permitáis que nadie, ni siquiera vuestra propia voz interior, os diga: «*Debo* perdonar».

El comentario de Aaron me recordó que términos como «deber», «necesitar hacerlo» y «tener que hacerlo» son amonestaciones del ego. El alma, por contraste, motiva a la personalidad a través de sentimientos de amor y felicidad.

—En lugar de ello, estad presentes con tanto amor como sea posible con el dolor que sentís y sin juzgar ese dolor. Reflexionad sobre el hecho de que, en todo el mundo, muchos seres experimentan el terrible dolor del abuso perpetrado por otras personas, y que los agresores también experimentan el dolor de haber sido impulsados a cometer tales actos. Es con esta clase de reflexión como la compasión crece, y sin compasión no es posible dar ese paso final del perdón. El perdón es un proceso, no un suceso, y uno se incorpora a él de forma suave y gradual.

—Aaron, también algunos hombres han pasado por la experiencia de una violación –dije–. ¿Tienes algunas palabras específicas para ellos?

—Rob, como sabes, he estado en cuerpos masculinos y femeninos y, al igual que todos los seres humanos, he experimentado en ocasiones la violación o el abuso sexual, como hombre y como mujer. Existe una sutil diferencia en la experiencia de un hombre, porque hay un sentido de humillación. La mujer se sentirá profundamente violentada, al igual que el hombre, pero para él, ese sentido de estar desamparado y a merced de otro hombre puede generar intensos sentimientos de vergüenza. Es muy importante que un hombre que ha sufrido una violación o cualquier abuso sexual mire esos sentimientos de vergüenza, no con la idea «no debo estar avergonzado», sino limitándose a estar presente con esos sentimientos hasta que pueda ver la ira que se esconde detrás de ellos. Después, deben abrir espacio para todo eso.

Le pedí a Aaron que explicara qué quiere decir «abrir espacio» a algo y cómo se hace.

—Cuando hay una emoción poderosa como el miedo o la ira –respondió Aaron–, es muy incómodo. Generalmente, uno quiere alejarse de esas emociones. A veces, el miedo oculta a la ira; a veces, la ira oculta al miedo. Uno de ellos estará más en la superficie, será más intenso. Si hay mucha ira, se tiende a querer encontrar a alguien a quien culpar. Con ello, en realidad se estaría usando esta ira como una cortina de humo, deseando evitar la experiencia del miedo y la indefensión casi existencial que este produce. Sin importar lo que uno haga en una vida, nunca puede mantenerse seguro: las personas mueren. Habrá dolor. Habrá sufrimiento. Esa es la experiencia humana. No lo digo como algo negativo. Es simplemente un hecho que las personas sufren enormemente. Dado que no quieren aceptar ese hecho, siguen buscando una escapatoria.

»Abrir espacio significa simplemente estar ahí con una experiencia directa de dolor, humillación, miedo, ira, confusión, cualquiera que sea dicha emoción, y mirar las historias que surgen. Por ejemplo, con la ira surge la historia de «¿Quién tiene la culpa? ¿Cómo lo arreglamos?». La conciencia hace esto como una forma de librarse del dolor de la experiencia directa. ¿Cuál es la experiencia directa de la ira sin una historia? ¿Cuál es la experiencia directa del dolor sin una historia? Estas emociones empiezan a romperse. No podemos decir realmente qué es la ira o qué es la vergüenza. En cierto punto, tenemos que dejar de pensar en ellas y simplemente estar ahí con el corazón roto por la tristeza. Cuando uno abre un espacio de este modo, creando un recipiente más grande para la emoción, deja de estar controlado por esa emoción. Ve que la emoción existe en ciertas condiciones, pero que pasará. Y ya no siente tanto miedo de experimentarla. Esto es lo que quiero decir con la expresión «abrir espacio».

—Aaron —dijo Beverly—, llegué a un punto en el que no negaba que tenía que sentir dolor para alcanzar un estado más sano. Sabía que debía atravesar ciertos procesos para superarlo, para lograr que dejara de afectarme negativamente.

—Hermana, eres muy sabia —respondió afectuosamente—. Sí, uno tiene que permitirse establecer una relación íntima con su propio dolor. Cuando lo haces, deja de ser tu dolor y se convierte, literalmente, en el dolor de todos los seres. Muchos seres humanos de todo el mundo han sufrido violaciones y muchos otros tipos de abusos; es imposible aislarse de este hecho. Uno deja de preguntarse: «¿Por qué yo?», y empieza a preguntar: «¿Dónde comienza la sanación para todo nuestro mundo?». Se trata de una cuestión muy diferente que surge solamente a través de la disposición a dejar de negar el dolor y permitir que te alcance.

—Aaron, muchas personas se preguntan cómo un Dios afectuoso puede permitir que ocurran cosas como la violación –dije.

—Rob, Dios nos da el libre albedrío. Si tenemos libre albedrío, creamos nuestras propias circunstancias. Él no permite o impide nada. No provoca la violación; son los seres humanos los que la provocan. Dios no genera la respuesta a la violación, pero está ahí para respaldar una reacción compasiva ante cualquier violación humana. ¡Él *es* esa reacción compasiva! Aquello a lo que llamo Dios, que es el núcleo de la energía amorosa del universo, está siempre ahí para apoyarnos cuando elegimos el amor. Conforme cada vez más personas deciden vivir sus vidas con amor y responder a los actos de abuso con una gran compasión que dice «no», pero sin juzgar ni odiar, nos movemos en la dirección que permitirá la existencia de un mundo mucho más pacífico en el que cocreamos con ese elemento de amor al que llamamos Dios.

—Si una persona comete una violación –pregunté–, ¿qué clase de experiencia tendrá cuando regrese al plano no físico?

—Depende, Rob, de si ha sentido un verdadero arrepentimiento por la acción o si la justifica constantemente. A una persona que ha experimentado un profundo arrepentimiento y que ha hecho todo lo que está a su alcance para crear un equilibrio y ayudar a prevenir tales actos no solo en ella misma, sino también en otras personas en el futuro, es probable que, después de encarnar, se le pida que asuma la responsabilidad de lo que ha hecho. Deberá tener una nueva vida que le dé la oportunidad de resolver y equilibrar completamente ese karma, pero aun así, será recibido por Guías afectuosos. Esa alma experimentará el amor.

»Una persona que no muestra ningún arrepentimiento, que está llena de ira y que culpa a los demás también será recibida con amor pero será incapaz de aceptar ese amor. Después de la transición nadie te juzga, pero si no puedes abrir tu corazón a la experiencia del amor en la Tierra, ¿cómo puedes abrirlo a la experiencia del amor en un nivel celestial? Ese ser se encontrará en un lugar muy oscuro, un lugar donde perpetuará la historia de «no es mi culpa. Mirad lo que me ha pasado», hasta que finalmente queda claro que «Yo soy quien crea esta prisión de oscuridad para mí mismo y tengo una opción».

»Me gusta el término «arrepentimiento compasivo» —continuó Aaron—. El arrepentimiento compasivo nos permite vernos a nosotros mismos con compasión, ver los actos negativos que hemos cometido y asumir nuestra responsabilidad, y después buscar el camino a la resolución y el equilibrio pero sin un sentido poco saludable de profunda culpabilidad, vergüenza y juicio.

»Si has experimentado la violación o cualquier otro abuso, mi corazón está contigo. Indudablemente has sufrido. Ahora, toma la sana decisión de usar ese sufrimiento para el bien de todos los seres. Cultiva tu corazón para adquirir una compasión cada vez mayor hasta que comprendas cómo poner en marcha esa compasión en el mundo, sanándote a ti mismo y a los demás. Deja de separarte a ti mismo. Permite que tu propio dolor te transforme, sin caer en la autocompasión sino simplemente abriéndote a la experiencia directa del dolor que un corazón lleno de amor puede transmutar.

—Dejé de huir de ello —le dijo Beverly a Aaron—. Solía negar que había tenido un gran impacto en mí. Como tú dices, simplemente siéntelo, libérate de él y pasa al otro lado.

—Hermana, me alegro mucho de que hayas sido capaz de lograrlo —dijo Aaron—. Ciertamente, estás sanando. El dolor funciona de formas extrañas. Pensamos que finalmente hemos hecho las paces con él, pero luego, repentinamente, ocurre algo que nos afecta y, por un momento, volvemos a sentirnos perdidos en él. Si eso te sucede, simplemente abre espacio para ello, amándote a ti misma y a todas las personas que sufren ese dolor.

—Agradezco todo lo que has compartido con nosotros hoy —respondió Beverly.

—Hermana, yo también te lo agradezco. Te deseo lo mejor. Rob, gracias de nuevo por esta oportunidad de dar servicio.

—Gracias por hablar con nosotros —respondí.

LA LECTURA COMPLEMENTARIA DE STACI PARA BEVERLY

Para obtener aún más información sobre por qué se había planeado la violación, Beverly y yo hablamos con Staci y su Espíritu Guía. Antes de la sesión, les había pedido que accedieran a la parte del

Registro Akáshico de Beverly donde se abordara específicamente su relación con Steve.

—Tras reflexionar acerca del tiempo entre vidas –le dijo Staci a Beverly–, y al hablar con tu Espíritu Guía y con los miembros de tu grupo de almas, llegaste a darte cuenta de que tuviste [en otras vidas] conductas [poco honorables] porque buscabas respuestas fuera de ti misma en lugar de hacerlo en tu interior, donde pudiste haber hallado todo lo que deseabas. Querías verte obligada a mirarte a ti misma. Cuando te violaron, eso te hizo trabajar más duramente en tu bienestar emocional. Desde la perspectiva del alma, eso es exactamente lo que querías en esta vida.

—Esto tiene mucho sentido –dijo Beverly.

—La siguiente elección es que tus padres se abstuvieron de darte algunos elementos que habrían sido indispensables para el desarrollo de tu autoestima. Esto fue parte de su acuerdo contigo en el nivel del alma. Querías aprender a educarte a ti misma en esta vida para poder construir tu propio sentido de la autoestima. Al hacerlo, llegarías a conocer tu propia verdad. Lo que es verdadero para ti no es necesariamente verdadero para otras personas; no obstante, es importante y tiene un gran mérito y valor. Cuando reconoces eso, logras un nivel de honestidad que se convierte en confianza en ti misma y que te permite expresar quién eres realmente de una manera más rica y plena en lugar de contenerte. Cuando alguien te viola, deseas ponerte una coraza, encerrarte en ella y no salir nunca. Sin embargo, es ahora cuando cuidas de ti misma. Hasta que se produjo la violación, no habías tenido suficientes cuidados en tu vida. Ni de ti, ni para ti. Ni tampoco de ti para ti misma.

»Yo pensaría que sería muy difícil para ti ver al violador de manera compasiva –añadió Staci– y, a pesar de ello, ese es exactamente tu desafío: comprenderlo desde una perspectiva diferente y permitir que la compasión se exprese en tu punto de vista hacia él.

»¿Por qué otra razón elegiste esto? Porque reconociste en el nivel del alma que todo proviene de tu vínculo con Todo lo que Es, es decir, Dios. Cuando miro a través de la ventana las nubes, las flores, la hierba y los árboles, puedo ver que tengo un vínculo energético con todo ello. Es a través de ti misma como se crea tu vínculo con Todo lo que Es. Cuando un alma elige ese camino, generará el tiempo y la oportunidad suficientes para meditar, aprender, leer un libro, pasar un rato consigo misma. De esa manera, enriquecerá la relación con el Yo y, finalmente, se preguntará: «¿Qué estoy haciendo? ¿Por qué no me siento realizada?». Entonces, averigua lo que puede hacer y cómo puede cambiarse a sí misma para que su vida le resulte satisfactoria. ¿Una de tus reacciones en esa época consistía en retraerte?

—Sí –confirmó Beverly–. Particularmente, me retraje de la situación. No quería pensar ni hablar acerca de ello. No supe sino hasta varios años después que el hecho de no sentir y expresar las emociones me estaba afectando enormemente.

—Te reprimías –observó Staci–, por lo que no usabas la experiencia de la forma más rápida y eficaz posible. Sin embargo, ¿sabes algo? Cuando miramos nuestras vidas desde la perspectiva del alma, el tiempo es irrelevante. Te digo esto porque no deseo que te sientas decepcionada de ti misma por no usar mejor esa época de tu vida. Todo es una experiencia. Todo es algo que te ayuda a aprender y, en tanto aprendas, eso es lo único que importa. Es lo que tú querías.

»Me indican que esta alma, Steve, tiene el hábito de desarrollar estructuras de personalidad [en sus diferentes vidas] que lo hacen ser demasiado cerebral. Piensa las cosas una y otra vez, hasta el extremo de elaborar fantasías que le permiten sentirse bien con lo que está haciendo. Durante varias vidas, ha cultivado la creencia de que no tenía que trabajar tan duramente como los demás para sobrevivir.

Staci hizo una pausa. Cuando siguió hablando, lo hizo con una mayor lentitud, lo que me indicaba que su Guía estaba hablando directamente a través de ella.

—La sensación de que estaba bien que tomara algo que no era suyo se desarrolló de manera recurrente en estas vidas –nos dijo el Guía de Staci–. Steve también desarrolló un sentimiento de no merecer el amor. Una acumulación de muchas vidas en busca del amor y la atención y la actitud de que todo le pertenecía, se combinaron para justificar en su conciencia el ataque a Beverly.

—¿Estas creencias no podían haber curado a través de las clases y la instrucción que recibimos cuando estamos en el Espíritu? –le pregunté al Guía.

—Steve no pudo incorporar esto en su conciencia [cuando estuvo encarnado] –explicó–. Aunque logró comprenderlo en el tiempo entre vidas, no fue capaz de incorporarlo de manera suficiente en su conciencia como para reforzar ese aspecto de su personalidad.

»Steve ha tenido vidas en las que ha querido ser un humilde servidor, pero con demasiada frecuencia llega a un punto en el que toma decisiones basadas en la personalidad que son impulsivas y que afectan al curso de su vida. Consciente de ello, buscaba alguna manera de poner fin abruptamente a este camino conductual. Esta persona a la que conocemos como Beverly le hizo a Steve un servicio excepcionalmente extremo, pero lleno de amor y compasión, con el propósito de que en su propia evaluación de vida adoptara una actitud humilde y jurara nunca tomar otra vez ese camino. De hecho, eso es lo que ha hecho el alma individual.

—¿Cómo sabían Beverly y Steve que se encontrarían el uno al otro?

—Hubo una orientación por parte de Espíritus Guías para que ambos estuvieran en la misma área al mismo tiempo. Si les preguntaras a ellos, te dirían que habían sentido la necesidad de estar ahí.

—Si la violación nunca hubiera tenido lugar, ¿qué efecto habría tenido esto sobre Beverly?

—Se habría visto obligada a afrontar sus sentimientos de desigualdad y falta de autosuficiencia durante mucho más tiempo.

—¿Y cuál sería el efecto si Beverly todavía albergara una intensa ira contra Steve?

—Si no hubiera llegado a un punto de liberación en su interior –dijo el Guía–, eso la habría vinculado con Steve durante otra vida, y en este sentido, el objetivo habría sido trabajar el desequilibrio en su interior. Beverly dio su consentimiento para cerrar esta dinámica que llegó a un punto crítico con la violación, pero no comenzó con ella. Si no hubiera estado lo suficientemente motivada para dejarlo ir, Steve habría sentido un vínculo muy real con ella. Estas dos almas se habrían conectado y habrían escogido otra vida en la que pudieran comunicarse otra vez.

—Desde su lugar en la esfera no física, ¿Steve puede sentir que Beverly se ha liberado de esto? –pregunté.

—Sin duda.

—¿Qué es lo que quisiera decirle el Espíritu –pregunté– a alguna persona que haya sido violada y que lucha con cualquiera de las emociones que suelen presentarse con este tipo de actos?

—Diríamos que el hecho de que te violen te da la valiosa oportunidad de aprender a amarte a ti mismo. Dado que amarte a ti mismo es la base de todo crecimiento en este ciclo terrestre, le pediríamos a cualquiera que haya experimentado este trauma que lo vea como un lugar sobre el cual estar de pie y desde el cual salir y viajar hacia la integridad. Es un viaje acelerado hacia el amor incondicional y la integridad.

»Te advertimos, Rob, que habrá personas que se pongan furiosas con la idea de que la violación podría servir para este noble y valioso propósito. A estas personas les pedimos que se alejen un poco y que miren desde una perspectiva más alta y más amplia. Cuando alguien está cegado por la ira, no puede crecer. Deben considerar que la experiencia es una nueva manera de practicar el perdón. Con mucha frecuencia, esto implica perdonarse a uno mismo, no solo a la otra persona. Les pediríamos que permitan que el proceso de la vida se desarrolle para ellas y que aplacen el juicio hasta el momento en que adquieran una mayor conciencia y comprensión de Todo lo que Es y de cómo todo nos sirve a todos. También hay un efecto generado por la experiencia o las lecturas acerca de la violación, según el cual este hecho proporciona al alma individual la oportunidad única de definir, por sí misma, lo que es correcto, razonable y justo, lo que es y no es tolerable. Es posible crecer sobre las resoluciones tomadas, elevarse y continuar el viaje hacia la iluminación.

~

La violación es una profanación punzante y primaria de nuestra propia esencia. La rabia, la culpabilidad, la vergüenza, la desesperación y los sentimientos de impotencia y victimización son algunas de las respuestas naturales ante tal agresión. Nuestra prisa por llegar a comprender nuestro propio plan prenatal no debe reprimirlas. Si te han violado y estás llena de rabia, siente esa rabia con la totalidad de tu ser. Si te culpas a ti misma, no permitas que tu mente desestime o denigre estos sentimientos; en su lugar, sumérgete completamente en ellos. Si te sientes como una víctima impotente, libérate de los asideros de la filosofía espiritual y déjate caer libremente en el abismo de ese dolor. Tus sentimientos, sean cuales sean, son sabios, verdaderos, nobles, puros y correctos. Debes honrarlos, reverenciarlos y sentirlos una y otra vez, porque traen consigo el amanecer de la sanación.

Si nunca llega el momento en que puedas considerar que una violación podría haber formado parte de tu plan de vida, eso significa que este concepto no es un tramo de tu mejor y más alto camino. Deja a un lado la idea de la planificación prenatal y avanza audazmente sin ella.

Sin embargo, si te has permitido sentir todo lo que debes sentir, y si sigues permitiéndote sentir todo lo que surja, cuando el caos interior se calme y las oscuras nubes del dolor se disipen, aunque sea muy ligeramente, *siente* la historia de Beverly. Recuerda: tu alma te ha guiado a estas páginas y se comunica contigo a través de tus sentimientos. La mente lógica solo sabe lo que se le ha enseñado, únicamente piensa lo que ha sido condicionada para pensar. Pregúntate: «¿Cómo *siento* las palabras de este capítulo? ¿*Siento* que pueden asociarse a mí?». Si la respuesta es no, hónrala. Si la respuesta es sí, aunque la mente pueda gritar en rebeldía, hónrala también.

Y si la respuesta es sí, y si sientes que tu plan de vida es similar al de Beverly, más allá de tu ira contra quien te atacó, también puedes llegar a sentir ira hacia tu alma por crear tu plan de vida, hacia ti misma por estar de acuerdo con él y quizás hacia Dios o el universo por permitir su realización. No juzgues, sofoques o trates de convencerte con palabras de abandonar esa ira. Como Jeshua le dijo a Beverly, la ira tiene un gran poder de sanación en tu interior cuando la aceptas y le permites fluir libremente. Esa aceptación *es* la sanación; el hecho de permitirle fluir *constituye* la transmutación.

Darles su verdadero lugar a la ira, al dolor, a la tristeza y a todas las demás emociones dolorosas es un magnífico acto de compasión hacia ti misma. Es por ello por lo que Aaron aconseja *no* decir: «Debo perdonar», sino estar presente con el dolor de una forma afectuosa y sin juicios. Es entonces cuando crece la compasión, y la compasión es el suelo fértil donde el perdón echa raíces. Como dijo Pamela, el perdón se presenta de modo natural cuando abrazamos cada una de las partes de nosotros mismos que ha sido lastimada. Durante años, Beverly huyó de estas partes de sí misma, temiendo que, al reconocerlas, le daría poder al violador. Solo cuando se abrió a ellas, comenzó su viaje de sanación.

¿Qué significa sanar del trauma de la violación? Como Jeshua nos dijo, al ser violada, Beverly «se vio obligada a afrontar emociones muy profundas de carencia de valor, impotencia e incapacidad de dar la cara por ella misma». Estos sentimientos, que adquirió en vidas anteriores, incluyendo aquella en la que creyó que había traicionado a su hijo, se arraigaron profundamente en la conciencia de Beverly. Ella, valientemente, decidió encarnar con ellos con el propósito de sanarlos, lo cual constituyó un acto de gran servicio para su alma. Es aquí donde llegamos a la más fundamental y poderosa de las verdades: *no hay ninguna conciencia no expresada*. Si nos sentimos carentes de valor, atraemos vibratoriamente hacia nosotros experiencias que reflejan este sentimiento para que podamos sanarlo. Si creemos que somos impotentes, vendrán a nosotros circunstancias que reflejen esta creencia para que podamos sanarla. Aceptar que somos los creadores de todo lo que experimentamos es el paso definitivo para aceptar nuestra propia responsabilidad. El plano terrenal es una escuela en la que lo exterior refleja lo interior, no para generar sufrimiento, sino para que podamos aprender a asumir nuestra responsabilidad por todas nuestras creaciones en esta y otras vidas, de manera que nuestro interior pueda sanar. Y una forma muy potente de sanar es traer a la luz de nuestra conciencia deliberada los sentimientos y las creencias de nuestro interior.

En este momento de la evolución de la conciencia humana, se desarrollan en todo el mundo planes de vida similares al de Beverly. En una escala enorme, nosotros, como raza, hemos encarnado con sentimientos y creencias de carencia de valor e impotencia con el propósito de adquirir conciencia de ellos, sentirlos en toda su profundidad y, luego, abrazarlos y transformarlos con amor. La violación es solo una de las expresiones más extremas de estos aspectos de nuestra conciencia. La planificación prenatal de innumerables desafíos, la mayoría de ellos menos graves, suele basarse en la necesidad, en el nivel del alma, de reconocer y sanar esos sentimientos y creencias mientras estamos encarnados. En esta vida, es decir, en nuestra vida actual, tenemos el potencial de sanar todo lo que necesita ser sanado de todas nuestras vidas pasadas y presentes. Para cualquier persona que desee participar en el cambio de la conciencia planetaria, hace mucho que pasó el tiempo de concentrarse externamente en una vida lineal única.

«Aceptar las emociones oscuras te convierte en un ser pleno y radiante», dijo Jeshua. En esta aceptación está el recuerdo de nuestra santidad. En verdad, cada uno de nosotros es un ser vasto e ilimitado, infinitamente respetable, gloriosamente poderoso. Tu alma te pide que recuerdes esto en esta vida, no simplemente a través del conocimiento intelectual, sino a través de un *sentir-saber* de tu magnificencia. Los más difíciles desafíos vitales están diseñados para romper la cubierta de las falsas creencias en las que hemos ocultado nuestra esencia divina durante milenios.

Considera esto: tú que lees estas palabras, eres un precursor del fin del paradigma «aprendizaje-mediante-el-sufrimiento». Aunque el sufrimiento puede provocar una evolución rápida, no es necesario para el crecimiento. La raza humana está lista ahora para ascender hacia un mundo en el que el aprendizaje se produzca a partir del amor y de la felicidad. Para ayudar a este salto cuántico, es necesario sumergirnos completamente en la antigua vibración y transformarla *desde dentro*. Los seres no físicos muy evolucionados pueden darnos amor y orientación, pero nuestro paso de un paradigma a otro depende completamente de nuestra frecuencia como seres encarnados.

Al igual que Beverly, antes de nacer, tú elegiste salir de un entorno de gran paz, gozo y luz para ayudar a nuestro mundo a dar este impresionante salto. Facilitar el cambio de conciencia planeando experimentar y luego sanar una violación es un extraordinario acto de servicio y de gran amor. Estos son planes valerosos, planes que pocas almas se atreven a emprender. En todo el universo, solo los más valientes han aceptado este desafío.

Y cuando la sanación está completa y se ha abrazado toda la oscuridad interior, se produce un nivel de amor a nosotros mismos que nunca antes habíamos experimentado. Conforme Beverly se sana a sí misma, ayuda a sanar a todos aquellos que han sido violados, contactando con su conciencia a través de su luz interior. A medida que aumentas tu amor a ti mismo, preparas un camino energético que hace más fácil que los demás también se amen a sí mismos.

Al recordar tu propia magnificencia, la raza humana renace.

La tuya es una vida de absoluto heroísmo.

Capítulo 13

La enfermedad mental

E n algún momento de sus vidas, una de cada tres personas en el mundo satisface los criterios para una enfermedad mental. En Estados Unidos, esta cifra alcanza el cuarenta y seis por ciento. No obstante, podría ser incluso más alta debido a la existencia de diagnósticos inadecuados o a los bajos índices de informes. Pienso que la expresión «enfermedad mental» es engañosa, ya que no refleja la perfección innata de todo individuo; sin embargo, la uso aquí porque es ampliamente reconocida y comprendida. Y lo hago con el mayor respeto: cualquier persona que se enfrente a tal desafío es realmente un alma valerosa.

Vivimos en una época en la que cada vez más personas están adoptando un estilo de vida más afectuoso y centrado en el corazón y en la que se tiene una mayor conciencia de que Todos Somos Uno. Sin embargo, al mismo tiempo, como sociedad, juzgamos negativamente la enfermedad mental y el sufrimiento asociado a ella. Este juicio suele provocar miedo. Si le aplicamos la etiqueta de la enfermedad mental a alguien, podríamos temerlo hasta cierto punto, incluso si no lo reconocemos. Si es a nosotros a quien se aplica dicha etiqueta, es posible que también nos teman. Y si nos la aplicamos a nosotros mismos, probablemente temamos a nuestra propia oscuridad interior. Teniendo en cuenta la incidencia de la enfermedad mental, el miedo provocado por esta etiqueta es una barrera global para nuestra expresión del amor y para nuestro regreso a la conciencia de la Unidad.

La comprensión de los propósitos de este desafío en el nivel del alma reduce este miedo y hace posible un mundo con más amor y una mayor unión. En mi búsqueda de tal comprensión, hablé con Mikæla Christi. Nacida en Ginebra, Suiza, a comienzos de la década de los cincuenta, Mikæla asistió a la Universidad de Ginebra, y más adelante obtuvo un máster en Inglés y Educación en la Universidad de Illinois. Ha trabajado como autora y editora para distintas instituciones internacionales, entre ellas el Comité Internacional de la Cruz Roja, así como para varias publicaciones y organizaciones no gubernamentales que colaboran con Naciones Unidas en el área de los derechos humanos.

La historia de Mikæla me atraía porque había experimentado varias formas de enfermedad mental (psicosis, trastorno bipolar, ansiedad, trastorno obsesivo-compulsivo y bulimia), además de ser una canalizadora que puede obtener información sobre su propio plan prenatal[1] y, lo que es más importante, se ha sanado a sí misma de forma valiente y brillante hasta el punto de llegar a un momento de gran satisfacción en su vida.

¿Por qué planeamos experimentar enfermedades mentales antes de nacer? ¿De qué manera sirve esta experiencia para nuestra evolución? Cuando estamos encarnados y enfrentamos la enfermedad mental, ¿cómo producimos la sanación? Acudí a Mikæla en busca de respuestas.

MIKÆLA

—Escogí una familia realmente estupenda: estable, cariñosa y segura, así como una época próspera y optimista para nacer —me dijo Mikæla—. Tenía las mejores condiciones posibles para sanar muchos problemas mentales y emocionales, e incluso físicos. Pienso que escogí esas condiciones de manera que no hubiera ninguna influencia que pudiera perturbar la sanación.

---

1. Puedes encontrar otras canalizaciones de Mikæla en http://www.reconnections.net/meta_arc_index.htm.

Las palabras de Mikæla reflejaban lo que yo ya sabía: nosotros seleccionamos las circunstancias en las que nacemos. Con frecuencia, muchos se preguntan cómo pueden determinar el propósito de sus vidas. Si tú buscas esa conciencia, mira atentamente a tu familia, tu país, el momento histórico y otras circunstancias de tu nacimiento. En ellos, encontrarás importantes pistas.

—El desequilibrio mental y emocional se experimenta como enfermedad mientras no se considere una elección en el nivel del alma —continuó diciendo Mikæla—. Ahora me doy cuenta de ello, pero durante treinta años pensé que tenía un problema y traté de arreglarlo. Al hacerlo, asumí las creencias de otros.

—Mikæla, ¿cómo reaccionó tu familia ante la enfermedad mental? —pregunté.

—No hablaba mucho de ella con mi padre. Él era una de las personas más estables y equilibradas que he conocido, pero nunca mostró ninguna apertura hacia ella. Mi madre, por otro lado, es una persona increíblemente afectuosa, empática y compasiva, una verdadera oyente. Siempre le daba un giro positivo a todo para que yo no pudiera convertirlo en algo horrible. Eso me resultaba muy útil, porque, a decir verdad, era una situación muy difícil para mí.

»Con el paso de los años, mis síntomas eran muchos y muy variables y no correspondían a un diagnóstico claro, a pesar de todas nuestras investigaciones. Dios sabe que no pudimos encontrar una causa fundamental, no en esta vida.

Para Mikæla, la experiencia de la enfermedad mental empezó a los cuatro años de edad con pesadillas que continuaron aterrorizándola hasta que cumplió los cuarenta y cinco.

—Las imágenes eran a veces gusanos enormes, arañas, tiburones, monstruos —recordó—. En ocasiones, no eran tan claras; era más como si algo se acercase a mí y yo estuviera a punto de morir.

»Había fases en las que me despertaba y me quedaba claro que había sido una pesadilla. Sin embargo, había otras en las que me despertaba en mi habitación, ¡pero todo lo que había visto en la pesadilla todavía estaba ahí! Me arrastraba por la cama, clavando las uñas en las sábanas, y caía al suelo. Sabía que estaba despierta, pero ese enorme gusano verde y fosforescente aún me gruñía. ¡Mi terror era tan intenso!

»Recuerdo una pesadilla en la que estaba en la cama con mi marido. Cuando me desperté, algo subía por la pared. Entonces, esa cosa *se convirtió* en la pared y la pared entera se movía. Era escalofriante, se desplazaba lentamente y parecía un enorme insecto; cada vez estaba más cerca de mí y *se estaba convirtiendo* en mí. Grité y abracé a mi marido. Él se comportó asombrosamente. Despertó, me miró y dijo: «¡Oh!, otra pesadilla».

»Es lo más horrible que puedas imaginar –añadió Mikæla–, particularmente si asume la forma de una araña. Me sentía totalmente impotente. Eso fue lo que me hizo comprender realmente. Eso fue lo que me empujó a los brazos de los terapeutas. Fue entonces cuando entendí realmente las palabras «crisis psicótica». Me daban calmantes, pero no me ayudaron, así que dejé de trabajar con ellos.

Durante la infancia de Mikæla, esas imágenes horripilantes la acosaban solamente mientras dormía, pero en la adolescencia, empezaron a aparecer espontáneamente a lo largo del día, aunque nunca cuando Mikæla estaba fuera de su casa.

—Esas imágenes pocas veces asumían una forma bien definida –describió–. Era más bien algo acelerado, vertiginoso, fuera de control y caótico que venía hacia mí. Me resultaba muy difícil no sentir pánico.

También fue en la adolescencia cuando Mikæla comenzó a experimentar el trastorno bipolar: episodios de euforia seguidos por períodos de depresión.

—Me encantaban las fases de euforia –dijo–. Me ayudaba a escapar completamente de la realidad y de las responsabilidades. Me sentía feliz, como si nada pudiera dañarme, como si fuera capaz de saltar del techo y volar. Terminé cometiendo estupideces. No hacía más que utilizar la tarjeta de crédito. Iba a discotecas en las que bailaba toda la noche y a restaurantes y bares de moda. Tuve suerte de no haber sufrido ningún accidente grave.

»La depresión era todo lo contrario. Hacía que el mundo entero fuera totalmente gris. No encontraba placer en nada. –Mikæla consumió medicamentos para la depresión intermitentemente durante quince años. Un terapeuta la trató con litio, pero ella descubrió que este medicamento afectaba más a sus episodios de euforia que a los de depresión—. Hubo una ocasión en la que me dieron la baja por enfermedad y simplemente me quedé en la cama todo el tiempo. Tenía ideas suicidas y la mente estaba muy confusa. Todo parecía carecer totalmente de esperanza.

—Mikæla, cuando eras niña, ¿cómo pudiste ir al colegio y tener amigos con todo lo que te ocurría?

—No tenía amigos –dijo con tristeza–. Volvía a casa directamente de la escuela. Me resultaba muy difícil relacionarme con mis compañeros de clase. No me sentía como una niña. Una vez, obtuve un permiso médico para no tener que ir de excursión. No podía ir a ningún lugar donde tuviera que dormir con otros niños, porque ¿qué ocurriría si me despertaba en medio de una pesadilla?

—¿Qué creían tus padres que estaba sucediendo?

—Ninguno de ellos lo malinterpretó. Simplemente era algo muy extraño que no comprendían.

A pesar de las terribles experiencias que tuvo en la infancia y adolescencia, Mikæla logró entrar en la universidad. Allí conoció al hombre con el que al final se casaría.

—Fue casi un acuerdo no verbal entre nosotros –explicó–. Yo podía ser yo misma y hacer lo que quisiera sin tener que preocuparme.

Me preguntaba si Mikæla había elegido a su marido por la misma razón por la que podría haber escogido a sus padres: para propiciar esa seguridad en la que su sanación tendría más probabilidades de producirse.

Mikæla y su marido disfrutaron de un buen matrimonio durante diez años, pero finalmente se separaron, pues él decidió que quería tener hijos.

—Yo estaba más centrada en mi vida interna y en tratar de averiguar qué diablos ocurría con mis terapeutas y mis tratamientos –recordó–. Era imposible que pudiera cuidar a un hijo. Difícilmente podía cuidarme a mí misma.

—Mikæla, ¿qué otras formas de enfermedad mental experimentaste?

—Cuando estaba deprimida, tenía pensamientos obsesivos y me volví compulsiva. Por ejemplo, no podía salir de casa sin volver y asegurarme de que todo estuviera apagado. Cuando cerraba la puerta, tenía que cerrarla con llave dos veces. ¡Era tan fuerte! ¡No podía evitarlo! Y en ocasiones, me sentía invadida por historias y pensamientos obsesivos.

—¿Podrías mencionarnos alguna de esas historias?

—Una de ellas transcurría en Italia durante el Renacimiento. [En mi vida actual] caminaba por la calle, pero en mi mente me encontraba debajo de una mesa y en peligro. Tenía enemigos por todas partes. Ambas cosas ocurrían simultáneamente. Después, me di cuenta de que se trataba de destellos de otra vida, pero en ese momento era simplemente algo que me invadía.

Mikæla empezó a tomar Prozac, lo que le permitió tener un trabajo, pero también hizo que su vida emocional fuese «plana».

—Ya no sentía miedo –dijo, al hablar de la época en la que consumió el medicamento–. No sentía nada. Simplemente notaba esas ideas obsesivas dando vueltas en mi mente.

»También sufrí un trastorno alimentario desde los dieciocho años de edad. He tenido varios trastornos de este tipo, principalmente bulimia. Me daba atracones y luego vomitaba. Esto lo repetí durante años.

»Sentía como si hubiera algo muy profundo dentro de mí que trataba de salir –dijo, refiriéndose a todas estas experiencias–. Gradualmente, me sentí impulsada desde mi interior a buscar alguna otra forma de afrontar todo esto. Una vez que me abrí a ello, fui tropezando con las sincronicidades, una tras otra.

SANACIÓN

—Mikæla –pregunté–, ¿qué formas de sanación te funcionaron finalmente?

—El *focusing*[2] –respondió, refiriéndose al nombre de una modalidad de sanación específica–. Lo inventó un terapeuta, Eugene Gendlin, insatisfecho con la psicoterapia. Descubrió que el solo hecho de hablar de los problemas, caminar mentalmente en círculos, no ayuda a la mayoría de las personas. Es necesario sintonizar con las emociones. Este investigador descubrió que si buscas el lugar del

2. Para obtener más información, visita www.focusing.org, o www.focusingtherapy.org.

cuerpo donde sientes la emoción, lo encontrarás muy fácilmente. A partir de ahí, si te concentras en ese lugar, algo despierta. Se sacan a relucir imágenes metafóricas, conocimientos, emociones, una situación o un suceso. Existen dentro de las células y tú te reconectas con ellos. El objetivo es sentir lo que hay en tu interior. Cuando la emoción empieza a pasar, tu cuerpo se mueve y se retuerce.

En una de sus primeras sesiones de *focusing*, Mikæla vio en su mente la imagen de un enorme acorazado parecido a una fortaleza. Repentinamente, comenzó a sentir un dolor que le emanaba desde el centro de la cabeza. Comprendió intuitivamente que estaba en el centro del acorazado y que este (su cabeza) la protegía de alguna manera. Conforme se centraba en el dolor, su cuerpo se arqueaba hacia atrás, el dolor desaparecía.

—En cuanto se lo describí [al terapeuta de *focusing*] y lo sentí, se curó —observó Mikæla—. Fue una experiencia clave. Después de varias sesiones, sentí que eran una manera de sanar.

Nuestro cuerpo es sabio y cuando lo hacemos participar en nuestra sanación, se producen milagros. El carácter físico de la experiencia de Mikæla fue un aspecto importante de su sanación. Las emociones son energía en movimiento y, como esta, necesitan fluir libremente. Cuando no pueden hacerlo, cuando son reprimidas o sofocadas, se cristalizan en nuestras células y chakras. Al enfocarse en sus emociones cristalizadas, Mikæla las liberó. Cuando su cuerpo se retorcía, los cristales de la emoción se rompían y empezaban a moverse. La intención y la atención de su mente, unidas a la sabiduría de su cuerpo, habían constituido una brillante sociedad de sanación.

Después de trabajar con el *focusing* durante varios años, Mikæla exploró la biodinámica, un sistema de sanación relacionado con él, creado por la terapeuta francesa Gerda Boyesen.[3]

—En biodinámica, el sanador trabaja electromagnéticamente —explicó Mikæla—. Es una modalidad de reiki. Te tumbas y cierras los ojos. El sanador empieza a sentir casi instantáneamente en qué parte de tu cuerpo se encuentra el síntoma. Pone las manos sobre ese lugar

---

3. Para más información, visita http://en.wikipedia.org/wiki/Gerda_Boyesen, http://www.appb.org, http://www.ecole-et-therapie.com/therapies-psychocorporelles-suisse.php, o el sitio web de Ebba, la hija de Gerda, en www.ebbaboyesen.fr.

o en el aire, por encima de él. Ambos se enfocan en él. Entonces, empiezas a percibir una sensación, una imagen o un sentimiento en algún otro lugar.

—¿Puedes darme un ejemplo de una de tus sesiones?

—En realidad, me transformaba en otra persona –dijo–. Aún era consciente de estar en la habitación, pero al mismo tiempo me encontraba en una cámara de tortura. Trataban de lograr que les dijera algo, pero yo no iba a ceder. La sensación de mi cuerpo se relacionaba con esto.

»Conforme me centraba en ello y conforme *le permitía* ser (al principio no siempre podía lograrlo; a veces lo hacía súbitamente), comenzaba a surgir una emoción muy fuerte. Entonces, mi cuerpo empezaba a estirarse. Respiraba más profundamente. Dejaba que las emociones circularan a través de mí en lugar de hacerlo a través de esa persona [en la cámara de tortura], que no podía dejarlas fluir. Eso marcó la diferencia. Esa es la sanación. El hecho es que funciona. No importaba si realmente estaba en otra vida o si se trataba de una historia simbólica que estaba proyectando.

Mikæla continuó trabajando con la biodinámica, pero con menos frecuencia. También ha probado con la terapia de vidas pasadas –en la que hizo visualizaciones guiadas que la llevaron hasta los amplios y violentos traumas que sufrió en ellas–, la meditación y las visualizaciones de su propia creación. En cada una de estas terapias, se reconectó con momentos de otras vidas en los que no había permitido o aceptado emociones intensas.

Generalmente esas vidas se presentaban ante ella en breves destellos. Durante un período de muchos años sintió, y por lo tanto liberó, incontables emociones cristalizadas. Un día empezó a canalizar repentinamente y sin esperarlo.

—Me encontraba con dos amigos –dijo Mikæla–. Uno de ellos hizo una pregunta y espontáneamente entré en trance y comencé a canalizar. Después, me dijeron que había hablado con una voz que no era la mía y que había respondido la pregunta. Yo estaba en otra parte. Ni siquiera recordaba lo que había dicho.

»La canalización fue la culminación de mi viaje en busca de una nueva comprensión. Lo cambió todo. Me ayudó a recordar quién soy realmente y a recordar cosas, individuales y colectivas, que van más allá de mí misma. De alguna manera, comprendí que todo recuperaba su equilibrio para mí y que el desequilibrio es fascinante para nuestras almas. El desequilibrio nos atrae porque la conciencia siempre encuentra la forma de reequilibrarse, y hacerlo siempre es un desafío estupendo.

»Empecé a darme cuenta de que no soy solo mi cuerpo y mi mente humana —añadió—, sino que también soy todas estas otras vidas, un alma creadora de todo ello. Me abrí a una comprensión que no habría tenido cuando me identificaba completamente como un solo ser humano en una sola vida, incluyendo las razones para, como alma, elegir la enfermedad mental y el modo en que podía sentirme, muy diferente como me siento en calidad de ser humano.

PLANIFICACIÓN PRENATAL

—Mikæla —dije—, ¿cuál piensas que es tu plan prenatal? ¿Planificaste todas tus formas de enfermedad mental antes de nacer?

—Pienso que todas las potencialidades se seleccionaron antes de nacer —respondió—. Podría haber habido otras que no se manifestaron. La apertura ante el caos dentro del orden fue elegida porque Suiza era un lugar muy ordenado. Hacer que el caos estallara en medio del orden fue algo que busqué porque no deseaba quedar totalmente desmoronada. Asimismo, tanto yo como todos nosotros escogimos esta era porque tiene la potencialidad de generar una evolución rápida y trascendental de las creencias y juicios con respecto a lo que se considera «normal». Cuando nací, en la década de los cincuenta, me encontraba en el extremo más rígido de la normalidad; todo el mundo sabía qué era la normalidad. Afortunadamente, mis padres, y mi madre en particular, no me convirtieron en una persona anormal.

Las reflexiones de Mikæla me recordaron a Pat, cuya historia aparece recogida en *El plan de tu alma,* que planeó experimentar décadas de alcoholismo y una sensación de desvinculación con Dios, todo ello seguido de un despertar espiritual y sentimientos de un profundo vínculo con el Creador. Como almas, aprendemos a través de opuestos, y ese aprendizaje es profundo cuando los opuestos se presentan en el lapso de una vida. Al igual que Pat, Mikæla había planificado experimentar los dos extremos de un espectro. Al decidir nacer en Suiza en los años cincuenta, eligió experimentar creencias y juicios estrechos y bien definidos sobre la normalidad. Sin embargo, al elegir nacer en una era de rápido crecimiento de conciencia, se colocó en una postura en la que podía sanar esas falsas creencias y juicios. El suyo era un plano de vida clásico de aprendizaje mediante opuestos.

—Mikæla, ¿por qué piensas que las potencialidades de distintas formas de enfermedad mental se incorporaron en tu plan prenatal?

—Todo el plan fue elegido para sanar asuntos pendientes de muchas otras vidas y para recordar. Mi alma sanaba emociones estancadas y bloqueadas debido a que se repetían constantemente, atrayendo los mismos patrones una y otra vez. Uno no puede ir a ningún lado.

—¿Estás diciendo que las distintas formas de enfermedad mental que experimentaste tenían el objetivo de recrear esas mismas emociones que se estancaron en otras encarnaciones para que pudieras sentirlas y liberarlas?

—Sí.

—Y al sanar esas emociones, ¿también estás sanando esas otras encarnaciones de tu alma?

—Hay un proceso general desde el punto de vista del Yo Superior —explicó—. Todo esto ocurre a la vez. Mi alma se dedicó a estudiar en profundidad la violencia y el tipo de motivación humana que la genera. ¿Es posible comprenderlo? ¿Es posible ver la violencia como la decisión del alma? En la mayoría de esas vidas, no existía ninguna conciencia de ese tipo. Es en esta era cuando tenemos la capacidad de recordarnos a nosotros mismos como el Yo Superior y enlazarnos con él en una comprensión *percibida* —que puede no ser verbal— que permite la existencia de todo.

»Si no expreso más lucha o resistencia —continuó Mikæla— y cedo, esta estupenda facilidad y gracia se producen, y yo puedo ser una con todo y comprender la perfección de toda la creación. Entonces, la historia sana. Deja de estar bloqueada y no se rechazan más aspectos de ella.

»Cuando digo ceder, me refiero a que no hay nada que yo juzgue como equivocado, negativo o dañado. El hecho de sentirlo como una decisión tomada por mí le da un significado y un propósito, pero también le permite ser. Eso abre una transición. Somos los que hacen esto para el Yo Superior.

»Y puedo decirte cómo es esa transición, bastante reciente para mí, por cierto. Gradualmente, durante el año pasado, tuve una especie de nuevo nacimiento. Ya no tengo ninguna necesidad de reequilibrar o buscar. Ya no hay metas ni objetivos. ¡Me resulta difícil, porque es un juego muy divertido! Realmente recordé e integré el hecho de que soy este Yo Superior, el que lo crea todo en mi vida y en todas las demás vidas. Todas fluyen juntas en este baile de luz, color y sonido. ¡Es asombroso!

Le pedí a Mikæla que mencionara algo específico que fuera capaz de hacer ahora y que no podía hacer antes de sanar.

—Puedo integrarme en los desafíos de la vida. Puedo generar libertad, gozo, euforia y todos los sentimientos que desee simplemente al decidor convertirlos en mi forma de experimentar la vida, sin importar lo que suceda en ese momento.

»Tengo los mismos desafíos que cualquier otra persona. Mi madre está gravemente enferma y es probable que muera pronto. En mi oficina, tengo el mismo caos que todos. Sin embargo, ahora puedo crear cualquier sentimiento a partir de la nada. No necesito cambiar nada en el mundo exterior; simplemente evoco el sentimiento. Me alineo. Hay una forma de llegar al centro inmóvil de tu ser –que es el sitio al que uno va cuando medita–, en medio de la vida cotidiana. Se tarda medio segundo.

—¿Cómo lo haces?

—Enfoco mi atención en el corazón alto, que es un lugar por encima del corazón físico. En biodinámica, es ahí donde siento el centro inmóvil, que para mí es como aguas en calma. Desde allí, es posible crear absolutamente cualquier cosa. De esta manera, puedo estar en el hospital con mi madre y a pesar de su padecimiento, que me hace sufrir mucho y sentirme indefensa, al mismo tiempo, puedo crear alegría. No me apego a ningún sentimiento. Puedo tener varios de ellos al mismo tiempo. El proceso por el que he pasado me permite hacer esto.

—Mikæla –dije–, algunas personas, tras comprender que planeamos nuestras vidas antes de nacer, se enfurecen consigo mismas, con su alma o con Dios por permitir la existencia del sufrimiento.

—Si dices: «Mi alma planeó esto y estoy furiosa», actúas como si fueran dos cosas diferentes –contestó–. Tú, la expresión humana, tienes cierta independencia, pero el alma no está separada de ti. Eres esa alma y, al mismo tiempo, también eres tú. Entiendo que pueda haber frustración o ira. Yo también lo experimenté en su momento. Es como decir: «¿Cómo demonios pude haber elegido esto?». Sin embargo, todo este proceso me hizo saber que siempre hay un propósito.

»Conozco a alguien que asegura: «Yo nunca podría haber decidido sufrir abusos por parte de mi padre». Bueno, eso es responder emocionalmente. Si estás en medio de la emoción, es muy difícil distanciarte de ella al mismo tiempo. Eso era lo que me ocurría hace años.

»Es un proceso y tiene sus etapas. Todo lo que necesitas hacer es estar abierto a la posibilidad de que, aun como alma, sigues siendo tú, y que tus razones para elegir algo eran muy válidas.

»El hecho de recordar quiénes somos es la parte más importante. Esto abre todo lo demás. Así me sucedió a mí. Recordar quiénes somos nos ayuda a superar una situación terrible y evitar sentirnos víctimas de ella. Las cosas no son así, y nosotros no somos así.

—Mikæla, ¿qué puedes decirles a las personas que sufren una enfermedad mental y que luchan por ver su propósito más profundo?

—Perderse en ella nunca es algo que alguna parte de ti desee mantener –respondió–. Existen formas de mejorar, que serán atraídas hacia ti. Tu alma busca aquello que te ayudará a mantener el equilibrio. Esa clase de confianza básica te permite tomar un camino más rápido. Al igual que cada uno de nosotros, tú tienes un proceso interior que evoluciona de forma natural. Confía en él.

—¿Te sientes agradecida por todos los desafíos a los que te has enfrentado? –pregunté.

—No los cambiaría por nada. Valió la pena pasar por todos ellos para llegar a donde estoy ahora.

LA CANALIZACIÓN DE MIKÆLA

Mikæla me proporcionó una información muy aguda acerca de los propósitos de la enfermedad mental. A continuación, yo deseaba hacer preguntas y escuchar la perspectiva brindada por el Espíritu.

¿Hasta qué punto su enfermedad mental había sido planeada antes de nacer? ¿Qué información adicional podíamos obtener sobre las razones por las que se había creado este difícil plan? ¿Qué sabias palabras ofrecería el Espíritu a las personas que sufren una enfermedad mental y a aquellas que las aman y las cuidan?

Antes de pedirle a Mikæla que compartiera su historia, leí algunas de sus canalizaciones. Pude ver una gran sabiduría en ellas y estaba seguro de que, en la sesión que haríamos juntos, se manifestarían palabras igualmente útiles y sanadoras. Esperaba que Mikæla pudiera canalizar a su Yo Superior. Por esta razón, me sobresalté mucho cuando una conciencia muy diferente, que no me había esperado, se expresó a través de ella.

Antes de que comenzara la canalización, Mikæla entró en un profundo estado de meditación. Dejó a un lado su propia conciencia para que otra pudiera utilizar su cuerpo.

—Por favor, dime tu nombre si es que lo tienes –pregunté al iniciar la sesión–. También dime, por favor, dónde estás.

Sabía que muchos seres no físicos se reconocen entre sí no por su nombre, sino por su marca energética (su color y su sonido), pero pensé que un nombre podría ser útil. También sabía que el espacio es una ilusión, pero quería ver de qué manera respondía la conciencia canalizada a una pregunta sobre la ubicación.

—La energía grupal que habla aquí hoy se reúne en relación con tus preguntas –fue la respuesta (como ocurre algunas veces, la forma de hablar de Mikæla se hizo más lenta, aunque su voz aún era la suya)–. Comprendemos que existe un cierto sentido en el hecho de que os gustaría que nuestro canal canalizara a su alma; sin embargo, en nuestra opinión, el ser humano que dice estas palabras *es* su alma. Esto siempre ha sido así, aunque, al igual que casi todos los seres humanos, se olvidó de ello durante la mayor parte de esta vida. Ahora ha recordado, así que no tiene sentido hablar de canalizar su alma, ya que eso es precisamente lo que hace todo el tiempo.

»Somos sus Yoes futuros –continuaron. Esta revelación me sorprendió y me emocionó. Aparentemente, las preguntas que planeaba hacer habían convocado energéticamente a un grupo de los futuros Yoes de algunas, quizás muchas, personas que actualmente están encarnadas en la Tierra. Por lo tanto, esta era una extraordinaria oportunidad de recibir la sabiduría del porvenir más evolucionado de la humanidad—. Sin embargo, estos Yoes contienen miles de millones de potencialidades y experiencias para elegir. Tú tienes preguntas, lo mismo que cada uno de tus lectores. Para ese propósito, no es posible dar un nombre. Un nombre define. Te lleva a creer que sabes porque has nombrado y emplazado fuera de ti aquello que también se encuentra en tu interior. Si tú o tus lectores deseáis usar un nombre, buscad en vuestro interior y permitid que surja ese nombre, que será diferente para cada uno de vosotros, ya que todo ser humano es completamente individual y, por lo tanto, también lo es la energía orientadora que cada uno evoca.

»En cuanto a nuestra ubicación... tú estás en el espacio-tiempo, en un paradigma en el que el espacio se expande y el tiempo se repliega. En otras palabras, habitas el espacio pero no tienes acceso al tiempo. Nosotros, por el contrario, nos encontramos donde el espacio se repliega y el tiempo se expande; por lo tanto, tenemos acceso a todas las potencialidades del tiempo pero podemos manifestarnos en el espacio solo si cruzamos hacia donde tú estás.

Aquí en la Tierra, estamos en un lugar donde el espacio parece haberse expandido en tres dimensiones. Dado que es lineal para nosotros, se repliega en el único punto del tiempo que experimentamos en cada momento. El término para este tipo de experiencia de percepción es «espacio-tiempo». Por contraste, la conciencia canalizada experimentaba muchas líneas temporales (miles de millones de ellas, evidentemente) desde el único punto en el espacio que ocupaba. El término para definir este tipo contrario de experiencia de percepción es «tiempo-espacio».

—Me gustaría hablar —dije— sobre el plan prenatal de Mikæla con respecto a lo que conocemos como «enfermedad mental».

—Por favor, discúlpanos si hablamos primero acerca de una definición —respondieron nuestros futuros Yoes—. Para nosotros, un plan prenatal se correlaciona con un momento resonante en el que un grupo de almas organiza una configuración preliminar de potencialidades seleccionadas para entrar en una vida. Hay muchas más de estas potencialidades de las que podrían manifestarse nunca en la realidad física; de hecho, gran parte de ellas son alternativas para garantizar la evolución del propósito del alma. La vida humana es un proceso de elección, de cambio y de evolución.

»Ahora bien, realmente había (siempre hay) muchos resultados potenciales útiles; sin embargo, si hablas acerca de los elementos de la vida que se vinculan con el desequilibrio mental, el propósito final fue expandir la experiencia y el conocimiento de todo lo que ella es al reconectarse, en el lapso de una sola vida humana, con una enorme red de vidas pasadas presentes y futuras en relación con el lugar donde el canal se encuentra ahora. Este proceso aclara y confirma las formas en las que las vidas humanas están conectadas y evolucionan de un modo interactivo a través del espacio y el tiempo.

»Para ella, para el ser humano, implica «re-memorar» a su Yo completo. «Re-memorar», escrito con guion, que consiste en volver a reunir todo lo que ella es en el lapso de una vida humana, era el propósito más importante. Este propósito, apoyado intrínsecamente por muchos de los síntomas mentales, tiene tanta importancia porque está llevando en este momento a nuestro canal y a muchos otros seres humanos a lo que conocéis como ascensión que, a su vez, conduce al dominio, el dominio del proceso creativo mismo: el dominio de crear mundos, otra Tierra, nuevas Tierras y así, llevar la vida más allá.

En pocas palabras, la comprensión de Mikæla era correcta. Su propósito en esta vida, que ella había cumplido tan perfectamente, había sido «re-memorarse» a sí misma como alma.

—¿Podrías hablar algo más —pregunté— acerca de «re-memorar»?

—Existen muchas formas de lograrlo —dijeron nuestros futuros Yoes—, algunas de las cuales no son predecibles. No es lo mismo para todo el mundo; por lo tanto, solo podemos hablar respecto a lo que representa para nosotros.

»Para nosotros, en la humanidad hay temas y series de vidas interconectados. Desde nuestro punto de vista, fuera del espacio, pero dentro de los corredores del tiempo, todas las vidas interconectadas evolucionan y se expanden al mismo tiempo. Este concepto es muy difícil de entender para un ser humano. Todas ellas tienen puntos de inflexión enlazados a través del espacio y el tiempo. En esos puntos, es posible que un ser humano recuerde mediante destellos, visiones, experiencias, una forma de «visión percibida» o sensación.

[El ser humano sabe entonces que] existen vidas diferentes que transcurren al mismo tiempo. Esto abre la posibilidad de saber que eres mucho más que este único ser humano, que este único cuerpo-mente. También eres tu alma, y esta forma parte de un grupo de almas, que a su vez es parte de una familia de almas, parte de la comunidad de almas. Con este conocimiento, el ser humano puede concebirse a sí mismo de una forma totalmente diferente. Pedimos disculpas por la falta de claridad. Es muy difícil hablar de estas cuestiones en el lenguaje humano.

—Comprendo —les dije—. Pienso que la humanidad se encuentra en un punto de su evolución en el que muchas personas se consideran imperfectas, limitadas y faltas de poder y valía. Para mí, «re-memorar» significa recordar que somos infinitamente poderosos y que nuestra valía es ilimitada.

—Efectivamente, esa es la verdad —respondieron—. No hay nada que sea imperfecto o que necesite un arreglo. Nunca lo hay. Simplemente parece ser así debido a los juicios mentales de la colectividad humana. Las personas se enfrentan constantemente con sistemas de valores, con creencias y juicios que no corresponden con los suyos; consideran que están equivocadas y tienen una visión de sí mismas muy negativa.

»Parte del proceso de «re-memorar» consiste en comprender nuestra plena responsabilidad por la creación de nuestra propia vida, así como en dejar de hacer tales juicios.

Nuestros Yoes futuros habían hablado de vidas interconectadas. Entendí que se referían a las otras expresiones, tanto físicas (por ejemplo, humanas) como no físicas, de nuestras almas. En ocasiones, a estos fenómenos se los denomina vidas paralelas. Desde la perspectiva humana del tiempo lineal, algunas de estas vidas paralelas se hallan en nuestro pasado, otras en nuestro futuro y otras en nuestro presente. La mayoría de nosotros percibimos solo nuestra vida actual, la que vivimos en este momento, pero nuestras almas perciben todas nuestras vidas simultáneamente.

Les pregunté a nuestros futuros Yoes si una metáfora que uso para comprender esta diferencia de percepción entre el alma y la personalidad es correcta: si un CD tiene siete canciones y cada canción representa una vida, nosotros, como seres humanos, escuchamos solamente una canción: la propia. Nuestras almas, sin embargo, escuchan las siete canciones al mismo tiempo.

—Sí –contestaron–, aunque ciento cuarenta y cuatro diferentes videojuegos interactivos en 3D podrían ser una mejor manera de decirlo. Tú tienes acceso a todos ellos. La complejidad de ese proceso es lo que los seres humanos estáis aprendiendo y tratando de dominar.

—Entonces –pregunté–, durante toda la vida de Mikæla, ¿cuántas vidas más vivió su alma y cuántas hay ahora?

—Desde su nacimiento hasta ahora, se han acumulado miles. En un momento dado, puede haber desde menos de veinte hasta un número cercano a ciento cuarenta y cuatro; por eso usamos ese número.

—¿Cómo se crean esas vidas paralelas? Cuando Mikæla llegó a un punto de decisión muy importante en su vida y escogió la opción A, ¿eso significa que se activó una dimensión paralela en la cual eligió la opción B?

—No diríamos que «se activó» –aclararon–. Diríamos que esas potencialidades ya existían y eligió una de ellas. Las potencialidades no elegidas existen en el ámbito no físico.

La referencia a potencialidades existentes es una referencia a las líneas de vida, los diagramas de flujo que la médium Staci Wells ve en las sesiones de planificación prenatal. Cada línea del diagrama es una posibilidad, un camino que podemos escoger. Por ejemplo, si aprendemos a dar y recibir amor, elegimos un camino o línea de vida con una vibración relativamente alta y experimentamos una vida llena de amor. Si, por el contrario, cerramos nuestros corazones y nos negamos a dar o a recibir amor, optamos por un camino o línea de vida con una vibración relativamente baja y experimentamos una vida carente de él. Ambas potencialidades (y muchas más) ya existían. Solo escogimos una de ellas.

Para mi sorpresa, nuestros futuros Yoes habían asegurado que las potencialidades no elegidas existen en esferas no físicas.

—¿Podríais explicar qué es el ámbito no físico? –pregunté.

—El ser humano común de hoy hablaría probablemente de la imaginación y de los sueños, y aseguraría que no son reales. Para nosotros, esto no es así. Para nosotros, todos ellos son igual de reales.

Aquí, nuestros futuros Yoes confirmaban una idea que ya se había compartido conmigo en mis sesiones personales de canalización: la imaginación es real. Es decir, lo que imaginamos está ocurriendo en realidad. Así de poderosas son nuestras mentes. Inicialmente, lo que imaginamos sucede en una dimensión física. Si imaginamos lo mismo repetidamente, y en particular si infundimos una emoción poderosa en la imagen, podemos atraerla hacia nuestra experiencia física. Como dijo el gran psíquico Edgar Cayce: «La mente es la constructora».

Pregunté si existían otras Mikælas físicas y no físicas.

—No sería correcto decir que hay otras Mikælas físicas —dijeron—. No hay ninguna otra en el plano físico. Sin embargo, hay muchas en el plano no físico.

—¿Mikæla es la única vida física de su alma?

—No. Es la única que realmente puede llamarse Mikæla, porque es la única con ese patrón característico y único. La singularidad del ADN de cada persona es total; por lo tanto, sin importar si se encuentra en el siglo xv o en el xxvii, [la personalidad encarnada por el alma de Mikæla] no es Mikæla. Es otra personalidad que crea esa vida interactivamente con ella y que se le parece en muchos aspectos, pero no totalmente.

Mientras escuchaba, pensé en la visión que tenía Mikæla de sí misma escondiéndose bajo una mesa en la época del Renacimiento. De acuerdo con nuestros Yoes futuros, esa persona no era literalmente ella, sino otra encarnación de su alma que tiene mucho en común con ella. Mikæla es un ser único que existe solo en esta vida actual.

—Si pudieras proyectarte en una vida paralela no física —continuaron nuestros futuros Yoes—, tendrías la impresión de estar ante una variante no física de Mikæla que parece exactamente la misma. Sin embargo, la Mikæla física es quien resuelve muchos de los problemas más significativos y responde a muchas de las preguntas más importantes.

Aquí teníamos una información crucial. La mayoría de nosotros en ocasiones nos sentimos insignificantes, y nos preguntamos acerca del verdadero valor de nuestras vidas y si lo que hacemos tiene una importancia verdadera y perdurable. Nuestros Yoes futuros les hablaban directamente a aquellos que alguna vez se han sentido así: «Tú importas. Eres fundamental. Es a través *de ti*, tu Yo físico, como tu alma y, por extensión, el universo entero evolucionan».

Pregunté si uno de los deseos prenatales de Mikæla había sido sanar las enfermedades mentales que experimentaría y, al hacerlo, sanar las otras vidas de su alma.

—Efectivamente, ese era su propósito, pero sanar desde nuestro punto de vista significa recuperar la plenitud, ver como alguien que, anteriormente, se ha percibido como separado. La sanación produce una serenidad del ser que permite ceder de un modo perfecto. Ceder es una forma de pre-dominio. Uno nunca llegará a dominar el proceso creativo sin ceder a lo que ocurra mientras se produce; por lo tanto, ceder a una emoción de baja frecuencia es tan importante como ceder a una de alta frecuencia.

»Una de las razones por las que se eligió la tendencia bipolar fue precisamente para que montase una ola en la que habría picos emocionales muy altos y muy bajos. El objetivo no era «compensar», algo que, desafortunadamente, parece ser el objetivo de los seres humanos que toman medicamentos. El objetivo era llegar a un punto en el que Mikæla pudiera estar contenta y emocionada incluso ante una emoción de muy baja frecuencia, que pudiera subir y bajar y que se desapegara de ello de manera que se sintiera bien, independientemente de lo que ocurriera. Como hemos visto en su vida, ha dejado de sufrir altibajos anímicos que la afecten.

—Pienso que las personas que sufren un trastorno bipolar probablemente dirán: «¿Cómo me puedo sentir bien con esta clase de sufrimiento?».

—Consideremos el proceso de sanación en términos de porcentajes. En el caso de Mikæla, solo cuando concluyó aproximadamente el ochenta y cinco por ciento del proceso, fue capaz de permitirse bajar y subir anímicamente, pero sin forzar la subida. Antes, cuando forzaba la subida, lograba sentirse muy animada, pero cuando bajaba, caía aún más profundamente.

»Durante más de la mitad del proceso, es casi imposible no añadir alguna emoción. Por ejemplo, no solo está la depresión, sino también la desesperación y el miedo a sufrirla. Las reacciones se suman a ella, y por tanto se afianza aún más. El proceso de sanación hace que se le dedique menos atención. Todas las personas que leen este libro, si lo desean, serán capaces de estar dentro de algo sin concentrarse totalmente e identificarse con ello. El hecho de «re-memorar» y recuperar la integridad permite un ligero distanciamiento y una neutralización de la experiencia humana, con el propósito de que una persona pueda sentirse deprimida y, al mismo tiempo, desviar su atención de la depresión.

»Al principio, encuentras algo fuera de ti para concentrarte en ello. Eso es lo que hacen los seres humanos, ya que los hace sentirse mejor. Sin embargo, gradualmente, aprendes a centrarte en ti mismo. Ese último paso, que ocurrió realmente en el caso de Mikæla, se da en el último cinco o diez por ciento de todo el proceso. Esta es la parte que te devuelve tu libertad. Es solo en ese cinco o diez por ciento final cuando habrás comprendido y visto lo suficiente para no verte en la necesidad de crear la situación misma para llegar a ella.

—¿Podrías hablar de las otras formas de enfermedad mental que experimentó Mikæla en esta vida y los propósitos para los que sirvieron?

—El más grande e importante fue quizás el más arduo de aceptar y al que fue más difícil hallarle un sentido: las pesadillas que se presentaban incluso durante la conciencia diurna. Aunque los psicoterapeutas las considerarían una forma de no ver la realidad consensuada, cada una de ellas era, de hecho, una apertura hacia otra realidad. Gradualmente, Mikæla desarrolló la disposición de dejarlas ser. Esa capacidad, esa apertura, permitió que todas las otras vidas, físicas y no físicas, llegaran a ella de manera que finalmente se convirtió en lo que se denomina clariaudiente, clarisensible y clariconsciente. Este proceso abrió a Mikæla al resto de su ser. La configuración de padres, época e incluso de terapeutas fue realizada cuidadosamente para evitar un diagnóstico prematuro que habría llevado al consumo de medicamentos para suprimir las pesadillas, dado que era extremadamente importante que el proceso pudiera llegar a su culminación.

—¿Por qué es necesario o deseable —pregunté— que la personalidad encarnada sufra tanto para beneficiar al alma?

—El alma no está separada del ser humano; solo lo parece. En realidad, siempre se encuentra completamente presente dentro del ser humano. ¿De dónde vienen tus deseos más profundos y tus mayores motivaciones si no es del alma? Tú crees que decides mediante un proceso mental y emocional, pero eso no es lo que ocurre en realidad. El alma crea y guía los sentimientos para dirigirte.

»Sin embargo, no estamos diciendo que el ser humano sufra y el alma lo dirija. Uno de los propósitos a los que sirve un trabajo como el tuyo es desarrollar la comprensión hasta el punto de que sepas que el sufrimiento suele ser, en realidad, resistencia. Si en tu planificación prenatal eliges experiencias potenciales que están lo suficientemente fuera de la norma de la época, más difícil te resultará ajustarte a la sociedad. La enfermedad mental es un buen ejemplo. Está definida por otras personas de tal manera que te resistirás a ella y, por lo tanto, sufrirás. Intentarás librarte de ella y, por ese motivo, sufrirás. Te resultará inaceptable y, por consiguiente, sufrirás. En un futuro, podría ser posible criar a los niños de un modo diferente y que se permita una variedad mucho mayor de experiencias, que podrían considerarse simplemente formas distintas de experiencia. Este fue el caso de Mikæla con su madre. Si su padre hubiera estado más tiempo en casa, habría impuesto su punto de vista, adaptado a la sociedad. Esto no habría sido útil.

»En este momento, percibimos las posibles reacciones de tus lectores. Entendemos que una persona que sufre profundamente solo puede dar un paso a la vez. Existen métodos de sanación que evolucionan gradualmente en tu sociedad. Hemos hablado acerca del fin del proceso. Aquellos que sufren más quizás ni siquiera sean capaces de considerar esto ahora mismo, porque en muchos casos no se sienten preparados para asumir la responsabilidad de sus decisiones hasta en las más mínimas experiencias, ni para ver que simplemente es imposible satisfacer todas las expectativas que se tienen de ellos y las exigencias que se les hacen.

—Mencionaste los métodos de sanación —dije—. Si estamos evolucionando a través de la experiencia de la enfermedad mental, ¿también debemos tratar de aliviarla?

—No es posible «tratar de aliviar» —respondieron nuestros futuros Yoes—. Existe un proceso que evoluciona de forma natural. Lo importante no es mantenerse dentro de la enfermedad mental; lo que importa es desarrollarse a través de ella. Es sumamente difícil para cualquier ser que no haya encarnado como humano comprender por qué este rechazaría ciertas experiencias. Desde un punto de vista no físico, ceder es siempre la mejor elección. Cede ante estas experiencias y regresa siempre a la quietud de tu centro.

Les pedí a nuestros futuros Yoes que hablaran de los otros desafíos que Mikæla había afrontado.

—El trastorno alimentario se desarrolló por dos razones —dijeron—. La primera fue que intentó ajustarse a cierto tipo de cuerpo que es valorado actualmente por la sociedad, pero que nunca sería el suyo y, por lo tanto, entró en la vorágine de lo que conocéis como regímenes o dietas. La segunda razón es que buscaba, literal y simbólicamente, la dulzura. Desde una edad muy temprana, estuvo en una familia en la que la dulzura era muy valorada. Dados sus propósitos de inconformismo en el nivel del alma, el trastorno alimentario era una búsqueda de compensación por ello. Desapareció gradualmente por sí mismo después de que Mikæla lo analizase de un modo extremadamente detallado. A esto se debe que algunas modalidades de sanación puedan ser útiles *en ciertos casos*. Si a los veinte o treinta años de edad Mikæla hubiera intentado usar una forma básica de terapia conductual para analizar su trastorno alimentario, no habría podido usarla para ese propósito; sin embargo, a los cuarenta le resultó muy útil y el trastorno alimentario desapareció.

»Una vida en la que se elige «re-memorar» a la totalidad del Yo exige lo que consideraríais un cambio hacia dentro. Para nosotros, interior y exterior son lo mismo, simplemente manifestaciones diferentes de la misma realidad. Sin embargo, para vosotros los humanos, existe un mundo exterior y un mundo interior. Ir hacia dentro no se considera algo positivo en vuestra sociedad y, por lo tanto, en muchos casos, se prescriben medicamentos para combatirlo, ya que se juzga como una enfermedad.

»Incluso lo que vuestro gran autor y terapeuta Carl Jung denominó «introversión» es simplemente una elección diferente. Es la decisión de poner la fuente de energía percibida dentro de la persona y no fuera de ella; por lo tanto, la persona requiere, y el alma crea, una situación en la que será atraída hacia el mundo interior para volver a llenarse de energía.

—Desde vuestro punto de vista –pregunté–, ¿cuáles son ahora las modalidades de sanación más eficaces en nuestro mundo para la enfermedad mental?

—Pensamos que una atención estándar es útil solo en las etapas tempranas o cuando las cosas están tan fuera de control que las personas son incapaces de distanciarse del desequilibrio. No tenemos nada contra las soluciones que simplemente calman la situación, porque esto es necesario para empezar a mirar algo de manera diferente. Sin embargo, no creemos que los medicamentos sean más que una ayuda temporal. En última instancia, no te llevarán a mirar con otros ojos, que es lo que necesitas.

»Existen muchas de las que nuestro canal denomina «modalidades puente» –continuaron diciendo nuestros Yoes futuros–. Una de ellas, denominada *focusing*, fue una medida temporal que permitió incluir al cuerpo físico. Muchas de las cuestiones que no se resuelven en los niveles mental y emocional serán somatizadas al final, pero incluso antes de que esto ocurra, están presentes en el interior y es posible acceder a ellas a través de las células. El libro titulado *The Healing Power of Illness* (El poder sanador de la enfermedad) habla del valor simbólico de la enfermedad física.

»Si te abres a una manera distinta de ver, una de estas maneras se presentará ante ti. Esto siempre es así, porque tu deseo lo está provocando. Una mayor apertura te permite considerar ciertas modalidades que actualmente se consideran no estándares. No es nuestro propósito recomendar ninguna técnica en particular, ya que a cada persona le resultará útil una en particular. Es esa sensación de emoción o entusiasmo, la sensación de resonancia con algo, lo que te conducirá a alguna modalidad.

»Mikæla llegó a un momento en el que intentó lograr una manera independiente y autónoma de crear su bienestar. Todos pueden encontrar su vínculo con su propia orientación interior. Tú evolucionas permanentemente y cuando resuelves algo, pasas a lo siguiente, al próximo nivel. Mikæla trabaja ahora con una meditación de sanación, concebida por Esther y Jerry Hicks, que es sumamente positiva para ella. Conocemos bien a esta energía; vosotros la llamáis Abraham. A Mikæla le ayuda a mantener el nivel al que ha llegado.

—Quisiera volver a la idea de la resistencia –dije–. Las personas que sufren una enfermedad mental pueden decir: «Tal vez sea útil no resistirse a la enfermedad mental, pero ¿cómo no resistirme a algo que me hace sufrir?».

—Deja de considerar la enfermedad mental como el centro de tu realidad. En lugar de ello, centra tu atención en lo que funciona en tu vida. Es como lo que hace la mayoría de los seres humanos cuando piensan en su propia muerte. La idea no les agrada particularmente, pero se olvidan de ella y se concentran en vivir.

—¿Por qué otras razones –pregunté a nuestros Yoes futuros– se planea una enfermedad mental antes de nacer?

—Existen tantas razones como grupos de almas, y hay infinidad de ellos. Mucho de lo que se afronta en el mundo físico es aquello que resulta más difícil de comprender y, por lo tanto, necesita más evolución. Han estado aquí durante mucho tiempo. Y es precisamente por eso por lo que se manifiestan en el mundo físico. Cualquier cosa ante la cual se pueda ceder y de la cual sea posible liberarse fácilmente nunca se manifestará en el mundo físico. Muchas de ellas se relacionan con el hecho de que sois tan increíblemente diferentes entre sí. Es de esta manera como evoluciona todo el universo: creando un caldero de diversidad. Distintos puntos de vista hacen que evolucione toda la humanidad y, por lo tanto, el universo entero.

—Hemos hablado mucho sobre cómo la enfermedad mental de Mikæla dio servicio a otras expresiones de su alma, ayudándolas a sanar. Para los lectores que no están interesados en las vidas paralelas pasadas, presentes y futuras y que solo desean ser felices, ¿qué más podéis decirles acerca de la enfermedad mental?

—De nuevo desde nuestro punto de vista –respondieron nuestros futuros Yoes– , es muy difícil comprender la enfermedad mental como una decisión si uno permanece únicamente dentro de la perspectiva de una vida; sin embargo, todos los seres humanos piensan que hay un camino hacia delante, un sendero. Confía en que está ahí y en que puedes encontrarlo. La divinidad que habita dentro de ti te muestra ese camino. Confía en tus propios sentimientos interiores.

El camino correcto para ti es completamente individual, porque cada uno de vosotros es un ser único, especial y profundamente apreciado por todo lo que es. Concéntrate en ello y pon allí tu atención una y otra vez. Dentro de lo que podrías considerar el caos de tu vida, algunas partes de ella están trabajando. Concéntrate en esas partes. Considérate a ti mismo como alguien increíblemente especial que tiene su propia forma de hacerlo, y hallarás el próximo paso.

—Muchos lectores tienen seres queridos que padecen alguna forma de enfermedad mental y les preocupa cómo pueden ayudarles.

—Realmente, lo mejor que puedes hacer es asegurarte completamente de alimentar y mantener tu propio proceso, porque el mejor don que puedes ofrecerles es tu propio bienestar. Escúchalos y ábrete a cualquier orientación que llegue a través de ti. Mantente en calma y evita hacer juicios tanto como te sea posible. No creas que sabes lo que necesitan. No hay forma de que alguien pueda saber lo que necesita otra persona. Permite que su propio proceso manifieste lo que es mejor para ellos. Pregúntate a ti mismo: «¿Cómo puedo lograr que se enfoquen en lo que funciona en sus vidas? ¿Cómo puedo hacer por ellos lo que he hecho por mí mismo?». Considéralos unas personas experimentadas, fuertes y válidas. Confía en que son capaces de avanzar aún más en su sendero. Ayúdales a encontrar sus propias fortalezas y habilidades. Ayúdales a ver que tienen opciones.

—¿Hay algo más que quisiérais añadir sobre el tema de la enfermedad mental?

—La palabra «enfermedad» es útil solamente en las fases preliminares —respondieron nuestros futuros Yoes—. Es mucho mejor ver las cosas en relación con lo que resulta útil en un momento determinado. De esta manera, si alguien se encuentra en las etapas tempranas, cuando resulta más práctico definir y tratar algo como una enfermedad, por supuesto que puede usarse. Sin embargo, llegará un momento, y siempre llega ese momento —es más, siempre debe llegar ese momento—, en que resulta importante dejar de verlo como una enfermedad. Entonces, puedes decir: «Lo elegí, pero ¿por qué? ¿Qué puedo comprender a partir de esto? ¿Qué me permitió hacer, o qué dejó entrar en mi vida? ¿Qué enfoque me proporcionó?». Porque, con mucha frecuencia, eso es lo que hace: ofrecer un enfoque diferente.

»Tú la creaste para desarrollarla. Cuando eres capaz de verla así, puedes asumir la responsabilidad. Y cuando asumes la responsabilidad, sabes que no eres tú, el ser humano, quien la creó, sino otro nivel de ti mismo. Es entonces cuando «re-memoras».

La sesión de Mikæla con Pamela y Jeshua

Para mí, la canalización de Mikæla fue muy instructiva. Nunca esperé hablar con un grupo de nuestros futuros Yoes. Mikæla proporcionó un poco frecuente y enormemente valioso vislumbre de la perspectiva que tenemos del mañana. Tuve una comprensión renovada y más profunda de lo importante y sanadora que es una vida para el alma. Me preguntaba en cuántas otras vidas, físicas y no físicas, se expresaba mi alma. Si alguna vez dudaba de mi propia importancia, solo tendría que recordarme a mí mismo que estoy llevando la sanación a mi alma a través de muchas vidas y dimensiones. Del mismo modo, todas las personas que actualmente están encarnadas pueden sanarse a sí mismas y, al hacerlo, proporcionar una profunda sanación a sus almas.

Recurrí a Pamela y Jeshua para obtener sus puntos de vista. ¿Qué información compartirían respecto a las razones de nuestra alma para planear la enfermedad mental? Desde su perspectiva, ¿cuál es el significado de las formas específicas de enfermedad mental que Mikæla ha experimentado? ¿Cómo ayudó Jeshua a sanar a aquellas personas que la padecían cuando estuvo encarnado y cómo podríamos aplicar esa sabiduría en la actualidad?

Nuestra sesión empezó cuando Mikæla le proporcionó a Pamela una visión general de su vida. Sabía que, mientras Mikæla hablaba, Pamela se sintonizaba con ella y recibía impresiones psíquicas.

—Veo ciertas imágenes y siento tu energía –comenzó diciendo Pamela–. Lo primero que veo es el color rosa de tu campo energético, especialmente al inicio de tu vida. Tú eras muy abierta, sensible y vulnerable cuando eras niña. El límite entre tú y todas tus identidades de tus encarnaciones anteriores era muy delgado, y esas antiguas y traumáticas energías todavía formaban parte de tu alma. Parece que no entraste y te arraigaste completamente en tu cuerpo al nacer; por lo tanto, esas energías de vidas anteriores entraron fácilmente en tu conciencia.

»También siento un poder dentro de ti. Percibo los colores azul y morado, que muestran que tienes una fuerza interior y que has sido capaz de lidiar con todo esto. En el proceso de tratar de hallarles un sentido a todas estas complejas energías, has comprendido profundamente quién eres. ¿Reconoces esto?

—Sí, completamente —respondió Mikæla.

—También puedo sentir la enfermedad bipolar —continuó Pamela—. Siento que las depresiones han sido muy profundas y oscuras. Las imágenes que veo ahora se relacionan con ellas: son imágenes de ser perseguida o rechazada con violencia. —Resulta interesante que, en la conversación que tuvieron al inicio de la sesión, Mikæla no compartió con Pamela ninguna información específica sobre sus vidas anteriores—. Siento que, cuando entraste en esta vida, Mikæla, había miedo pero también una profunda conciencia de «quiero hacerlo». Volviste a la Tierra para hacer frente al dolor y al trauma que se habían provocado aquí, en esta dimensión. Fue un paso muy valiente.

—Esta era *la vida correcta* —confirmó Mikæla—. Esta era *la oportunidad*, sin importar lo desafiante que sería.

—Pamela —intervine—, ¿puedes ver una o dos de las vidas de Mikæla y decirnos cómo se relacionan con la actual?

—Veo algunas vidas, pero me estoy concentrando en una que se encuentra en primer plano —dijo Pamela—. Eres un hombre en esta vida anterior, Mikæla. En un momento dado, tienes que huir. Estás sola fuera, en la naturaleza, y alguien te persigue; trata de cazarte, como si fueses un animal.

»Ahora, intentaré ver lo que ocurrió yendo hacia atrás, hasta el momento en que eras un niño pequeño en esa vida. Es un país cálido; vivís en carpas; el suelo es árido y polvoriento. Veo que tienes una conciencia diferente a la del resto. Estás vinculado de algún modo con el sol y sientes que la vida es mucho más que lo que normalmente ofrece la cotidianidad. Veo a tu madre. Ella también tiene esta sensibilidad especial para lo místico y habláis de ello en secreto.

»Te veo ahora como un joven de aproximadamente diecinueve años. Sientes que tienes que irte lejos de casa, pues esta te parece limitada. Comienzas a viajar y te encuentras con un grupo de personas con las que te sientes muy vinculado desde el corazón. Es la primera

vez en tu vida que te ocurre algo así. Estas personas son diferentes;
tienen una visión.

»En un momento dado, decides unirte a ellas y llevarles la energía y los mensajes de Jesús, pero encuentras mucha resistencia. Te veo
montado a caballo. Alguien te hace desmontar, te arrastra y te encar-
cela. Sentado en una fría celda, te sientes totalmente aislado y deso-
lado. Te resulta asfixiante encontrarte en esta oscura celda y sentir la
hostilidad de las personas. Sientes que te estás volviendo loco. Al final,
mueres asesinado. Una gran parte de ti no comprende esta violencia,
y tu alma sufre un trauma por ello.

»En tu vida actual, has experimentado parte del miedo, la desola-
ción y la desesperación que sintió este hombre. Cuando te vinculabas
con esos estados de ánimo tan difíciles y oscuros, entrabas en esa vida,
así como en otras, que necesitaban ser sanadas. Si sintonizo con esa
vida anterior en particular, siento que este hombre ha sanado en parte
debido a lo que has hecho en tu vida actual. Además, desea vincularse
contigo. Representa tu energía masculina. Quiere decirte que, incluso
ahora, todavía puedes arraigarte más y ser más firme al expresar quién
eres y al establecer tus límites, lo cual te resultó tan difícil en esa vida
pasada. Evidentemente, esta es una interacción.

Caí en la cuenta de que este era un punto particularmente importante. En la canalización de Mikæla, nuestros Yoes futuros también aseguraron que existe una interacción entre las diferentes vidas del alma,
pero no proporcionaron ningún ejemplo concreto. Le pregunté a Pamela si podía explicar con mayor detalle de qué manera la sanación de
Mikæla le había llevado la sanación a aquel hombre de su vida anterior.

—Una de sus heridas más profundas —explicó Pamela— fue que
no se sentía bienvenido en la Tierra debido a su gran sensibilidad y
misticismo. Sentía que no era seguro ser realmente él mismo. En esta
vida, Mikæla ha entrado en contacto con su alma. Ha pasado de las capas exteriores hasta su esencia espiritual y ha generado seguridad para
sí misma en un nivel interior. Cualquier cosa que haga para adquirir
más confianza, para sentirse más enraizada, tiene un efecto directo en
él y en otras vidas, que siguen ahí, aún vivas.

Mikæla nos dijo que, hace muchos años, había visto destellos de
una encarnación anterior similar. En ella, los miembros de una iglesia

la habían interrogado, torturado y quemado por intentar dar conocimientos espirituales a las personas.

—En el momento de morir —dijo Mikæla— no comprendía cómo era posible que los seres humanos pudieran tratar así a sus semejantes. Es por eso por lo que, cuando nací en esta vida actual, llegué tarde, porque no estaba segura de querer venir. También por ese motivo he temido a la gente en esta vida aunque no ocurriera nada malo en el mundo exterior. El miedo venía desde el interior.

—Pamela —dije—, Mikæla ha hablado conmigo sobre cómo su madre y su marido evitaban juzgarla. ¿Esa fue la razón por la que planeó, antes de nacer, tenerlos junto a ella, debido a que le darían la seguridad que el hombre de la vida anterior nunca tuvo?

—Veo una imagen de ti, Mikæla, antes de nacer —respondió Pamela—. Te veo diciendo: «Necesito ayuda». Esto se relaciona con tu madre pero también, más en general, con el ambiente en el que naciste. Era necesario que te encontraras con esas suaves energías en la Tierra pues, de no haberlo hecho, habrías deseado morir y dejar este plano. Tú querías un aterrizaje suave y se te concedió. Asimismo, tú y tu marido os conocíais de vidas anteriores.

—Sí —confirmó Mikæla—, desde el primer momento hubo familiaridad y una sensación de confianza. Mi padre y mi marido son cien por cien dignos de confianza. Pienso que esto fue muy importante para mí.

En mi exploración de la planificación prenatal, había descubierto que nosotros, como almas, aprendemos mediante opuestos. Sin embargo, con respecto a su familia, Mikæla decidió renunciar a este tipo de plan de aprendizaje. Me pregunté por qué algunas almas deciden encarnar en entornos seguros y alentadores, mientras que otras escogen familias que son todo menos afectuosas. Le hice esta pregunta a Jeshua.

—Un alma siempre escoge las circunstancias correctas, el mejor contexto para lograr los objetivos centrales de una vida —dijo Jeshua hablando a través de Pamela—. Cuando planea hacer frente a profundos problemas internos, a veces es necesario que las circunstancias exteriores sean silenciosas y tranquilas. Esto permite que el alma afronte otras realidades y dimensiones en las que no podría entrar si hubiera demasiada agitación durante su infancia.

El Don de tu $\mathcal{A}$lma

A continuación Jeshua se dirigió a Mikæla.

—Eres muy valiente y te amo. —Podía sentir cómo su amor fluía directamente hacia ella—. Este fuego en el corazón que sentiste en la antigua vida anterior y en otras muchas vidas anteriores es la inspiración para reconocer la unidad de todas las criaturas vivientes. Ahora, puedes vivir desde tu corazón. Confía aún más y atrévete a ser quien eres.

El hecho de que Mikæla pueda vivir ahora desde su corazón es, sin duda, uno de los logros más grandes que se han derivado de su sufrimiento, pensé. Los desafíos vitales abren nuestros corazones, no para dañarnos o hacernos sufrir, sino para que el amor que somos en el nivel del alma pueda fluir más fácil y poderosamente a través de ellos.

—*Sé quién eres* —añadió Jeshua, haciendo una afirmación que adquiriría un significado mucho mayor cuando habláramos sobre cómo, en su vida en la Tierra, había ayudado a sanar a las personas que padecen enfermedades mentales—. Tienes mucho que ofrecer a otros que están en el mismo viaje, una forma de escucharlos y comprenderlos. Ve realmente tu propia belleza. Eso es la autoestima: ver realmente tu inocencia, tu integridad y tu valor, y aceptar tanto tus partes oscuras como las luminosas. Esto te arraiga y te hace más presente en la Tierra.

—Jeshua —dije—, por favor, háblanos del plan prenatal de Mikæla respecto a la enfermedad mental en esta vida.

—Mikæla deseaba hacer las paces con el antiguo dolor de su alma, voces interiores que gritaban y no comprendían. En un nivel más profundo, ella aceptó todo lo que le ocurrió, los altibajos, las visiones y el cruce de dimensiones. Esto le ayudó a descubrir sus verdaderas fortalezas. Y ahora, al sobrevivir a ello, ha adquirido una muy profunda comprensión de la vida y de las emociones humanas, así como de lo lejos que puede viajar el alma desde la luz. Es algo muy poderoso.

—¿Qué es la enfermedad mental? —le pregunté.

—En general, en los casos de enfermedad mental, quien la sufre tiene demasiados fantasmas a los que enfrentarse —explicó Jeshua—. El cuerpo y el espíritu necesitan estar enraizados y presentes en el momento actual. Desde esa base, es posible integrar diversas emociones, sentimientos y pensamientos. En la enfermedad mental, este enraizamiento básico está fragmentado y el alma no tiene ningún ancla terrenal. Se mueve empujada por la corriente. No hay ningún espacio interior tranquilo en medio de la tormenta de la alucinación o la depresión. El alma se siente perdida.

»Lo más útil al abordar a estas personas es mantener de algún modo el contacto con su esencia, sentir la luz de su alma, incluso si actúan extrañamente o si no es posible comunicarse con ellas. Se requiere cierta habilidad para mantenerse en contacto con la presencia del alma. En ocasiones, esto puede ayudar a una persona a estar presente otra vez en su cuerpo y disponible para la comunicación.

»Si, por ejemplo, hay alucinaciones o psicosis, la persona está, en cierto sentido, fuera de su cuerpo y vive en otras dimensiones. Al no poder integrar lo que ve en ellas, su enlace con su cuerpo y la Tierra es muy importante para que todas las visiones y la información adquieran un significado. *Existe* un significado en lo que experimenta una persona mentalmente enferma, pero es difícil que ella y quienes la rodean puedan comprenderlo.

La respuesta de Jeshua me recordó la descripción de Eckhart Tolle del trabajo de asesoramiento que ha realizado. En general, su enfoque consiste simplemente en estar presente con la persona. Al identificarse a sí mismo como un alma, atemporal y sin forma, Tolle puede ver más fácilmente a los demás como almas. Y cuando los ve como almas, vuelven a adquirir un sentimiento o sensación *de ellos mismos* como almas.

—Jeshua, ¿cómo podemos ayudar a la gente a sentir la luz del alma en su interior?

—Ese es el verdadero don de los sanadores. De alguna manera, sienten la esencia de la persona y a menudo no pueden hacer más que eso. Estar presentes de esta forma, vinculándose con el alma, viendo la luz en los ojos de la otra persona, se relaciona con tener una verdadera fe en el poder que tiene de sanarse a sí misma. También se relaciona con tener paciencia y permitir que pase por la experiencia, porque a veces no es posible evitarlo.

»Esto va en contra de lo que prescribiría la medicina convencional. Se trata de un enfoque espiritual de la enfermedad mental. Es fundamental comprender desde dentro lo que la persona está sufriendo y no solo tratar de arreglarlo desde el exterior. Es fundamental establecer contacto con el alma y también prestarle atención al cuerpo, porque el cuerpo es el ancla con la que el alma debe vincularse. De esta manera, en ocasiones es importante abordar aspectos físicos como dormir lo suficiente o alimentarse adecuadamente, pero sin olvidar que la verdadera sanación proviene del alma.

Le pregunté a Jeshua cómo había curado a las personas que sufrían alguna enfermedad mental cuando él encarnó en la Tierra.

—Quienes sufren este tipo de enfermedad siempre son muy sensibles —observó—. No es solo un trastorno; es también un don. Así que, cuando me reunía con estas personas, me quedaba con ellas en un espacio de silencio, que era también un espacio de comprensión. Las dejaba ser ellas mismas. No trataba de curarlas. Era como si estuviera vinculado con sus almas y supiera que cada una de ellas era capaz de sanarse a sí misma. Se trataba más de una transmisión de energía que ciertas palabras o métodos de sanación. Yo llegaba hasta su esencia. A veces, me miraban a los ojos y la reconocían. Repentinamente sentían: «Esta es mi verdadera identidad. Soy un ser de luz». Algunas personas despertaban de inmediato a este conocimiento. Otras necesitaban más tiempo porque nadie, ni siquiera yo, puede forzar la sanación. El alma tiene que elegir por sí misma. Sin embargo, no hay nada más poderoso que reconocer el núcleo de alguien, su belleza, su inocencia y su luz interior. Esa es la verdadera esencia de la sanación.

—Jeshua, entiendo que la enfermedad mental no existe en realidad —dije—, que lo que llamamos enfermedad mental es solo falta del amor.

—Así es exactamente —respondió Jeshua—. La etiqueta de «enfermedad mental» es engañosa. Esencialmente, consiste en perder contacto con tu propia esencia, que *es* amor, gozo, paz y creatividad. Algunos necesitan mucho tiempo para darse cuenta de esta verdad, porque durante toda la historia de la humanidad, en las tradiciones religiosas, ha habido mucho juicio hacia los demás y, por lo tanto, hacia uno mismo, lo cual ha afectado muy profundamente a las personas. El objetivo de las tradiciones espirituales era llevarlas a su Hogar, a su divinidad interior, pero en lugar de ello, les dijeron que eran pecadoras o malas, y que había un Dios fuera y por encima de ellas que actuaba como una autoridad, juzgándolas. Estos pensamientos e imágenes han influido en ellas y les ha dificultado ponerse en contacto de una manera muy simple con su verdadera esencia, con el amor.

—A mí tampoco me gusta el término «enfermedad mental». ¿Cuál sería la manera más adecuada de denominarla?

—No existe una diferencia clara entre la normalidad y la locura —señaló—. Las palabras «trastorno por enfermedad mental» indican que una persona no es normal, cuando en realidad todo es muy relativo. Yo lo formularía en los términos que tú has usado: una falta del amor, una falta de contacto con tu alma. Asimismo, ten en cuenta que las personas que padecen las llamadas enfermedades mentales con frecuencia son almas muy evolucionadas, capaces de sentir con gran intensidad. Es precisamente porque pueden sentir tanto por lo que pueden quedar atrapadas en estados mentales extremos. Esa es otra razón para no etiquetar estos estados como trastornos.

Le pedí a Jeshua que mencionara otras razones por las que Mikæla planeó experimentar la enfermedad mental.

—Hubo una razón personal por la que lo planeó, pero siempre hay más. Al sufrir este tipo de enfermedad y luego encontrar su equilibrio, también ha hecho algo, en un sentido más amplio, por su familia de almas, compuesta por las almas que han sufrido un trauma y un dolor similar, derivados de vidas anteriores o adquiridos durante esta vida. Mikæla ha creado un rastro de energía que otras personas pueden seguir, porque cuando ella sana, crea un patrón energético del que se pueden beneficiar. De esta manera, ayuda a otros miembros de su familia de almas, incluso si no los conoce. Además de eso, al llevar esta energía a su familia del plano terrestre, desafió o invitó a quienes la rodeaban a comprender más profundamente las emociones, la psicología y la vida humana. De esa forma, influyó en su conciencia.

Para proporcionar a las personas tanta sanación y comprensión específicas como sea posible, le pregunté a Jeshua acerca de las distintas formas de enfermedad mental que Mikæla ha experimentado. Empecé con las pesadillas.

—Jeshua, cuando Mikæla despertaba, sus pesadillas continuaban como si fuesen visiones proyectadas frente a ella. ¿Qué estaba ocurriendo y cuál era el propósito espiritual subyacente?

—Energías reales de otras dimensiones y de otras vidas entraban en su realidad. Su aura estaba abierta para recibir este tipo de información. Esto tenía que ocurrir porque la invitaría a transitar por su camino interior, donde exploraría y, al final, comprendería estas imágenes. Cuando una persona ve estas imágenes en estado de vigilia, su conciencia no está totalmente enfocada en su entorno material, sino que se encuentra en una especie de estado de trance. Psicológicamente, el peso emocional de estas energías es tan grande que se «trasminan» de otras vidas para resolverse en la vida actual. Se vuelven más poderosamente presentes que el entorno físico directo.

—¿Qué hay del trastorno bipolar de Mikæla?

—En los estados depresivos y maníacos, uno no está completamente enraizado —nos dijo Jeshua—. En el caso de Mikæla, en ocasiones la depresión era demasiado para ella y, por tanto, otra parte de ella entraba en un estado de conciencia totalmente diferente en el que se sentía libre y, en cierto sentido, fuera de su cuerpo. Aún permanecía en su cuerpo, pero su mente estaba libre de las limitaciones de la esfera material. En general, la mente y el espíritu humanos son capaces de experimentar circunstancias extremas. Es posible explicarlas en parte investigando los procesos cerebrales y químicos, pero también hay un significado espiritual. Para Mikæla, las energías muy elevadas y ligeras fueron esenciales para recordarle quién es realmente. Fue una manera de buscar el equilibrio.

—También me gustaría preguntar acerca del trastorno obsesivo compulsivo. Por ejemplo, Mikæla cerraba con llave su puerta una y otra vez. Jeshua, ¿qué puedes decirnos sobre este tipo de trastorno?

—La mente trata de encontrar formas (conductas, rituales) para controlar el miedo y otras emociones, y de esa forma se queda atrapada, estancada. No puede lograr el control, y eso resulta muy doloroso. Al tratar de huir del miedo, a veces se desarrollan conductas compulsivas. En esencia, la solución para este tipo de trastorno consiste en hacer frente al miedo directamente, para lo cual, en ocasiones, se podría necesitar la ayuda de otros. Al decir que sí al miedo y darle la bienvenida, tendrás un mayor sentido de él y, finalmente, desaparecerá.

—Mikæla también oía voces.

—Ella es sumamente sensible, y con el término «sensible» también quiero decir clarividente y clairaudiente. Así que no había ninguna barrera. Fue a propósito que naciera con este tipo de cerebro y sistema nervioso; esto le permite viajar a su interior de una forma amplia y profunda.

»Las voces también pueden provenir de vidas anteriores –añadió Jeshua–, o de personas que han muerto y que se encuentran en las esferas astrales. La solución es entrar completamente en tu cuerpo. Cuando eso curre, por regla general tu campo energético se cierra a tu alrededor. Esta es una protección natural que tienes. El problema con las personas que sufren ansiedad o que tienen recuerdos difíciles de vidas anteriores es que hay una resistencia a encarnar y fusionarse realmente con el cuerpo, y esta es la razón por la que este tipo de trastorno mental puede ser muy difícil.

—Jeshua, ¿qué fue lo que provocó la bulimia de Mikæla y cómo este padecimiento dio servicio a su alma?

—Mikæla tuvo una vida en la que experimentó el hambre y la privación, y eso la llevó a desarrollar una relación ambigua con la comida. En general, alimentarse es un acto simbólico en el que se le dice sí a la vida. Mikæla deseaba vivir y experimentar la vida, pero también estaba resentida y quería huir de ella. La bulimia trajo a la superficie su duda interior sobre si quería permanecer aquí en la Tierra, entre las personas.

»La bulimia y la anorexia (y los trastornos alimentarios en general) nunca se relacionan únicamente con la comida. Se refieren a asuntos más profundos, que tienen que ver con la manera en que te cuidas. ¿Puedes confiar lo suficiente en otras personas como para recibir de ellas? ¿O necesitas la comida para ser «nutrido», alimentado en un sentido más amplio que solo físicamente? ¿Puedes abrazar la vida? ¿Puedes ser tú mismo? Todos estos asuntos intervienen en este tipo de trastornos, que son una forma, a veces muy persistente, de controlar el miedo.

Después, planteé algunas preguntas para Pamela.

—Pamela, cuando Mikæla planeaba su vida y se acercó a la madre, el padre y el marido que tendría en ella, ¿qué les dijo con respecto a la enfermedad mental y cómo respondieron?

—Ella se sentía muy responsable –contestó Pamela tras sus dones de clarividencia y clarisensibilidad para acceder a la planificación prenatal de Mikæla–. Les preguntó si les parecía bien, y todos dijeron que sí. Querían ayudarla; era parte de su misión. No se trataba solo de que les causaría problemas: ella también tenía algo especial que ofrecer. Se dieron cuenta de que su sabiduría interior, su luz, significaría mucho para ellos. Asimismo, se habían relacionado con ella en vidas anteriores. Querían honrarla por ser diferente. Mikæla es una persona que siempre quiere conocer la esencia de las cosas, lo que se esconde detrás de lo ordinario. Deseaban honrar esto porque no lo hicieron explícitamente en otras vidas. De esa forma lo equilibrarían y aprenderían de ello al mismo tiempo.

—¿Qué aprendieron específicamente?

—El padre de Mikæla se vinculó con sus propios miedos, miedos que al principio no sabía que tenía. Esto lo obligó a mirar en su interior y a saber cuándo aceptar y liberarse. Siente [en el nivel del alma] un gran respeto por la luz de su hija, así como un gran agradecimiento por ser parte de su vida. El marido de Mikæla no quería que ella sufriera, pero después de un tiempo llegó a una mayor comprensión de las cosas. Le dolía verla sufrir, pero esto también lo obligó a mirar sus propias emociones y a sentir más, a entrar realmente en su interior, en lugar de quedarse solo en la superficie. Hay algunos miedos profundos en él, y las experiencias de Mikæla le ayudaron a afrontar esos miedos internos. La madre de Mikæla quería salvarla pero, por supuesto, tuvo que aceptar que este era un proceso que no podía arreglarse fácilmente. Esto la ayudó realmente a desarrollar su propia intuición, seguridad y sabiduría interior. Se ha vuelto más fuerte gracias a esto.

—Jeshua –dije, pidiéndole al Maestro que se reincorporara a nuestra conversación–, cuando estabas encarnado, ¿experimentaste la depresión, la ansiedad o cualquier estado que podríamos considerar una enfermedad mental?

—Tuve que retirarme frecuentemente del mundo para recuperar mi equilibrio y mantenerme fiel a mi corazón y a mi misión, porque yo también era muy sensible –me respondió–. Las energías de los demás me afectaban tan fuertemente que me veía obligado a pasar algún tiempo en la naturaleza para volver a mí mismo y sentirme enraizado otra vez, porque si uno tiene un fuerte vínculo con el Espíritu o con su propia alma, también necesita un vínculo similar con la Tierra. Asimismo, se precisa tener muy claros los límites. Si el corazón despierta, uno se vuelve mucho más sensible, sintoniza más fácilmente con los sentimientos de los demás y, por lo tanto, puede perderse. No experimenté un desequilibrio o un trastorno mental, pero puedo comprender fácilmente cómo se producen.

—Jeshua, la depresión y la ansiedad son muy comunes en todo el mundo. ¿Qué consejo les darías a las personas que las sufren para hacerles frente?

—Si uno pudiera considerar la depresión, la ansiedad, el miedo o cualquier otra emoción negativa solo como una parte del Yo que está confundida, habría otra parte del Yo que podría tratarla con una comprensión y una amabilidad que la tranquilizarían. Sin embargo, las personas tienden a identificarse totalmente con su depresión, con su ansiedad o con su miedo, y luego se sienten desequilibradas. Ya no son capaces de encontrar su núcleo, su verdadero Yo. Lo primero que debes comprender es que *tú no eres tu miedo*. Podrías ver el miedo, por ejemplo, como un niño que viene hacia ti en busca de ayuda. De esa manera, sentirás que eres mucho más grande que él. Puedes ponerte en contacto con el niño, hablar con él y comprenderlo. En ocasiones, un terapeuta puede desempeñar el papel de este padre o guía. La clave siempre es encontrar un lugar en tu conciencia desde el cual mirar el miedo y *no ser* el miedo.

—Jeshua —dije—, antes, cuando hablaste acerca de cómo ayudaste a las personas a sanar la enfermedad mental, explicaste cómo podían mirarte a los ojos y reconectarse con la esencia de su alma. Me preocupa que quienes lean tus palabras sientan que tienes una capacidad de sanación casi sobrenatural que ellos no poseen. Estas personas querrán ayudar a sus seres queridos que padecen una enfermedad mental pero quizás sientan que no pueden hacer lo que tú hiciste.

—Tienen que abordar primero sus propias emociones —aconsejó Jeshua—. Pueden surgir emociones de todo tipo. Tal vez no comprendan lo que ocurre o piensen que las personas enfermas las rechazan. Quizás se sientan frustradas o alejadas de sus seres queridos. A menudo, llega un punto en el que tienen que conocer sus propios límites, y se requiere mucho valor para asumir esto: simplemente estar con ellos, vincularse, confiar en sus almas y permitir que encuentren su propia forma de sanarse.

»Resulta casi imposible hacer esto si estas profundamente involucrado con alguien desde el punto de vista emocional. Tú quieres solucionar los problemas de tu ser querido, pero la vida te desafía a dejarlos ir y hacerte a un lado. Es un proceso muy difícil y bien puede ocurrir que no seas capaz de ayudarlo durante algún tiempo, ya que podría necesitar otro tipo de ayuda; en este caso, tu tarea consistiría simplemente en mantener tu fe en él, incluso si parece inalcanzable. A menudo, esto te acercará más a esa persona. Esto forma parte de tu propio camino de vida: hacer frente a estas emociones de sentirte inadecuado o solo.

»Con frecuencia –continuó– se requiere a alguien que haya sufrido la enfermedad mental o que tenga una profunda experiencia con personas mentalmente enfermas para brindar un buen tratamiento, porque el terapeuta debe ser capaz de comprender a su paciente desde dentro, ya que no es posible contactar y comunicarse fácilmente con estas personas. Por lo tanto, aquellos que están cercanos a quienes sufren una enfermedad mental han de intuir lo que pueden y no pueden hacer y cuándo tienen que liberarse y buscar otro tipo de ayuda.

Desde el punto de vista de la planificación prenatal, Jeshua abordó una de las razones principales por las que algunas almas deciden experimentar la enfermedad mental: para poder ayudar a otros a sanar. Cada uno de nosotros formula una misión antes de encarnar que implica alguna forma de servicio a los demás y, por lo tanto, al mundo. El sanador empático es un sanador poderoso y la empatía deriva de la experiencia personal.

—¿Qué piensas de la psicoterapia convencional? –pregunté.

—Puede ser útil, pero también es muy importante tener la perspectiva del alma, de la cual suele carecer la psicoterapia tradicional. La psiquiatría y la psicología tradicionales tienden a considerar los asuntos solo desde el marco de la personalidad actual, pero a menudo intervienen energías de vidas anteriores. La perspectiva del alma ayuda a las personas a darse cuenta de que son mucho más que su personalidad actual. El hecho de ponerlas en contacto con el alma les ayuda a aprovechar sus capacidades de autosanación y también a encontrar el sentido del trastorno. Algunos psiquiatras y psicólogos comprenden subconscientemente esta perspectiva más amplia, incluso si trabajan de forma consciente solo con los conceptos tradicionales. La sanación depende mucho de la energía del terapeuta. Es la energía, y no las ideas conscientes, la que invita a las personas a abrirse y sanar.

—¿Cómo manejaría una sociedad iluminada lo que conocemos como enfermedad mental?

—Existirían menos casos porque las personas aprenderían a ser fieles a su propia voz interior, a su intuición, a su corazón. No habría tanto miedo y alienación como ahora. A las personas se les inculcan creencias terribles y esto es lo que las hace dudar de su propia intuición. Habría más aceptación y se etiquetaría menos este fenómeno; además, se comprendería que, en ocasiones, el alma necesita viajar muy lejos de su Hogar para entender realmente cuál es la esencia de todo. Habrá mucho más respeto por las personas que padecen alguna enfermedad mental.

—¿Qué les dirías a las aquellos que actualmente sufren mucho dolor derivado de cualquier forma de enfermedad mental?

—*Tú siempre eres amado* —dijo Jeshua—. Estas personas tienden a juzgarse en gran medida. Albergan un gran resentimiento contra sí mismas. Suelen odiarse a sí mismas. Sienten que están fallando y esto les resulta muy doloroso.

»Debes saber que eres hermoso y que puedes confiar en la vida, que siempre trata de ayudarte. Quizás te sientas totalmente estancado, pero hay una energía (puedes llamarla Espíritu o Dios) que nunca te juzga y siempre trata de ofrecerte nuevas oportunidades. La vida nunca termina y la muerte no existe; por ello, es importante confiar en la vida.

»En estos tiempos, el desequilibrio mental puede tener una mayor incidencia, porque la humanidad está despertando y trata de vivir desde el corazón. Hay un aumento en la sensibilidad de las personas. Sin importar lo difícil que te resulte, trata de encontrar un lugar de silencio en tu interior y de sentir que la vida es más que solo aquello que piensas o sientes. Existe una energía benévola que siempre te envuelve y que siempre trata de ayudar. Abrirse a la ayuda es un paso muy importante para aquellos que están totalmente estancados en el juicio a sí mismos y en el miedo. A veces, tienes que obligarte a hacerlo. Si te abres a la vida, esta responderá a tu llamada.

»La medicina más verdadera es el amor y la aceptación de ti mismo, y puedes empezar a usarla justo ahora. Siempre que sientas emociones negativas o un juicio contra ti mismo, míralos con los ojos de un padre apacible. De esa manera podrás crear un espacio de amor a ti mismo en cada minuto de tu vida. Eso te llevará a tu Hogar, sin importar si luchas contra un problema emocional menor o contra un grave trastorno. El poder del amor es interminable, suave y apacible. La humanidad necesita redescubrir este poder y eso es lo que está ocurriendo ahora mismo en la Tierra.

Mikæla permaneció en silencio, asimilando las palabras de Jeshua. Le pregunté si deseaba compartir sus ideas.

—Aprecio profundamente todo lo que se ha dicho y estoy de acuerdo con ello —respondió—. Puedes haber avanzado mucho en el camino hacia la comprensión de ti mismo y canalizar para otras personas, sintiéndote vinculado con tu propio saber y, sin embargo, aún existen momentos humanos en los que dudas. Por esta razón, es útil tener un vínculo a través de otra persona. Cuando Pamela se pone al servicio de este libro, o cuando yo lo hago para otra persona, se produce un vínculo cruzado, una dinámica. Puedo sentirlo realmente. Incrementa en gran medida el poder de la energía. Es por ello por lo que siento una gran humildad ante el hecho de que estamos aquí para servir a algo mucho más grande.

—Me alegro de que pudieras sentir la energía —le dijo Pamela—. Yo la sentía con fuerza, pero a veces me resulta difícil formularlo en palabras.

Recurrí a Jeshua.

—Jeshua, ¿cuáles son los pensamientos finales que te gustaría expresar?

—La vida puede parecer a veces un camino muy solitario, pero incluso si no hay ninguna ayuda física a tu alrededor, siempre puedes contar con las energías espirituales. Las energías del Hogar están a tu alrededor en todo momento. Esta es una visita temporal a la Tierra. Puedes hacer que las cosas sean más fáciles para ti si tratas de sentir el

Amor del Hogar en cada uno de los instantes de tu vida. Ábrete a él. Ya está ahí; no tienes que crearlo. Es el flujo natural de la vida. Ese es mi mensaje: la ayuda siempre está disponible y tú nunca te encuentras solo.

⌒

«Si cedo, surge esta estupenda facilidad y gracia... y comprendo la perfección de toda la creación. Entonces, la historia sana». Estas sabias palabras de Mikæla iluminan los cimientos de su sanación, que es, en realidad, nuestra sanación. Lo que alguna vez juzgó como negativo, ahora lo ve como algo perfecto. Lo que alguna vez intentó reparar, ahora lo deja ser. Lo que alguna vez vio como algo roto, ahora sabe que está completo. Tal es la magnitud de su sanación. En una única vida, Mikæla ha cedido y gracias a ello ha sentido hasta la médula de su ser el tormento de las innumerables vidas de su alma. Este hecho de ceder y sentir *fue* la transmutación del dolor de esas otras vidas. Cuando permitió que ese dolor fluyera a través de ella independientemente de la forma que asumiera, fue como si las persianas de una casa abandonada hace mucho tiempo se hubieran abierto totalmente, dejando que la luz del sol y la fresca brisa fluyeran hacia el interior, dándole una nueva vida.

Esto lo hizo en servicio a su alma y, de hecho, también para ti y para mí, pues todos somos Uno. Solo los más valientes dan servicio a su alma al encarnar en la Tierra, y de entre ellos, solo los más valientes aceptan sufrir aquello que aún llamamos enfermedad mental. Como Jeshua nos dijo, muchas de aquellas almas que planean este desafío son almas muy antiguas y profundamente sensibles. Ser tierno y, aun así, encarnar en la Tierra puede resultar difícil incluso en las mejores circunstancias. Ser tierno y, aun así, aceptar experimentar literalmente pesadillas vivientes como lo hizo Mikæla es un acto de profundo amor y de la mayor valentía. Ninguna persona que comprenda esta verdad puede dejar de crecer en el amor a sí misma. Nadie que sienta esta verdad puede dejar de conocer la grandeza.

Si alguna vez sufriste alguna enfermedad mental y te juzgaste a ti mismo como un ser no válido o defectuoso, debes saber ahora que todo el Espíritu admira tu belleza trascendente. Si alguna vez te consideraste débil, date cuenta ahora de que tus Guías y tus ángeles aplauden tu inmensa fortaleza. Si alguna vez pensaste que no eras valioso, siente en este momento la gratitud ilimitada de tu alma y de sus expresiones en otras vidas, a las que estás ayudando a sanar. Tienes un valor infinito y una importancia inconmensurable, y tu sanación irradia hasta los rincones más lejanos del universo. Cualquier cosa menos que esto es una mera ficción. Cualquier otra cosa oculta tu magnificencia.

Veamos también la valía y la importancia de otras personas que también experimentan la enfermedad mental. Si hemos tenido lástima de ellas y, por lo tanto, les hemos quitado el poder energéticamente, veámoslas ahora como las majestuosas almas que realmente son. Si hemos pensado en ellas como una carga, reconozcamos ahora que son nuestras maestras, como Mikæla lo fue para su madre, su padre y su marido. Si las hemos visto como personas necesitadas de sanación, comprendamos ahora que su enfermedad *es* la sanación deseada y buscada por sus almas. De hecho, en la Tierra, poco es como hemos creído que es.

Durante milenios, nosotros, como raza, hemos temido, despreciado, compadecido y malinterpretado a las personas que padecen una enfermedad mental. Ahora podemos ver claramente. A través de la experiencia de Mikæla, descubrimos que las psicosis pueden ser experiencias que se «trasminan» de otras vidas y de otras dimensiones. Lejos de haber perdido el contacto con la realidad, Mikæla simplemente estaba en contacto con *otras* realidades, percibiendo energías verdaderas que buscaban y necesitaban la sanación. Asimismo, su experiencia nos enseña que la depresión y la manía se producen cuando uno no está lo suficientemente enraizado en el plano terrestre, un resultado común de un alma que siente un momento de duda o incertidumbre antes de encarnar. Y sin embargo, fueron precisamente esas energías elevadas y luminosas del estado maníaco las que hicieron que Mikæla pudiera recordarse a sí misma como alma. Su obsesión, que muchos podrían juzgar como una disfunción sin ningún valor redentor, en realidad fue un medio por el que logró encarnar la sabiduría, la felicidad y la compasión de su alma para compartirlos con nosotros. Su valiente disposición, antes y después de nacer, de sondar las profundidades de la depresión y afrontar las consecuencias de las conductas maníacas la convirtió, en muchos aspectos, en la maestra que es hoy. Y ella decidió resueltamente, antes de nacer, tener un sistema nervioso y un cerebro sensibles, de manera que pudiera explorar el vasto paisaje de su mundo interior. Aunque sabía que esta decisión la llevaría a ser atormentada por mil voces, aceptó este audaz plan como un servicio para su alma y para nuestro mundo. Su trastorno obsesivo-compulsivo fue el intento natural de su mente de lidiar con el miedo provocado por las pesadillas y las voces, y la bulimia la hizo consciente de sus dudas con respecto a estar en el plano terrestre.

Aunque el mundo podría considerar las experiencias de Mikæla como formas de sufrimiento sin sentido en un universo arbitrario e indiferente, en realidad todas ellas tenían un gran significado y propósito, los cuales quedaron más claros en las etapas posteriores de la sanación. Durante esas etapas, uno se recuerda a sí mismo como alma, justo como Mikæla lo hizo. Esto, como Jeshua aseguró elocuentemente, es la base de toda sanación verdadera de la enfermedad mental o de cualquier otra experiencia de vida. Cuando Jeshua miraba a las personas mentalmente enfermas, no veía el trastorno, sino la divinidad, no el fallo, sino la perfección. Y cuando esas personas veían su reflejo en los ojos de Jeshua, también se reconocían a sí mismas como seres de luz: almas sagradas, eternas, encarnadas temporalmente en cuerpos físicos, humanos. Por primera vez, en el reflejo de los ojos de Jeshua, vieron a través y más allá de la esfera corporal. Es por esta razón por lo que nuestros futuros Yoes y muchos otros seres no físicos se refieren a la sanación como una «re-memoración». Si buscas sanarte a ti mismo, a un ser querido mentalmente enfermo o al mundo, permite que el hecho de sentirte como un alma se filtre en tu percepción. Con ello se produce la capacidad, como dijo Mikæla, de permitir que todo sea, el dolor y la belleza, el tormento y el placer. Tu plan al venir aquí consistía en sumergirte a ti mismo sin reservas, de forma total y apasionada, en la santidad de la experiencia humana. Y toda ella es exquisitamente sagrada.

Epílogo

Independientemente de si tu camino ha sido llano o pedregoso, tu vida apacible o traumática, puedes estar seguro de que eres una de las almas más valientes del universo. Si eso no fuera cierto, no estarías aquí ahora. Tu decisión de encarnar, tu acuerdo voluntario de embarcarte en el viaje planeado por tu alma, fue un acto de profunda valentía. Tu búsqueda de un significado más profundo para ese viaje es otro acto de gran valor. Y tu decisión de sanar, otro más. Eres honrado y reverenciado en todo el universo.

También puedes estar seguro de esto: *estás* sanando. Sanas cuando llegas a comprender que *existe* un profundo significado en tus experiencias. Conforme logras ver ese significado, te liberas de la tendencia reflexiva de sentirte victimizado y te das cuenta de que eres el poderoso creador de tu vida. Te liberas del hábito aprendido de juzgar y, en lugar de hacerlo, confías en tu saber instintivo de que todo está realmente bien y de acuerdo con el Orden Divino, aunque tu mente lógica pueda clamar en desacuerdo. Dejas de tomar muy en serio las distracciones y las desviaciones de tu mente y, en lugar de ello, te apoyas en tu corazón y confías en su sabiduría para establecer tu trayectoria. Te das cuenta de que no eres tus pensamientos o sentimientos y, así, permites que los negativos floten suavemente por toda tu conciencia, como las nubes flotan por el cielo. Dejas de identificarte con tus miedos y preocupaciones y, en lugar de hacerlo, los ves como niños pequeños que necesitan tu amor. Y les proporcionas ese amor.

Ahora te liberas de la resistencia a la vida.

Ahora les das la bienvenida totalmente a la vida, a sus placeres y a sus penas.

En tu Hogar eterno, conocías la belleza, la magnificencia y la santidad inherente de una vida en la Tierra y, de esta manera, aceptaste tu futura vida. Ahora, sanas cuando aceptas tu vida nuevamente con el mismo conocimiento de su belleza, magnificencia y santidad que tenías en aquel momento.

En tu Hogar eterno, sabías también que la vida en la Tierra es solo un espejo que te muestra a ti mismo. La belleza, la magnificencia y la santidad que ahora ves en la vida no son más que un reflejo de ti mismo. Si no estuvieran dentro de ti, no podías verlas en el exterior. Ahora, sanas cuando te abrazas nuevamente, sabiendo que tú eres esa belleza.

Tú eres esa magnificencia.

Tú eres esa santidad.

$\mathscr{B}ibliografía$

Bass, Ellen y Laura Davis. 2008. *The Courage to Heal: A Guide for Women Survivors of Child Sexual Abuse.* Nueva York: Harper Paperbacks.

Brodsky, Barbara. 2003. *Presence, Kindness, and Freedom.* Mich.: Deep Spring Press.

_____2011. *Cosmic Healing: A Spiritual Journey with Aaron and John of God.* Calif.: North Atlantic Books.

Dethlefsen, Thorwald y Rudiger Dahlke. 2002. *The Healing Power of Illness: Understanding What Your Symptoms Are Telling You.* Londres: Vega Books.

Friedlander, John y Gloria Hemsher. 2011. *Psychic Psychology: Energy Skills for Life and Relationships.* Calif.: North Atlantic Books.

Goldner, Diane. 2003. *How People Heal: Exploring the Scientific Basis of Subtle Energy in Healing.* Va.: Hampton Roads Publishing.

Hicks, Esther y Jerry Hicks. 2010. *Getting Into The Vortex: Guided Meditations CD and User Guide.* Calif: Hay House.

Kendig, Irene. 2010. *Conversations with Jerry and Other People I Thought Were Dead: Seven Compelling Dialogues That Will Transform the Way You Think About Dying ... and Living.* Va.: Grateful Press.

Kribbe, Pamela. 2008. *The Jeshua Channelings: Christ consciousness in a new era.* Fla.: Booklocker.com.

Schwartz, Robert. 2009. *Your Soul's Plan: Discovering the Real Meaning of the Life You Planned Before You Were Born.* Calif.: Frog Books.

Shucman, Helen. 2007. *A Course in Miracles.* Calif.: The Foundation for Inner Peace.

Tolle, Eckhart. 2008. *A New Earth: Awakening to Your Life's Purpose.* Nueva York: Penguin.

Walsch, Neale Donald. 2011. *Conversations With God: An Uncommon Dialogue.* Book 1. Nueva York: Putnam.

Zahnow, Carolyn. 2010. *Save the Teens: Preventing suicide, depression and addiction.* N.C.: A Brand New Day Publishing.

ENTREVISTADOS

Rebecca
mzwrite@frii.com

Bob
robtjbarrett@juno.com

Marcia
Crazycatlady2003@yahoo.com
Http://marciaderousse.com

Kathryn
Kathryn@journeytofreedom.ca
www.journeytofreedom.ca/jtfsociety
www.youtube.com/jtfsociety

Debbie
Wadams58@cfl.rr.com

Carole
Carole@wisdomcoach.com
www.wisdomcoach.com

Carolyn
cczahnow@yahoo.com
www.save-the-teens.com
www.wakeforestsos.com

Beverly
Beverly336@yahoo.com

Por favor, comprende que los destinatarios no pueden prometer responder personalmente a tu correo electrónico.

MÉDIUMS Y CANALIZADORES

Barbara Brodsky
www.cosmichealingmeditation.com
www.deespring.org
(734) 477-5848 (Deep Spring Center)

Pamela Kribbe
www.jeshua.net
pamela@jeshua.net

Corbie Mitleid
www.firethroughspirit.com
corbie@firethroughspirit.com
(877) 321-CORBIE

Staci Wells
www.staciwells.com
info@staciwells.com

Índice